KB187363

현상학의 근원과 유역

한국현상학회 편

철학과현실사

철학과 현상학 연구

제 8 집

머리말

　현상학은 그 근본적인 성질, 특성에 있어 「시원학」(archeologie)이라 할 수 있다. 인식에 있어, 가치에 있어, 문화현상 등등에 있어 그 뿌리를 찾아가는 근원학, 즉 「뿌리학」이라 하겠다. 이 점은 철학이 본질학이라는 뜻에서, 모든 철학적 탐구가 갖는 공통점이다. 철학은 항상 변하는 현상계에 대하여 그 변화의 궁극적인 원인으로서 본질을 탐구의 목표로 삼는다는 데 경험과학과 차이가 있으며 과학이 존재자들에 관하여 사실적인 정보를 제공하는데 비하여 철학은 그 다수의 존재자 밑에 깔려 있는 기체(substrata)로서의 일자를 찾아간다는 뜻에서 존재론인 것이다. 현상학도 이런 의미에서 전통적 형이상학, 즉 존재론과 그 대열을 같이한다. 현상학은 특별한 의미의 존재론이다. 그러나 그것은 존재자들의 근본구조나 창세기적인 발생의 원천을 탐구하는 존재론은 아니다. 그것은 우주론은 아니다. 현상학은 그것들의 뿌리를 의식에서 찾는다는 뜻으로 「의식존재론」이며 세속적인 세계를 초월한 초감성계에서 찾지 않고 일상적인, 주관에 상관적인 세계에서 찾는다는 점에 있어 「생활세계의 현상학」이다. 현상학은 따라서 의식에 나타난 현상을 탐구영역으로 가지며 모든 학의 기초를 이 영역에서 찾아간다. 그런 의미로 현상학은 기초주의적 성격을 지닌다. 이 점에서 가령 헤겔류의 「정신현상학」과 다르고 경험론의 「현상주의」와도 다르다.

헤겔의 그것은 감성적 확실성으로부터 절대정신으로, 또는 현상지로부터 절대지에 이르는 정신의 여행기라면, 그래서 아래에서부터 위로 올라가는 체계철학이라면, 우리의 현상학은 아래로 내려가 그 근원을 자리매김하는 선험철학의 성격을 가진다. 헤겔의 변증법은 이런 의미로 종합의 사변적 계기를 중심으로 하는 「위에서부터의 철학」(von Oben)이라면 현상학은 「밑으로부터의 철학」(von Unten)이라 하겠다. 현상을 철학의 절대적 탐구영역으로 한다는 점에 있어 현상주의나 실증주의는 현상학과 그 철학의 이념을 공유한다고 할 수 있다. 그 이념은 모든 형이상학적 또는 사변적 전제를 인정하지 않고 이 전제에서 연유하는 독단을 제거하여야 하고 그리하여 자명한 기초를 확립하려는 이념이다. 후설 현상학은 이것을 「무전제의 이념」 또는 「엄격한 학으로서의 철학」이라 부른다.

그러나 이 엄격한 무전제의 요구에서 현상학은 현상주의나 실증주의와 결별할 수밖에 없다. 이념의 측면에서 현상학은 「새로운 실증주의」라고 할 수 있다고 후설은 힘주어 말한다. 헤어짐의 길목은 현상학이 엄격하게 상대주의의 입장을 배척하는데 반하여 후자는 건전한 상대주의를 옹호하는 데 있다. 전자는 선험적 무전제성을 주장하는데 반하여 후자는 경험적 무전제를 수용한다고 말할 수도 있겠다. 결국 이들간의 논의는 순수 의식현상이냐 감성현상이냐에, 의식에 직접적으로 주어진 것 아니면 감성에 주어진 것 어느쪽에 강점으로 놓느냐는 철학에 관한 선이해에 있다.

위와 같은 현상학의 「근원주의」(radicalism)에 관한 논의를 중심으로 『철학과 현상학 연구』 제8집을 묶었다. 그리고 이 논의의 연장선상에서 후설 현상학과 그 인접분야와의 관계, 더 자세히는 현상학 내에서 후설의 영향을 비판적으로 심화·확대시킨 다른 현상학자들의 논의에 관한 논문 11편을 실었다. 이번 호에 실린 논문 중 특기할 만한 것은 현재 독일에서 현상학과 해석학 분야의 두 거장의 논문이 게재되었다는 것이다. 부퍼탈 대학의 클라우스 헬트(Klaus Held)와 보쿰 대학의 로디(F. Rodi) 교수가 그들이다. 이 두 편의 논문은 모두 한국현상학회에서 1994년과 95년에 각기 그들 자신에 의하여 처음으로 발표된 것이라는 점을 명기해 둔다.

1996년 5월
한국현상학회장 이영호

차 례

"현상학적으로 사유함"이란 무엇을 말하는가?

이 선 관

I. 들어가는 말

현상학은 20세기 전환기에 철학의 학문성에 대한 비판적 반성과 더불어 철학을 근본적으로 개혁하려는 문제상황뿐만 아니라, 또한 철학 이외의 다른 개별학문들에 있어서 그 이론적 기초를 새롭게 정립하려는 당시의 상황과 관련해서 일어난 철학적 운동이다.

철학의 경우, 이 운동은 특히 사변적 형이상학과 신칸트주의의 구성주의적 관념론 및 그 연역적 방법론을 거부하고, '직관의 참된 원천'과 '직관에 의한 본질의 통찰'에로 소급함으로써 철학의 전통적인 문제들과 개념들을 해명하고 해결하려고 한다. 이 운동에 참여한 초기 현상학자들은 이러한 방법적 절차에 의해서 철학이 원리적으로 개혁 내지 변형될 수 있다고 기대했다. 이들의 공통된 연구의 지표는 다름아닌 '사상 (事象) 그 자체에로 돌아가라'(Zurück zu den Sachen selbst !)는 구호로 특징지워진다. 이 구호는 당시 주관주의, 구성주의, 심리학주의(Psychologismus)에 반대하고, 객관 그 자체에로 전환하려는 시도로 이해되었다. 이러한 사정은 라이나하(Adolf Reinach)가 "현상학적 봄(眼)"과 "현상학적 태도"를 현상학의 본질적 특성으로 파악한 데에서 쉽게 알 수 있다. 즉 현상학적 태도는 사상 그 자체에로의 직접적인 접근을 가능하게 하고, 현상학적 봄은 사상 그 자체에서 본질의 직관, 본질의 인식, 본질의 통찰을 가능하게 해준다는 것이다.[1] 이와 같이 현상학 제 일세대에 속하는 젊은 현상학자들에게 있어서 현상학은 사변적-주관적-구성적 관념의 세계로부터 객관 및 본질 그 자체에로의 전환을 가능하게 해주는 새로운 철학적 방법이었다. 말하자면 현상학은 본질을 통찰하는 순수한 직관방법으로 이해되었다. 그런데 여기에 다음과 같은 물음이 있게 된다. 즉 현상학에 대한 이러한 이해가 과연 후설(Husserl)의 현상학적 철학의 본질적 의미를 설명해 주는 것인가 하는 물음이다. 이 물음은 결국 후설의 현상학적 사유를 올바르게 이해하는 데에 기여할 것이다.

후설에게서 직관의 원리는 우선 그의 이른바 "모든 원리들 중의 원리"[2]에서 잘 나타나고 있다. 이 원리에 의하면, "원본적(原本的, originär)으로 부여하는 모든 직관이 인식의 권리 원천이며", 그리고 "우리의 직관에 원본적으로…나타나는 모든 것은 그 자체 주어지는 것으로서…그대로 받아들여져야 한다"는 것이다. 이것은 원본적—즉 현재의 양태에서 직접적—인 직관과 이 직관에서 직접적으로 나타나는 원본적인 소여가 모든 인식, 모든 합리적 주장과 언명의 기초가 된다고 하는 직관의 원칙을 의미한다. 이 직관의 원칙으로부터 현상학자가 따라야 할 규범이 이해될 수 있는데, 그것은 말하자면 직접적으로 그 자체 주어지는 것 이외에는 어떠한 것도 요구하지 말고, 그 자체를 직접적으로 보지 못한 것에 대해서는 어떠한

---

1) A. Reinach, *Was ist Phänomenologie?* Mit einem Vorwort von Hedwig Conrad-Martius. München 1951, S. 21, 50, 53.

2) Husserl, *Ideen zu einer reinen Phänomenologie und phänomenologischen Philosophie.* Erstes Buch. Den Haag 1950 (이하 "Ideen I"으로 약기함), S. 52.

것도 타당하다고 간주하지 말고 또 언명하지도 말라는 것이
다. 3)

'모든 원리들 중의 원리'에서 표명되는 직관의 원칙에 의하
면, 순수한 직접적인 소여를 넘어서는 사념 (思念)과 물음들을
배거 (排去, ausschalten)하고, 직접적으로 보여지는 것, 즉
모든 원본적 소여를 있는 그대로 취하는 것이 중요하다. 그러
나 여기에서 유의해야 할 것은 모든 현재적 (顯在的, aktuell)
직관에는 이것과 이미 함께 수행된 직관들이 더불어 작용하고
있다는 것이다. 달리 표현하면, 모든 현재적 직관(혹은 지각)
은 "배경직관의 장(場)"(einen Hof von Hintergrundans-
chauungen), 곧 배경적 의식체험의 지평을 가지고 있다. 4)
이것은 직관에서 직접적으로 나타나는 '자기소여'(Selbst-
gegebenheit)라는 것이 사실은 의식 (직관)의 지평적 구조없
이는 생각할 수 없다는 것을 의미한다.

지평이란 객관적으로 존재하는 공간 안에서 발견할 수 있는
사물들이나 그리고 그 성질들의 구조가 아니라, 의식과 의식
대상과의 필연적인 상관관계에 근거해서 타당한 의미를 가질
수 있는 소여방식들(Gegebenheitsweisen)의 구조를 말한다.
개개의 소여는 "한 지평의 방식에서의 소여"(Gegebenheit…
im Wie eines Horizontes)이며, 그리고 지평에는 또 그 이
상의 지평들이 함축되어 있게 마련이다. 이러한 점에서 볼
때, 직관은 "일치와 자기확증에서 계속 발전하는 경험"이라고
할 수 있다. 5) 직관은 완결적 (abschließbar)인 것도 또 완성

3) *Ideen I*, S. 142 ; Husserl, *Cartesianische Meditationen und Pariser Vorträge.*
Den Haag ²1973(이하 "CM"으로 약기함), S. 9.
4) *Ideen I*, S. 77. 이 배경적 직관들이란 사실 현재적 직관의 수행 때 "함께 직관되
는, 대상의 배경에 있는 모든 것"(all dem, was in der Tat in dem mitange-
schauten gegenständlichen 'Hintergrund' liegt)에 관한 의식체험을 말한다.
5) *Ideen I*, S. 77 ; Husserl, *Die Krisis der europäischen Wissenschaften und die*

14

적(vollendbar)인 것도 아니며, 직관―그리고 모든 종류의
의식―은 그 자체에 목적론적인 구조를 가지고 있다. 직관의
확증과 반증의 과정은 단순한 사념으로서의 인식이 부단히 충
실화(Erfüllung)되어 가는 과정을 말하며, 그리고 이 충실화
의 과정은 '목적'(Telos)으로서의 '객체 그 자체'(das Objekt
selbst)에 도달하려는 데에 있다. 이러한 인식작용의 과정은
"이성의 작용(Vernunftleisten)의 목적론적 과정" 이외의 어
떠한 것도 아니다. [6]

후설은 인식비판의 수행에서 사실 직관과 직관의 원리를 강
조한다. 그러나 여기에서 우리는 그가 말하는 직관의 문제가
사실은 현상학적 사유를 이끌어 가는 현상학적 근본주의
(Radikalismus) 정신과 본질적으로 결부되어 있다는 것에
유의해야 한다. 현상학의 근본주의 정신은 말하자면 어떠한
견해나 이론 혹은 입장도 이성적 비판없이 철학적 사유의 시
원(始原, Anfang)으로 수용하지 말고, 그리고 또 어떠한 연
구방법도 비판적 성찰없이 허용하지 말라는 에토스를 말한다.
여기에서 중요한 것은 새롭게 형성되는 철학(엄밀한 의미에서
절대적으로 기초지워진 철학)의 시원으로서 절대적 소여(所
與)의 "연구영역"(Arbeitsfeld)을 획득하는 일이다. [7] 이와
같이 현상학에서 '원본적으로 부여하는 직관'의 강조는 사실
철학적 사유의 시원의 문제와 관련되어 있으며, 그러므로 현
상학이 직관을 강조한다는 것은 철학의 본질에 속하는 "비판

----

transzendentale Phänomenologie. Den Haag 1962(이하 "Krisis"로 약기함),
     S. 267.
  6) EP I, S. 80 f.
  7) Husserl, "Philosophie als strenge Wissenschaft", Logos, Bd. 1, 1910/11(이하
     "Logos"로 약기함), S. 340, 340/1 ; Husserl, Zur Phänomenologie des in-
     neren Zeitbewußtseins(1893-1917). Den Haag 1966(이하 "Zeitbewußtsein"
     으로 약기함), S. 346 ; Husserl, Erste Philosophie(1923/24), 2. Teil. Den
     Haag 1959(이하 "EP II"로 약기함), S. 39 참조.

적 태도의 고유한 보편성"[8]이라는 관점에서 이해되어야 한
다. 더 나아가 현상학적 근본주의 정신은 "일시적인 것, 불완
전한 것, 완성되지 않은 것에 만족할 수 없고, 오히려 이념의
영원한 극(極)을 향해서 매진하려는"[9] 데에 그 적극적인 의
미가 있다. 이것은 말하자면 엄밀한 학문으로서의 철학의 문
제와 아울러 인식의 정당성 내지 정초의 문제와 관련해서 "궁
극적인 것에로까지 소급해 가려는"[10] 의지의 표현으로서, 이
를테면 끊임없이 비판적으로 역행하는 반성(iterativ-kritisch
-regressive Reflexion)의 과정을 의미한다. 이러한 사실로
부터 명백해지듯이, 현상학에서 언급되는 직관 혹은 직관주의
는 "비판적 반성을 매개로 해서", "이성의 비판적 해명과 평
가를 통해서"[11] 비로소 그 정당한 의미를 가지게 된다. 그러
므로 후설의 현상학적 직관주의—그리고 인식비판—는 오로
지 직관에만 절대적 의미를 부여하는 독단적 직관주의를 결코
함의하지 않는다.[12]

위에서 고찰된 내용으로부터 우리는 후설의 현상학적 사유
가 라이나하를 포함한 초기의 현상학자들의 현상학에 대한 이
해와 다르다는 것을 알 수 있다. 그러면 후설에게서 "현상학
적으로 사유한다"(phänomenologisch denken) 혹은 "현상
학적으로 철학을 한다"(phänomenologisch philosophieren)

---

8) Krisis, S. 333.
9) EP II, S. 17.
10) EP II, S. 10 ; Ideen I, S. 192 참조.
11) Logos, S. 289/90, 333.
12) 현상학적 사유의 추진력으로 작용하고 있는 근본주의 정신에 대한 올바른 이해
가 결여되어 있을 때, 우리는 현상학의 직관(혹은 본질직관)이 마치 철학의 모든
문제들을 해결해 주는 보편적 수단인 것처럼 생각하고, 본질직관의 방법에 어떤
절대적 의미와 확실성을 부여하는 일종의 소박한 독단론에 빠질 수 있다. 그 예를
우리는 헤센(J. Hessen, *Lehrbuch der Philosophie*. Erster Band : Wissens-
chaftslehre. München-Basel ²1950(¹1947), S. 238 f 참조)에게서 볼 수 있다.

는 것은 무엇을 의미하는가? 이 물음의 올바른 이해는 본질
적으로 그의 현상학적 철학의 궁극적 지향목표가 어디에 있는
가를 고찰함으로써 가능할 수 있다.

II. 철학의 학문성에 대한 새로운 성찰

'현상학'이라는 용어는 20세기 전환기에 유행어가 되었고,
특히 철학을 근본적으로 개혁해서 세계를 새롭게 고찰하려는
사람들에게는 매우 매혹적인 말이었다. 오늘날 우리가 거의
주목하지 않고 있지만, 현상학이라는 말은 당시에 철학, 심리
학, 그리고 자연과학의 영역에서 널리 사용되고 있었다.[13] 예
를 들어 신칸트주의의 서남 도이치 학파의 수장인 빈델반트
(Wilhelm Windelband), 철학자이며 심리학자인 쉬툼프
(Carl Stumpf), 분석심리학을 철학 일반의 기초학문이라고
주장하는 뮌헨의 철학자 립스(Theodor Lipps), 그리고 물리
학자이며 철학자인 마하(Ernst Mach) 등등이 그 대표적인
학자들이다. 빈델반트와 쉬툼프에게 있어서 현상학은 지식의
문제와 관련해서 모든 학문의 공통적 지반이 되는 경험적 현
상들에 관계하는 학문으로 이해되었고, 그리고 마하는 현상학
을 이른바 사유경제학(Denkökonomie)의 프로그램에 따라
물리학에서 불필요한 비본질적인 부가물과 그리고 모든 형이
상학적 요소들을 제거하려는 새로운 방법적 사유로 파악했다.
　이와 같이 당시 널리 통용되었던 현상학이라는 용어는 사변
적인 것에 반대해서 경험을 통해 직접적으로 주어진 것, 즉

13) Vgl. E. W. Orth, "Der Terminus 'Phänomenologie' bei Kant und Lambert und seine Verbindlichkeit mit Husserls Phänomenologiebegriff", *Archiv für Begriffsgeschichte*, Bd. 26, 1982, S. 231 f. ; H. Spiegelberg, *The Phenomenological Movement. A Historical Introduction*, vol. 1. The Hague 1960, S. 8 f.

감각지각 또는 심적 체험내용들에 관한 이론적 작업으로 이해되었다. 사변적 주관주의, 구성주의, 심리학주의 등의 사유방식에 대해 강한 거부감을 가진 당시의 학문세계의 상황에서, 현상학이라는 말은 구체적 현상을 연구의 출발점과 대상으로 하는 새로운 학문적 사유의 대명사로 받아들여졌다. 이제 개별학문들은 개개의 특정한 물음의도에 따라 특정한 현상에 관한 학문들로 나타나게 된다. 즉 심적 현상에 관한 학문(심리학), 물리적 현상에 관한 학문(물리학), 역사적 현상에 관한 학문(역사학), 문화현상에 관한 학문(문화과학), 미적현상에 관한 학문(미학), 종교적 현상에 관한 학문(종교학)등등과 같이 특정한 현상에 관한 개별학문들이 성립될 수 있다.

후설의 현상학 역시 문자 그대로 "현상에 관한 학문"이라고할 수 있는데, 그것은 위에서 열거한 개별적 현상들, 즉 심적현상, 물리적 현상, 역사적 현상, 문화적 현상, 미적 현상, 종교적 현상도 연구의 테마로 삼을 수 있기 때문이다. 그러나후설은 자신의 현상학을 저 개별학문들에서 수행되는 통속적인 의미의 현상학으로부터 본질적으로 구별하려고 한다. 왜그는 그러한 구별을 요구하는가? 그리고 이 두 부류의 현상학을 서로 구별할 수 있는 본질적인 특성은 무엇인가?

후설의 철학적 사유의 전체 연관성으로부터 볼 때, 1913년에 발간된 그의 저서 『순수한 현상학과 현상학적 철학의 이념들』(*Ideen I*)은 그의 철학적 사유가 현상학적 방법을 통해 선험적 현상학으로 구체화되고 있음을 보여 주는 중요한 의미를가진다. [14] 우리가 흔히 간과하기 쉬운 것은, 후설이 이 저서

---

14) 『*Ideen I*』이 발간된 지 약 10년 후인 1924년 "칸트와 선험철학의 이념"에 관한
   논문에서 후설은 1913년의 저 저술에서 현상학을 현상학적 환원방법에 의해 하나
   의 독립된 학문, 즉 보편적 형상적 선험철학으로 정초하려고 했다고 회고한 적이

18

의 제목에서 '순수한 현상학'이라고 할 때, 그는 이 '순수한' (rein)이란 말을 어떠한 의미에서 사용하고 있는가 하는 것이 다. 그는 분명히 '순수한'이라는 형용사와 더불어 어떤 새로운 유형의 '현상학'을 구상하면서, 자신의 현상학을 통속적인 의미의 현상학과 구별하려고 함에 틀림이 없다. '순수한'이라는 말은 원래 '…로부터 자유로운, 벗어난'(frei von…)의 의미를 가진다. 그러면 후설은 무엇으로부터 자유로워지기를 요구하고, 무엇으로부터 벗어나기를 요구하는가?

통속적인 의미의 현상학은 그 학문적 노력을 이른바 '자연적 태도'와 '자연적 사유'의 지반 위에서 수행하고 있다. 이것은 ─아래에서 다시 고찰되겠지만─'세계는 지속적인 현실성으로서 자명하게 이미 주어져 있다'고 하는 세계의 존재에 대한 소박한 믿음과 그 믿음 위에서 수행하는 사유방식을 말한다. 일상생활과 학문적 생활에서 행해지는 모든 판단작용의 근저에는 자연적 사유가 익명의 방식으로 기능하고 있으며, 이 자연적 사유는 자연적 태도에서 유래하는 소박하고 무비판적인 존재신앙과 존재정립을 가정하고 있다. 통속적인 의미의 현상학은 이 근본적 가정을 독단적 편견으로 의식하지 못하고 있다. 철학은 진정한 의미의 '엄밀한 학문성'을 가지기 위해서 사실 저 가정을 무효화하지 않으면 안 된다. 후설의 현상학에서 '순수한'(rein) 혹은 '순수성'(Reinheit)이라는 말은 그 방법적인 의미에서 자연적 태도에서 비롯되는 존재정립에 기초한 모든 편견으로부터 벗어나는 것을 지칭한다. [15] 여기에서 우리는 현상학적 방법이 가지는 중요한 의미인 '태도의 변

있다(*EP I*, S. 233 f 참조).

15) Husserl, *Aufsätze und Vorträge*(1911-1921). Dordrecht 1987(이하 "AV" 로 약기함), S. 90. '순수한' 또는 '순수성'은 그 내용적인 면에서는 현상학적 방법에 의해서 획득되는 '절대적 의식체험의 영역'에 관련된다.

경'[16]—이른바 자연적 태도로부터 현상학적 태도에로의 변경
—을 보게 된다. 이렇게 해서 후설의 현상학에서 '현상'이라
는 개념은 자연적 사유의 지반으로부터 벗어나며, 그리고 바
로 이 점에서 '순수한' 의미를 가진다. 즉 현상이라는 개념은
통속적인 현상학이 기본적으로 가정하고 있는 '자연적 태도'와
는 "전적으로 다른 태도에서" 이해되는데, 이것은 달리 표현
하면 통속적인 의미의 현상들이 지금까지 가지고 있던 모든
의미가 새로운 현상학적 태도에 의해서 "특정한 방식으로" 변
양된다는 것을 의미한다.[17] 이제 그의 현상학은 통속적인 의
미의 현상학과 구별해서 "순수한 현상에 관한 학문"[18]이 되
며, 그의 현상학은 철학을 포함한 모든 학문수행에 근본적으
로 가정되어 있는 자연적 사유를 방법적으로 배거함으로써 전
적으로 새로운 유형의 현상학인 이른바 "선험적 현상학"[19]으
로 나타난다.

20세기 전환기에 사변적 형이상학, 통속적인 유물론, 실증
주의에 반대해서 철학을 '학문'(Wissenschaft)으로 새롭게
정초하려는 시도들이 철학에 있었다. 이러한 시도들을 쉬내델
바하(H. Schnädelbach)는 '철학의 복권'(Rehabilitierung
der Philosophie)이라는 명칭 아래에서 다음과 같이 분류하
고 있다: 1. 인식론으로서의 철학: 인식론이 철학과 과학(혹
은 학문)의 기초가 된다는 관점에서, 칸트의 비판적 사유에

---

16) 현상학적 방법의 의미에 관하여, 拙論, "현상학적 방법과 그 의의", 哲學硏究,
第32輯, 1993, 249-269쪽 참조.
17) *Ideen I*, S. 3.
18) *A V*, S. 82.
19) *Ideen I*, S. 73 f. 후설에 있어서 '현상학적' 혹은 '현상학'이라는 명칭은 세계(혹
은 우주)를 순수한 의식체험(주관성) 안에서 단순한 현상들의 총체로 변경시키는
보편적 사유태도와 그리고 그것에 기초한 모든 보편적 인식에 관계되는 것을 의미
한다. Husserl, *Phänomenologische Psychologie. Den Haag* 1968(이 하
"Phäno. Psycho."으로 약기함), S. 445 참조.

근거해서 철학을 인식론으로 정초하려는 시도이며, 여기에는
一생리학적, 형이상학적, 실재론적, 논리적이고 방법론적인,
심리학적 그리고 상대주의적인 칸트 해석들을 포괄하는一넓
은 의미의 신칸트주의 (Neukantianismus)의 철학자들이 속
한다. 2. 영역의 학문(Bereichswissenschaft)으로서의 철학 :
(i) 로체 (Lotze)와 빈델반트의 가치학 : 가치의 양태는 존재
가 아니라 타당성이며, 그리고 이 타당성의 영역은 개별학문
들이 아니라 철학의 고유한 연구영역이다. 이 입장에서는 철
학이란 '타당성의 이론'(Geltungstheorie)으로, 그리고 철학
의 방법은 '타당성의 반성'(Geltungsreflexion)으로 규정될
수 있다; (ii) 후설의 현상학 : 후설의 엄밀한 학문으로서의 철
학은 에포케의 방법적 절차를 통해서 '주어진 현상들'만을 기
술하며, 이 현상의 영역이 현상학적 탐구에 속하고, 저 엄밀
한 학문으로서의 철학은 바로 이 영역에서 수행된다. 3. 지식
및 학문의 종합(Wissens-und Wissenschaftssynthese)으로
서의 철학 : 분트(W. Wundt)에 의하면, 철학은 개별학문들
에 의해서 매개된 인식들을 모순되지 않게 창조적으로 체계화
하는 '학문의 종합'이어야 한다는 것이다. 이러한 종합의 결과
는 지식들의 단순한 총계가 아니라, '귀납적 형이상학'이라고
도 부르는 지식의 새로운 형태라고 한다. 이외에 20세기 전반
기에 새로운 존재사유를 통해서 철학의 복권을 시도한 유형으
로 하이데거 (M. Heidegger)의 기초적 존재론과 하르트만
(N. Hartmann)의 비판적-실재론적 존재론을 들 수 있다. [20]

그러나 우리는 여기에서, 철학의 새로운 정초문제와 관련해
서, 후설의 '철학의 엄밀한 학문성'에 관한 요구를 이를테면
자연적 사유의 지반 위에서 수행되는 다른 철학적 내용들과는

---

20) H. Schnädelbach, *Philosophie in Deutschland, 1831-1933*. Frankfurt/M.
1983, S. 131 ff, 248 ff.

본질적으로 구별해야 한다. 쉬내델바하에게는 사실 '엄밀한 학문으로서의 철학'의 이념과 그리고 '방법의 근본적 엄밀성'의 요구가 무엇을 의미하는가에 대한 이해가 결여되어 있다.

현상학은 철학을 '학문적 철학'(eine wissenschaftliche Philosophie)으로 새롭게 정초하려는 하나의 새로운 철학적 사유로 특징지워진다. '엄밀한 학문으로서의 철학'의 이념은 후설의 철학적 사유를 관통하고 있는 강렬한 내적인 동인이다. 이 이념은 철학의 방법 역시 근본적으로 엄밀해야 한다고 요구하며, 이러한 방법의 엄밀성의 요구에 의해 현상학적 에포케($\epsilon\pi o\chi\eta$) 혹은 환원(Reduktion)이라는 방법이 나타나게 된다. 후설은 이 새로운 방법적 이념의 요구가 '철학의 학문성'에 대한 요구에 상응한다고 확신하고 있다. 왜냐하면 이 현상학적 방법은 '자연적 사유'를 '선험적 사유'에로의 전환을 가능하게 해주기 때문이다. 이러고 보면, 『이념들 I』(Ideen I)의 표제에서 '순수한 현상학과 현상학적 철학'은 명백하게 선험적 현상학의 형태를 띠게 되고, 이러한 형태의 현상학은 말하자면 "철학의 근본학"으로 규정될 수 있다. [21]

III. 인식비판적 반성

후설의 첫 공간된 저작인 『산술철학』(Philosophie der Arithmethik, 1891)의 중심문제는 수(數, Anzahl) 개념의 원천을 밝히려는 데에 있다. 그런데 수의 개념은 사실 다(多, Vielheit)의 개념과 밀접한 관계를 가진다. 특정한 수가 언급될 때에는 언제나 다가 언급되고, 또 다가 언급될 때에는 특정한 수가 언급되게 마련이다. 이와 같이 이 두 개념은 사실

---

21) *Ideen I*, S. 3.

동일한 구체적 현상을 말한다. 그러나 특정한 수들, 이를테면
2, 3, 4, 등의 수들은 "어떤 방식으로 규정되지 않은 다(多)라
는 개념의 한정태(Determinationen)"[22]라고 할 수 있다. 실
제로 우리는 어떤 종류의 많은 것(多)을 접하게 되면, 그것이
몇 개인가 묻게 되고, 그 다음에 그 물음의 답으로서 특정한
수를 말하게 된다. 이러한 점에서 수의 개념의 분석은 다의
개념형성의 원천에 대한 분석을 가정하고 있다고 하겠다. 그
런데 '수'나 '다'는 사실 특정한 객체들, 즉 특정한 구체적 표
상내용들의 추상화를 통해서 성립된다. 이때 수행되는 "추상
화 작용"(Abstraktion)은 심적 행위(psychische Akte)에
귀속되는 이른바 "집합적 결합"(kollektive Verbindung)을
말한다. [23] 이 결합작용은 표상내용에 있는 것이 아니라, 다만
심적 행위 안에 있으며, 이 심적 행위가 내용들을 통합하고
결합한다. 즉 표상내용들은 심적 행위 안에서 "총괄적인 것"
(Inbegriff)으로 "함께 사유된다"(zusammengedacht). [24]
이렇게 후설은 '수'와 '다'의 개념 및 그 원천을 심리학에 기초
해서 해명하려고 시도했다. 이러한 사유의 경향성은 19세기
후반에 강한 영향력을 가졌던 심리학주의로 특징지워진다. 사
실 후설은 『산술철학』에서 논리학 일반과 그리고 연역적 학문
들―예컨대 수학 등―의 철학적 해명이 심리학을 통해서 가
능하다고 확신했었다. [25]

---

22) Husserl, *Philosophie der Arithmetik*. Mit ergänzenden Texten
    (1890-1901). Den Haag 1970(이하 "PA"로 약기함), S. 15.
23) PA, S. 16 ff.
24) PA, S. 73.
25) Husserl, *Logische Untersuchungen*. Erster Band : Prolegomena zur reinen
    Logik. Tübingen ⁵1968(¹1900) (이하 "LU I"로 약기함), S. VI f.
    당시의 논리학―또한 연역적 학문―이 아직 진정한 학문의 지위를 가지지 못했
    다고 한다면(LU I, S. V), 그것은 이론과 방법과 관련해서 논리학이 심리학에 의
    존하고 있다는 데에서 그 이유를 찾을 수 있다. 논리학은 사유에 관한 이론

그런데 사유내용(Denkinhalt)은 심적인 사유행위(Denka-
kt)와 전적으로 다른 것이 아닌가? 말하자면 사유내용은 사
유행위에 의해서 파악될 수 있으며, 그런 한 이 양자는 서로
전적으로 구별되어야 할 것이 아닌가? 사실 후설은 사유의
심적인 행위와 그 연관성으로부터 사유내용의 논리적 통일성
(혹은 객관성)이 어떻게 획득될 수 있는가에 대해 회의를 하
며, 또 더 나아가 그는 논리학을 심리학적으로 정초할 경우
수학과 모든 학문들의 이론적 통일성으로서의 객관성이 어떻
게 설명될 수 있는가에 대해서 비판적으로 반성한다. [26)]

심리학주의적 논리학자들에 의하면, 논리학은 올바른 판단
혹은 사유의 기술론(技術論, Kunstlehre)이고, 심리학의 과
제는 사유의 인과적 자연법칙을 연구하는 데에 있으며, 따라
서 논리학의 이론적 기초는 심리학에 있다. 이와 같이 논리학
의 심리학에 대한 관계는 토지 측량술의 기하학에 대한 관계
와 같다는 것이다. 심리학은 의식의 과정들 상호간의 실재적
연관성을 그 인과적 원인과 결과에 따라 밝히려는 경험과학이
다. 심리학의 법칙성은 사실 귀납법에 의한 경험의 애매한 일
반화, 즉 사유의 애매한 규칙들에 지나지 않으며, 정확성을
결여한 경험법칙의 성격을 가진다. 그러나 논리적 법칙은 심
리학의 경험적 법칙성과는 달리 절대적으로 확실하고, 아프리

(Lehre von Denken)으로 규정되고, 사유 및 사유의 주체는 심리학의 대상이 되
며, 따라서 논리학의 철학적 해명은 심리학에 근거해야 한다는 심리학주의가 당시
에 널리 퍼져 있었다. 심리학주의의 사유방식에 의하면, 심리학은 논리학 및 수학
의 영역뿐만 아니라, 더 나아가 모든 철학의 기초가 된다는 것이다. 20세기 전환
기에 특히 도이치 철학에서 심리학주의의 극복은 중요한 문제로 등장한다.
후설의 현상학적 사유의 형성과 관련해서 논리학과 심리학과의 관계에 관하여 E.
Ströker : Einleitung zur Studienausgabe von E. Husserl, V. Logische Unter-
suchung. Hamburg 1975, S. IX ff 참조, 그리고 심리학주의의 본질적 특성과 그
문제성에 관하여, J. Hessen, a. a. O., S. 88 ff, 188 참조.
26) LU I, S. VII.

24

오리 (apriori)하게 타당하며, 그리고 심적인 삶(활동들)의 사실적 내용(Tatsachengehalt)이 아니라 진리의 내용(Wahr-heitsgehalt)에 관계되는 이념적 법칙이다. [27] 진리는 사실이 아니고 또 사실적 경험의 공재적-계기적 (koexistent-sukzes-siv) 시간에 의해서 규정될 수 있는 것이 아니다. 예를 들어 '2×2=4'라는 판단행위는 확실히 인과적으로 규정될 수 있지만, 그러나 이 판단의 진리(즉 참된 판단내용)는 그렇지 않다. 참인 것은 절대적이고, 그 자체가 참이다. 진리는 언제나 동일한 하나이다. 논리적 법칙의 진리는 이념적 통일성에서의 진리를 말한다. [28] 이렇게 『산술철학』에서 논리학(및 학문)을 심리학주의적 입장에서 해명하려고 한 것과는 달리 심리학주의를 철저하게 논박하는 『논리연구』에서 후설은 "순수논리학"을 "진리의 고유한 영역"으로 파악한다. [29]

이제 우리는 새로운 물음 앞에 서게 된다. 어떻게 논리적 인식의 객관성(이념적 통일성) 그 자체가 우리에게 나타나는가? 이 물음은 인식의 객관성 혹은 이념성 그 자체에로의 접근에 관한 물음이다. 심리학주의의 논박으로부터 명백해지듯이, 논리적 진리내용은 심적 행위에로 해체될 수 없다. 말하자면 저 진리내용은 심적 활동(행위)의 과정에 종속되지 않는다. 그렇다고 해서 진리내용이 진리체험으로부터 전적으로 독립해 있다는 것은 아니다. '2×2=4'라고 하는 순수하고 동일한 판단내용(진리내용)은 그것의 판단체험(진리체험)과 관련해서 비로소 가능할 수 있다. 후설에 의하면, 인식의 객관성 혹은 이념성 그 자체는 사유에서 산출되는(erzeugt) 것이 아니라, 사유에서 사념되는(gemeint) 것이다. 달리 표현하면

---

27) LU I, §§ 21-24 참조.
28) LU I, § 36 참조.
29) LU I, S. 60.

그것은 사유(혹은 인식)행위에 "원본적으로 주어져 있고" (originär gegeben), 인식에서 그 자체 현재하는 것으로 파악된다. [30] 이것은 논리적 이념들뿐만 아니라 모든 학문들의 진리내용이 주관적인 사유체험 및 그 흐름에로 소급되어야 한다는 것을 의미한다.

이러한 문제상황과 관련해서, 우리는 여기에서 다음과 같은 사실에 유의해야 한다. 즉 대상의 자체존재(An-sich-sein)가 다양한 사유행위 안에서 동일한 통일성(즉 의미)으로 알려질 정도로, 사유와 대상은 본질적으로 서로 연관되어 있다는 것이다. 논리적 인식을 포함한 모든 학문의 인식문제를 철학적으로 해명하려는 과정에서 이제 인식론의 기본적인 물음이 제기된다. 즉 인식의 객관성 그 자체가 표상되고, 또 인식에서 파악된다는 것이 어떻게 이해되어야 하는가? 대상이 인식에서 그 자체로서 주어진다는 것은 무엇을 말하는가? 인식의 객관성과 이념성이 어떻게 주관적, 심적 인식체험의 흐름에로 들어와서 인식 수행자에게 인식내용으로 주어질 수 있는가? 이러한 물음은 특히 "인식작용의 주관성과 인식내용의 객관성과의 관계에 대한 비판적 반성"에 관련된다. [31]

후설의 현상학은 논리적 이념들—예컨대 개념과 대상, 진리와 명제, 사실과 법칙 등—의 철학적 해명이라는 문제의식이 논리학의 본질에 관한 문제영역을 넘어서 인식 일반의 본질과 그리고 인식이론의 새로운 정초에 대한 비판적 반성에로 전개되면서 비로소 시작된다.

근대철학에서 보듯이, 전통적인 인식론은 인간과 자연, 자

---

30) LU I, S. 132, 190.
31) Husserl, *Logische Untersuchungen*. Zweiter Band : Untersuchungen zur Phänomenologie und Theorie der Erkenntnis. 1. Teil(이하 "LU II/1"로 약기함), S. 8 참조 ; LU I, S. Ⅶ.

26

아와 세계, 주관과 객관, 내재와 초월의 서로 대립되는 이원
성의 형이상학적 도식 위에서 전개된다. 특정한 형이상학적
입장에 따라, 합리론적 인식이론은 사유하는 자아를, 경험론
적 인식이론은 자아 밖에 있는 현실성(혹은 외적 세계)을 실
제로 존재하고 또 이미 자명한 것으로 가정하고 있다. 이 인
식이론들은 자신의 형이상학적 입장에 대해서 맹목적이며, 그
리고 바로 이 점에 있어서 자신의 이론적 작업에 이미 독단적
소박성을 지니고 있다고 할 수 있다. 인식이론이 저 독단적인
가정 위에서 인식의 가능성을 해명하려고 한다면, 그것은 그
야말로 불명료하고 모순투성이의 이론들과 끝없는 논쟁의 무
대 이외의 어떠한 것도 될 수 없다. 인식론의 새로운 정초를
의도하고 있는 후설은 철학적 사유의 저 독단적 소박성, 그리
고 동시에 이것을 극복하기 위한 갖가지 불명료하고 수미일관
하지 못한 시도들에 대한 비판적 반성을 수행하지 않을 수 없
다.

후설의 인식비판적 반성은 인식론 연구의 기본적 원리로서
"무 가 정 성 의   원 리"(Prinzip der Voraussetzungslosig-
keit)[32]를 제시한다. 이 원리는 새로운 인식이론 연구의 시원
(Anfang)으로서 절대적 지반을 획득하려는 방법적 요구의 의
미로 이해될 수 있다. 여기에서 말하는 "절대적 지반"이란
"모든—통속적 의미에서 '자명한'—가정들의 가정"(Voraus-
setzung aller im gemeinen Sinn 'selbstverständlichen'
Voraussetzungen)으로서, 이 가정(Voraussetzung)은 남김
없이(restlos) "절대적으로 통찰될 수 있는 가정"이 되지 않
으면 안 된다.[33] 이 가정은 종래의 인식이론의 가정들처럼 독

---

32) LU II/1, § 7, S. 19.
33) Husserl, *Ideen zu einer reinen Phänomenologie und phänomenologischen
Philosophie*. Drittes Buch. Den Haag 1971, S. 160 f.

단적인 것이 아니라, 그것은 이제 더 이상 그 배후로 소급해
갈 수 없는, 그렇지만 그 자체 순수한 명증성에서 통찰될 수
있는 가정을 말한다. 바로 이 점에서 이 가정은 절대적인 의
미를 가지며, 모든 소박한 형이상학적 가정들을 규명해 주는
기초가 된다. 따라서 이 절대적인 의미에서의 가정은 저 소박
한 독단적인 가정에 대해서 선험적 가정 (transzendentale
Voraussetzung)으로 특징지울 수 있다.

   새롭게 시작하는 인식이론은 저 무가정성의 원리에 따라 직
접적인 통찰에 속하지 않는 모든 편견, 말하자면 자아나 외적
세계가 실제로 존재한다고 요구하는 철학적 입장으로부터 벗
어나야 한다. 직접적이고 명증적으로 주어지는 것이 모든 인
식이론의 출발점이 되어야 한다. 우리에게 직접적으로 주어지
는 것은 자아 그 자체나 또 자아 밖의 외적 현실성 그 자체가
아니라, 사실은 자아에 대한 의식 (Ich-Bewußtsein)과 외적
세계에 대한 의식 (Welt-Bewußtsein)이다. 자아나 외적 세
계의 자체존재라고 하는 것은 사실 직접적인 소여가 아니라,
의심스러운 것의 인덱스에 지나지 않는다. 일상생활에서나 학
문의 영역에서 자명한 것으로 믿어 왔던 것, 즉 자아 혹은 세
계의 존재에 대한 믿음이 타당한 것이 아니라면, 무엇이 확실
한가? 엄밀한 의미에서 더 이상 의심의 여지가 없고 또 직접
적으로 확실한 것은 사실 의식체험 이외에는 아무것도 없다.
따라서 근본적인 인식이론은 모든 편견 (혹은 선입견)의 배후
에 있는 명증적인 소여로서 "직접적인 체험", 이를테면 사유
체험이든 인식체험이든지간에 "의식체험" (cogitationes)과 더
불어 시작해야 한다. [34] 이 의식체험의 절대적 소여가 심리학

---

34) Husserl, *Erste Philosophie* (1923/24), 1. Teil. Den Haag 1956 (이하 "EP I"
   로 약기함), S. 352, 378 f ; Husserl, *Die Idee der Phänomenologie*. Den
   Haag ²1973 (이하 "Idee"로 약기함), S. 4 ; Zeitbewußtsein, S. 346 ff.

의 의미에 있어서 심적 현상의 존재와 동일시되어서는 안 된
다. 이 구별은 현상학적 의미의 순수성을 가능하게 해주는 현
상학의 환원방법의 수행을 통해서 비로소 이해될 수 있다.

전적으로 새로운 그리고 근본적인 인식이론에로의 길은 이
미 위에서 보았듯이 논리적 심리학주의의 논박을 통해서 열리
게 된다. 여기에서 우리가 유의해야 할 것은 후설이 심리학주
의를 비판하고 그것으로부터 탈피를 주장한다고 해서 곧 객관
주의에로의 전환을 의미하는 것이 아니라는 것이다. 인식내용
(혹은 진리내용) 그 자체는 인식체험(혹은 진리체험)과 본질
적으로 연관되어 있다. 그래서 후설은 『논리연구』의 5편("지
향적 체험과 그 내용에 관하여")과 6편("인식의 현상학적 해
명의 요소")에서 의식행위의 본질적 구조를 해명하려고 한다.
그러나 이 연구가 심리학주의나 주관주의에로의 회귀를 뜻하
지는 않는다. 사실 후설은 주관주의에 관하여 적극적으로 언
급하고 있지만, 그러나 이 말은 마치 사유(지각)에 독립해 있
는 사물(외부세계)은 존재하지 않고 그 존재는 다만 지각될
때에만 성립한다거나(버클리[Berkeley]) 또는 모든 인식내용
(대상)은 사유에 의해서 산출된다는(신칸트주의의 마르부르크
학파) 것과 같은 의미를 가지지 않는다. 그의 주관주의는 현
상학의 독특한 상관주의(Korrelativismus)의 의미에서 이해
되어야 한다. 현상학적 상관관계(Korrelation)가 무엇인가
하는 것은 아래에서 언급될 것이다.

인식비판적 반성은 우리를 절대적 소여의 시원에로 이끌어
감으로써, 현상학적 사유의 고유한 연구영역에로의 길을 열어
준다. 이러한 의미에서 인식비판은 엄밀한 학문으로 나타날
현상학의 기술론(技術論)이라고 할 수 있다. [35]

35) Husserl, Idee, S. 46 ; G. Funke, "Lebenswelt, praktisches Wissen und
Praktik bei Husserl", in : E. Ströker (Hrsg.), *Lebenswelt und Wissens-*

IV. '사상 그 자체에로!'의 현상학적 의미

'사상(事象) 그 자체에로 돌아가라'는 구호는 당시 도이치 철학계에 강한 영향력을 가지고 있던 신칸트주의의 철학적 경향을 거부한다는 의미를 가진다. 당시 신칸트주의의 대표적인 철학은 논리주의적-방법론적 방향의 마르부르크 학파(코헨 〔Cohen〕, 나토르프〔Natorp〕, 카시러〔Cassirer〕)와 가치론적-방법론적 방향의 서남 도이치 학파(빈델반트, 리케르트 〔Rickert〕, 라스크〔Lask〕)였다. 인식론적인 경향성을 지니고 있는 이 두 학파는 다 같이 칸트의 비판주의적 입장을 받아들이며, 경험적 및 사변적 독단론을 배격하고, 그리고 보편적인 법칙과 근거가 경험을 통해서가 아니라 사유에 의해서 인식된다고 주장한다. 대상과 가치라고 하는 것은 모두 사유의 구성물에 지나지 않는다. 중요한 것은 사유(Denken)와 타당성(Geltung)이며, 특정한 내용과 질료적인 것은 배제된다. 이러한 철학적 사유의 특성은 "위로부터의 이론적 구성" (theoretische Konstruktion von oben)으로 규정될 수 있다. [36] 현상학적 운동의 저 구호는 직접적으로는 바로 이 신칸트주의 철학의 공허한 형식주의, 구성주의, 주관주의적 사유방식을 비판하고 배격하는 의미를 가진다.

이상의 고찰내용으로부터 볼 때, 현상학적 운동의 저 구호는 최상의 원리(혹은 타당성의 원리)로부터 모든 것을 해명하

---

chaft in der Philosophie Edmund Husserls. Frankfurt am Main 1979, S. 53 f 참조.

36) B. Waldenfels, *Einführung in die Phänomenologie.* München 1992, S. 12, 18.
　신칸트주의 이 두 철학적 경향에 대해서, 尹明老, 『現象學과 現代哲學』(文學과 知性社, 1987), 311쪽 이하 참조.

려고 하는 '위로부터의 철학'(Philosophie von oben)에 대항해서, 학문적 사유를 직접적인 경험으로부터 시작하는 '아래로부터의 철학'(Philosophie von unten)을 지향한다고 하겠다. 학문적 노력의 무게중심이 이제는 이념과 사변이 아니라, 경험과 직관에 있게 된다.

이러한 사유양식이 사실 우리에게 그렇게 새로운 것은 아닌 것 같다. 왜냐하면 경험주의적 철학이 바로 이러한 학문적 동기에서 비롯되기 때문이다. 경험주의적 자연주의 역시 일종의 근본주의적 특성을 가진다고 할 수 있다.[37] 이때 근본주의란, 마치 베이컨(Bacon)이 자연을 올바르게 인식하기 위해서 과거 철학의 전통 및 권위의 지배와 그리고 인습에서 비롯되는 편견들로부터 벗어날 것을 요구하듯이, 모든 우상(편견) — 전통, 미신의 힘 — 에 대해서 자율적 이성의 권리를 주장하려고 하는 인식의 프락시스에 관계된다. 사상(事象)에 대해서 학문적으로 판단한다는 것은, 곧 사상 그 자체에로 소급해서, 사상을 그 자기소여에서 묻는 것을 말한다. 달리 표현하면, 모든 학문은 경험으로부터 출발하고, 학문적 인식은 직접적인 경험에 기초해야 한다는 것이다. 그러나 경험론자의 이러한 주장에는 원리적인 오류가 내포되어 있다. 즉 '사상 그 자체에로!'라는 현상학적 구호의 요구가 말하자면 '경험을 통해서 모든 인식을 정초해야 한다'는 경험주의적 철학의 요구로 잘못 이해되고 있다는 것이다. 자연주의자는 통상적인 의미의 감각경험이 사상 그 자체를 부여하는 행위(Akt)라고 생각한다. 그러나 저 구호가 지시하는 사상(Sachen)이란 사실 자연적 사물(Natursachen)이 아니다. 자연적 사물에 관계하는 것은 근대과학에서 말하는 감각경험이다. 따라서 우리는 현상

---

37) 이하 내용과 관련해서, Ideen I, § 19, S. 42 ff 참조.

학적 구호의 요구를 경험주의적 철학의 방법적 요구와 혼동해
서는 안 된다.

 이미 서두에서 언급한 바 있는 '모든 원리들 중의 원리'는
'사상 그 자체에로!'라는 구호의 의미를 이해하는 데에 중요
하다. 저 원리는 모든 인식의 기초가 되는 '원본적으로 부여
하는 직관', 말하자면 어떤 사태나 현상에 간접적으로가 아니
라 직접적으로 관계하는 직관에로의 소급을 요구한다. 후설에
의하면, 참된 철학자는 이 '모든 원리들 중의 원리'에 따라서,
위로부터 사상과 관계없는(sachfremd) 구성이나 착상을 추
구하지 말고, 모든 인식을 궁극적인 근원, 즉 통찰된 원리로
부터 길어 내며, 그리고 그 자체 명료하게 보여진 것, 즉 원
천적인 것―이것이야말로 모든 이론에 앞서 있는 것이고 또
궁극적인 규범을 부여하는 것임―에 그 권리를 허용해야 한
다.³⁸⁾ 이것은 곧 철학의 시원문제와 관련해서 직각적 방법
(intuitive Methode)이 요구된다는 것을 의미한다.

 경험주의적-자연주의적-실증주의적 철학자가 주장하듯이,
단지 감각적으로 보는 것(감각적 직관 혹은 인상, 감각경험)
만이 "직접적으로 보는 것"(das unmittelbare Sehen), 즉
직접적인 통찰로서의 직관의 권리를 가지는 것이 아니다. 후
설이 말하는 이 "직접적으로 보는 것"은 "보는 것 일반"(das
Sehen überhaupt), 이를테면 어떠한 의식행위든지간에 "원
본적으로 부여하는 의식" 모든 것을 다 포괄한다.³⁹⁾ 이 원본

---

38) Husserl, "Entwurf einer 'Vorrede' zu den 'Logischen Untersuchungen'
 (1913)" (Hrsg. von E. Fink), in : Tijdschrift voor Philosophie, 1. Jg.
 (1939), S. 118 f 참조.
39) Ideen I, S. 44. 현상학에서 의식행위(Bewußtseinsakte)는 예를 들어 지각,
 판단, 상상, 기억, 슬픔, 기쁨 등 모든 체험을 포함한다. 현상학은 원본적으로 나
 타나는 모든 것을 연구의 대상으로 한다는 점에서 다양하고 상이한 체험들을 허용
 한다. 반면에 경험주의적 실증주의 철학은 모든 것을 오직 감각경험에로 환원하려
 는 독단적 경험일원론의 사유양식을 대표한다.

적으로 부여하는 직관(혹은 의식)이야말로 모든 이성적 언설이나 주장의 궁극적인 권리원천이 된다. 예를 들어 내가 지금한 건물을 보고 있다고 하자. 내가 이 건물을 명료하게 바라보며, 현재 직접 파악된 것의 범위 안에서 설명을 하고 또 개념적 파악을 수행한다면, 나의 진술은 정당한 권리를 가지게된다. 나의 이 진술에 대해서 어느 누구가 왜(warum)라고묻는다면, '나는 그렇게 직접 보고 있다'는 답 이외의 어떠한것도 더 제시할 수 없다. 이럴 경우 이 답변에 아무런 가치를부여하지 않으려고 한다면, 그것은 부조리한 것이 되고 말 것이다. 그러나 문제는 권리원천이 되고 궁극적 근원을 설명해주는 '직접적으로 보는 것'에로 소급해 간다는 것이 실은 쉬운일이 아니라는 데에 있다. '직접적으로 보는 것'(원본적으로부여하는 직관)이 과연 어떻게 그리고 어떠한 조건 아래에서수행되고 또 수행될 수 있는가 하는 것이다. 베이컨이 순수한경험을 변조시키는 것을 우상(idola)이라고 보고, 이 순수한경험에로 되돌아가기 위해 오류의 원천인 정신적 환상(idola mentis)을 파괴하려고 시도했다면, 바로 이러한 시도의 과정에서 우리는 과연 '원본적으로 부여하는 의식'에 관하여 말할수 있겠는가? 베이컨의 논의에는 이제 더 이상 이른바 '순수한 경험'을 가리고 있는 편견이란 없는 것일까? 우리는 위에서 학문적 인식이 궁극적으로 직접적인 경험에 기초해야 한다는 경험주의적 자연주의의 요구를 보았다. 이 요구에 의거해서, 경험이 사상(Sachen)을 원본적으로 부여하는 행위라고한다면, 이 경험이란 과연 어떠한 것인가? 경험주의적-자연주의적-실증주의적 철학에서 주장하는 경험이란 실은 감각론적으로 파악된 개념이다. 이 경험개념에는 심리-물리적 통일성이라고 하는 심리물리학(Psychophysik)의 이론적 입장이이미 선취되어 있다. 그렇다면 이 경험주의적 철학의 경험개

념이 참으로 사상 그 자체를 드러내 주는 원본적 직관의 의미
를 가진다고 할 수 있을까?

다른 한편, 원본적 직관에 대한 맹목성과 불명료성은 합리
주의적 관념론의 경우에도 마찬가지다. 관념론자들은 인식과
인식의 진리에 관한 문제에서 경험주의적 논제를 단호히 거부
하고 그 대신 '순수한, 즉 아프리오리한 사유'를 가정한다. 순
수한 사유의 형식, 개념, 기능 등이 모든 인식의 권리원천이
며 근거가 된다는 것이다. 그러나 그들은 본질, 개념, 원리들
이 직접적으로, 원본적으로 주어지게 되는 바 소여양식으로서
의 '순수한 직관' 같은 것이 있다는 것을 의식하지 못하고 있
다.[40]

'사상 그 자체에로!'라는 구호는 인식의 근거나 원천문제와
관련해서 "위로부터 요청하는 것"(von obenher postulieren)
을 거부하고, "원본적으로 부여하는 직관을 통해 증시(證示)
하는 것"(durch originär gebende Anschauung
aufweisen)[41]이 절대적인 의미를 가진다는 것을 보여 준다.
이제 문제는 어떻게 '원본적인 직관'이 가능한가 하는 데에 있
다. 이 문제는 이미 위에서 언급한 바 있는 '인식론적 연구의
무가정성의 원리'로부터 해명될 수 있다. '모든 원리들 중의
원리'가 현상학적 연구의 지반으로서 직관의 중요성을 강조한
다면, '무가정성의 원리'는, 특히 지금 우리가 논의하고 있는
문제와 관련해서, 편견과 선입견에 사로잡히지 않은 직관(혹
은 의식)의 가능성을 열어 준다.

무가정성의 원리는 다른 말로 "무편견성의 원리"(Prinzip
der Vorurteilsfreiheit)이다. 경험주의 철학이나 합리주의
철학은 해명되지 않고 정초되지 않은 입장—예컨대 예단된

40) Ideen I, § 21, S. 47 참조.
41) Ideen I, S. 44.

34

외부세계(현실성)의 존재와 자아의 존재에 대한 소박한 믿음
—으로부터 출발하는 '입장의 철학'(Standpunktsphiloso-
phien)이라고 할 수 있다. 이러한 철학들의 체계 및 독단적
사유양식으로부터 해방을 가능하게 하는 방법적 수행이 다름
아닌 "철학적 에포케"(die philosophische ἐποχή)이다. [42] 경
험주의 철학의 '경험'과 현상학의 '원본적으로 부여하는 직관'
의 올바른 구별은 이 에포케의 방법적 수행 이후에 비로소 그
정당한 의미를 가지게 된다.
　사상(Sachen)이란 무엇인가? 우리가 근본적인 무편견성의
원리를 견지한다면, 저 현상학적 의미의 사상은 자연적 사물
이나 경험적 사실과 동일시될 수 없다. 사상은 바로 위에서
고찰된 원본적으로 부여하는 직관, 즉 직접적인 직관에 절대
적으로 주어져 있는 "원본적 소여"(originäre Gegeben-
heiten)를 말한다. [43] 이것은 현상학적 방법의 수행 후에 순수
한 의식체험에 직접적으로 그리고 절대적으로 주어지는 현상
(Phänomene) 이외의 어떠한 것도 아니다. 모든 진리는 바
로 이 원본적 소여로부터 길어 내어질 수 있다.
　철학의 본질에는 물음의 보편성이 속한다. 즉 철학은 사유
가능한 모든 문제들을 연구테마로 삼는다. 이와 마찬가지로
현상학 역시 생각할 수 있는 모든 학문적인 문제들을 다 포괄
한다. 예를 들어 수학적 구성물들, 논리학, 윤리학, 미학, 사
물, 공간, 시간, 시간의식, 체험의 흐름, 감각, 신체, 인격,
운동감각, 현실성, 본능, 촉발, 수용성, 연상, 경험, 자연,
세계 등등 철학의 전통에 속하는 모든 문제들이 현상학적 반
성의 대상이 된다. 그러나 이 문제들은, 무편견성(무가정성)
의 원리와 직관의 원리에 따라, 종래의 철학적 입장이나 견

---

42) Ideen I, S. 46, 40 f.
43) Ideen I, S. 52 ; Logos, S. 340/1.

해, 혹은 개별학문들의 이론적 배경을 기초로 해서 비판되고 연구되어서는 안 되며, 그 연구는 그때그때 다루어지는 문제 그 자체로부터 추진되어야 한다. 즉 우리는, 특정한 문제를 주제화할 때, "이미 주어져 있는 어떠한 것도 받아들이지 않고, 전승된 어떠한 것도 시원으로 간주하지 않으며 그리고— 비록 위대하다 할지라도—어떠한 이름에 의해서도 현혹되지 않고, 오히려 **문제 그 자체에 그리고 그 문제로부터 기인하는 요구에 자유롭게 몰두해서 시원을 획득하도록 노력해야**" 한다. [44] **"철학으로부터가 아니라, 사상과 문제 〈그 자체〉로부터(*von den Sachen und Problemen*) 탐구의 추진력이 시작되어야 한다.**"[45] 위의 서술된 내용으로부터 알 수 있듯이, '사상 그 자체에로!'(zu den Sachen selbst)라는 현상학적 구호는 철학 및 학문을 수행하는 데에 있어서 전적으로 새로운 사유의 양식 또는 사유의 태도를 요구한다. 즉 전통과 권위에서 나오는 독단적 사유습관(선입견)을 제거하고, 주제화되는 문제를 그 직접적인 자기소여에서 연구해야 한다는 것, 말하자면 특정한 문제를 둘러싸고 있는 갖가지 선입견 혹은 선판단(先判斷, Vor-urteil)으로부터 벗어나서 '문제 그 자체에 그리고 그 문제로부터 기인하는 요구에 자유롭게 몰두해서, 연구의 시원을 획득해야 한다'[46]는 요구이다. 이러한 요구는 철학의 수행뿐만이 아니라 또한 모든 개별학문들의 수행에도 중요한 의미를 가질 수 있다.

---

44) Logos, S. 340(강조는 필자에 의한 것임).
45) Logos, S. 340/1(강조는 후설 자신에 의한 것임).
46) Logos, S. 340 참조. 이러한 학문적 사유와 태도와 관련해서, 현상학은 "연구철학"(Arbeitsphilosophie)의 특성을 가진다고 할 수 있다 (B. Waldenfels, a. a. O., S. 9 ; U. Melle, "Die Phänomenologie Edmund Husserls als Philosophie der Letztbegründung und radikalen Selbstverantwortung", in : H. R. Sepp 〔Hrsg.〕, *Edmund Husserl und die phänomenologische Bewegung.* Zeugnisse in Text und Bild. Freiburg/München ²1988, S. 52).

36

V. 현상학적 방법의 가능성에 대한 성찰

인식론(Erkenntnistheorie)이라는 용어가 철학의 전문용어로 쓰이게 된 것은 19세기 중엽이었지만, 인식(혹은 지식)에 관한 이론이 학문적 의의를 가지게 된 것은 근대에 경험주의와 합리주의의 철학적 방향과 더불어 시작된다. 전통적으로 인식론은 인식의 의미와 가능성을 해명하려고 한다. 그러나 이 해명의 이론적 체계는 어떠한 입장에 서 있느냐에 따라 서로 다르다. 즉 감각(sensus)을 중요시하는 경험주의적 입장을 취하느냐, 아니면 이성(ratio)을 강조하는 합리주의적 철학의 입장을 선취하느냐에 따라 인식의 가능성의 문제는 서로 다르게 전개된다. 인식론의 역사는 이미 위에서 언급했듯이 불명료한 모순투성이의 이론들이 난무하는 활무대라고 할 수 있다.

논리학의 본질을 철학적으로 해명하려고 했던 후설이 인식하는 주관성과 인식되는 객관성과의 관계를 비판적으로 반성하려고 한다면, 이것은 논리학의 이념적 인식을 포함한 인식 일반의 가능성에 관한 물음의 표현이다.

어떻게 주관성(인간의 주관성)에서 객관성(객관적 현실, 객관적 존재)이 의식되고 인식될 수 있는가라는 물음은 인식론의 근본적인 그러나 어려운 문제에 속한다. 어떻게 인간의 주관성이 자신의 밖에 있는, 즉 자신을 초월해 있는 객관성에 도달할 수 있는가? 어떻게 객관적 존재가 인식 안에서 적중(適中, treffen)될 수 있는가? 이러한 물음은 인식론의 역사에서 보면 일종의 수수께끼와 같다. 인식의 문제에서 대상의 적중가능성이 의심스럽고 또 문제가 된다면, 그것은 왜 그런가?

인식비판적 반성은 '회의'(Skepsis)를 매개로 해서 일어나며, 인식에 대한 반성이 처음 시작될 때에는 사실 회의작용이 필요불가결하다.[47] 우리가 위에서 고찰한 인식비판적 반성이라고 하는 것도 사실 회의의 매개없이는 생각할 수 없다. 반성의 수행능력에는 언제나 "회의적 숙고"(skeptische Bedenken)가 관계하고 있다. 이 회의적 숙고는 현상학 일반의 가능성에도 중요한 의미를 가진다.[48]

우리는, 이미 종래의 인식론의 주제였던 주관과 객관, 자아와 외적 세계와의 관계에 대한 비판적 반성을 통해서, 편견 없이 확실하고 직접적으로 그리고 절대적으로 주어져 있는 것이 '의식체험'(cogitationes)이라는 것을 고찰했다. 그러면 왜 종래의 인식론의 경우에서는 객관적 존재의 적중가능성에 대한 의문이 일어나고, 이 의식체험에서는 그렇지 않은가?

자아와 사물세계, 안(Innen)과 밖(Außen)이라는 이분법 위에 서 있는 인식이론의 경우, 외적 사물들은 방위와 원근에 따라 지각(외적 지각)에 그때그때 다르게 나타나는데, 이 점에서 사물의 소여방식은 잠정적이고 추정적인 특성을 가진다. 그리고 지각을 통해서 주어지는 사물의 실재성은 사실 지각에

---

47) Idee, S. 24 ; EP I, S. 353. 후설의 비판적 반성에서 작용하는 회의는 이 점에서 데카르트(Descartes)에서처럼 방법적 의미를 가진다. 데카르트의 방법적 회의고찰의 방식이 사실 후설의 인식비판의 시원을 형성한다(Idee, S. 4 참조). 이 두 철학자가 인식(혹은 지식)을 새롭게 정초하려는 점에서는 서로 공통점을 가지고 있다. 그러나 이 문제와 관련해서 회의의 기능이 가지는 의미는 서로 다르다. 즉 데카르트에게 있어서 회의가 모든 지식을 도출할 수 있는 어떤 확고부동한 기초를 찾기 위해 수행된다면, 후설에게 있어서 회의는 모든 지식의 정초와 정당화와 관련해서 일어난다(Husserl, *Einleitung in die Logik und Erkenntnistheorie. Vorlesungen 1906/07*. Dordrecht 1984[이하 "LE"로 약기함], Einleitung des Herausgebers, S. XXXIII f 참조).

그러나 여기에서 회의작용은 인식론적 연구의 출발점이 되는 '무가정성의 원리'에 근거하고 있으며, 그리고 이 원리는 철학의 본질에 속하는 '근본주의 정신'을 가정하고 있다고 보아야 한다.

48) Ideen I, S. 177.

대해 초월적이다. 따라서 종래의 인식이론에서는 사물의 객관
적 존재의 적중이란 원리적으로 문제가 된다. 이에 반해서 의
식체험의 경우, 대상(반성되는 의식)은 의식(반성하는 의식)
안에서 내재적 지각을 통해서 직접적으로 확실하게 의식되며,
이 의식되는 것, 즉 의식의 소여는 결코 부정할 수 없다. 그
리고 의식체험에서는 의식의 대상은 본질적으로 지각 그 자체
에 내재한다. [49] 그러므로 의식체험에서는 저 적중가능성의 문
제가 있을 수 없다. 후설의 이러한 설명은 의식체험이 모든
인식의 본질을 해명할 수 있는 장소가 된다는 것을 예시해 준
다.

인식의 문제에서 보다 중요한 것은 의식과 사물실재성의 관
계이다. 사물의 실재성은 지각을 통해서 주어지고, 또 그것은
지각을 초월해 있다. 그러나 지금 내가 보고 있는 저 건물은,
비록 그것이 초월해 있다 해도, "의식적 소여"(bewußtseinsmä-
ßig Gegebenes)라는 것이다. [50] 이것은 사물이 지각에 나타
나 고 주 어 지 는 데 에 는 이 미 어 떤 의 식 의 작용
(Bewußtseinsleistung)이 기능하고 있다는 것을 말한다. 이
러한 의미에서 후설은 "초월적 사물의 세계는 전적으로 의식
에…의존하고 있다"[51]고 말한다. 인식비판을 통해서 드러난
이러한 사실은 사유태도의 변경과 동시에 근본적 방법의 이행
과 관련해서 현상학적 사유의 전개에 중요하다. 종래의 인식
론의 문제가 객관적 존재의 적중성에 있다면, 이제는 인식비
판을 통해서 객관적 존재는 의식(의식체험)에 상대적이고 의
존적인 것으로 이해된다. 이러한 사유양식의 변경은 말하자면
자연적 세계 전체의 존재를 의식체험의 영역으로부터 원리적

---

49) Ideen I, §§ 42, 44, 46 참조.
50) Ideen I, S. 98.
51) Ideen I, S. 115 f.

으로 분리가능하다는 것을 뜻한다.

종래의 인식론이 인식의 가능성을 해명하려고 했지만, 그러나 어떻게 주관성에서 객관적 실재성이 의식되고 또 인식될 수 있는가라는 문제가 여전히 수수께끼로 남게 되는 데에는, 사실 종래의 인식론적 사유가 '세계가 이미 우리에게 확실하게 주어져 있다'고 하는 소박한 그러나 아주 자명한 믿음 위에서 수행되었기 때문이다. 이러한 믿음은 우리의 일상생활뿐만 아니라 학문적 생활의 근저에 뿌리박고 있다. 이 믿음이 다름 아닌 자연적 사유(natürliches Denken)이다. 여기에서 자연적(natürlich)이라는 말은 자명한(selbstverständlich)이라는 말과 같은 의미를 가진다. '자연적'이란 생활 속에서 어떤 이유나 또 근거를 말할 필요도 없이 당연하게 생각하고, 또 그것에 대해서 어떠한 회의적 숙고도 필요로 하지 않는 그야말로 자명하게 되어 버린 것을 말한다. 예를 들어, 어느 시대나 그 시대를 지배하는 특정한 시대정신 같은 것이 있어서 동시대 사람들의 사유방식을 지배하게 마련인데, 동시대인은 이 특정한 시대정신에 대해서 전적으로 맹목적이다. 이와 같이 자연적 사유는 자신의 믿음에 대해 전혀 의심하지 않고 단순히 믿고 있다는 점에서 소박하고(naiv), 그리고 그러한 믿음에 대해 어떠한 비판적 반성도 하지 않고 자명한 것으로 간주하고 있다는 점에서 독단적(dogmatisch)이다.

우리는 일상생활 속에서 갖가지 의식행위들, 예를 들어 지각, 표상, 판단, 상상 등등의 행위를 수행하고 있다. 이러한 행위를 수행하면서, 나는 나를 둘러싸고 있는 사물, 동물, 타인들을 언제나 '나에 대해서 현전하고'(für mich da), 존재하는 것으로 믿고 있다. 이러한 믿음의 방식을 후설은 "자연적 태도"(die natürliche Einstellung)라고 하며, 이 태도의 특성은 '존재를 정립하는'(Seins-setzend) 데에 있다.[52]

의식행위를 수행하면서 동시에 우리는 일상생활에서 자신의 관심에 따라 예컨대 종교, 문학, 예술, 과학 등등의 관점에서 세계를 해석한다. 그런데 이러한 갖가지 세계해석의 근저에는 하나의 공통된 존재믿음(Seinsglaube)이 작용하고 있는데, 그것은 '세계는 언제나 객관적 현실성으로 현전해 있다'는 소박한 존재믿음을 말한다. 세계(Welt) 또는 환경(Umwelt)은 무한한 시간-공간적 현실성으로서 이미 우리에게 주어져 있다 (vorgegeben)는 것이다. 우리는 바로 이러한 믿음의 지반 위에서 일상적 삶뿐만 아니라 학문적 삶을 영위하고 있다. 우리는 이러한 사실을 전혀 의식하지 못한 채, 세계의 존재를 정립하고 있다. 이 세계존재의 보편적 정립을 후설은 "자연적 태도의 일반정립"(Generalthesis der natürlichen Einstellung)[53]이라고 한다.

우리의 모든 실천적, 가치적인 의식행위들뿐만 아니라 이론적-학문적인 의식행위들은 '세계가 존재한다'는 존재믿음을 이미 가정하고 있다. 종래의 인식이론들 역시 이미 "주어져 있는 세계의 지반 위에서"(auf dem Boden der gegebenen Welt) 인식의 가능성을 자신의 선취된 형이상학적 입장에 따라 해명하려고 했으며, 그런 한 여기에서 말하는 인식이란 결국 자연적 사유를 바탕으로 한 '자연적 인식'의 특성을 벗어나지 못한다.[54]

우리는 인식비판적 사유를 통해서 자연적 사유와 자연적 태도가 어떠한 것인가를 인지하게 된다. 이제 현상학은 우리의 의식행위의 밑바닥에서 익명으로 기능하고 있는 소박한 사유의 태도로부터 벗어나기 위해서 근본적으로 새로운 방법에 대

---

52) Ideen I, S. 57, 256.
53) Ideen, S. 60 f.
54) CM, S. 115 ; Idee, S. 19, 79 참조.

한 성찰을 요구한다. 사실 후설의 전생애는 이 소박한 자연적
인 것으로부터 선험적인 것에로 이행할 수 있는 길들
(Wege), 즉 환원방법들(Reduktionen)을 구명하려는 작업
으로 일관되어 있다. 후설은 "철학은 전적으로 새로운 출발점
과 전적으로 새로운 방법을 필요로 한다"[55]고 단언한다.

현상학적 철학은 독특한 사유태도이며 방법이며, 이러한 현
상학적 사유의 가능성과 관련해서 인식비판적 반성은 아주 중
요하다. 자연적 태도로부터 현상학적 및 선험적 태도에로의
이행가능성과 그리고 이 문제와 결부되어 있는 환원방법들의
수행가능성[56]은 부단한 인식비판적 반성을 통해서 이해될 수
있다.

VI. 현상학적 철학의 과제

후설은 논리적 인식의 본질에 대한 반성에서 논리학의 이념
적 통일성이 종국에는 주관적 사유체험과 인식체험에로 소급
되지 않으면 안 된다는 사실에 도달하게 되었다. 그리고 '모
든 원리들 중의 원리'는 인식의 권리원천인 원본적 직관과 그
리고 이 직관에서 직접적으로 나타나는 원본적 소여가 상응관
계에 있다는 것을 보여 주고 있다. 이렇게 모든 인식의 가능
성의 문제와 관련해서, 주관성과 객관성의 관계에 대한 비판

---

55) Idee, S. 24.
56) 이 가능성은 사실 자연적 태도에서의 통각(Apperzeption)과 현상학적 태도에
서의 통각, 즉 이 두 종류의 통각방식의 차별성(Differenz)과 동일성(Identität)
에 대한 성찰을 가정한다(Th. M. Seebohm, *Die Bedingungen der Möglich-
keit der Transzendentalphilosophie*. Edmund Husserls transzendental-
phänomenologischer Ansatz dargestellt im Anschluβan seine Kant-Kritik.
Bonn 1961, S. 144 f ; P. Janssen, Einleitung zu E. Husserl, *Die Idee der
Phänomenologie*(Studienausgabe, PhB 392). Hamburg 1986, S. XVI ff 참
조).

42

적 반성이 요구되고 있다.

후설은 사실 이미 『논리연구』의 발간 이전에 주관(경험의 식)과 객관(경험대상) 사이에 성립하는 어떤 필연적이고 본질적인 상관관계(Korrelation)에 대한 보편적 의미를 의식하고 있었다. [57] 후설의 문제의식은 특히 종래의 인식론과 형이상학에서 대립되어 왔던 심리학주의와 플라톤주의의 독단적 입장과 논쟁을 극복하려는 것과 연관되어 있는 것 같다. 이러한 문제의식에 따라 우선 전통적인 사유양식을 지배하는 주관과 객관의 대립을 극복할 수 있는 새로운 이론적 지반을 획득하는 것이 중요한 문제가 된다. 우리는 후설의 이러한 프로그램을 그의 독특한 의식(Bewußtsein)의 개념, 즉 당시 지배적이었던 심리학의 의식개념과는 선적으로 다른 의식의 개념에서 인지할 수 있다.

후설은 의식을 '지향적 체험'(intentionales Erlebnis)으로 파악한다. [58] 의식은 항상 '…에로 향하고 있음'(das Sich -richten-auf…), '…에 관계하고 있음'(das Sich-beziehen -auf…)으로 특징지워진다. 그리고 의식은 공허한 서판 (tabula rasa)이 아니라, '사념하는 의식'(meinendes Bewußtsein)이고, '의미를 부여하는 의식'(sinngebendes Bewußtsein)이다. 이 점에서 의식(체험)은 지향적이다.

그러면 경험적 의식은 어떠한가? 우리의 경험하는 의식도 항상 '…에로 향하는 의식'이 아닌가? 혹자는 의식의 지향적 특성이 현상학적 의식에만 국한될 수 있는 것이 아니라고 이의를 제기할지도 모른다. 그러나 현상학적 의식은 경험적 의식과 근본적으로 구별되어야 한다.

경험적 의식(예컨대 지각, 표상, 판단하는 의식) 역시 특정

---

57) Krisis, S. 169, 237 참조.
58) LU II/1, S. 346, 363 ff. ; EP I, S. 111 f.

한 대상에 관계하고 있는 것은 사실이다. 문제는 의식의 통각 방식(Apperzeptionsweise)의 고유한 특성에 있다. 그러면 경험적 의식의 경우, 주관과 객관의 관계는 어떠한가? 경험적 의식에서의 관계는 실은 체험하는 인간의 심적 활동(의식 행위)과 객관적으로 실재하는 대상과의 사이에 일어나는 이른바 '정신물리적 연결'(psychophysische Verknüpfung)을 말한다. [59] 이 연결에는 정신물리적 통일성이라는 자연주의적-실증주의적 입장이 가정되어 있으며, 그리고 그것은 현상학적 의식에서 말하는 의식과 의식대상의 필연적인 불가분의 지향관계가 아니다. 현상학적인 지향관계가 무엇을 의미하는가는 종래의 인식론의 형이상학적 입장—자아의 존재 혹은 객관적 실재에 대한 선입견—에 대한 인식비판적 반성을 통해서 보다 쉽게 이해될 수 있다. 자아나 의식의 존재를 선취하는 형이상학적 입장은 인간을 세계의 부분(Weltstück)으로, 그리고 자아나 의식을 바로 이러한 인간의 자아나 의식으로 파악한다. 다른 한편 객관적 존재를 선취하는 형이상학적 입장은 사물의 실재성을 의식초월적인 것으로, 그리고 그 자체 참으로 존재하는 것으로 주장한다. 여기에서 우리는 이 두 형이상학적 입장이 이미 세계존재의 자명성을 가정하고 있다는 것을 쉽게 간파할 수 있다. [60]

무편견성의 원리를 준수하는 현상학적 인식비판은 이제 자연적 태도 내지 자연적 사유를 방법적으로 무효화하지(außer Kraft setzen) 않으면 안 된다. 자연적 태도를 무효화한다는 것은 의식의 심리학적 통각방식을 배거하고(ausschalten) 그리고 의식초월적인 것을 배거하는(혹은 변양해서 괄호로 묶는, einklammern) 것을 함의한다. 이러한 방법적 절차를 통

---

59) Ideen I, S. 80.
60) EP II, S. 373 참조.

해서 비로소 우리는 현상학적 의식이 무엇인지 그리고 이 의식의 지향적 관계가 무엇을 의미하는지, 또 이 지향적 관계가 경험적 의식의 정신물리적-실재적 연결로부터 어떻게 구별될 수 있는가를 이해할 수 있다.

인식비판적 반성(혹은 인식비판)의 소극적인 과제가 우선 자연적 사유에서 수행되는 인식과 인식대상의 관계에 대한 반성이 근본적으로 불합리하다는 것을 폭로하는 데에 있다면, 그 적극적인 과제는 인식과 인식대상의 상관관계(Korrelation)의 연구에 있다. [61] 이 상관관계의 충실한 의미는 사실 현상학적 방법에 대한 포괄적인 성찰이 수행되는 『이념들 I』(Ideen I)에서 발견된다. 현상학적 환원을 수행한 후, 이제 의식은 본질적으로 '…에 관한 의식'(Bewußtsein von etwas)으로 드러난다. 말하자면 현상학적 에포케($\epsilon\pi o\chi\eta$) 혹은 환원을 통해서 "순수한 상관적 태도"(reine Korrelativeinstellung)가 나타난다. [62] 이것은 의식행위의 유형과 의식대상의 통일성 사이에 필연적인 상관관계가 있다는 것을 의미한다. 말하자면 지향성의 본질적 의미는 의식과 의식대상이 서로를 배제하는 것이 아니라 오히려 서로를 요구한다는 데에 있다. 즉 의식과 대상, 코기토(cogito)와 코기타툼(cogitatum), 노에시스(Noesis)와 노에마(Noema) [63] 사이에는 지향적 상관관계가 필연적이며, 이 상관관계가 모든 의식체험의 본질적 특성이 된다.

우리는 이미 위에서 사상(Sachen)이란 경험적 사물이 아니라 원본적 직관에 직접적으로 나타나는 원본적 소여이며 그리

---

61) Idee, S. 22 ; Logos, S. 301/2.
62) Krisis, S. 182.
63) 노에시스는 의미를 가지는(sinnhabendes) 의식, 의미를 부여하고(sinngebendes), 의미를 규정하는(sinnbestimmendes) 의식이라면, 노에마는 의미부여적인 의식의 지향적 통일성을 말한다(Ideen I, S. 223, 218 참조).

고 현상학적 방법의 수행 후에 이 사상은 순수한 의식체험에
절대적으로 주어지는 현상을 지칭한다는 것을 고찰했다. 현상
학적 환원방법에 의해 획득되는 의식체험은 단순한 심적 기능
(psychische Funktion)이 아니라 지향적 의식체험, 즉 '…에
관한 의식'이라고 한다면, 저 사상은 자연적 태도에서처럼 손
앞에 있는(vorhanden) 사물이 아니라, 의식체험에서 의식에
상관적 관계를 가지는 상관자(Korrelat)라는 것이 명백해진
다. 이 사상은 순수한 의식체험(cogitationes) 안에서 보여지
고(sich darstellen), 나타나고(sich bekunden), 표상되는
(Vorstelligwerden) 현상이라고 표현할 수도 있다. [64) 현상
학적 의미의 상관관계는 의식행위없는 대상이란 있을 수 없
고, 또 대상없는 의식행위란 생각할 수 없다는 것을 말한다.
현상학적 철학의 중요한 과제는 순수한 의식체험의 본질적인
구조, 즉 상관관계라고 하는 이 불가분의 필연적인 이중구조
를 기술하고, 그리고 더 나아가 이 상관관계적 구조에 근거해
서 의식의 본질적 기능(구성적 기능)을 구명하는 데에 있다.

　현상학의 연구영역은 방법적으로 순화된 선험적 의식체험의
영역이다. 본질직관에 의거해서 이 체험영역에 속하는 모든
것을 저 상관관계적 구조에 따라 기술(記述)하는 것은 현상학
의 과제에 속한다.

　기술(Beschreibung, Deskription)이라는 말은 사변적 사
유에 대립되는 개념이다. 사변적 사유의 특성은 그 이론적 전
개과정에 있어서 간접적인 증명이나 추론을 통해 설명하는
(erklären) 데에 있다. 설명의 과정은 개별적인 것(즉 설명
되어야 할 것)을 일반법칙에 포섭시키는 연역법칙적 추론의
과정이며, 그리고 이 일반법칙을 보다 기본적인 법칙으로부터

---

64) Phäno. Psycho. S. 279 참조.

46

추론해서 개념적으로 파악하는 과정이다. 이것에 반해서 기술
은 직관된 것을 개념의 형식으로 표현하는 것이고, 그리고 기
술의 방법은 이 직관된 것을 다시 그 본질적 구성요소들로 분
석하는 것을 포함한다. 이와 같이 기술의 대상은 이론적 사유
에 앞서서 직관적으로 주어진 것이며, 따라서 기술은 직관에
관련된다. [65] '모든 원리들 중의 원리'에 이미 이 기술의 중요
한 의미가 들어 있다. 즉 우리는 원본적 직관과 이에 상응하
는 원본적 소여가 더 이상 어떤 것으로부터 도출될 수 없는
철학적 사유의 절대적 시원이 된다는 데에서 기술의 의미를
찾을 수 있다. 왜냐하면 절대적 시원이 되는 것은 증명의 문
제가 아니라 기술의 문제이기 때문이다. 이러한 의미에서 현
상학적 사유는 증명과 추론에 의한 설명(Erklärung)의 논리
가 아니라, 직관에 근거한 기술(Beschreibung)의 논리로부
터 출발한다. 그리고 이 기술의 논리는 아울러 해명
(Aufklärung)의 과정을 통해서 성립된다. 해명이란 직접적
인 직관에 기초해서 분석하고 이해하는 과정을 말하며, 이렇
게 분석되고 이해된 것을 기술은 언어의 형식에서 개념적으로
파악하게 된다. [66] 이러한 의미에서 현상학은 '기술적 본질학'
(deskriptive Wesenswissenschaft)이라고 할 수 있다. [67] 현

---

65) Phäno. Psycho., S. 29, 65 참조.
66) K. Rosen, *Evidenz in Husserls deskriptiver Transzendentalphilosophie.*
Meisenheim am Glan 1977, S. 8 f 참조. 기술개념의 일반적 의미와 현상학적 의
미에 관하여, E. W. Orth, "Beschreibung in der Phänomenologie Edmund
Husserls", in : Perspektiven und Probleme der Husserlschen
Phänomenologie(Phänomenologische Forschungen Bd. 24/25, 1991), S.
8-45 참조.
기술의 문제에 있어서도 자연적 태도에서 수행되는 경험적 기술과 현상학적 방
법의 수행 이후 수행되는 현상학적 기술의 구별이 가능하다. 현상학의 모든 연구
는 현상학적 환원방법의 수행과 더불어 시작되기 때문에, 현상학적 기술의 개념에
는 자연적 사유방식의 의미가 배제되어 있다. 이것과 관련해서, Phäno.
Psycho., S. 441 f ; Logos, S. 306/7 ; EP I, S. 107 f 참조.

상학적 기술의 영역에는 현상학적 환원을 통해서 획득된 순수
한 의식 체험(cogitationes) 혹은 의식의 흐름
(Bewußtseinsstrom) 안에 구조화되어(strukturiert) 있는
모든 것, 말하자면 의식체험에서 보편적 유형(Typik)으로 직
접 주어지는 의식의 근본구조들이 속한다.

모든 현재적(顯在的, aktuell) 의식은, 지향성의 이중적 구
조가 보여 주듯이, 노에시스와 노에마의 상관적 관계를 자신
안에 가지고 있다. 그리고 이 노에시스에는 다시 지향적 형식
(intentionale Morphe)과 감성적 질료(sensuelle Hyle)가
있다. 따라서 현재적 의식행위(Bewußtseinsakt)는 세 구성
요소로 이루어진다. 이 세 구성요소에 대한 현상학적 분석—
예컨대 노에시스적 분석과 노에마적 분석 등—에 의거해서
질료와 노에시스(감성적 질료와 지향적 형식)의 구조, 그리고
노에시스와 노에마(의미부여적 의식과 지향적 동일성)의 구조
들이 본질적 유형에서 기술된다. 그런데 의식의 삶
(Bewußtseinsleben)—즉 의식의 흐름—은 현재적인 지향
성(aktuelle Intentionalität)으로만 구성되어 있는 것이 아
니라, 거기에는 잠재적 지향성(potenzielle Intentionalität)
도 내포되어 있다. 다시 말해서 잠재적 혹은 함축된 지향성들
(implizierte Intentionalitäten)은 필연적으로 의식의 현재
적 지향성의 배경으로서 다양한 층을 형성하고 있다. 잠재적
으로 기능하고 있는 지향성 일반을 후설은 지평적 지향성
(Horizontintentionalität)이라고 한다. 지향성의 이러한 다
양한 층들의 구조적 분석과 기술은 현상학적 의식에 대한 이
해에 아주 중요하다. [68]

---

67) Ideen I, S. 153, 173.
68) 이것과 관련해서, 拙論, "지향성과 구성", 세계와 인간 그리고 의식 지향성(서
광사, 1992), 243-255쪽 참조.

이제 우리는 하나의 새로운 그리고 현상학적 철학의 이해에 결정적인 물음 앞에 서게 된다. 즉 현상학은 의식체험에 직접적으로 주어져 있는 의식현상만을 기술하는 이른바 "중성적 연구"에 지나지 않는가 하는 물음이다. [69]

현상학적 의미의 사상(Sachen)은, 위에서 고찰했듯이, 지향적 의식의 상관자로서 '지향적 통일성'이다. 그러면 이 통일성이란 무엇을 말하는가? 이것은 사실 특정한 의미내용을 지니고 있는 "의미의 통일성"(Sinneseinheiten)이며, 의미구성체(Sinngebilde)이다. [70] 그렇다면 저 사상이란 이미 '사념된 것'(Vermeintes)이고, '종합적으로 매개된 것'(synthetisch Vermitteltes)이 아닌가? 이러한 문제와 관련해서 볼 때, 현상학적 사유는 의식현상을 단순히 기술하는 과제로 제한될 수 없다. 사상 자체의 의미형성의 가능성에 관한 물음은 결국 독특한 의식의 작용(Bewußtseinsleistungen)에로 소급되지 않을 수 없다.

의식의 본질적 특성이 지향성이고, 모든 대상(사상 그 자체)은 의식에 대해서 현전해 있고 또 존재한다고 한다면, 이것은 저 '의미통일성'의 가능성이 의식의 주관적 작용기능에 있다는 것을 의미한다. 그러면 의식의 기능은 무엇인가? 의식은 의식 밖으로부터 대상을 단순히 받아들이는 공허한 상자

---

69) 『논리연구』에서 후설은 논리적 이념의 객관성을 잘못 해석한 심리학주의를 "순수한 현상학"을 통해서만 근본적으로 극복할 수 있다고 확신하며, 이 '순수현상학'을 "중성적 연구의 영역"(ein Gebiet neutraler Forschungen)으로 특징지운다 (LU II/1, S. 7, 2 f). 이때 현상학의 방법은 순전히 기술적(deskriptiv)인 성격을 가지고, 그런 한 중립적인 학문으로 특징지을 수 있으며, 그러므로 후설은 '사상 그 자체에로의 소급'(S. 6)을 주장하는 것 같다.
오르트에 의하면, "순수현상학은…중성적 연구의 영역을 말한다"라는 쉬툼프식의 현상학 개념을 후설은 그 이후에는 되풀이하지 않는다고 한다(E. W. Orth, "Beschreibung in der Phänomenologie Edmund Husserls", a. a. O., S. 9, Anm. 1 참조).

70) Ideen I, S. 134.

가 아니다. 의식은 본질적으로 그 자체가 종합(Synthesis)이
며, 그리고 존재하는 모든 것의 의미는 "의식의 종합적 지향
작용"(intentionale Leistung der Bewußtseinssynthesis)[71]
의 결과이다. 의식의 지향성은 대상의 의미와 존재를 종합(구
성)하면서 기능하는 지향성, 즉 "구성하는 지향성"이다.[72] 후
설이 "내재에서의 초월"(Transzendenz in der Immanenz)
에 관하여 말한다면, 이것은 모든 의식초월적인 존재─그것
이 이념적인 것 혹은 실재적인 것의 존재든, 신의 존재, 세계
의 존재든간에─는 의식 안에서 구성되는 존재의 성격을 가
지며, 의식의 구성적 종합에 의한 의미구성체라는 것을 의미
한다.[73]

의식의 구성적 종합작용의 의미를 보다 명확하게 하기 위해
서, 대상성 일반에 관한 문제를 고찰해 보자. 의식에 나타나
는 대상성은 그 방식에 따라 '주어져 있는 것', 즉 소여
(Gegebenheit)와 그리고 '이미 주어져 있는 것', 즉 선소여
(先所與, Vorgegebenheit)로 구분된다. 능동적 자아가 특정
한 대상으로 향하는(zuwenden) 경우, 우리는 저 마주서 있
는 대상이 능동적 자아에 "주어져 있는"(gegeben) 것이라고
하며, 그것과는 달리, 어떤 무엇이 자아(Ich)를 촉발하면서
자아에 대해 현전(da)할 경우, 우리는 그것이 자아에 대해
"이미 앞서 주어져 있는"(vorgegeben) 것이라고 말한다.[74]

71) CM, S. 80. 의식이 "그 자체에 있어서 종합"(in sich selbst Synthesis)
    (Phäno. Psycho., S. 424)이라고 하는 것의 엄밀한 의미는 사실 의식의 원천적
    연합(Urassoziationen)의 구성적 작용과 그리고 이 작용의 구성적 토대가 되는
    시간의식의 내재적 통일성(immanente Einheit des Zeitbewußtseins)의 원천
    적 구성에 대한 이해를 통해서 가능할 수 있다. 이 문제는 본 논문의 영역을 넘어
    선다.
72) CM, S. 119.
73) Ideen I, S. 138 ; CM, S. 32 참조.
74) Husserl, *Analysen zur passiven Synthesis*. Den Haag 1966(이 하 "AS"로

자아의 능동적 수행과 관련되는 전자의 대상성을 우리는 일반
적으로 '대상'이라고 한다. 그러나 선소여라고 하는 대상성은
자아의 능동적 작용을 일으키는 것이기 때문에, 그것은 본래
적인 의미의 대상일 수는 없고 다만 '비본래적인' 의미의 대상
이라고 할 수 있다. 이 후자의 경우가 우리의 문제와 관련해
서 좋은 예가 된다.

선소여는 일반적으로 자아를 촉발하면서 자극하는 모든 것
을 의미한다. 이때 촉발하는 선소여는 능동적 자아에 대해서
"언제나 이미 현전해"(immer bereits da)[75] 있다. 이 점에서
선소여는 수동성(Passivität)의 성격을 가진다. 말하자면 촉
발하는 이 선소여는 자아에 "수동적으로 이미 앞서 주어져 있
는"(passiv bereits vorgegeben)[76] 영역이다. 즉 이 영역에
는 아직 자아의 자발성이 전혀 관여하고 있지 않다. 자아는
이 수동적 선소여의 촉발에 의해서 비로소 능동적 자아(예컨
대 지각)로 발전하게 된다. 이와 같이 자아의 모든 능동성(혹
은 자발성)은 저 수동적 선소여를 가정하고 있다.

이제 여기에서 다음과 같은 물음이 제기된다. 수동적 선소
여가 의식의 능동성에 앞서 있다는 것은 무엇을 말하는가?
촉발하는 선소여의 영역은 의식의 어떠한 형식없이도 가능하
다는 것인가? 그것은 정말 '형식에 관계없고'(formunbezüg-
lich), '형식에 의해 형성되지 않은 채 앞서 주어져 있는'
(ungeformt vorgegeben) 것인가? 그리고 "형식없는 재료"
(formloser Stoff)[77]라는 것이 과연 가능한가? 그러나 엄밀
한 의미에서 선소여의 대상성 역시 의식의 형성작용

약기함), S. 162.
75) Husserl, *Erfahrung und Urteil.* Untersuchungen zur Genealogie der
   Logik. Hamburg 1972(이하 "EU"로 약기함), S. 24.
76) EU, S. 62.
77) Ideen I, S. 209.

(Formung)없이는 불가능한 것 같다. 저 선소여가 나의 의식
의 삶(Bewußtseinsleben)에 어떠한 방식으로 연관되어 있지
않다면, 그것은 나의 의식에 나타날 수 없기 때문이다. 이러
한 문제와 관련해서 후설은 다음과 같이 말하고 있다 : "이미
나의 시야에 없는, 즉 보다 넓은 의미에서 이미 의식되지 않
은 것은 나를 촉발할 수 없고, 또 나의 주목을 끌 수 없
다. "[78] ; "자아에 의식되는 것만이 자아를 촉발할 수 있다. "[79]
후설의 이러한 말을 올바르게 이해한다면, 선소여라는 것 역
시 실은 이미 '의식된 선소여'(bewußtseinsmäßige Vor-
gegebenheit)로서만 가능하다. 달리 표현하면, 수동적 선소
여도 '의식의 형식에서'(in bewußtseinsmäßiger Form) 비
로소 선소여로서의 의미를 가질 수 있으며, '의식의 매개'
(bewußtseinsmäßige Vermittlung)없는 선소여란 사실 생
각할 수 없다. [80] '형식에 의해 형성되지 않은 채 앞서 주어져
있는' 혹은 '형식없는 재료'라는 표현은 엄밀한 의미에서 난센
스에 속한다. 후설의 현상학에서 촉발이라는 개념은 "의식적
자극"(bewußtseinsmäßiger Reiz)이며, 그리고 선소여란 이
제 의식의 연관성 안에서 의식된 것으로서 자아(능동적 자아)
를 독특한 방식으로 끄는 것을 의미한다. [81] 이렇게 촉발하는

---

78) EP I, 249; AS, S. 395 ; EU, S. 34 참조.
79) Phäno. Psycho., S. 389. 현상학의 의미에서 '촉발'(Affektion, Affizieren)이
라는 말은, 실재론적 입장에서처럼, 의식에 전적으로 낯선 이질적인 것이 외부로
부터 의식자아(Bewußtseins-Ich)를 자극해서, 그것이 단순히 의식 안으로 들어
오는 것을 의미하지 않는다. 왜냐하면 현상학적 고찰에서는 심적 실재성과 물리적
실재성 사이에 가정되어 있는 모든 실재적-인과적 관계가 이미 방법적으로 배제되
어 있기 때문이다. 이제 촉발이라는 개념은 의식의 삶 전체의 연관성에서 일어나
는 전경체험(前景體驗, Vordergrunderlebnisse)과 배경체험(背景體驗,
Hintergrunderlebnisse)과의 관계를 통해서 이해되어야 한다.
80) G. Funke, "Was ist Philosophie?", in : *Von der Aktualität Schopenhauers*
(53. Schopenhauer-Jahrbuch), 1972, S. 252 f, 254 참조.
81) AS, S. 148.

대상성으로서의 수동적 선소여의 문제와 관련해서, "수동적 의식"(passives Bewußtsein)[82] 혹은 "수동적 지향성"(passive Intentionalität)[83]의 선구성적(先構成的, vor-konstituierend) 종합기능이 중요한 의미를 가지게 된다.

위의 고찰내용으로부터 알 수 있듯이, 대상성 일반—소여의 영역이든 선소여의 영역이든지간에—은 의식의 (능동적 혹은 수동적) 지향성의 매개없이는 어떠한 의미도 가질 수 없다. 우리는 위에서, 사상(Sachen)이 환원방법의 수행 이후 의식체험 안에 주어지는 현상이라는 것과 관련해서, '보여짐'(Sich-darstellen), '나타남'(Sich-bekunden), '표상됨'(Vorstelligwerden)이라는 표현을 사용했다. 그러나 『논리연구』이후, 『이념들 I』에서는 저 표현들보다 '설립'(Stiftung) 혹은 '구축'(Aufbau)과 같은 표현방식이 두드러지게 나타나는데, 이것은 의식의 지향성에 구성적 종합작용의 기능을 부여하는 것으로 이해될 수 있다.[84] 이처럼 현상학이 의식현상의 단순한 기술로부터 의식의 (정태론적 및 발생론적) 대상구성(Gegenstandskonstitution)의 문제로 나아가면서, 이제 현상은 선험적 현상학(transzendentale Phänomenologie) 또는 선험적-현상학적 관념론(transzendental-phänomenologischer Idealismus)의 성격을 띠게 된다.[85]

---

82) EU, S. 64.
83) Phäno. Psycho., S. 209. 지금 여기에서 수동적 의식 혹은 수동적 지향성이라고 할 때 '수동적'(passiv)이라는 말은 외부로부터의 자극을 단순히 받아들인다(hinnehmen, erleiden)는 의미를 가지지 않는다. 그것은 능동적인 자아로부터 비롯되는 모든 자발적 수행 이전의 의식의 삶에 관련되는 용어이다. 즉 여기에서 '수동적'이라는 개념은 '어떤 특정한 의식의 작용에 아직 능동적-자발적인 자아가 참여하고 있지 않다'는 의미에서 사용되고 있다(AS, S. 323, 386 참조).
84) 대상구성의 의미에 관하여, 拙論, "지향성과 구성", 앞의 책, 255쪽 이하 참조.
85) CM, S. 114 참조. 심리학이 자연적 사유의 지반 위에서 수행되는 '심적 현상에 관한 학문'이라면, 현상학은—자연적 태도로부터의 해방이라는 의미에서—선험적 태도에서 수행되는 의식학(Bewußtseinswissenschaft)이라고 하겠다. 현상

선험적 현상학은 "구성하는 의식의 현상학"(Phäno-
menologie des konstituierenden Bewußtseins)[86]이다. 선
험적 현상학의 과제는 의식의 이 구성적 지향성 일반을 체계
적으로 밝혀 내는 데에 있다.

현상학의 이러한 선험적 해명을 위한 실마리(Leitfaden)의
역할을 하는 것이 지향적 대상이다. 지향적 대상은 우리 의식
에 원본적으로 나타난 것, 즉 의식체험에 현상으로 주어진 사
상 그 자체를 말하는데, 이것은 의식을 통해서 매개된 것, 사
념된 것—실은 다양한 방식으로 사념된 것(Mehrver-
meintes)—이외의 어떠한 것도 아니다. 현상학자는 이미 종
합적으로 매개된 지향적 대상으로부터 출발해서, 이 대상을
가능하게 하는 조건으로서 의식의 구성적-종합적 형식들—다
양한 층으로 이루어져 있는 함축된 지향성들—을 드러내려고

학의 의식분석론(Bewußtseinsanalytik)을 심리학의 그것과 구별하기 위해서,
필자는 'statisch'를 '정태론적'으로, 그리고 'genetisch'를 '발생론적'으로 옮긴
다.
여기에서 대상의 정태론적 구성이란 지향성의 이중적 구조, 즉 노에시스-노에마적
상관관계의 연관성에 따라서 대상을 분석하는 것을 말하고, 발생론적 구성은 대상
이 시간적 양태에서 어떻게 형성되는가를 분석하는 것을 의미한다. 이 시간적 양
태는 다시 의식(선험적 의식)의 시간적-발생론적 전개과정을 통한 자기구성에 근
거한다.
정태론적 현상학은 대상을 실마리로 해서 의식체험의 내실적 분석(reelle
Analyse)—지향적 형식과 감성적 질료의 분석—과 지향적 분석(intentionale
Analyse), 즉 노에시스적 분석과 노에마적 분석을 포괄한다. 반면에 발생론적
현상학의 과제는 선험적 주관성의 시간적 발생—즉 이 주관성의 자기구성—을
선험적으로 규명하는 데에 있다. 이 두 현상학적 분석론의 관계에 있어서, 실질적
으로는 발생론적 구성이 선험적 의식의 정태론적 분석에 앞서 있으며 그리고 이
후자의 가정이 되지만, 이론적으로는 이 정태론적 구성적 연구가 발생론적 구성적
분석에 앞서야 하는데, 그것은 발생론적으로 전개된 선험적 경험영역에 대한 이해
가 정태론적 분석내용에 근거해서 가능하기 때문이다 (Phäno. Psycho., S. 286 ;
AS, S. 343 f; Husserl, *Zur Phänomenologie der Intersubjektivität*. 2. Teil. Den
Haag 1973, S. 41, 481 ; Husserl, *Formale und transzendentale Logik*. Versuch
einer Kritik der logischen Vernunft. Den Haag 1974, S. 256 f 참조).
86) LE, S. 425 ; Idee, Einleitung des Herausgebers, S. X.

한다. [87] 이렇게 모든 의미와 존재를 가능하게 하는 의식의 구성적 기능을 선험적으로 해명하려고 하는 것이 후설의 철학적 사유의 중심과제이다.

VII. 맺는말

현상학적 사유는 가장 일반적인 인식론의 근본물음—인식주관과 인식대상과의 본질적 관계에 관한 물음—으로부터 비롯되는 동기와 본질적으로 연관되어 있다. 주관성과 객관성의 본질에 대한 통찰은 형이상학적 반성이 아니라 인식비판(Erkenntniskritik)을 통해서 가능하다. 그러므로 현상학적 사유에서 인식비판적 반성의 수행은 중요하다.

'인식비판'이라는 용어는 칸트의 이성의 비판 이래 그의 비판주의적 철학의 특성을 대표하는 것으로 통용되고 있다. 칸트의 비판철학은 인식의 가능성을 선험적 사유를 통해서 해명하려는 것을 목표로 한다. 즉 대상인식과 인식대상을 가능하게 하는 조건들이 무엇인가(*Kritik der reinen Vernunft*, B 197)라는 그의 근본물음은 모든 경험에 독립해 있는 아프리오리한 규칙들의 규명에로 나아간다. 이러한 인식비판의 예는 모든 인식의 확고부동한 기초를 찾기 위해 회의작용을 방법적으로 철저하게 수행한 데카르트에게서도 찾을 수 있다.

그러나 후설에 의하면, 데카르트나 칸트가 인식의 가능성과 또 인식의 확실한 지반을 밝히려고 했으나, 그들은 기존학문인 기하학, 수학적 자연과학을 학문의 이상적 모범으로 간주하는 선입견 때문에 실패했다는 것이다. 철학은 개별학문들과는 전혀 다른 차원에 있기 때문에, 후설은 철학의 전적으로

---

87) CM, S. 87 참조.

새로운 출발점과 방법을 요구한다. 이러한 요구의 실천이 곧
인식비판의 수행이다. 인식비판은 '무가정성(혹은 무편견성)
의 원리'에 의해서 이끌어진다. 무가정성 또는 무편견성이라
는 말은 사실 많은 오해를 불러일으키는 용어이다. 현상학이
마치 전혀 가정도 편견도 없는 어떤 지점—예컨대 아르키메
데스의 점—으로부터 철학을 구축하려는 것으로 잘못 이해될
수 있다. 저 원리의 진정한 의미는, 우리의 일상적 삶과 학문
적-이론적 삶에서 익명으로 기능(작용)하고 있는 가정(편견)
들에 대한 비판(Kritik)과 또 비판의 비판(Kritik der
Kritik)을 통해, 이 가정들을 밝혀 내려고 하는 현상학적 근
본주의의 정신에서 찾아져야 한다. 이러한 정신에 입각해 있
는 인식비판은 현상학적 사유 그 자체의 근본이며 기초를 형
성한다.

저 현상학적 사유는 '엄밀한 학문으로서의 철학'의 가능성과
관련해서 '사유의 태도'(Denkhaltung) 및 '방법'(Methode)
의 문제에서[88] 구체적으로 표현된다. 즉 현상학의 인식비판적
반성은 사유하는 태도의 근본적인 변경을 요구한다. 자연적
사유를 수행하는 사람도 사실 비판적 반성의 행위를 수행한
다. 그러나 이 비판적 행위는 특정한 놀이공간(Spielraum)
안에서 수행되고 있으며, 그러나 그것은 이 놀이공간의 지반
(Boden)에 대해서 전적으로 맹목적이라는 데에 문제가 있다.
엄밀한 의미의 철학적 학문이 가능하기 위해서는, 기존의 학
문들의 사유양식과 방법과 그리고 여기에 이미 가정되어 있는
세계의 존재믿음을 방법적으로 배거하는 것이 긴요하다. 데카
르트나 칸트가 철학의 학문성을 구현하는 데에 실패하게 된
것은 바로 저 자연적 사유에 대한 성찰이 없었기 때문이라는

---

88) Idee, S. 23.

것이 후설의 주장이다. 즉 자연적 사유로부터—반자연적인 (widernatürlich)—선험적 사유에로의 변경가능성에 대해서 맹목적이었다는 것이다. 예컨대 칸트가 사유양식의 혁명으로 코페르니쿠스적 전회를 요구한다면, 그것은 어디까지나 자연적 사유 안에서 수행된 사유의 실험(Experiment des Denkens)에 지나지 않는다. 이것은 '물 자체'(Ding an sich)의 문제가 그의 철학적 사유의 아킬레스건이라는 사실에서 쉽게 알 수 있다. 종래 철학의 이론적 난점을

극복하기 위해서 후설은 우선 '태도의 변경'(Einstellungs-änderung)을 요구하는데, 이것은 곧 현상학적 에포케 혹은 환원방법의 의미이다. 이 방법은 세계의 존재에 대한 믿음을 배거하고 또 그 요구를 근본적으로 무효화하는 것을 의미한다. 이 에포케의 방법을 통해서 세계는 없어지는 것이 아니라, 변양된 사유태도에서 새롭게 획득된다. 이것을 상징적으로 표현하면, "모든 것을 버린다는 것(preisgeben)은 곧 모든 것을 얻는다는 것(gewinnen)을 말한다." 현상학적 근본주의는 지금까지 타당한 모든 것을 근본적으로 '전도'(顚倒, Umsturz)시키지만, 그러나 결코 "부정할 수 없는 직접적 명증적인"(apodiktisch evident) 영역을 열어 준다. [89] 이 영역은 현상학의 연구영역인 순수한 절대적 의식체험의 삶을 말한다.

이상의 고찰로부터 알 수 있듯이, 현상학적 사유는 자연적 태도의 독단적인 존재정립(Seinsthesis)을 배거함으로써 궁극적으로 참된 현실성(즉 의식의 삶)에로의 길을 가능하게 하는 현상학적 에포케 및 환원방법과 더불어 시작한다. 자연적 사유태도로부터 현상학적 사유태도에로의 변경을 가능하게 하는

---

89) EP II, S. 166.

환원방법의 수행이 없는 현상학적 사유란 생각할 수 없다. 현
상학적 환원방법의 이해와 그 적용은 후설의 현상학과 그 이
외의 다른 현상학을 서로 구별할 수 있는 기준이 된다. 예를
들어 뮌헨 현상학자들, 셸러(Scheler) 그리고 하이데거는 환
원방법에 대해서 왜 부정적인 입장을 가지고 있었는가 하는
물음은 후설의 선험적 현상학의 고유한 특성을 이해하는 데에
의의가 있다. [90] 그들의 철학은 주지하다시피 실재론적 현상
학, 본질현상학, 해석학적 현상학으로 특징지워지지만, 그러
나 이들의 현상학은 객관적 존재론, 가치 및 본질 형이상학,
존재 및 현존재 형이상학에 관련되어 있다. 따라서 이들의 현
상학은 모든 의미와 존재를 구성하는 선험적 주관성의 형식들
을 구명하려는 후설의 현상학으로부터 변형된 현상학이라고
할 수 있다.

그리고 환원방법의 수행 후, 현상학적 의식은 지향적 의식,
즉 '…에 관한 의식'으로 나타난다. 의식의 본질적 특성인 지
향성에 근거해서, 사물과 사물의식, 대상과 대상의식, 세계와
세계의식, 존재자와 절대적 주관성 사이의 필연적인 불가분의
상관관계(Korrelation)가 성립하게 되는데, 이 보편적인 상
관관계의 아프리오리(Korrelationsapriori)는 후설의 탁월한
통찰의 결과이다. [91] 종래의 인식론, 또 심리학은 지향성에 근
거한 이 상관관계의 연관성에 대해서 전혀 알지 못했다. 이
상관관계는 인식론에서 플라톤주의의 초월적 이념화와 심리학

---

90) H. Kuhn, "Phänomenologie und 'wirkliche Wirklichkeit'", in : *Die Mün-
chener Phänomenologie*, hrsg. v. H. Kuhn u. a. . Den Haag 1975, S. 5 f ; M.
Scheler, *Die Stellung des Menschen im Kosmos*. Bern/München ^{9}1978, S.
52 ; M. Heidegger, *Prolegomena zur Geschichte des Zeitbegriffs* (Gesamtaus-
gabe Bd. 20), § 12, S. 148 ff 참조.

91) E. Fink, "Die Intentionalanalyse und das spekulative Denken", in : H. L.
van Breda (Hrsg.), *Problèmes Actuels de la Phénoménologie*. Brüssel 1952,
S. 72, 74.

주의의 심리적 주관화를 극복하는 계기를 부여한다. 후설의 원래 철학적 연구방법이 지향적 분석이라면, 이 분석은 저 보편적 상관관계에 기초한다. 따라서 상관관계의 아프리오리한 보편성은 후설의 철학적 사유의 선험적 가정에 속한다.

지향적 의식체험의 구조에서 보았듯이, 의식대상은 지향적 의미통일성이며, 이 통일성의 가능조건은 의식주관에 있다. 후설의 현상학은 모든 객관적인 의미형성과 존재타당성의 원천적 장소로서 선험적 주관성에로 소급해 가는 철학이다. 현상학에서 "선험적"(transzendental)이라는 말은 "가능한 인식의 목표와 인식의 길에 대한 인식주관의 가장 근본적인 자기성찰에 의거해서, 모든 의미의 부여(Sinngebungen)와 자아의 작용(Ichleistungen)의 근원인 순수한 주관성에로 소급하는 연구"를 지칭한다.[92] 의미의 통일성인 지향적 대상을 실마리로 해서 그것을 근원적으로 구성하고 종합하는 주관성의 심층적(深層的) 형식들과 그 구조적 내용들을 드러내는 것은 현상학의 중요한 과제이다.

이상에서 우리는 (i) 태도의 변경을 가능하게 하는 현상학적 환원방법의 수행, (ii) 방법에 의해서 획득된 상관관계의 보편적 아프리오리에 기초한 지향적 분석의 수행, 그리고 (iii) 부단한 비판의 과정을 통해서 모든 의미와 존재의 구성적 근원인 주관성의 은폐된 형식과 내용의 해명이 현상학적 사유의 본질적 특성에 속한다는 것을 고찰했다.

---

92) Ms. A VII 14, 89 a -b, S. 157; Krisis, S. 100 ; EU, S. 48 f 참조.

근거의 문제와 환원

김 희 봉

1. 문제제기

이 글의 목적은 선험적 주체, 부연하면 대상적 존재 전체를 포함하는 세계존재에 그 어떤 방식으로 존재론적 근거를 부여하는 선험적 주관성의 본질과 의미를 근본주제로 문제삼은 후설의 현상학을 재구성하여 밝히려는 데 있다. 이 논의는 즉자적 의미에서 경험되는 세계의 실재성을 더 이상 타당하게 여기지 않으려는 방법론적 전환으로서의 현상학적 환원을 통해서 그 주관성이 성취하려는 이행(Uebergang)에 대한 분석을 중심으로 이루어진다. 이 분석에서 근본적으로 고려되어야 할 후설의 사유적 근본특성에 우리는 우선 주목해야 한다. 그것은 이행이란 환원 이전에 주체자신에게 은폐되었던 주관성의 참모습을 밝혀 내는 과정이며, 그런 해명적 전개는 바로 주관성의 의지적 행위를 통해 가능하고 이와 더불어 현상학적으로 새롭게 규정된 철학의 시작이 근본적으로 실현된다는 것이다. 이 후설의 사유는 철학적 전통에서 이미 잘 알려진 철학 자체의 시원[1]의 물음에 대한 새로운 접근과 파악을 제시하고 있

---

1) 여기에서 시원이란 **시작하다**란 의지적 실행의 의미와 그러한 가능성의 **근원**에 대한 개념을 동시에 함의하는 것으로 이해해야 한다. 따라서 이 시원은 단순한 역사적 발생의 시초라는 규정과 본질적으로 무관하다.

다. 사실 그의 사상적 형성은 이 시원의 과제와의 근본적인
투쟁으로 마련된 것이다. 선험적 주관성의 해명은 결국 시원
의 과제가 후설에게서 고유하게 다뤄지는 방식을 뜻한다. 따
라서 후설이 모든 인식의 궁극적 정초라는 근본관심에 이끌리
어 어떤 고유한 방식으로 철학적 시원의 과제에 다가섰고 어
떻게 해결하려 했는지를 이 글에서 구체적으로 살피려 한다.

2. 철학적 시원의 문제와 후설적 물음의 고유성

철학적 시원의 문제는 모든 존재자의 존재근원이 어디에 놓
여 있는가 하는 물음의 방식으로 철학적 전통 안에서 제기되
며 다뤄져 왔다. 이 문제의 형성은 철학의 이념과 본질적으로
연관되어 있다. 그 이념이 모든 존재자의 근거를 밝히려는 데
있기 때문이다. 철학의 전역사를 주도해 온 근본목적이기도
한 이 이념을 후설도 추구하게 된다. 이 철학적 이념은 "모든
존재자들의 총체성, 전체성에 관한 보편적 학문과 다르지 않
다"(Hua VI, 321)[2]는 후설의 언급 속에 잘 표현되어 있다.
결국 이념의 완전한 성취에서 비로소 철학의 참된 시작이 이
뤄진다고 후설은 생각한다. 따라서 존재의 근원에, 즉 그때그
때마다의 존재자들이 주어지는 근원적 경험에 현상학적으로
제기된 반성적 물음을 통해서 철학의 실현이 가능한가를 밝히
려 한 후설의 시도는 분명히 이와 같은 철학사적 맥락 안에
자리하고 있다.

그렇지만 왜 후설에게 철학적 실현의 시도가 다시금 절실히
요구됐는가 묻지 않을 수 없다. 전통적 철학자들이 이미 철학
의 이념에 따라 상이한 방식으로 존재자들의 근거 혹은 적어

---

2) "Hua"는 Husserl Archiv에서 역사적 비판적 판본으로 발행된 후설전집인
Husserlinana의 약어로 아래에서 사용하도록 한다.

도 그런 인식론적 근거를 해명하려 했음을 우리가 잘 알고 있
기 때문이다. 그러나 근거마련을 위한 전통적 시도들은 불만
족스럽거나 불충분한 것으로 드러났다. 이러한 역사인식에서
후설은 스스로 학문으로서의 철학이 사유를 위한 참된 근거를
찾으려 하던 기존의 시도들이 어디에서 좌초하게 됐는지, 그
리고 철학의 이념을 실현하려는 노력에 문제시되는 어떤 전제
들이 있는지 하는 물음들 앞에 서게 된다. 이렇게 그에게 시
원의 새로운 문제제기가 전면에 대두된다. 이런 시각하에서
우선 이 문제에 관한 후설의 제기방식을 역사적 맥락에 의해
분석하는 것이 매우 중요하다.

2. 1. 후설 사상의 역사적 배경

후설은 동시대의 중요한 철학적 사상들의 영향하에서 시원
의 문제에 대한 고유한 접근가능성을 발견한다. 이런 사실은
후기에 그의 현상학을 특징지웠던 **선험적 관념론**이란 규정을
통해서 잘 드러나고 있다. 이 규정이 말해 주듯이, 그의 사유
적 토대는 분명히 데카르트에서 비롯되어 그리고 데카르트적
단초로부터 취해진 칸트의 급진적이고 체계적인 전개 안에서
이룩된 독일 관념론적 전통에 자리한다. 이러한 전통적 계승
에 있어서 고려해야 할 근본적 특징은 대상경험의 가능적 조
건에 대한 물음을 주제로 부각하는 인식비판이다. 대상인식의
근거에 관한 물음이 전통적 존재론과는 다른 새로운 방식으로
제기되기 때문이다. 따라서 전통적 시도가 제시했던 절대적
존재자의 자리에 **주체개념**이 대상적 인식의 가능적 조건으로
서 주목받게 된다. 특히 독일 관념론자들은 이 주체개념 안에
서 모든 존재자의 **존재**를 규정하는 본질적 근거들을 보려고
한다.

이와 같이 이 관념론적 입장에서 주체는 모든 대상경험의

선험적 토대로서의 특별한 지위를 부여받는다. 그런 까닭에 이미 주체를 다른 사물적 존재와 같은 **대상**으로 파악하려는 시도는 배제될 수밖에 없다. 이런 인식근거에 대한 물음이 철학의 주도적 관심사가 되었기 때문에, 관념적 사유체계가 대상에 대한 주체의 관계에 초점맞추게 됨은 당연하다. 여기서 주체에로의 전환에 의거해 철학적 이념의 실현은 다음과 같은 새로운 성격을 얻게 된다. 사유는 특정한 대상영역을 통해서가 아니라 모든 대상과 관계되는 방법적 의미를 통해서 스스로를 규정한다는 것이다. 이 맥락에서 볼 때, 그런 주관성의 원리에 의해 조건지워진 근거의 문제가 방법론적 성격을 띠는 데로 나아가는 사상적 전개와 확장은 철학적 시원의 물음에 대한 후설의 새로운 접근에 결정적 계기를 이룬다.

그래서 철학의 본질과 의미에 대한 후설의 아래의 언급은 결코 우연한 것이 아니라 여겨진다. "철학은 그 가장 고유한 의미에 따라 최종책임적 방법을 통해서만 가능하다. 달리 말하면 학적으로 책임지려는 사유 안에서 기획되고 근거지워진 방법을 통해서 그러하다."(Hua VI, 445) 이와 같이 이제 철학은 방법적 사유와 함께 시작된다. 인식비판으로부터 이뤄진 방법론적 반성은 독일 관념론에서처럼 대상과 관계하는 **주체에로의 전환**을 전제로 한 것이다. 따라서 대상에 대한 주관의 관계가 중심적 물음으로 후설에게 부각된다.

그러나 독일 관념론과의 이러한 공속성에도 불구하고 후설은 그들에 대해 비판적일 뿐 아니라 세계존재의 해명에 있어서 주관성 개념으로부터의 부적절한 이끌어 냄을 반박한다. 주관을 그 본질에 있어서 객관에 마주세워 놓음으로써 서로 분리해 매개하려 하기 때문에, 그 결과로 전통적 관념론은 주관과 객관의 근원적 관계성을 그릇되게 파악하게 되었다는 것이 후설의 지적이다.

이와 달리 후설은 본래적으로 대상연관의 근원적 관계성 안에서 주체의 의미, 기능 그리고 그 근본구조를 보려 한다. 이런 불가분적 관계성의 선행성은 그의 철학을 근본적으로 특징 짓는다. 이 관계성에 대한 통찰은 의식은 무엇에 관한 의식으로 파악되는 의식의 지향성 구조를 분석함으로써 얻게 된 것이다. 이런 과정을 통해 후설은 의식과 세계간의 근원적 상관성을 구체적으로 논증해야 함을 자신의 근본과제로 삼게 된다. 따라서 후설에 있어서 지향성의 해명이 철학의 시원문제에 관한 새롭고 고유한 논구와 어떤 연관이 있는지를 알려면, 그가 의식의 지향적 구조연관에 대한 어떤 인식에 도달하게 되었고 어떤 문제들과 씨름했는지를 살펴봐야 한다.

2. 2. 후설의 고유한 문제구성

후설의 첫번째 철학적 시도는 『산술철학』 안에서 이루어진 수개념의 형성에 관한 분석으로 시작됐다. 수학적 영역에 제한됐지만, 『제일철학』에서 언급되듯이, 그의 연구는 이미 후기사상에까지 미치는 타당성 문제의 해명으로서 자신의 철학적 관심에 의해 이뤄졌다. 물론 여기서 수대상의 근거문제가 심리적 소여성에 의존해 설명하는 입장을 통해 해명되었다. 그러나 이런 분석적 시도가 불충분한 수준에 머무르게 되는데, 이는 수개념을 심리학주의에 근거해 설명하려 했기 때문이라고 후설은 생각한다. 이후에 자기비판적으로 그는 이런 애매한 원리들과 논쟁을 벌이게 된다. 여기서 심리학주의에 대한 비판[3]을 통해 후설의 사유는 논리적 대상의 객관성을 보여 주려 했을 뿐 아니라, 논리적인 대상과 그것이 소여되는

---

3) 후설이 이 비판을 통해 심리학 자체를 거부한 것은 아니다. 의식분석에 관한 고유한 심리학적 접근을 『현상학적 심리학』에서 시도했으며, 후기작품인 『형식논리와 선험논리』에서 그가 비판했던 심리학주의의 성격을 구별해 언급하고 있다.

64

주관적 작용과의 관계를 비심리학적인 방식으로 파악하는 데
로 나아간다.

이런 새로운 시도의 과정은 후설의 사유에 있어서 의식개념
에 관한 선험적 전환의 필요성을 강조하는 데로 이어진다. 저
술상으로는 처음으로 『이념들 I』[4]에서 드러난 전환의 성취에
서 그의 연구들은 수학이나 논리와 같은 개별적 분야와 관련
된 타당성의 문제를 넘어서 그 범위를 확장해 간다. 이념성과
실재성을 포괄하는 의식의 모든 가능적 대상전체와 그리고 모
든 대상인식의 토대와 근거로서의 의식적 삶의 본질구조가 후
설 철학의 주제로 등장한다. 이와 더불어 그는 세계 안에 드
러나는 대상들의 존재가 유의미하게 언급될 수 있는 조건으로
서 주관적 경험에로 소급된 선험적 연관에 주목하게 된다.

그렇지만 이 해명에 앞서 그는 왜 이 연관이 바르게 밝혀지
지 않을까 하는 의문에 사로잡힌다. 확실치 않지만, 이 의문
의 이유를 우리는 『이념들 I』안에서 추적해 볼 수 있다. 거기
에 선험적 전환을 자극하는 어려움이 암시되어 있기 때문이
다. 이 어려움은 의식과 세계의 근원적 관계를 해명하려는 현
상학적 선험적 노력들의 전개과정에서 후설이 직면했던 사태
에 관련된다. 그것은 그 근원적 관계를 특징짓는 지향성이 본
래적으로 자명하면서도 동시에 이해할 수 없다는 사태를 말한
다. (참고 Hua III/1, 201) 그 몰이해의 필연적 이유가 무엇이
며 그 해결이 어떻게 가능한가?

이 아포리적 성격의 근원이 바로 의식의 지향성 자체에 놓
여 있으며, 따라서 후설은 이를 새롭게 파악해야 할 필요성을
깨닫게 된다. 분명히 의식은 항상 지향적 특성에 근거해 일반

---

4) 환원의 도입시기는 주석가들에 의해 밝혀졌듯이, 『이념들』보다 훨씬 앞선다. 그
러나 여기서 『이념들』을 강조한 것은 자연적 태도의 일반정립과 관련해서 환원의
의미와 성격이 다뤄졌기 때문이다.

적 대상뿐만 아니라 자신에게 향하고 자신도 지향적 대상으로 만들기 때문에, 자기의식으로서의 의식이 이미 지향성의 본질 구성에 함께 참여하고 있다. 이것은 자기의식성이 대상화된 자신조차 포괄하는 지향적 대상의 **세계**에 대한 하나의 **태도**로서 이미 의식에 전제됨을 뜻한다. 따라서 태도방식에 따라 의식은 세계가 드러나게 되는 **그런 주체**로 스스로를 파악하면서, 또한 세계 안에 놓여 있는 그런 대상으로 자신과 만나게 되는 것도 이 때문이다. 그런 까닭에, **세계에 대한 주체적 존재**로서 자기존재가 이해될 경우에 주체에게서 자기자신의 본질적인 해명이 가능한 반면, 만약 주체가 자신의 존재를 **세계 안에 대상적 존재**로서 파악하게 될 경우에, 대상의 총합으로서지만 하나의 대상처럼 드러나는 세계와의 관계 속에서 주체는 자신의 고유한 본질로서의 자신을 은폐하게 된다. 이렇게 우선 자명한 것으로 보여진 지향적 의식이 세계 안의 사물과 다름아닌 것으로서 파악되자마자, 지향성 자체는 이해할 수 없는 것으로 위협받게 되는 사태에 후설이 주목했던 것이다. 동시에 여기서 지향성은 세계내재적인 실재물들간의 단순한 물리적 관계로서 오해되었음도 알았다.

이런 오해가 근본적으로 배태되는 포괄적인 태도를 그는 **자연적 태도**로 특징지웠다. 이런 태도 안에서 주체에게 세계는 실재물로 나타나며, 그 결과 주체 역시 자신에게 이처럼 의심없이 놓여져 있는 세계의 한 부분으로서 드러난다. 자연적 태도로 규정된 경험 안에서 모든 존재의 타당근거를 가능하게 하는 지향성의 본질적 해명에로의 접근이 불가능하게 된다.

이제 후설은 그 접근의 통로를 열어 놓는 것을, 달리 말하면 자연적 태도의 극복을 철학의 선행적 과제로 여긴다. 그래서 그는 철학적 시원의 문제를 이행에 관해 아래와 같은 물음의 방식으로 수용하지 않을 수 없었다. 어떻게 자연적 태도로

부터 주체가 준수해야 할 마땅한 삶의 방식, 즉 **철학적** 혹은
선험적이라고 불리우는 그런 태도에로 이행할 수 있을까? [5)]
후설은 태도의 전환에 관한 문제설정을 통해 마침내 학적 시
원의 물음이 바르게 제기돼 다루어질 수 있다는 확신을 갖게
된다.

3. 전환의 시작과 의지

3. 1. 은폐된 의지와 자연적 태도의 이중성

위에서 살펴보았듯이, 이 시원의 물음에 관련해 전통적 철
학이념에 적합한 모습으로 철학을 실현시키려는 것이 후설의
의도였다. 시원의 문제를 어떻게 태도전환이 성취될 수 있는
가, 즉 세계에 대한 어떤 태도를 취해야 하는가 하는 물음으
로 다루려는 것이 그의 기본입장임도 알았다. 그런데 이 실현
의 길은 자연적 태도가 극복되며 새롭게 요구된 태도에 도달
함을 보증하는 방법적 성격에 의해 특징지워진다. 이 후설의
방법이 에포케 혹은 현상학적 환원으로 명명된 근원적 행위를
뜻한다. 따라서 시원의 고유한 문제제기에 대한 그의 견해를
이해하는 작업은 구체적으로 환원의 의미, 본질과 과정 등의
해명과 직결된다.

이러한 해명은 태도전환의 요구가 제기되는 한 계기로서의
자연적 태도에 관한 분석으로부터 우선 출발해야 한다. 그렇
지만 이 태도의 근본특성에 관한 파악은 지향성, 자연적 태도
그리고 환원 사이에 내재적인 관련을 고려함으로써 가능하다.

---

5) 참고. L. Landgrebe, *Faktizitaet und Individuation.* Hamburg 1982. 그리고
K. Held, "Husserls neue Einfuehrung in die Philosophie : der Begriff der
Lebenswelt", in : *Lebenswelt und Wissenschaft,* hrsg. v. C. F. Gethmann,
Bonn 1991, S. 79-117.

이 개념들간의 연관을 체계적으로 파악하기 위해 하나로 통일시켜 주는 근본개념에 주목할 필요가 있다. 그 단초는 의지개념 안에서 찾아진다고 본다. 왜냐하면 지향성과 환원은 물론하고 자연적 태도를 구성하는 **태도**개념 역시 의지적 사태이며, 의지개념[6]은 후설에 있어서 절대적 정초의 문제에 중요한 역할을 하기 때문이다. 물론 이 가정은 우리의 논의 속에서 함께 논증되어야 할 것이긴 하다.

어쨌든 이런 관점에 입각해, 이행의 문제에 있어서 자연적 태도의 우선적 해명은 다음과 같이 진행된다. 자연적 태도 안에 머무는 한에 인간적 주체에게 세계의 믿음에 의해 자신의 선험적 주관성이 은폐되어 있다는 **사실**(daβ)이 제시되고 그 은폐가 **어떻게**(wie) 그렇게 됐는가가 밝혀져야 된다. 그러나 구체적 언급에 앞서 고려해야 할 점들이 있다. 첫째로 환원에 근거해 자연적 태도가 극복되고 주관성의 탈은폐에 근거하는 참된 삶에로의 길이 마련될 때, 자연적 태도의 해명이 근본적으로 가능하다는 것이다. 둘째로 이 해명의 의의는 그러나 자연적 태도에 대한 비판적 전회에 있어서 그 태도가 단지 극복되어야 할 그런 의지적 태도로서 규정된다는 사실의 언급만으로 충분하지 않다는 데 있다. 오히려 자연적 태도 역시 태도변경으로서의 환원의 토대이며 출발점이라는 긍정적 측면이 고려되어야 한다. 이와 관련해 환원에 대해서 자연적 태도의 성격은 이중적이라 할 수 있다.

3. 1. 1. 자연적 태도의 태도성

---

6) 이 경우 의지개념은 의식의 계기인 경험적 심리적 현상으로서보다는 선험적 의미에서 세계와의 의식연관을 구성하는 실행적 개념으로 파악돼야 한다. 전자의 의미에서의 의지현상에 대한 현상학적 분석은 『이념들 I』(Hua III/1, 278 ff)에서 이루어지고 있다. 후자의 의미와 관련된 의지에 대한 언명은 곳곳에서 특히 『엄밀학으로서의 철학』, 『상호주관성』, 『위기』 등에서 보여진다.

출발점으로서의 자연적 태도에 대해 우리는 그것이 분명히 하나의 태도라는 점에 주목하지 않을 수 없다. 이 태도는 항상 어떤 것에 대한 태도로서 규정된다. 부연하면, 자연적 태도도 인간적 주관이 세계에 대해 취하는 지향적 관계라는 특성을 함의하고 있다는 것이다. 다만 이런 성격이 환원을 통해서 비로소 드러나게 된다는 것이 첨부되어야 하지만 말이다. 따라서 자연적 태도에 관한 상세한 분석은 앞서의 의미에서 자연적 태도에 내재된 세계에 대한 주체적 성격을 해명해야 한다.

이 맥락에서 이제 자신에게조차 감추어진 성격으로 이해되어야 하는 자연적 태도에서의 태도가 문제된다. 그렇지만 이 태도개념의 파악을 어렵게 하는 것은 이에 대한 구체적이고 직접적인 논의를 후설의 전작품 내에서 거의 찾아볼 수 없기 때문이다. [7] 단지 태도의 개별적 유형에 관한 언급들은 곳곳에서 발견된다. 따라서 우리는 간접적으로 그 개념의 본질적 성격을 추정해야 한다. 이 추정은 『위기』에서 간략하게 언급된, 그리고 이 논의에 직접적으로 중요한 하나의 개념규정에 근거해 가능하다. 거기에서 "태도를 어떤 기획된 의지방향과 관심 안에서 의지적 삶이 지닌 습관적 방식으로" 정의하고 있는 후설의 언급을 볼 수 있다. (Hua VI, 326)

인용에서 보듯이, 태도는 일단 의지적인 것으로 규정되고 있다. 또한 태도는 의지적인 삶을 방향지우는 지속적 구성계기로서 이해된다. 그것은 태도의 의지성에 있어서 삶 전체를 이루는 모든 개별적인 지향적 의지행위들이 통일되어지기 때

---

7) 아마도 그 이유는 핑크의 분석이 보여 주듯이 이 태도개념은 주제적 개념이기보다도 후설의 사상을 정당화하는 실행적 개념으로 기능적으로 사용되었기 때문이라 여겨진다. (참조. E. Fink, "Operative Begriffe in Husserls Phaenomenologie", in : Zeitschrift f. phil. Forschung XI/3, 1957, S. 321-337)

문이다. 그러나 이 태도를 성격짓는 의지개념은 **이차적인 것**
으로 이해해야 하는데, 그것은 지향성으로서의 의지적 삶에
내재하는 근원적 의지와 구별된다는 의미에서이다. 그렇다고
태도의 의지성을 규정하는 이차성[8]이란 결코 이 태도적 의지
가 근원적 지향성에 추후적으로 내지는 부가적으로 개입되거
나 혹은 후자로부터 도출되거나 함을 뜻하지 않는다. 오히려
이차적 의미의 의지로서 태도는 근원적 의지성으로서의 지향
성이 충족되는지 그렇지 못하게 되는지 여부를 결정하는, 그
래서 포괄적으로 근거짓는 성취력이다.

　이렇게 볼 때, 태도란 분명히 개별적 대상들과 사태에 대해
주체가 맺는 하나의 상황적인 연관과 다르다. 오히려 이 개념
은 의지적 삶의 지시연관(Verweisungszusammenhang) 전
체에 대한 주체의 지속적인 정향성을 의미한다. 이 정향된 연
관 안에서 지향적 의식에 대해 모든 개별적 대상들은 물론 심
지어 자신조차도 그 자체로 드러나게 되며, 이 태도에 의해
의식은 그 연관 전체로부터 모든 대상성들을 자신에 대해 존
재하는 것으로 타당하게 여긴다. 이미 밝혔듯이, 그때그때마
다의 의도된 것에로의 의지적 추구로서 근원적 의미의 지향성
은 전의식의 근본구조를 특징짓는데, 이 경우 태도는 바로 이
런 지향성과 어떤 내재적 연관을 통해 작용하고 있다. 따라서
이처럼 규정된 지향성 개념과 연관된 태도개념은 의식의 의지
적 자기관계라 말할 수 있다.

　이런 분석을 토대로, 태도에 대해 다음과 같이 정의내릴 수
있다. 태도란, 자연적 혹은 선험적이란 규정에 따라, 세계가
주체에 대해 타당하게 혹은 부당하게 존재하게 되는 **어떤 방
식**을 지속적으로 기획하는 방향에서 내려진 의지적 삶의 확정

---

8) 여기서 이차적이란 규정은 본질적 측면에서가 아니라 경험적 형성과의 연관에서
　파악되어야 한다.

을 뜻한다. 이와 같이 **태도**란 주체가 세계와 관련된 한에서, 자기를 파악하고 실현하는 과정인 **실행적 자기의식**을 말하기 때문에, 주체는 세계에 대한 태도적 전환의 가능성을 지닌다. 이런 성격이 자연적 태도 안에 내재하고 있다.

3. 1. 2. 자연적 태도의 자연성

위에서 살핀 대로, 자연적 태도는 주체에 의해 취해진 태도라는 측면에서 주관연관적이고 의지적인 것으로 파악될 수 있다. 그래서 자연적 태도 안에서 인간적 주체는 자연적인 방식이지만 세계와 지향적 관계에 놓이게 된다. 그러나 이 태도는 앞서 말한 지향적 의미의 본래적 관계로 다 드러나지 않는다. 그것은 자연적 태도가 지닌 자연성의 의미에 의해 제약되기 때문이다. 자연적 태도를 본질적으로 규정하는 자연성이란 그 태도가 태도로서 **드러나지 않는다**는 것을 뜻한다. 자연적 태도의 지향성을 성격짓는 은폐성은 선험적 주관성으로서의 주체에 의해 이루어진 세계의 지향적 구성력이 자연적으로 정위된 경우에 있어서의 주체자신에게 숨겨지는 것을 말한다. 그것은 경험적 주체가 자연스럽게 삶에 처해 있음으로써, 지향성 자체가 너무나 자명하여 망각되어지기 때문이다. 주목되어야 할 자연적 태도가 지닌 이중성의 다른 측면이 이것이다. 바로 자연적 태도에 있어서 이런 자기은폐에 관련된 성격이 상세히 분석될 과제라 할 수 있다.

따라서 태도개념에 대한 일반적 성격규정을 근거로 하여 이제 자연적 태도의 세계연관이 어떠한지 그리고 어떻게 그 태도 안에서 근원적인 의지성이 은폐되는지 등의 문제를 다뤄야 한다. 그러면 세계에 대한 하나의 **의지적 태도**이긴 하지만 그런 태도적 모습 자체로 드러나지 않는다는 자연적 태도의 특성은 어떤 경험적 사태로 보여지는가? 우선 자기은폐는 인간

적 주체에게서 자신의 고유한 존재성이 **세계 안의 대상적 존
재**로서만 이해되는 까닭에, **세계에 대한 주체적 존재**라는 규
정에 함의된 선험적 의미가 간과되어지는 사태라고 생각할 수
있다. 그런데 자연적 태도 역시 세계 전체와의 관계로 파악된
다. 이 은폐의 성격은 세계경험에로 소급되어야 한다. 인간적
주체와의 연관하에서 선험적 주관성의 은폐성은 세계의 경험
안에 반영되어지기 때문이다. 이런 관점에 입각해, 우리는 왜
세계는 의심할 바 없이 단적으로 앞서 주어진 존재라는 **일반
정립**에 의해 후설이 자연적 태도를 파악하려 했는지를 분명히
이해할 수 있게 된다.

3. 2. 일반정립과 자연적 세계

이제 자연적 태도의 **일반정립**으로 불리우는 세계에 관한 존
재믿음을 토대로 하여 경험되어진 세계의 존재양태가 바로 위
에서 제기된 물음, 즉 자기은폐의 방식에 관한 물음과 관련해
탐구되어야 한다. 이 탐구는 『이념들』의 §§ 27-30에 제시된
후설의 언급을 검토하는 데서 이루어진다. 그의 언급은 이 세
계믿음은 철학적 비판에 의해 근본적으로 극복되어야만 한다
는 생각을 전제하기보다는, 결과로서 겨냥한 채 전개된다. 그
러나 이 전제의 정당성이 순환적으로 정립되지 않으려는 한,
자연적 태도에 관한 언급 자체의 순수성에 의존하지 않을 수
없다. 따라서 자연적 태도 안에서 드러나는 세계경험과 세계
의 규정은 우선 철학의 비판적 시각으로부터가 아니라, 오히
려 자연적 태도 자체의 고유한 방식으로 표출되어야 한다. 그
런 까닭에 『이념들 I』의 "현상학적 근본고찰" 안에서, 후설은
자연적 태도의 익명적인 고유시각에 입각해 세계의 경험적 양
태를 그려 보인다. 이렇게 제시된 내용의 모습은 결코 철학에
의해 자연적 삶에 가해진 이론적 설명의 성격을 띠지 않으며,

오히려 선이론적인 기술의 방식을 취할 수밖에 없다. 그래서 이 기술내용은 그 자체로 어떻게 주체가 세계의 실재성에 관한 믿음에 이르게 되는지에 대한 현상학적 분석의 순수한 자료가 된다.

자연적으로 정위된 인간의 세계경험에 대한 전이론적 기술은 일상의 구체적 경험에 관한 진술로 시작한다. 이 고찰적 기술은 어떻게 지각이 개별적 사물에서 지각장(知覺場)을 넘어서 세계에로 이르게 되는지를 보여 주는 방식으로 전개된다. 이 전개 안에서 이처럼 시공간적으로 세계경험은 대상경험의 연속된 확장으로 나타난다. 기술의 내용을 간략하게 분서해 제시하면, 첫째로 개별적 대상들(einzelne Gegenstaende)의 경험은 이미 지각행위의 다양성으로 구성되며, 둘째로 이 대상적 지각도 다양한 대상들의 관계인 대상성(Gegenstaendlichkeit)으로 드러나는 지각장 안에서 자리잡고 있다. 이를 통해 개별적 대상의 경험은 본래적으로 현행적 지각됨으로부터 비현행적 지각됨에로 확장되어진다. 그러나 이러한 확장을 통해서도 근본고찰은 세계경험의 기술에까지 아직 이르지 못한다.

그러면 개별적 대상경험의 단순한 확장이 아니라, 그 이상인 자연적 세계경험이 어떠한가? 어떤 양태로 세계는 나타나는가? 근본고찰이 보여 주듯이 지각장은 자신을 넘어서 무규정성의 개방적 영역이 지시됨으로써 비로소 세계의 경험으로 드러나게 된다. 이 맥락에서 후설의 다음의 언급은 생각되어야 한다. "현재적으로 지각된 것, 다소간 분명하게 함께 현재화된 것, 규정된 것은 한편으로는 무규정적 실재성의 희미하게 의식된 지평에 의해 침투되어 있고 다른 한편으로는 둘러싸여 있다."(Hua III/1, 57) 이와 같이 세계가 지평으로서 자신을 고지하는 것으로 이 인용은 밝히고 있다. 자신의 개방

적 무한성을 통해 이 지평은 그 내용성에서 무규정적이긴 하
나, 이 지평에 있어서 개별적 대상 일반의 경험이 어떻게 전
개되는지가 미리 기획되어진다. 이런 의미에서 후설이 말했듯
이 세계란 모든 대상이 놓여지고 **형식**이며 그들이 경험되어질
수 있는 조건이다. 이러한 형식으로서의 세계는 자연적으로
정위된 인간에게 **친숙**해 있는데, 이것은 모든 대상경험의 자
명한 전제조건으로서의 세계가 인간에게 언제나 의심없이 **앞
서 놓여 있음**을 뜻한다. 이러한 기술의 내용으로부터 모든 개
별적 대상경험의 근저에 세계경험이 자리잡고 있음을 밝혀 낼
수 있다. 여기서 우리는 자연적 태도의 자기시각적 기술이 이
뤄지게 되는 권리가 "나는 세계를 의식하고 있다"(ebd.)는 경
험적 확언을 통해 확보됨을 알 수 있다.

3. 3. 세계에 관한 자연적 이해

위에서 언급된 기술내용을 바탕으로 우리는 자연적 태도의
세계를 현상학적으로 해명하려 한다. 여기서 자연적 태도의
자기은폐성과 근본적으로 관련된 세계의 세 가지 특성들이 제
시된다. 그것은 경험가능성, 무매개성 그리고 실재성이다. 이
러한 규정들이 상이한 방식으로 세계를 드러낸 것이지만, 그
것들은 자연적 세계경험의 근본성격으로 하나의 세계로 내재
적인 통일을 이루고 있다. 이 경험 안에서 세계는 **자연적** 세
계이다. 그러면 이 특징들을 개별적으로 살펴볼 필요가 있다.
첫번째 규정에 따르면, 세계는 **경험될 수 있는 것**
(Erfahrbarkeit)이다. 이런 규정이 얼마나 타당성을 지니는
지의 논의와 별도로, 우리의 문제맥락에서 경험가능성을 어떤
의미로 파악해야 하는지가 중요하다. 세계가 감각적인 혹은
이념적인 소여물인가 그리고 세계란 단일적 대상인가 아니면
대상적 존재들의 가능적 조건인가 등의 문제는 오히려 세계경

험성의 의미에 관한 물음에로 소급돼 대답될 수 있기 때문이
다. 우선 이 개념의 해명에서 그 의미가 지향성에 의해 규정
되어진다는 사실에 주목해야 한다. 부연하면, 자연적으로 정
위된 인간이 세계와 맺는 관계란 역시 주체로서의 인간이 사
물들과 관련되는 지향적 관계로부터 무관하지 않고, 이를 통
해 형성된다는 것이다. 이에 따라 세계의 경험가능성은 자연
적 태도 안에서조차도 바로 주관연관성을 뜻한다고 보아야 옳
다. 이런 의미와 관련해, 이 자연적 세계는 이미 지향적 구성
물이라는 것이다. 이는 바로 세계 자체가 우리의 경험에 주어
져 있음을 의미한다. 그래서 후설이 자연적 세계에 대한 기술
의 전개를 바로 세계가 우리에게 의식되어 있다는 사태에서
시작하는 것도 이같은 이유에서이다.

이처럼 주체와 연관된 특성으로서 세계의 경험가능성의 토
대 위에서 자연적 세계는 두번째로 **무매개적인 것**(Unmittel-
barkeit)으로 규정된다. 이것은 주체의 경험에 드러나는 세계
의 성격을 더욱 한정하는 규정성이다. 이 무매개성이란 세계
가 경험에 있어서 매개되지 않게 소여되어 있다는 것이다. 세
계의 소여성에 있어서 이런 직접적 명증성은 앞서 전제된 다
른 명증성 위에 근거하지 않고, 그 근거를 자신 안에 갖고 있
다는 사실을 뜻한다. 달리 설명하면, 인간은 자연적 태도에서
자신의 고유한 존재성을 세계 내의 대상적 존재로 이해하기
때문에, 세계의 명증성은 바로 그 무매개적 성격인 한에서,
그 근거를 주체에게서가 아니라 바로 세계 자체에게 찾아진
다. 이렇게 됨으로써 세계존재는 모든 개별적 대상의 경험에
있어서 전제되는 그리고 그 근저에 놓여 대상적 경험에 선행
하는 선소여적 존재로서의 특징을 갖는다. 따라서 자연적 세
계는 경험에서 형성되는 소여적 대상과의 주체연관에 앞서서,
그리고 특히 인간적 주체와의 관계에 독립적으로, 즉 **즉자적**

으로 존재한다. 그래서 경험의 주체는 자연적 태도 안에서 세계를 그 안에 있는 대상의 주어짐을 위한 즉자적인 토대로서 받아들이게 되는데, 여기서 우리는 바로 자연적 태도에 있어서 세계의 무매개성이 뜻하는 바를 알 수 있게 된다.

경험 안에 존재자들의 토대로서 드러낸 세계가 그 세번째 규정에 따르면, **실제적으로 존재한다는 것**(Wirklichkeit)이다. 더 정확히 말하면 인간적 주체는 세계를 이러한 경험과의 연관을 통해 실제적인 것으로 받아들인다. 이런 소여성은 더 자세히 살펴보면, 주체에게 세계의 비존재의 가능성을 고려하는 것이 불가능하다는 사실을 그 본질로 삼는다. 이러한 불가능성은 인간적 주체가 자신의 존재를 단지 세계 내의 대상적 존재로서만 파악하기 때문에 기인한다. 따라서 만약에 주체가 이러한 자기이해의 범위 안에서 세계의 존재 자체를 의심하게 될 경우, 그와 더불어 주체는 자신의 존재적 사실성을 부정하게 되는 결과를 초래한다. 세계의 실재성을 부정하는 것은 무의미한 주장일 수밖에 없다. 이로부터 자연적 태도의 인간적 주체에게 세계의 실재성은 의심으로부터 면제되었다는 점에서 자명한 것으로 믿게 된다. 이와 같이 세계의 세 특성이 그 실재성에로 수렴해 가는 데서 그 자연성이 드러나며, 이 세계의 실재적 확신에서 경험적 주체와의 근원적 관계성은 그 본래적 의미를 드러낼 수 없는 상황에 처하게 된다. 이런 설명을 통해 우리는 자연적 태도의 세계믿음에 대한 후설의 생각을 분석하였다.

이미 언급한 대로, 후설은 세계의 믿음을 자연적 태도의 일반정립이라고 표현했다. 그의 이러한 개념의 선택은 자연적 태도의 인간은 세계의 존재설정에 근거한 채 정립적, 혹은 주제적 경향을 좇기 때문에, 그 주체의 관심은 세계존재의 토대 위에 자리하고 있는 개별적 대상들에게로 빼앗기게 마련이라는 사실을 드러내기 위해서였다. 따라서 후설은 이것을 인간적 주체가 대상들에게 "자신을 빼앗겨 버렸다"(verschossen)라는 식으로 표현하였다. (Hua VI, 179) 이와 같이 인간은 지속적으로 세계 속으로 들어가 살면서 더 이상 세계의 명증성을 받아들일 뿐, 어떻게 실재적 토대 혹은 지평으로서 세계가 기능하는지를 주제화할 수 없는 처지에 있게 된다. 그래서 자연적으로 정위된 인간적 주체의 삶의 방식을 규정하는 이런 세계에로의 몰입을 통해 세계와의 그의 근원적인 관계가 그릇 설정되어 버린다. 바로 이런 식으로 그 근원적 의미에서의 주체는 그 자신에게 은폐되어진다.

이런 사태 안에 자연적 태도의 근본성격이 잘 반영되어 있다. 그것은 세계와 주체적 경험간의 근본관계가 지속적인 소박한 삶이라는 근본상황에 의해 전도된 상태를 말한다. 곧바로(Geradehin)의 소박성 안에서 세계의 선소여성은 주체로 하여금 자신을, 즉 세계에게 그 즉자적인 존재의 타당성을 부여하는 그런 주체로서의 자신을 망각하게 한다는 것이다.

이상을 요약해 말하자면, 우선 인간주체는 세계 안에 객체이며 동시에 세계에 대해 주체라는 이중적 관계에 앞서 세계구성의 선험적 성취를 가져오는 궁극적인 근거로서의 주체의 차원을 지닌다. 그런데 이 이중적 관계는 위에서 드러난 자연적 경험 안에서 다음과 같이 변형되어진다. 사물적인 의미의 세계관계는 주체적인 세계관계의 전도현상이며, 이런 전도와 더불어 구성하는 존재라는 주체의 성격이 은폐되어진다. 결국 근원적인 주관관련적인 세계는 주관에 무관하고 즉자적으로 존재하는 세계에 의해 대치되어진다. 여기 세계의 즉자적 실재성에서 자연적 태도의 일반적 모습이 드러난다.

이것이 의식과 존재의 관계로서의 지향성에 대해서 의미하는 바는, 지향성의 근원적 작용성, 즉 세계의 존재정립의 구성적 형성이 이미 완결된 지향성에 의해 가려진다는 것이다. 여기서 완결됨이란, 지향성이 세계 속에 자신을 빼앗겨 버린 존재로서의 주체에 의해 주체무관한 선소여성에 의존하는 세계관계의 확정을 뜻한다. 이런 연관에서 지향성의 본질을 특징짓는 의지에 대해 아래와 같이 언급할 수 있다. 인간주체의 의지는 지향성 안에 살아 있는 근원적인 의도함으로서의 구성적 성취력에 의해 성취되는 세계 대신에, 비의지적으로 주어진 세계로서 받아들임을 뜻한다. 따라서 자연적 태도의 자연성은 그 본래적 의지성이 의지적인 세계획득에서, 즉 그 작용적 지향성 안에서 추진되는 세계구성의 의지에서 은폐된다는 사실을 그 본질로 한다. 이처럼 우리는 자연적 태도의 일반정립이란 후설의 견해를 의지의 자기은폐로서 해석하게 되었다.

4. 이행과 현상학적 환원

위에서 언급한 은폐성은 바로 선험적 주체의 자연적 자기관계성에 해당된다. 이것은 주체가 자신을 완결된 지향성의 실행자임을 모르고 즉자적 세계에로 몰입하는 형태의 삶을 사는 한, 언제나 스스로에게 숨겨지게 되는 상태로 이뤄진다. 이런 근본상태에서 주체는 세계의 근원적 소여성을 주제로 다룰 수 없으며, 세계가 자연적 주체에게 주어지는 한에서 얻게 되는 확실한 명증성을 어떻게 소유하게 되는지를 통찰할 수 없다. 자연적 태도의 이런 특징은 우리가 해명해야 할 이행의 본질을 제한하게 된다. 우선 은폐성으로부터의 벗어남으로서의 이행은 자연적 태도로부터의 자연스런 논리적 추론과정으로 파악될 수 없다. 더욱이 자연적 태도가 세계와의 총체적 관계이기에, 그 태도의 극복으로서의 이행은 태도 밖에서의 관점에서 자연적 태도와 다른 어떤 태도와의 비교를 통해 내리는 선

78

택의 과정일 수 없다. 오히려 이행은 자연적 태도 안에서 자기부정과 긍정이란 두 성격을 포괄하는 내재적 성취행위이다. 따라서 이 이행적 행위는 자연적 태도의 자기은폐성과 관련돼 쉽게 요구될 성질의 것이 아니다.

은폐된 의지성이란 규정은 자연적 경험에 대한 현상학적 해명의 평가이다. 그러나 이 평가는 위에서 밝힌 기술적 내용을 토대로 하지만, 그 정당성은 환원에 의존한다. 환원에 의해서 비로소 그런 것으로 밝혀지기 때문이다. 그러나 그 환원에 의해 규정된 자연적 태도의 성격이 옳다면, 환원 자체에 대한 요구가 그 태도로부터 반드시 필연적으로 제기될는지가 분명치 않다. 이러한 상황은 다음과 같은 난제와 부딪히게 된다. 만약 주체가 자연적 태도 안에서 세계의 명증성에 대한 자신의 고유한 책임성에 대해 아무것도 모른다면, 어떻게 자연적 태도를 벗어나 자기책임성을 자각하는 것이 가능할까? 한 걸음 물러나, 현상학의 근본적 의미를 가장 첨예하게 부각시키는 환원이 그러한 가능성을 열어 준다는 후설의 생각에 동의할 경우에도 다음과 같은 물음은 피할 수 없다. 어디로부터 그런 환원적 행위를 실행하려 하는 동기부여가, 즉 선험적 태도로의 이행을 위한 최초의 충격이 오는가? 어떻게 현상학적 환원을 위한 동기가 이뤄지는가?

4. 1. 환원의 동기부여

이상의 물음들과 더불어 환원의 본질을 구성하는 철학의 시원의 문제가 분명히 부각된다. 그러나 핑크가 밝혔듯이[9] 이 시작으로서의 환원은 하나의 모순에 처해 있는 듯하다. 한편으로는 이미 앞서 살폈던 자연적 태도 내에서 환원에로의 동

---

9) E. Fink, *Studien zur Phaenomenologie.* 1930-1939, Den Haag 1966, S. 111.

기부여를 찾으려는 것은 생각될 수 없으며, 다른 한편으로는 환원적 실행의 동인을 어떤 식으로든 자연적 태도 밖에서 찾으려 하는 것은 "기계 속의 정령"에로 돌아가는 일이기 때문이다.

그러나 이런 곤란에서 벗어나려면 적극적으로 우리는 자연적 태도 안에서 어떤 동기도 정말로 발견할 수 없는가 하고 반문해야 한다. 우선 환원을 위해서 경험적으로 확증할 수 있는 동기가 없다는 사실은 타당하다. 왜냐하면 그런 경험적 동기부여에 대해서는 자연적 태도가 여전히 유효한 채 있으므로, 자연적 태도와의 근본적 단절을 통해서 이루어진 새로운 태도에로의 가능성은 기대될 수 없기 때문이다. 따라서 오히려 참된 동기란 이런 단절을 통해 개방되는 새로운 사유의 지평, 즉 **선험성** 안에 놓여 있지는 않은지 고려되어야 한다. 이와 관련해 핑크는 후설에게서 용법상 사용되지는 않았지만 그 내용적으로 보여진 그런 사상을 의미하는 '선험적 동기' [10]의 개념을 제시하고 있다.

4. 1. 1. 동기와 자유

그러나 동기개념에 대한 선험적이란 수식은 부정적으로 다음과 같은 사실을 뜻한다. 즉 환원을 위한 동기는 원칙적으로 자연적 태도 안에서 근거가능한 범위를 **초월한다.** 그런데 긍정적 의미로서 선험적 규정이란 에포케의 실행이 자신의 동기부여를 위해 전제되어야 함을 말한다. 에포케의 이러한 자기근거지움은 자기규정성을 의미하며 이와 더불어 의지의 자유를 지시한다. 이런 맥락에서 후설이 왜 환원을 자유의 행위로 파악하려 했는지가 이해된다. 우선적으로 환원은 외적으로 조

---

10) E. Fink, *VI. Cartesianische Meditation.* Teil 1. Husserliana Dokumente Bd. II/1 hrsg. v. H. Ebeling etc., Dordrecht. usw. 1988, S. 34 ff.

건지워지지 않고 스스로 자신 안에 근거한다고 확정할 수 있다.

그러나 동기부여에 관한 선험적 해석은 자연적 태도와 선험적 태도간에 환원을 통해 수반되는 단절을 전제로 하게 된다는 데 그 위험이 있다. 따라서 환원의 자기 근거지움에 따른 결과로 그것의 선험성과 자연적 태도 사이에 심연이 놓이게 된다. 때문에 그런 근거지움은 오히려 자연적 태도편에서 볼 때 절대적 사로잡힘에 대응하는 것이며, 반대로 자연적 태도는 자신이 극복될 수 있는 동기부여에 대해 스스로를 눈감게 되는 상태를 가리킨다. 따라서 만일 동기의 선험적 정초가 양극화와 함께 지불될 경우에, 세계의 통일성, 즉 연관된 주관성의 근원적 동일성을 포기하는 결과가 초래된다.

이처럼 동기의 자유에 대한 관심에 따라 자연성과 선험성 사이에 일어나는 극단적 양극화는 해결할 수 없어 보이는 딜레마에 빠진다. 즉 두 편 사이에 심연이 있을 수 없는 것으로 보이는데, 그럴 경우 선험적으로 제기된 환원은 자연적 태도에 대해 미지의 새로운 태도에로 이행하라는 완전히 무책임한 요구로서 생각되어질 수 있다. 아니면 이 심연은 선험적 측면에서 강압적으로 뛰어넘을 수 있는데, 이 경우 환원은 자연적 삶의 방식을 완전히 포기하려는 엄격한 요구가 되어진다. 이런 난점은 우선 환원의 선험적 동기부여를 의문스럽게 만들며, 환원에로 동기와 자연적 태도가 어떤 관계에 놓여 있는지를 다시금 생각하도록 한다. 태도전환의 물음으로 변형된 철학적 시원의 문제에 만족스러운 성과를 거둘지는 이 관계규명에 달려 있다.

문제의 관계가 어떻게 파악되는지는 다음 물음의 대답과 직결돼 있다. 철학적 비판에 자신을 온전하게 내맡기는 자연적 태도의 준비상태가 어떤 식으로 생각될 수 있는가? 실행적 주체의 자기은폐가 다만 자연적 태도 안에서 일어나는 환원에로의 동기의 모든 가능성을 가리고 있음을 의미할 경우에, 앞서의 물음에 어떤 대답도 가능하지 않다. 그러나 우리가 자기은폐를 자연성을 초월하는 모든 동기부여에 대한 완전한 거부적 입장으로서 이해해야 할지? 아니면 자기은폐 안에서도 자연적 태도 역시 그런 동기부여를 위한 단초를 준비하고 있다는 가능성을 드러내 보인다고 말해야 할지?

4. 1. 2. 동기와 책임

더 자세히 후설의 사유를 고찰해 보면, 자기은폐의 극복이 완전히 인간적 주관의 가능성 밖에 놓여 있지 않다는 사실을 알게 된다. 이에 대해 후설은 다음과 같이 언급하고 있다. "선험적 주체성은 다만 자신과 세계를 인식하면서 이런 인식에 있어 스스로에 대해 인간으로 존재하면서 그 인간이 선험적 환원을 실행하고 자신의 세계성을 포기할 수 있는 한에서, 바로 그 주체성은 인간적 세계성 안에 앞서 주어져 있지 않고 오히려 그 안에 '은폐'되어 있다."(Hua XV, 389) 이 인용에서 자연적 태도에 있어서 주체가 에포케에로 나아갈 수 있는 가능성의 한도 내에서 자기은폐에 빠져 있다는 사실을 볼 수 있다. 즉 은폐가 절대적이지 않다는 의미에서 제한성을 지닌다. 자기은폐와 자기해명에로의 가능성은 서로 대립적이지 않다. 오히려 자기해명에로의 준비가 자연적 태도 안에서 어딘가 자리잡고 있어야 한다. 어디서 그런 가능성을 찾을 수 있는가? 후설에 따르면 현상학적 환원은 "소박하게 자신의 대상에 몰입된 자아의 익명성을 우선적으로 드러내는 자연적 반성과 더불어, (그 환원이) 구체적으로 실행되어지는 거기에서"(Hua IX, 443. 괄호는 필자) 비롯된다. 이 인용을 바로 자연적 반성이 선험적 반성으로 이어지는 것으로 읽어서는 안

82

된다. 자연적 반성은 단지 자연적 삶의 자기왜곡에 대한 반성
석 표출이라고 할 수 있다. 왜냐하면 자연적 반성에서 자연적
태도는 자신의 세계와의 무매개적 비반성적 일치로부터 떨어
져 나와, 인간적 주체의 주관과 객관이라는 분리상태 속에 놓
이게 되기 때문이다. 이런 극단적 모습을 후설은 삶의 세계를
주관적이라고 비판하면서 객관 자체만에로 향하는 실증주의적
객관주의에서 보았다. 이러한 분열상태에 의해 심화되는 삶의
왜곡된 상황을 비판적으로 바라보면서 극복하려는 동기부여가
노정되어진다. 이런 시도를 후설은 실제로 그의 후기사상을
이루는 저서 『위기』에서 제시하게 된다. 어쨌든 환원은 소박
한 삶 안에서의 자기상실, 즉 자신의 익명성으로부터 자아가
해방되는 자연적 반성으로부터 부정적인 방식으로 동기부여된
다.

4. 2. 현상학적 환원의 근본특성들

환원의 동기란 이미 보았듯이 자연적 태도를 극복하려는 인
간적 주체의 내적 요구의 형성을 의미한다. 이 요구는 근본적
으로 세계의 믿음을 거슬러 세계의 본래성에로 향하게 된다.
궁극적으로 환원은 주체를 자기은폐로부터 해방시키고 자기해
명에로의 이행을 성취해야 하는 임무를 띤다. 이 해방의 일차
적 성격은 세계에 대한 의심할 바 없는 실재성을 타당한 것으
로 여기지 않도록 함에 있다. 따라서 후설은 환원을 '차단'
(Ausschaltung)으로 규정했는데, 그것은 그 핵심에 있어서
세계믿음의 중지에 관계되기 때문이다. 1913년 『이념들』에서
판단중지가 도입되면서 후설은 이 개념의 근본특징으로서 세
계의 '괄호침'(Einklammerung)을 언급하는 것도 같은 맥락
에서이다. 그후에 그가 환원의 의미들을 다른 방식으로 규정
하지만, 다른 규정들은 바로 이 근본특성을 기초로 한다고 볼

수 있다. 그렇다면 환원의 본질적 계기가 무엇인지 묻지 않을
수 없다. 그래서 크게 세 개의 규정적 의미들을 제시하면서,
환원의 근본성격으로서 의지적 성격을 밝히는 데 초점을 맞추
려 한다.

『위기』에서 후설은 자연적 태도로부터 선험적 태도로 넘어
감을 강조하면서 환원을 삶의 '전환'(Umstellung)으로 특징
짓는다. 이렇게 환원은 자연적 태도에 의해 자연스럽게 형성
되는 인간적 삶을 변경하려는 근본적인 행위로서 파악된다.
그러나 앞서 언급했듯이 자연적 삶의 방식은 환원 **이전**에는
결코 하나의 태도로서 나타나지 않는데, 그것은 자연적 삶이
자신의 태도적 성격을 알지 못하기 때문이다. 세계의 실재성
에 대한 언제나 미리 성취된 정립 때문에 자연적 삶은 이러한
본성을 잊고 있다. 이런 연관에서 환원을 **전환**으로 파악하려
는 후설적 규정은 긍정적 의미를 지닌다. 전환은 세계의 실재
성이 지닌 의심할 바 없는 타당성을 지양하고 나아가 소위 즉
자적으로 놓여진 실재성도 익명적으로 실행하는 주체에 의해
정립된 것 혹은 구성된 것이라고 밝힘으로써 자연적 태도를
어쨌든 하나의 태도로서 드러나게 한다. 이런 식으로 환원에
대한 태도변경[11]이란 이해는 자연적 태도에 대해서 태도적 성
격의 폭로라는 측면과 가장 내재적으로 얽혀 있다.

선험적 환원의 다른 의미는 자연적 태도 자체를 주제화한다
는 점에서 반성적이라는 데 있다. 여기서 왜 환원이 반성적인
것으로 규정되는지 그리고 선험적 구성의 영역에로 진입이라

---

11) 태도변경이란 의지적 성취는 분명히 주어진 세계에 대한 선택적 자유라는 의미
와는 분명히 다르나, 결코 무로부터의 세계창조라는 순수한 자기실현으로서의 자
유의지가 또한 아니라는 데에 있어서 후설 철학의 고유성과 한계가 있다. 전환이
라는 의지적 행위는 **내재적 초월**(Transzendenz in Immanenz, Hua III/1,
123)이라는 의미에서 앞서 주어진 세계경험을 전제하지 않을 수 없다. 이런 의미
에서 자연적 세계경험은 선험적 태도로 향한 출발점인 것이다.

는 환원이 어떤 의미에서의 반성인지 등이 계속해 고찰되어야
한다. 우선 이 반성적 성격은 바로 자연적 태도가 환원의 주
제가 된다는 사실에 연관되어 있다. 이는 자연적 태도가 마치
대부분의 지향적 작용들이 비반성적으로 자신들의 대상에로
향하듯이 그렇게 세계에로 비반성적이며 소박한 내맡김의 상
태에 놓여 있기 때문이다.

　이로부터 자연적 태도는 철저하게 대상에 고정된 나머지,
자기반성에로 다가가지 못하는 의식적 삶으로 이해될 수 있
다. 물론 자연적 태도 안에도 자연적 의미에 있어서의 반성이
나 태도전환 등이 있을 수 있으나, 의식적 삶의 그런 변형들
에 의해서도 세계와의 믿음적인 결속이 지닌 무매개성과 지속
성은 근본적으로 침해되지 않는다. 난적으로 정초하는 태도인
자연적 태도가 자연성 내에 머무는 반성이나 전환의 대상이
된다는 것은 불가능한데, 그 이유는 그런 의식적 변형들이 즉
자적으로 존재하는 것으로 소박하게 여겨지는 **객관적인** 세계
와 **주관연관적**인 세계간의 구분만을 드러낼 뿐이다. 더구나
자연적 태도는 모든 존재적 타당성의 세계내재적 분배를 가능
케 하는 세계타당성에 대해 단적으로 포괄적이나 동시에 자신
에게조차 은폐된 요구라는 점에서 자기반성의 가능성이 그 자
체로 불가능하다. 이처럼 자연적 태도는 자연성 내에서 가능
한 모든 태도들을 배태하는 세계에 대한 근원관계이기 때문
에, 이 둘 사이에 어떤 식의 반성적 관계가 이뤄진다는 것이
어렵다. 이런 의미에서 자연적 태도란 즉자성을 지니는 것처
럼 보이며, 이 때문에 모든 **외부에로** 닫혀 있는 듯하다.

　이와 연관해, 환원의 선험적 성격을 살펴야 하는데, 여기에
서 자연적 태도는 완전히 다른 방식으로 반성된다는 것이다.
이 반성은 환원이 자연적 태도와 경쟁하는 태도로서 그 **옆에**
놓이게 된다는 사실에서가 아니라, 환원이 자연적 태도에 '대

한'(Ueber) 반성으로서 실행된다는 사실에서 그 본질을 이루고 있다. 여기에서 '대해서'란 **연관적**(mit Bezug auf)이란 의미뿐만 아니라 **위에서**(oberhalb)라는 뜻도 가지고 있다. 후설은 이처럼 환원으로서 성취된 반성에 대해서 『위기』에서 다음과 같이 언급한다. "이제껏 지속적으로 이뤄 온 총체적 삶의 방식을 중지하려는 활동중단을 통해 삶 전체의 완전한 전환이, 즉 삶의 철저히 새로운 방식이 얻어지게 된다. 세계의 타당적 선소여성에 **대해서** 하나의 태도가 성립되게 된다." (Hua VI, 153. 후설에 의한 강조. 비교 155, 184)

환원의 반성을 통해 자연적 태도의 **완성된 지향성 뒤로 작용하는 지향성**이 숨어 있다는 사실이 알려진다. 이 후자의 지향성은 인간적 의식이 세계에 대한 주체가 되며 세계가 주관 연관적인 것으로 되는 선험적 주체성의 작용적 의지성이다. 이런 선험적 연관성에 의거해 자연적 태도란 비록 스스로에게 있어서 태도**로서** 드러나지 않기 때문에 인간의 비의지적 구조 연관으로 보이게 되지만, 오히려 그것은 의지의 자기은폐로 규정되어야 한다. 그래서 자연적 태도는 모순처럼 보이는 내적 긴장, 즉 자신의 수동적으로 파악된 의지성과 근원적 의미의 지향성 사이의 긴장에 의해 특징지워진다.

이와 연관해 후설은 환원의 다음과 같은 특성을 끌어낸다. 환원은 자연적 태도의 근원적 의지에로의 의존성을 밝힘으로써 그것의 태도적 성격을 제시한다. 그런 까닭에 이 태도 자체에 숨겨진 의지성의 고유성을 제시하는 것이 환원의 과제라고 여겨진다. 거기에 의거해 의지성을 해명하려는 환원 안에서 행해진 시도는 자연적 태도의 근원적 의지적 근본구조에 근거하고 있다. 이 선험적 자기자각이란 사실 이 근본구조에 의해 가능해진 자유로운 의지적 작용이다. 만약 환원의 동기가 이러한 의지적 작용 안에서가 아니라 오히려 작용 이외에

86

어떤 대상성으로부터 오는 동인 안에서 찾아진다면, 세계와의 지향적 관계로부터 자신을 드러내는 주체의 본질을 그릇되게 만든다. 이런 의지적 관계의 실행에 있어서 주체는 원본적으로 자기자신에 의지적으로 관련되어 있고 이로부터 원칙적으로 환원의 가능성을 갖게 된다. 환원의 실행이 대상적 충동에로 소급될 경우, 지향성 안에서 기능하는 의지성은 요구되는 동시에 부정되며 그래서 자기모순에 빠지게 된다.

이러한 사태로부터 귀결되는 것은 주체에 의해 성취된 환원은 자신의 자기성을 의지로서 해명하려는 결단, 즉 자신이 내리는 결단이라는 사실이다. 환원은 이처럼 이해된 자기성으로부터 발현되는 자유로운 행위를 통해 가능하게 된다. 이로써 왜 후설이 환원을 의지적 개념 안에서 찾으려 했는지가 밝혀진다. 이런 생각은 후설의 글 안에서 확인된다. "선험적 환원의 원리적인 고유성이란 그것이 앞서 단번에 보편적이고 이론적 의지로써 (…) 이런 선험적 소박성을 중지하는 데 있다." (Hua IX, 274. 괄호는 필자)

환원을 선험적이라 규정하는 것은 주체의 자연성이 고려되는 한에서, 환원의 주체가 궁극적인 반성을 통해 자신을 스스로 해명하는 의지적 삶으로서 증명하려는 선험적 태도에로의 길을 마련하기 때문이다. 여기서 선험적 태도의 근본구조에 대한 심도있는 탐구가 과제로 주어진다.

5. 자기해명적 의지로서 선험적 태도

선험적 환원은 두 개의 단계를 통해 선험적 태도에 이르게 된다. 현상학적 환원의 첫 단계에서 자연적 태도의 세계의 존재성은 그 타당성을 상실하게 된다. 존재정립을 배제하려는 요구는 학문의 객관주의 안에서 그 극단적 형태[12]를 띠게 되

는 자연적 삶의 세계에의 사로잡힘에 의해 세계의 근거와 의
미에 대한 물음을 망각하게 만든다는 사태와 연관되어 있다.
따라서 그런 요구에서 세계가 철학의 시야로부터 사라지는 것
이 아니라, 적극적으로 다르게 주제화된다. 그래서 세계는 환
원에서 '현상'으로서 드러난다는 것이다. 여기서 현상이라 함
은 "자신의 타당적 활동으로부터 세계가 '있게' 되는 그런 세
계의 존재의미를 부여하는 주체성의 상관자로서"(Hua Ⅵ,
155) 세계가 시선 안에 머물러 있음을 뜻한다. 환원의 두번째
단계[13]에서 자아는 현상으로서의 세계가 드러나게 되는 그런
주체로서 등장한다. 그 결과 후설의 기획적인 언급을 빌어 말
하면 선험적 태도에서 "세계존재에 대한 물음은 현상학에 있
어서 궁극적으로 세계가 타당하게 되는 선험적 주체성의 본질
에 대한 물음으로 전환된다."(Hua ⅩⅤ, 22 f) 따라서 선험적
환원을 통해 비로소 얻게 되는 선험적 태도는 선험적 주관성
과 불가분리하게 관련돼 해명되어야 한다.

　최종적 적부심에 있어 세계의 존재의미와 존재근거는 선험
적 주체성의 의미부여와 타당성제공 안에서 찾아져야 한다는
것이 위에서의 견해였다. 그러나 이런 구성적 성취를 이룩하
는 주관성은 세계에로부터 분리된 어떤 것으로 여겨서는 안
된다. 물론 주관성이 세계와의 거리취함이란 방법을 통해 **초
월**로서 등장하긴 하지만 말이다. 따라서 세계와 주체 사이의
방법적 간극화를 사태적 분리로 파악하려는 입장은 다수의 주

---

12) 참고. K. Held, a. a. O. 후설에 있어서 객관주의적 학문은 자연적 태도에로의
　　몰락을 뜻한다. 이에 근거해 헬트는 본래적 자연적 태도와 심화된 자연적 태도를
　　구별하였다. 『위기』에서 후설이 밝힌 삶의 세계에 대한 자연과학의 망각이 그것이
　　다.
13) 『위기』에서 세계와 주체간의 관계적 성격을 후설은 세계의 지평개념에 대한 새
　　로운 해석, 즉 지평의 선험적 중심으로서의 주관성에 대한 해석을 통해 심화시킬
　　수 있었다. 이는 자연적 태도의 세계가 지닌 지평개념에 새로운 의미를 부여한 것
　　이라 볼 수 있다.

석가의 오해에서 비롯된다. 만약 이런 오해를 범할 경우에 선
험적 주관성은 공허한 형식[14]으로 파악되면서, 그 형식의 기
능은 세계의 선소여적 다양성을 자신의 통일화로써 질서지우
려는 데에 제약된다. 선험적 주체와 세계간의 관계에 대한 오
해는 주체에 있어서 주체성, 그것의 선험성의 참된 의미에 대
한 눈가림에 기초하기 때문이다. 따라서 주체가 세계의 한 부
분으로만 여기거나, 세계외적 존재로 인식되는 것에 경계해야
한다.

　앞서 언급된 오해의 해소를 위해 여기서 세계와 주체간의
근본적인 관계를 지향성으로 그리고 선험적 환원을 통해 밝혀
지는, 그런 작용하는 주체의 근본구조를 상세하게 다룰 필요
가 있다. 지향성에 대한 다음의 언급에서 우리는 후설 철학의
근본성격을 보게 된다. "세계와의 의식관계는 우연히 외부로
부터 그렇게 규정하려는 신에 의해, 앞서 우연히 존재하는 세
계에 의해 그리고 세계에 속하는 인과적 법칙성에 의해 나에
게 부과된 사실이 아니다. 이 주관적 선천성은 사유하는 자인
나에 대해 있는 각자 그리고 모두, 세계, 신의 존재에 앞서가
는 것이다."(Hua XVII, 222)

　이에 따라 선험적 주체성도 주체와 세계의 근본관계로서의
지향성에 의해 규정되어진다. 그것의 본성은 세계의 존재가
근거하는 "모든 객관적 의미형성과 의미타당성들의 근원"
(Hua VI, 102)에서 보여진다. 따라서 선험적 자아가 "동일
한 의식의 모든 작용들에 있어서 기능의 동일적 주체"(Hua
IV, 105)이다. 그리고 자아는 이러한 기능을 넘어서 세계를
근거짓는 근원적 자신과의 관계에 놓이며 그 결과 "자신을 스
스로 참된 자아로 자유로운 자립체로 형성하려는"(Hua VI,

---

14) 이미 후설은 『이념들 I』에서 순수의식에 대한 강조에도 불구하고, 공허한 형식
　의 극으로서 주체를 파악하는 것을 경계하였다.

272) 노력을 행한다. 결국 "보편적 자기책임성에서의 삶의 종합적 통일에로 총체적인 인격적 삶을 이루어 가는"(ebd) 그런 실행에 있어서 그 상관물로 인격적인 삶이 삶의 세계로서 형성된다. 그래서 후설의 후기에 자연적 세계 대신에 삶의 세계가 주제로 부각됨은, 전혀 다른 어떤 세계의 제시에 목적이 있는 것이 아니라, 바로 그 자연적 세계가 바로 주체와의 연관 속에서 삶의 세계로 드러난다는 사실을 강조하게 된 것이다.

바로 주체의 특성에 근거해, 후설의 다음 언급이 이해될 수 있다. "자아의 본질적 고유성이란 한편으로는 계속해서 체계 그리고 지향성의 통일적 체계를 자신 안에 지속되도록 하며, 다른 한편으로는 확고한 잠재성으로서 기획된 지평을 통해 해명될 수 있도록 하는 데 있다."(Hua I, 100) 여기서 의미하는 바란, **타당적 현상**인 세계와의 관계 안에 있는 선험적 자아는 대상에게로 그리고 자신에게로 이중적이나, 자체적으로는 나눌 수 없는 통일성을 형성한다는 것이다. 다양한 주관적 태도들의 변경에 있어서 자아는 한편 개별적 대상들과의 관계 안에서 자신을 유지하면서 그리고 이런 식으로 **구체적** 자아로 있으며, 다른 한편으로는 자아는 자신의 개별적 신념들이나 태도들에게 통일성을 부여하고 이런 시각에서 **순수한** 자아이게 될 뿐이다. 따라서 어떤 식으로 선험적 자아가 이 두 개의 구성을 실행할 수 있는가라는 물음이 제기된다. 이것은 어떻게 모든 타당성의 근원으로서 자아가 기능하는가 하는 문제에로 귀결된다.

이에 대한 대답을 간략하게 생각해 볼 수 있다. 선험적 자아가 모든 대상들을 지향적 통일체로서, 그리고 대상적 경험들의 일치성의 토대로서 자신을 구성할 수 있도록 하는 것은 세계 전체에로의 의지에 근거해서이다. 여기서 의지는 초월자

에로 향해지는 개별적 신념들의 토대로서의 세계가 구성되도
록 하는 그런 일치성을 향한 추구로서 이해되어야 한다. 이러
한 겨냥함에서 그 목표에 도달하려는 목적론적 추구가 의지의
본질에서 구성적이기 때문이다. 그래서 목적론적으로 방향지
워진 세계에로의 의지 안에서 구체적 자아와 순수한 자아가
통일되는 선험적 삶의 모습이 나타난다. 따라서 후설은 『성
찰』(Hua I, 118)에서 이 전체적인 삶을 드러내는 자기해명의
가능성을 순수 자기의식에 관련된 자기해명으로부터 구별할
수 있었다. 이처럼 삶 전체가 바로 선험적 자아의 의지에 의
해 성취되는 삶으로 이해하려 할 때, 후설 입장에 대한 이런
해석은 다음의 오해를 불러 올 수 있다. 그것은 자연적 태도
의 인간적 삶과 관련된 오해이다. 그 오해란 비의지적으로 세
계에 연관되어 있는 인간적 주체가 환원을 통해 비로소 세계
를 타당적 현상이게 의지적으로 구성하는 선험적 주체에로 전
환한 것처럼 생각하는 것이다. 인간적 주체와 선험적 주체간
의 분리로서 삶을 의지적이거나 혹은 비의지적이거나 한 것으
로 나누려는 견해이다. 그러나 선험적 주관성으로서의 의지는
이미 인간적 주체의 출발점인 자연적 태도 안에서 근원적으
로, 그럼에도 불구하고 은폐된 방식으로 기능한다는 것이 후
설의 근본입장이다.

이에 따라 선험적 환원은 자연적 태도의 무효화와 더불어
자연적 주체의 은폐된 의지적 삶을 발견하며 동시에 선험적
자아와 그의 삶을 드러낸다. 선험적 태도가 환원을 통해서만
가능하다고 말해질 경우에, 이 태도는 개별적 주관성에 통일
과 자율을 부여하는 그런 근원적 목적을 지닌 선험적 주체에
의해 형성된다.

이처럼 스스로를 밝히는 의지의 근본방식으로서의 선험적
태도가 확인되고, 이에 반해 자연적 태도는 은폐된 의지적 삶

으로서 드러나게 된다. 전자의 태도에서 선험적 주체의 의지가 실제로 기능하는 근원적 삶이 실현되어지고 이런 삶은 "자기를 자신의 이제껏 지금부터 미래에까지 기획된 전존재 안에서 알아 가는 것으로"(Hua VI, 472) 이루어진다. 따라서 이미 이런 근원적 삶 안에 내재된 세계에 대한 자기책임성을 말할 수 있는데, 이 책임감은 자신에 대해 스스로 자각하는 주체가 선험적 삶을 통해 자기자신을 가지며 자신의 의지적 추구에 힘입어 그렇게 행위하게 된다는 것이다. 그래서 선험적 삶이란 "의지가 절대적 명증성 안에서 잘 인식된 목적을 따르며 모든 가능적 목적을 위한 통찰이 성취되는"(Hua VIII, 201) 데 있다. 이처럼 환원, 즉 자기해명적 의지성에 의해 지향된 세계에 대한 책임을 자신의 본질 안에서 지려는 선험적 주체의 삶으로의 결단이 후설이 찾았던 철학의 참된 시작인 것이다.

6. 결론

이상에서 후설의 현상학은 철학적 시원의 물음을 답하려는 의도에 의해 비롯됐으며 이 문제는 태도전환의 가능성에 관한 물음으로 변형돼 다루어졌음을 알았다. 선험적 태도에로의 이행은 가능할 뿐만 아니라 필연적이라는 것을 보이기 위해 급진적 방법으로서 현상학적 환원이 모색되었다. 이 방법을 통해 비로소 우리에 대한 세계는 자신의 타당성을 선험적 주관성에 의해 보장받는 그런 것으로서 확증되었다. 선험적 태도에 의해 의식과 세계의 근본적 관계가 밝혀짐으로써 모든 인식의 최종적 근거를 수반하는 그런 학으로서 철학이 가능하다는 것이 후설의 입장이었다.

최종적 근거라는 개념이 뜻하는 바는 선험적 주관성은 모든 인식의 근거와 모든 존재자들의 존재의미를 자신 안에 포함하기에 그 주관성은 더 이상 다른 것에로 소급되어질 수 없다는 것이다. 그 때문에 선험적 환원은 자신의 근거를 선험적 주관성에서 갖게 되지만, 그러나 그 주관성은 그 자체로는 이 환원을 통해서야 비로소 드러난다. 이 관계성은 선험적 주관성에 관한 최종적으로 근거된, 그리고 자기로부터 스스로 근거를 이루는 학문이 본질상 순환적으로 정당화됨을 보여 준다. 이를 후설은 다음과 같이 잘 표현한다. "이와 함께 이런 보편적 학문에 대한 **책임**의 사상은 고양된 의미를 획득하게 된다. (…) 모든 이론의 이론으로서 그 학문은 자기자신에게 도로 향해지고 도로 관련된다. 그 학문이 제시하는 모든 것은 자기 자체로부터 자기정당성을 찾아야 하며, 그래서 그것이 **순환** 안에서, 즉 피할 수 없는 그 사태의 본질상 놓여진 순환 안에서 발견되며, 그 순환에 의해 그 학문은 다른 모든 학문들을 위한 책임성을 지니고 더욱이 무엇보다도 가장 급진적이고 절대적인 의미에서의 **자기책임성**을 수반한다. "(Hua VIII, 195 f. 생략은 필자)

소위 순환성이란 엄밀히 자기 안에서 근거를 제시하려는 인식연관에 대한 특징인데, 그 연관은 철학적 지식의 절대성에 대해 후설이 제기한 방법적 요구로부터 불가피하다고 여겨진다. 그러나 이러한 순환은 전통논리학에서 피하려 했던 악순환적 근거제시의 형태가 아니라, 오히려 후기사상인 『위기』에서 언급했듯이, 순환적 전체연관 안에서 그 제과정들이 발전적으로(progressiv) 해명되는 방식을 의미한다. 어쨌든 그런 인식적 연관은 선험적 태도가 다른 것에 의해 근거지워질 수도 있으며 거기에 **외부**가 있을 수 있다는 사실을 받아들이지 않음으로 이해될 수 있다. 그렇지 않을 경우에 그것은 상대화로 나아가기 때문이다. 이 사태를 염두에 두면서 궁극적 정초의 삶으로서의 선험적 태도를 위해 후설은 자연적 태도의 이중적 대립규정을 불가피한 것으로 받아들인다. 환원이 자연적 태도의 극복으로서 이 자연적 삶을 전제하는 한에서, 이 삶이 경험적 차원에서 선소여적이다. 그러나 비로소 환원에 의해 도달된 선험적 태도에서 자연적 태도는 정당성의 차원에서 다른 다수의 가능성들 중에 하나의 특별한 태도적 가능성이라는 사실로 제시되기 때문이다. 그래서 자연적 태도는 그 본래적 가능성에 있어서 자신을 숨기고 있는 삶의 태도로 파악된다. 이렇게 자연적 삶은 '선험적 태도' 안에서 해명되어진다. 이 해명적 성격에 근거해, 바로 선험적 삶이란 환원적 행위 안에서 자신의 본래성을 직시하고 그런 본질적 목적을 성취하려는 자기반성적 삶인 것이다. 이런 사태와 관련해, 후설에 있어서 선험적 철학에 적합한 선험적 태도가 왜 궁극적 책임의 삶이란 모습으로 실현되는지가 밝혀진다.

참고문헌

1) 후설전집 (Husserliana. Den Haag, Martinus Nijhof)

Hua I : *Cartesianische Meditationen und Pariser Vor-traege*, hrsg. v. B. Strasser. 1950(성찰).

II : *Die Idee der Phaenomenologie. Fuenf Vorlesun-gen*, hrsg. v. W. Biemel, 1950(이념).

III : *Ideen zu einer reinen Phaenomenologie und phaenomenologischen Philosophie.* Erstes Buch : Allgemeine Einfuehrung in die phaenomenologische Philosophie, hrsg. v. K. Schuhmann, 1970(이념들).

IV : *Die Krisis der europaeischen Wissenschaft und die transzendentale Phaenomenologie.* Eine Ein-leitung in die phaenomenologische Philoso-phie ; hrsg. v. W. Biemel, 1954(위기).

VII : *Erste Philosophie* (1923/24). Erster Teil : Kritische Ideengeschichte, hrsg. v. R. Boehm (제일철학).

X : *Zur Phaenomenologie des inneren Zeitbewusst-seins* (1893-1917), hrsg. v. R. Boehm(시 간 의 식).

XII : *Philosophie der Arithmetik*, Mit ergaenzen-den Texten(1890-1901), hrsg. v. L. Eley, 1970(산술철학).

XIX/2 : *Logische Untersuchungen.* Zweiter Band. Zweiter Teil, hrsg. v. U. Panzer, 1984 (논리 연구).

2) 외국의 참고문헌

Fink. E, *Studien zur Phaenomenologie.* 1930-1939. Den Haag 1966.

_____, *VI. Cartesianische Meditation.* Teil 1. Husserliana Dokumente Bd. II/1 hrsg. v. H. Ebeling etc., Dordrecht. usw. 1988.

_____, "Operative Begriffe in Husserls Phaenomenologie", in : Zeitschrift f. phil. Forschung XI/3, 1957.

Landgrebe. L, *Faktizitaet und Individuation.* Hamburg 1982.

Held. K, "Husserls neue Einfuehrung in die Philosophie : der Begriff der Lebenswelt", hrsg. v. C. F. Gethmann, Bonn 1991.

Intentionalität und Erfüllung

Klaus Held

Gegenwärtig kann man in den Vereinigten Staaten und Europa beobachten, daß vielerorts der Begriff der Intentionalität diskutiert wird. Das dürfte vor allem daran liegen, daß der Begeriff in der sprachanalytischen und kognitivistischen Diskussion über das Spezifische des menschlichen Geistes eine zentrale Rolle spielt. Ursprünglich ist die Intentionalität des Bewußtseins aber durch ihre grundlegende Bedeutung in der Phänomenologie Edmund Husserls für die Philosophie des 20. Jahrhunderts wichtig geworden.

Husserl hat sein Konzept von Intentionalität zunächst im Zusammenhang der "Logischen Untersuchungen" von 1900/1901 entwichkelt, also von Analysen, die dem Bedeutungsverstehen und der Wahrnehmung gewidmet waren. Aber als sich in der Entwicklung seines Denkens die phänomenologische Methode erweiterte und aus einer Wissenschaft-und Erkenntnistheorie zu einer alle Bereiche umfassenden Philosophie wurde, zeigte sich, daß die

Phänomenologie nicht nur bei der Interpretation der im
weitesten Sinne theoretischen Akte auf den Begriff der
Intention angewiesen ist, sondern mit Hilfe dieses Begriffs
auch auf dem Feld der Praxis und des Ethos mehr philoso-
phische Klarheit herbeiführen kann. Die phänomenologi-
sche Ethik ist zwar—vor allem durch Max Scheler—als
eine Wertlehre und nicht als eine Ethik der Intentionalität
bekannt geworden. Aber eine genuin phänomenologische
Wertethik setzt die Anwendbarkeit des Intentionalitätsbe-
griffs auf das Handeln voraus.

Daß die Intentionalität nicht nur das theoretische, son-
dern auch das praktische Verhältnis des Menschen zur
Welt kennzeichnet, zeigt besonders deutlich der Begriff
"Erfüllung", der für das phänomenologische Verständnis
des Begriffs "Intention" unentbehrlich ist. In theoreti-
schem Zusammenhang bezeichnet "Erfüllung" die
originäre Anschauung — die "Selbstgebung"—dessen,
was bei einer Wahrnehmung oder beim Verstehen einer
Bedeutung intentional

"vermeint" ist. Neben diesem für Husserl ur-
sprünglich maßgebenden theoretischen Erfüllungsbegriff
kennt er aber auch einen praktischen Begriff von Erfül-
lung. Er knüpft dabei an die Bedeutung des Wortes "Erfül-
lung" in der deutschen Alltagssprachgebrauch an. Das
Wort bezeichnet hier die affektive Befriendigung, die sich
einstellt, wenn eine Handlung das erstrebte Ziel erreicht.

Husserl hat im Zusammenhang ethischer Fragen den
Begriff der Erfüllung durchaus in diesem Sinne der af-

fektiven Befriedigung verstanden. Aber nach meinem Eindruck ist der innere Zusammenhang zwischen dem ursprünglich theoretischen und dem praktischen Erfüllungsbegriff bei ihm undurchsichtig geblieben. Der Zusammenhang müßte aber phänomenologisch geklärt werden, wenn über die Bedeutung des Intentionalitätskonzepts für die Ethik etwas Verbindliches gesagt werden soll. Ich sehe eine Möglichkeit, für die Klärung des praktischen Erfüllungsbegriffs das Denken von Heidegger heranzuziehen. Obwohl er die Phänomenologie tiefgreifend umgestaltet hat, kann man viele seiner Gedanken doch als eine Entfaltung von Möglichkeiten verstehen, die schon bei Husserl angelegt sind.

Meine Überlegungen gliedern sich in drei Schritte:Im ersten Teil möchte ich von Husserls ursprünglichem, theoretischen Erfüllungsbegriff ausgehen und erklären, warum er einerseits für die Philosophie überhaupt grundlegende Bedeutung hat, andererseits aber eine Schwierigkeit mit sich bringt, bei deren Behebung uns Husserl nicht weiterhilft. Im zweiten Teil möchte ich zeigen, auf welche Weise wir mit Heidegger aus der Schwierigkeit herausfinden können. Dabei wird entscheidend sein, daß bei Heidegger anstelle des theoretischen der praktische Erfüllungsbegriff maßgebend wird. Praktische Erfüllung bedeutet affektive Befriedigung. Das führt mich zum dritten Teil, worin ich kurz skizzieren möchte, wie ein mit Heideggers Hilfe gewonnenes Verständnis von affektiver Befriedigung für die phänomenologische Ethik der

Intentionalität nutzbar gemacht werden könnte.

Ich beginne mit dem ursprünglichen, theoretischen Er-
füllungsbegriff, wie Husserl ihn im Rahmen seiner Analyse
der Bedeutungs-und Wahrnehmungsintentionen entwick-
elt hat. Das Begriffspaar "Intention und Erfüllung" hat in
diesem Zusammenhang neben anderen Funktionen eine für
die Philosophie als solche grundlegend wichtige Aufgabe:
Es sollte sie vor ihrer Selbstzerstörung durch die Skepsis
bewahren.

In der Skepsis geht es um das Sein der Gegenstände, auf
das sich das Behanptungsmoment von Aussagen bezieht:
Mit jeder Behauptung verleihe ich der Überzeugung Aus-
druck, daß das Sein des Gegenstandes, über den ich etwas
aussage, sich nicht darin erschöpft, von mir im Vollzug
meines aktuellen Aussagens vorgestellt zu werden. Ich
nehme an, daß das Sein des Gegenstandes über die Weise,
wie er mir gegenwärig gerade erscheint, hinausgeht: Es hat
nicht den Charakter eines bloßen Für-mich-Seins, sondern
den des An-sich-Seins. Die Skepsis zieht grundsätzlich in
Zweifel, daß sich diese Überzeugung verifizieren läßt.

Der skeptische Zweifel setzt voraus, daß man das Be-
hauptungsmoment von Aussagen isolierenund aus ihnen
entfernen kann und daß man danach dasjenige Moment
übrigbehält, das die Sprachanalytik als propositionalen
Gehalt bezeichnet. Zu diesem Gehalt gehört die Be-
stimmtheit des Gegenstandes. In der Sicht der Skepsis
kann ich mir die Bestimmtheit eines Gegenstandes vorstel-
len, ohne damit die Behauptung seines Ansichseins verbin-

den zu müssen; diese Behauptung ist etwas Nachträg-
liches.

Demgegenüber stellt die Phänomenologie die transzen-
dentalphilosophische Frage nach den subjektiven Bedin-
gungen der Möglichkeit von Erkenntnissen: Wie gelange
ich überhaupt zu der Vorstellung von der Bestimmtheit
eines Gegenstandes? Wie ist es mir urspünglich möglich,
diese Vorstellung zu gewinnen? Ich kann sie nur in einer
Erlebnissituation erlangen, in der mir der Gegenstand als
etwas gegenüber meinem aktuellen Vorstellen An-sich-
Seiendes erscheint. Das ursprüngliche Kennenlernen von
Gegenstandsbestimmtheit ist ohne Behauptungsmoment
nicht möglich. Die Phänomenologie überwindet die Skep-
sis, indem sie auf diejenigen Erlebnisse rekurriert, die uns
den ersten Zugang zur Bestimmtheit von Gegenständen
verschaffen und in denen sich das Erscheinen dieser Be-
stimmtheit vom Ansichsein der Gegenstände noch gar
nicht trennen läßt. Diese ausgezeichnete Erlebnissituation
hat Husserl als die originäre Gegebenheit oder Selbst-
gebung des Gegenstandes bezeichnet.

Gegen die Annahme, daß es solche Erlebnissituationen
gibt, könnte der Skeptiker den Einwand erheben, sie seien
nur eine Erfindung zum Zweck der Widerlegung der Skep-
sis. Aber dieser Einwand wird durch die phänomenologis-
che Entdeckung entkräftet, daß im Sinn des Umgangs mit
jeglicher Art von Gegenständen ein Verweis auf Erlebnis-
situationen liegt, die uns originär den Zugang zu ihrer
jeweiligen Art von Bestimmtheit und Ansichsein verschaf-

fen. Die Originarität solcher Situationen ist dadurch ga-
rantiert, daß sie ihrerseits keinen solchen Verweis mehr
enthalten. Und auf sie zu rekurrieren ist deshalb möglich,
weil die Situationen nicht-originären Erlebens immer in
geregelter Weise auf sie verweisen: Sie zeigen nämlich an,
auf welchem Wege der Erfahrende aus der Situation der
Nichtoriginarität in die der Originarität gelangen könnte.
Mit dem Aufweis solcher Verweisungszusammenhänge
entzieht die Phänomenologie der Skepsis die Grundlage.

Seit Husserl hat sich die Formulierung eingebürgert, das
Bewußtsein sei intentional, sofern es "Bewußtsein-von-
etwas" ist, d.h. sich auf Gegenstände verschiedener Art
bezieht. Bei der gedankenlosen Wiederholung dieser For-
mel wird der folgende Zusammenhang oft nicht beachtet:
Die Gegenstände erscheinen dem intentionalen
Bewußtsein mit einem ihrer jeweiligen Bestimmtheitsart
entsprechenden Ansichsein. Das können sie aber nur, weil
dem Bewußtsein jeweils der Verweisungszusammenhang
vertraut ist, dem es nachgehen könnte, um die originäre
Erlebnissituation der Selbstgebung aufzusuchen. Deshalb
liegt in der Überzeugung des Bewußtseins, es mit an sich
seienden Gegenständen zu tun haben, die Tendenz, dem
Verweisungszusammenhang solange zu folgen, bis sich
diese Tendenz im Ankommen bei der Selbstgebung erfüllt.
So hat das intentionale "Bewußtsein-von-etwas" keinen
statischen Charakter, sondern ist grundlegend gekenn-
zeichnet durch eine Dynamik: die Tendenz, bei solcher
Erfüllung anzulangen.

Die Erfüllung, d.h. das Ankommen in der originären Erlebnissituation, ist durch das Bewußtsein des Erfahrenden gekennzeichnet, nicht noch weiter verwiesen zu werden. Diese verweisungsfreie Gegenwart des Gegenstandes für das Bewußtsein hat Husserl gemeint, wenn er die Selbstgebung mit dem mißverständlichen Begriff der Anschauung charakterisierte, und er hat versucht, für jede Gegenstandsart die spezifische selbstgebende Anschauung aufzuweisen. Aber grundlegender als das Problem, wie sich die verschiedenen Arten von Intentionen erfüllen, ist die Frage, wie die von Husserl vorausgesetzte Verweisungsfreiheit von Erfüllungserlebnissen überhaupt denkbar ist. Von der Beantwortung dieser Frage hängt die Rechtmäßigkeit der Annahme ab, daß Intentionen erfüllbar sind. Ohne Erfüllbarkeit ist die ganze Phänomenologie der Intentionalität auf Sand gebaut.

Es gibt grundsätzlich zwei Möglichkeiten, wie eine Erlebnissituation beschaffen sein könnte, in der das Weiter-verwiesen-werden ein Ende hat. Das eine Ende kann nur dort liegen, wo der Verweisungszusammenhang gleichsam beginnt, also in der Situation der originären Erfahrung des Gegenstandes. In ihr stoßen wir ursprünglich auf sein Ansichsein. Wenn der Gegenstand "an sich" besteht, heißt das: seine Existenz ist in gewisser Weise vom Bewußtsein unabhängig und damit auch von der Verwiesenheit eben dieses Bewußtseins auf weitere Erlebnissituationen. Das Erlebnis der Selbstgebung besteht darin, daß das Bewußtsein bei dieser Selbständigkeit des

Gegenstandes gegenüber dem Verweisungsbewußtsein ankommt. Es findet Halt in dieser Selbständigkeit, und das setzt der Bewegung des Weiter-verwiesen-werdens ein Ende. Die erste Form der Verweisungsfreiheit muß also in der originären Erfahrung vom Ansichsein des Gegenstandes zu finden sein.

Das andere Ende des Verweisungszusammenhangs kann nur dort liegen, wo er gewissermaßen aufhört. Der Zusammenhang hört auf, wenn er vollständig durchlaufen ist und uns in einem entsprechenden Erlebnis als ganzer gegeben ist. Nun liegen die Verweisungszusammenhänge, denen sich die einzelnen Gegenstände einfügen, indem sie intentional erlebt werden, — in der Sprache Husserls die "Horizonte" —, nicht beziehungslos nebeneinander. Eben weil es sich bei den Horizonten um Zusammenhänge von Verweisungen handelt, verweisen sie auch unter sich aufeinander. Den Verweisungszusammenhang für alle Verweisungszusammenhänge, den "Horizont der Horizont", bezeichnet der phänomenologische Begriff der Welt. Die zweite Möglichkeit, wie ein Erlehnis verweisungsfrei sein kann, läßt sich demnach nur so denken, daß die Welt selbst erscheint.

Wenn wir versuchen, die beiden Formen von Verweisungsfreiheit näher zu charakterisieren, stoßen wir beide Male auf die gleiche Schwierigkeit. Auch wenn uns ein einzelner Gegenstand originär in seinem Ansichsein begegnet, heißt das nicht, daß er ohne Kontext auftaucht: Er befindet sich unter anderen Gegenständen, und wir wissen außerdem, daß uns derselbe Gegenstand auch anders als in der Form der Selbstgebung gegeben sein könnte. Das gibt dem Bewußtsein die Möglichkeit, sowohl der Beziehung des Gegenstandes zu den anderen Gegenständen als auch seinen anderen Gegebenheitsweisen nachzugehen. Dadurch, daß der Gegenstand als Gegenstand erscheint, tun sich also unvermeidlich Horizonte auf, und für das Weiter-verwiesen-werden scheint es doch kein Ende zu geben.

Etwas Ähnliches gilt für das Erscheinen der Welt als das Gesamtgeflecht aller Verweisungsbezüge. Wenn dieses Ganze der Welt in *einem* Erlebnis gegeben sein soll, scheint das nur so möglich zu sein, daß sie zum Gegenstand des Erlebnisses wird. Als Gegenstand eröffnet sie uns aber durch ihren Gegenstandscharakter die Möglichkeit, Verweisungen nachzugehen, durch die ihre aktuelle Erscheinungsweise mit anderen Gegebenheitsweisen und anderen Gegenständen in Zusammenhang gebracht werden kann.

Wenn der an sich seiende Gegenstand und die Welt als Gegenstände erfahren werden, ist eben damit die Verweisungsfreiheit schon verlorengegangen und dem Erlebnis fehlt der Charakter der Selbstgebung, in der das intentionale Bewußtsein seine Erfüllung findet. Demnach kann sich die intentionale Tendenz des Bewußtseins nur dann auf eine wirklich befriedigende Weise erfüllen, wenn es möglich ist, das Ansichsein eines einzelnen Gegenstandes und die Welt als Welt so zu erleben, daß sie dabei nicht als Gegenstände erscheinen. "Als Gegenstand erscheinen" heißt in der Sprache Husserls: zum "Thema" der Aufmerksamkeit des intentionalen Bewußtseins werden. Das eigentliche Erfüllungserlebnis muß dadurch gekennzeichnet sein, daß darin das Ansichsein eines Gegenstandes und die Welt als Welt unthematisch zur Gegebenheit kommen.

Ist das so charakterisierte Erfüllungserlebnis nur eine Konstruktion zur Behebung der Schwierigkeiten, in die die Phänomenologie bei dem Versuch gerät, die Skepsis endgültig zu überwinden? Oder sind Erlebnisse solcher Art wirklich erfahrbar? Für die Beantwortung dieser Frage hat erst Heidegger mit der analyse des In-der-Welt-Seins in "Sein und Zeit" das Rüstzeug geliefert.

Ich komme damit zum zweiten Teil meiner Überlegungen. Voraussetzung von Heideggers Analyse war ein Wechsel vom theoretischen zum praktischen Erfüllungsbegriff. Anstelle der von Husserl bevorzugten Wahrnehmungs- und Bedeutungsintentionen erscheint bei ihm der Bereich des Handelns als das Feld, an dem die Möglichkeit von Erfüllungserlebnissen primär aufgewiesen werden muß.

Für diesen Bereichswechsel gab es ein phänomenologisch überzeugendes Argument: Für die Intentionalität der Erlebnisse ist grundlegend, daß sie jeweils in sinen Zusammenhang von Verweisungen eingebettet sind. Diese Einbettung in Horizonte tritt bei einer bestimmtem Art von Handeln, dem instrumentellen Handeln, ursprünglicher hervor als bei den Akten der Theorie und der Wahrnehmung, von denen Husserl ursprünglich ausgegangen war. Bei den Akten des instrumentellen Handelns ist nämlich im Unterschied zu diesen Akten keine nachträgliche Reflexion erforderlich, um ihre Einbettung in Verweisungszusammenhänge ans Licht zu bringen. Jede Handlung, mit der wir einen bestimmten Zweck durch den Gebrauch eines geeigneten Mittels zu verwirklichen suchen, ist bereits in ihrem Vollzug von dem ausdrücklichen Bewußtsein von Verweisungen begleitet; denn jedes Mittel verweist als Mittel auf den Zweck, um dessentwillen es eingesetzt wird, und jeder Zweck auf die für seine Realisierung erforderlichen Mittel.

Die Gegenstände, die beim instrumentellen Handeln als Mittel gebraucht werden, bezeichnet Heidegger als das Zeug und den durch den Mittelgebrauch entstehenden Verweisungszusammenhang als Bewandtniszusammenhang. Zum Gebrauch des Zeugs gehört das Bewußtsein von seiner Verläßlichkeit. Mittel des instrumentellen Handelns sind dann verläßlich, wenn man weiß, daß man sich nicht eigens mit ihnen beschäftigen muß, um sie gebrauchen zu können. In einer eigens inszenierten Beschäftigung mit ihnen wären sie ausdrücklich "für uns" da. Den Gegensatz zum Für-uns-Sein von Gegenständen bildet aber ihr Ansichsein. Im Bewußtsein von der Zuverlässigkeit der Zeuggegenstände meldet sich also ihr Ansichsein.

Dieses Erscheinen des Ansichseins ist nun aber gerade nicht von solcher Art, daß das Zeug dabei als Gegenstand für uns thematisch würde. Zur Verläßlichkeit gehört näm-

lich, daß die Zeugdinge unauffällig bleiben. Ein Gebrauchs-
gegenstand erregt erst dann unsere Aufmerksamkeit und
wird zum Thema, wenn er uns stört, weil er sich nicht gut
oder überhaupt nicht gebrauchen läßt, d.h. wenn er seine
Zuverlässigkeit und damit sein Ansichsein verloren hat.
Mit dieser Beobachtung hat Heidegger phänomenologisch
den Weg zur Aufweisung eines wirklich befriendigenden
Erfüllungserlebnisses gebahnt. Echte Erfüllung würde ein
Erlebnis enthalten, bei dem ein Zeugding uns gerade in
seiner unauffälligen Verläßlichkeit begegnen würde, d.h.
uns diesen seinen Charakter ohne vergegenständlichende
Thematisierung darbieten würde.

Heideggers Analyse enthält auch schon den Ansatz, um
das andere Merkmal echter Erfüllung, das unthematische
Erscheinen der Welt als Welt, am konkreten Erlebnis zu
verifizieren. Die Welt des instrumentellen Handelns—
also der Horizont, worin alle partikularen Horizonte
dieses Handelns zusammengehören—ist der Bewandtnis-
zusammenhang. Die so verstandene Welt bleibt als Welt
beim Zeuggebrauch ebenso verborgen, wie die Zeugdinge
unauffällig bleiben, solange man sich auf sie verlassen
kann. Der Verweisungszusammenhang zwischen einem als
Mittel gebrauchten Zeugding und einem entsprechenden
Zweck erregt nämlich nur dann unsere Aufmerksamkeit,
wenn er durch die Unbrauchbarkeit oder schlechte Ver-
wendbarkeit eines solchen Dings gestört wird.

Mit der Unauffälligkeit der an sich seienden Zeugdinge
geht also eine Unauffälligkeit des Verweisungszusammen-

hangs, d.h. eine Verborgenheit des Welthorizonts, in den sie hineingehören, Hand in Hand. Die Welt gibt die Zeugdinge gerade dadurch für ihr Ansichsein, d.h. für ihre unauffällig zuverlässige Brauchbarkeit im instrumentellen Handeln frei, daß sie mit ihrem eigenen Erscheinen zurückhält. Die Welt hält sich selbst zugunsten des unauffälligen Erscheinens der Zeugdinge im Verborgenen. Mit der Entdeckung dieses Zusammenhangs bereitet sich in § 18 von "Sein und Zeit" die tiefgreifende Verwandlung der Phänomenologie in jene "Phänomenologie des Unscheinbaren" vor, von der Heidegger in seiner Spätzeit gesprochen hat.

Weil sich die Unauffälligkeit des Zeugs der Verborgenheit der Welt verdankt, steht zu erwarten, daß in einem Erlebnis, worin uns ein Zeugding unthematisch in seiner unauffälligen Verläßlichkeit begegnen würde, auch die Welt als Welt ohne Vergegenständlichung aus ihrer Verborgenheit auftauchen könnte. Aber wie läßt sich diese Erwartung durch eine konkrete phänomenologische Analyse einlösen?

Weil überall die Mittel auf die Zwecke verweisen, ist für das instrumentelle Handeln eine gewisse Unruhe konstitutiv: Jeder Gegenstand des Gebrauchs taucht nur "um willen" des Zwecks auf, für dessen Verwirklichung er als ein geeignetes Mittel erscheint. Deshalb kann das Bewußtsein—oder in der Sprache Heideggers: das Dasein —bei keinem dieser Gegenstände gesammelt verweilen; es ist im Gebrauch über jedes solche Zeugding auch immer schon hinaus. Um sich ein Zeugding als solches gesammelt begegnen lassen zu können, müßte das Dasein die Möglichkeit haben, die Unruhe des instrumentellen Handelns zu überwinden.

Diese Möglichkeit besteht nun tatsächlich: Sie ist durch die Verweisungsstruktur des "Umwillen" vorgezeichnet, die das instrumentelle Handeln charakterisiert: Jedes Mittel wird eingesetzt umwillen eines Zwecks, der seinerseits wiederum im Hinblick auf einen übergeordneten Zweck mediatisiert werden kann. Diese Kette der Umwillen kann aber kein *regressus in infinitum* sein. Sie ist gleichsam aufgehägt an einem ersten Umwillen, nämlich dem Dasein selbst, dem es bei allem instrumentellen Handeln letztlich um sich selbst geht.

Das Dasein kann unter allen seinen Handlungsmöglichkeiten die ausgezeichnete Möglichkeit finden, daß es sich auf sich *selbst* als nicht mehr mediatisierbares Umwillen besinnt und sich von diesem Selbst nicht durch den alltäglichen Betrieb des instrumentellen Handelns ablenken läßt. Die menschliche Existenz—das Möglichsein aller Handlungsmöglichkeiten—verändert damit ihre Seinsweise. Sie transzendiert den alltäglichen Existenzmodus, der die Möglichkeiten des instrumentellen Handelns ermöglicht. Der neue Existenzmodus beruht darauf, daß das Dasein ausdrücklich seines je eigenen Selbst inne wird. Wegen des Bezugs auf das unverwechselbar "Eigene" des Selbst hat Heidegger diesen Existenzmodus als den der "Eigentlichkeit" bezeichnet.

Weil das Dasein in der Eigentlichkeit beim nicht mehr mediatisierbaren Umwillen ankommt, gewinnt es dadurch eine Ruhe, durch die es gesammelt bei einem Zeugding verweilen kann. Dieses Verweilen kann nicht darin bestehen, daß dem Zeugding der Charakter genommen wird, durch den es überhaupt ein Zeugding ist, nämlich seine Einbettung in den Universalhorizont "Welt". Aber diese Einbettung kann nun anders in Erscheinung treten, nämlich auf eine von der Unruhe des instrumentellen Handelns befreite Weise. Als Mittel im Gebrauch verweist das Zeugding jeweils auf bestimmte Zwecke, für die es gebraucht wird, und die Unruhe der Existenz besteht darin, daß das Dasein solchen einzelnen Verweisen folgt, also sich innerhalb des Verweisungszusammenhangs bewegt. Das Dasein kann beim Zeugding verweilen, indem es zu dieser in der Welt stattfindenden Bewegung Distanz gewinnt und damit den Verweisungszusammenhang als ganzen, die Welt als Welt in Erscheinung treten läßt.

Auch wenn das eigentlich existierende Dasein beim Zeugding verweilt, bewahrt das Ding also seine Einbettung in den Verweisungszusammenhang. Deshalb behält es auch den Charakter der unauffälligen Verläßlichkeit. Es wird also nicht als Gegenstand thematisch. Trotzdem bekommt es für das Dasein, das gesammelt bei ihm verweilt, eine neue Bedeutung, weil in ihm nun die Welt als Welt zur Erscheinung kommt. Das Ding wird gleichsam zum Brennpunkt, zum focus, worin die Welt als Welt aufleuchtet. Diese Fokussierung der Welt im Gebrauchs-

ding, wie sie durch die ruhige Gesammeltheit der Eigent-
lichkeit möglich wird, hat Heidegger als der
Phänomenologe, der er bis zuletzt geblieben ist, in seinen
späten, dem Ding gewidmeten Erörterungen genauer
analysiert.

Heidegger hat damit—in die Sprache Husserls rück-
übersetzt—den noematischen Gehalt der Erlebnisse ech-
ter Erfüllung aufgewiesen und so den Schritt getan, durch
den sich die phänomenologische Widerlegung der Skepsis
vollendet. Echte Erfüllungserlebnisse gibt es nur im Exi-
stenzmodus der Eigentlichkeit, und sie sind dadurch gekenn-
zeichnet, daß einzelne Mittel instrumentellen Handelns zu
Brennqunkten werden, in denen die Welt aufblitzt. Diese
Mittel brauchen im übrigen nicht nur die Zeugdinge zu
sein, auf die sich Heidegger beschränkt hat. Auch unsere
eigenen Handlungen fungieren ja beim instrumentellen
Handeln als Mittel zur Verwirklichung von Zwecken. So
kann in der Eigentlichkeit auch jede Handlung zu einem
Brennpunkt der Welt werden und—in Husserlscher Spra-
che formuliert—als ein "Noema" der eigentlichen Erfül-
lung in Erscheinung treten.

Als der Verweisungszusammenhang, der die Mittel des
instrumentellen Handelns auf unauffällige Weise für ihren
störungsfreien Gebrauch freigibt, bleibt die Welt selbst
unauffällig, also verborgen. Auch wenn die Mittel zu
Brennpunkten für die Welt werden, behalten sie den Cha-
rakter des Mittels, d.h. sie verdanken ihre Verläßlichkeit,
ihr Ansichsein der Verborgenheit der Welt. Wenn die Welt

in den Brennpunkten als Welt aufleuchtet, so hat dieses Aufleuchten demnach den Charakter eines Hervortretens aus der Verborgenheit. Das Licht der Welt tritt im eigentlichen Erfüllungserlebnis nicht als eine durch keinerlei Dunkelheit getrübte Helligkeit in Erscheinung, sondern nur im Gegenzug zu der Dunkelheit der Verborgenheit, durch die uns das Licht der Welt auch vorenthalten bleiben könnte. So ist dieses Erscheinen der Welt eine Freigabe aus der Verborgenheit.

Diese Freigabe ist kein Gegenstand, und deshalb kann sie als solche auch nicht gegenständlich erfahrbar sein. Sie kann sich im Gehalt des Erfüllungserlebnisses nur durch eine Stimmung melden, — eine Stimmung, mit der das Dasein auf das Geschenk der Freigabe antwortet. Diese Stimmung hat den Charakter der Freude; sie ist eine Hochstimmung. Das Aufkommen dieser Hochstimmung ist aber an die Fokussierung der Welt in einem Mittel des Handelns gebunden. Deshalb löst jedes Mittel, das zum Brennpunkt der eigentlichen Existenz wird, beim Dasein Gefühle aus, die wir mit Bezeichnungen wie Lust, Genuß, Freude oder Annehmlichkeit umschreiben.

Durch diese Gefühle hat die eigentliche Erfüllung den Charakter einer affektiven Befriedigung. Wie ich zu Beginn gesagt hatte, kennzeichnet dieser Charakter die praktische Erfüllung. Der ursprünglich theoretische Erfüllungsbegriff Husserls hat einen formalen Charakter. Erfüllung bedeutet das Ankommen des intentionalen Bewußtseins in der Verweisungsfreiheit der Selbstgebung.

Der praktische Erfüllungsbegriff enthält demgegenüber ein zusätzliches, materiales Moment: die Befriendigung des handlungsmotivierenden Strebens beim Ankommen in einer solchen Situation. Diese Befriedigung ist zunächst dadurch gekennzeichnet, daß das Streben im Ankommen zur Ruhe kommt. Eine solche Ruhe begegnet uns in der Gesammeltheit der Eigentlichkeit. Aber "Befriendigung" meint darüber hinaus ein Gefühl, durch welches das Leben als glücklich empfunden wird. Eben dieses Gefühl ist die freudige Hochstimmung, die sich im eigentlichen Erfüllungserlebnis einstellt.

Mit der praktischen Erfüllung und ihrer affektiven Komponente betreten wir den Bereich der phänomenologischen Ethik. Ich komme damit zum dritten Teil meiner Überlegungen. Der Grundcharakter der Gefühle, die zur eigentlichen Erfüllung gehören, besteht darin, daß sie sich "an etwas" entzünden. Das "etwas"—also ein Mittel unseres Haudelns—erscheinc uns als "süß", *hedy*, wie die Griechen der Antike gesagt hätten, und deshalb ist die *hedonē*, die auf solche Weise entsteht, ein gleichsam intentionales, nämlich auf den jeweiligen Brennpunkt als seinen "Gegenstand" bezogenes, Gefühl. Aber sie ist nicht selbst der Gegenstand, sondern nur eine Begleiterscheinung bei seinem Erscheinen. Deshalb kann der Mensch die *hedonē* nicht durch eine direkt auf sie gerichtete Intention herbeiführen.

Wie Max Scheler treffend beobachtet hat, stellen sich die glücklichen Gefühle von der Art der *hedonē* immer nur "im Rücken" von Akten ein, die auf andere Gegenstände als die Gefühle selbst gerichtet sein müssen. Diese anderen Gegenstände sind irgendwelche eigentlich erlebten Mittel unseres Handelns, also entweder ursprünglich im Gebrauch aufgetauchte Dinge, die uns Freude oder Lust bereiten, oder Möglichkeiten unseres Handelns selbst, die wir als genußvoll erfahren. Wenn die *hedonē* unmittelbar intendiert wird, bleibt sie uns versagt. Das aber erklärt sich daraus, daß die Freigabe der Welt aus der Verborgenheit nicht in der Hand des Menschen liegt. Deshalb kann er weder die Freude der eigentlichen Erfüllung noch ihr gegenstandsbezogenes "Abfärben" auf eine *hedonē* selbst produzieren. Eine *hedonē* kann sich nur ungewollt und unverhofft einstellen. Gerade durch diese Unverfügbarkeit aber können die Gefühle von der Art der *hedonē* der menschlichen Existenz Befriedigung und damit Erfüllung bringen.

Welche Bedeutung kann die so verstandene praktische Erfüllung für eine phänomenologische Ethik haben? Den Entwurf einer genuin phänomenologischen Ethik, die von der praktischen Intentionalität und ihrer Erfüllung ausgeht, hat Husserl erst in einem Aufsatz von 1924 vorgelegt, der den Titel trägt: "Erneuerung als individualethisches Problem". Der Titel signalisiert, daß der Grundzug eines Ethos der praktischen Intentionalität die "Erneuerung" ist. Das Ethos Europas ist seit seiner ursprünglichen Begründung bei den Griechen von der Bereitschaft zur unablässigen Erneuerung geprägt. Diese Bereitschaft war nach Husserl

von der ins Unendliche strebenden intentionalen Aktivität
der Vernunft getragen. Diese Überzeugung hat Husserl am
deutlichsten 1936 in seinem letzten Werk: "Die Krisis der
europäischen Wissenschaften" zum Ausdruck gebracht.
Im ersten Entwurf einer Erneuerungsethik in dem Aufsatz
von 1924 bereitet sich dieses Werk vor.

Husserl hat diesen Aufsatz in einer Artikelserie über
"Erneuerung" in der japanischen Zeitschrift "Kaizo" ver-
öffentlicht. Mit der Veröffentlichung dieser Aufsätze in
Ostasien wollte Husserl zeigen, daß das Vernunft-Ethos
der Erneuerung, der intentionalen Existenzerfüllung, über
Europa hinaus eine universale Geltung für die Menschheit
beanspruchen darf. Eben dieser Anspruch erscheint heute
vielen "postomdern" denkenden europäischen Philoso-
phen geradezu anstößig. Als Gewährsmann solcher Kritik
führen sie gerne Heidegger gegen Husserl ins Feld. Aber
gerade mit den Denkmitteln Heideggers, wie wir sie uns
vergegenwärtigt haben, läßt sich für das europäische
Ethos der Intentionalität, der Existenzerfüllung durch
Erneuerung, eine akzeptablere Rechtfertigung als bei
Husserl geben, dessen Entwurf in den Kaizo-Artikeln in
der Tat wesentlich Schwächen hat, auf die ich jetzt nicht
eingehen kann.

In der freudigen Stimmung der eigentlichen Erfüllung
erfährt der Mensch die Freigabe und das Hervortreten des
Lichtes der Welt aus dem Dunkel der Verborgenheit. Diese
Freigabe widerfährt dem Menschen ursprünglich in der
Geburt. Durch die Geburt wird die menschliche Existenz,

das Möglichsein aller Handlungsmöglichkeiten, anfäng-
lich ermöglicht. Den Spielraum für diese Möglichkeiten
eröffnet der Universalhorizont "Welt". Mit jeder eigentli-
chen Sammlung auf ein Mittel seines Handelns wird der
Mensch des Erscheinens der Welt als Welt und damit des
Möglichseins seiner eigenen Existenz als einer Freigabe
aus dem Schoß der Verborgenheit inne. In diesem Sinne
"wiederholt" der Mensch in den echten Erfüllungserlebnis-
sen seine Geburt. Er "erblickt" noch einmal "das Licht der
Welt", wie ein schöner Ausdruck der deutschen Sprache
lautet.

Die Freude bei jeder solchen Wiederholung der Geburt
ist eine Aufbruchsstimmung, in der sich der gebürtliche
Anfang der Existenz meldet. Die gebürtliche Hochstim-
mung gibt dem Menschen den Elan zu immer neuen
Anfängen
und eröffnet ihm damit einen offenen Zukunftshori-
zont. Aus diesem Elan aber und der damit verbundenen
offenen Zukunft speist sich das Pathos unendlicher Er-
neuerung, das aus Husserls Kaizo-Artikeln spricht.

Husserl hat in diesen Aufsätzen das gebürtlich gestimm-
te Immer-neu-Anfangenkönnen als eine Aktivität als eine
Herrschaft der Vernunft über die Passivität unserer Gefühle
und Gewohnheiten dar. Diese Passivität ist die Natur im
Menschen, durch die sein Leben in das Ganze der Natur
eingebettet bleibt. Durch den Gedanken der Herrschaft
über die Passivität kann das Mißverständnis entstehen, als
beruhte die Willensaktivität auf einer Einstellung, in der

der Mensch glaubt, über alles selbstherrlich verfügen zu
können. Dies war in der Tat die Versuchung des europäi-
schen Geistes bis heute. In Wahrheit nährt sich die gebürtli-
che Aufbruchsstimmung aus der Erfahrung, daß dem
Menschen alle Existenzmöglichkeiten aus einem unverfüg-
baren Dunkel gewährt sind. Die Überschwänglichkeit des
Freiheitspathos, von dem Husserls Ethik intentionaler
Existenzerfüllung getragen ist, hat ihre eigentliche Wurzel
nicht in jener europäischen Selbstherrlichkeit, sondern sie
entspringt der Dankbarkeit für die Freigabe des
Spielraums dieser Freiheit aus der Verborgenheit.

마지막 탱고가 끝난 후 : 주체의 에로틱
― 현상학적 정초주의의 옹호 ―

이 종 관

1. 경쾌한 허무주의 : 빌 게이츠, 스티븐 스필버그 그리고 마지막 탱고

근대가 서서히 뒤안길로 물러서고 탈근대의 21세기로 들어서는 지금 역사가 흘러가는 모습이 조금씩 선명해지고 있는 것 같다. 전자통신 기술과 컴퓨터로 변신한 미시물리학과 인공지능학의 시장침입으로 시장은 상상할 수 없을 정도로 빠르게 변하고 있다. 이 변화의 물결은 모든 삶의 영역이 구석구석 전지구적 규모로 시장화되는 과정으로 나타나고 있다. 더 이상 길은 사람과 사람이 서로 만남을 위한 것이 아니라 물류비용을 최소화하기 위한 인프라스트럭처일 뿐이다. 따라서 사람과 사람 사이의 관계도 상품을 통해서 열려지며 상품의 유통망으로 조직화된다. 또 인간과 인간의 의사소통 역시 서로를 알고 이해하기 위한 것이 아니라 상품화될 수 있는 정보를 실어 나르는 초고속 정보도로이다. 이제 존재자는 상품으로서만 가치를 지니며 그 가치는 팔릴 때만 결정된다. 이러한 환경에서 존재자의 지속적 가치, 존재와 삶의 본질은 불필요하며 또 부재하여야만 한다. 부단히 변하는 시장환경에 처한 삶에서 삶이 근거할 수 있는 궁극적인 근거를 찾는 것은 허망하고 비효율적 행위이다. 그리고 무모한 짓이다. 그것은 변화에 순발력있게 대응해야만 존재할 수 있는 현실의 구조를 외면하는 도태과정일 뿐이다. 현대는 근원을 요구하지 않는 경쾌한 허무주의로 접어들고 있는 것이다. 존재의 근원과 삶의 방향의 탐색에 몰두하는 심각한 자들의 시간은 지나갔다. 지식이나 예술을 순발력있게 정보화하고 상품화하는 자들. 그리하여 시장에 신속하게 유통시켜 시장확대에 기여하는 기술을 가진 자들. 그리고 총체적 상품화에 상처받은 자아들에 말초적 환각을 제공하는 자들—바로 그들에게 역사는 운명을 걸었다. 빌 게이츠와 스티븐 스필버그. 그들을 주역으로 포스트모던의 21세기는 열려진다. 역사는 더 이상 철학적 사색을 요구하지 않는다. 사색은 시대와의 불협화음 속에서 쓸쓸하게 흘러 나오는 우울한 블루스일 뿐이다. 철학은 그렇게 텅 빈 무대에 홀로 남겨져 있을 뿐이다.

이미 70년대 초부터 21세기를 향하는 역사의 내면이 이러한 모습이라는 것은 철학자들에게 감지되었다. 이러한 역사의 흐름을 인식하고 그것의 불가피함을 보여 주는 현실에 대한 철학적 반성은 이제 탈근대 철학이라는 이름으로 모습을 갖추었다. 탈근대 철학은 근대를 되돌아보고 근대가 성취시킬 수 없었던 그리하여 역사가 근대를 벗어나야만 했던 그 이념을 해체하려 한다. 탈근대 철학에 따르면 그 이념은 바로 모든 다양한 현상을 체계적으로 설명하고 도출할 수 있는 근원적 보편적 진리를 추구하며 그러한 자격을 갖는 것으로 주체를 등장시킨 것이다. 한마디로 정초주의와 주체철학이다. 탈근대 철학이 근대철학의 모태를 이렇게 이해하는 것은 바로 근대철학의 장을 열어 놓았다고 인정받는 데카르트의 철학을 반추한 결과이다. 탈근대 철학에 비친 데카르트는 모든 지식의 가장 확실한 토대를 원하였으며 그러한 확실성을 갖는 것으로 '생각하는 자아'를 내세운 철학자이다. 그 이후의 철학은 실로 이러한 데카르트적 이념, 즉 근원적 보편성과 주체성이라고 하는 축을 중심으로 펼쳐졌다. 그러나 이러한 근대철학의 꿈은 이루어질 수 있었는가? 많은 탈근대 철학자들에 의하면 그 꿈은 자연스럽게 실현될 수 없는 것이기에 오직 폭력적으로만 관철될 수 있었다. 때문에 그 꿈은 이제 포기되어야 한다고 한다.

시대와 호흡하는 발랄한 템포. 이제 그것은 오직 파리를 중심으로 살아 있는 포스트모던 철학에서만 느껴진다. 근대의 꿈을 포기한 포스트모던 철학은 모든 근원의 부재를 선언하며 경쾌한 허무주의 시대와 산뜻한 템포를 유지하고 있다. 주체를 향해 가는 근대적 근원주의 철학의 열망 속에 숨어 있는 억압과 추방의 짙은 사디즘을 폭로하며….

그러나 탈근대 철학은 어쩌면 지금까지 "진리를 향한 사랑"으로만 살아 있던 철학이 스스로를 거부하며 경쾌한 허무주의의 시대를 유혹하는 마지막 탱고에 불과한 것일지 모른다. 파리의 안개 속으로 스스로를 해체시키면서 사라져 가는 철학이 흔적(Spur)으로만 남기는….

과연 근원에 관한 모든 열망은 맹목적인 진리에의 의지에 의해 연출되어 근대를 어둠 속으로 몰아넣었던 광신도적 진지함이었다고 자백하여야 하는가? 그것은 정녕 "파리에서의 마지막 탱고"(?)를 끝으로 역사의 뒤안길로 사라져야 하는가? 현대의 위기를 경고하며 새로운 철학적 출발을 선언하였던 현상학조차도 같은 운명을 맞이해야 하는가?

본 논문의 목적은 탈근대 철학이 정초주의에 제기하는 비판의 부당함을 밝혀 내어 정초주의의 진정한 의미를 회복함으로써 현상학을 관통하는 진정한 정초주의의 열정과 그 결과를 옹호하고 음미하는 것이다. 이러한 목적을 위해 본 논문은 다음과 같이 진행할 것이다. 우선 탈근대 철학자의 대표적 인물인 리오타가 정초주의에 제기하는 비판을 그 핵심논지에서부터 검토하여 그 비판이 봉착하는 내부균열을 폭로한다. 그리하여 본 논문은 현상학의 정초주의가 포기될 수 없음을 보여주며 그 정초주의는 필연적으로 주체성에 대한 치열한 탐구에 이르게 된다는 것을 밝힌다. 이것은 주체적 의식을 허구화시키는 라깡과의 대결로 비화되는 데 여기서 본 논문은 현대 아동심리학의 지원을 받아 라깡의 문제점을 밝혀 냄으로써 후설에서와 같은 선언어적 주체적 의식의 탐구의 필요성을 확보한다. 그리고 마지막으로 본 논문은 후설이 이러한 주체성에 대한 탐구를 통해 상호주관성 이론에서 주체의 탈중심화 구조에 다다른다는 것을 부각시키며 그 탈중심화가 시사하는 새로운 가능성을 성찰해 본다.

2. 리오타

정보화 사회에서의 지식의 위상을 검토하기 위해 출발된 리오타의 『포스트모던 조건』은 정보화 사회의 탈근대적 징후를 매우 선명하게 부각시켰다. 리오타에 의하면 근대는 정초주의적 담론이 지배하는 시대였다. 정당화의 담론은 항상 모든 언술행위에 대해 정당화될 수 있는 최후의 보편적 근거의 제시를 요구한다. 그리고 이것은 결국 세계의 동질성과 통일성이란 가정에 의존한다. 그는 여기서 시대의 흐름이 변화의 모습을 보이고 있다는 것을 부각시켰다. 그는 지난 시대, 즉 근대를 이성을 통한 세계의 통일적 체계화라고 규정한다. 그러나 그는 세계는 결코 하나의 동질성으로 통합될 수 없는 것으로 본다. 그리하여 리오타는 전체성의 해체를 시도하여 다양성이

인정되는 방향을 제시하려 하였다. [1]

리오타는 이러한 포스트모던 철학의 윤곽을 그려 내는 데에 비트겐슈타인의 언어게임 이론에 기대고 있다.

언어게임이란 각각 다양한 발화범주는 그 성격과 그 가능한 사용을 특성화시켜 주는 규칙에 의해 규정될 수 있다는 것이다. 언어의 규칙은 그 자체로 정당성을 갖는 것이 아니라 게임자들간의 암묵적 계약에 의한 규칙으로 존재하며, 아주 사소한 것이라도 규칙이 수정되면 그에 따라 게임 자체의 성격도 바뀌게 된다. 이러한 언어게임 이론에 따르면 언어는 통일적 현상이나 보편적 표현수단이 아니라 언어게임의 참여자간에 형성되는 규칙에 따른 이질적인 언어게임들로 다양화되어 있다. 따라서 어떤 언어게임에서 합의란 다른 언어게임에 의해서 파괴될 수 있는 잠정적·국부적인 것이다. 이러한 언어게임 이론에 따르면 근대철학이 추구한 바와 같이 통일적 체계를 가능하게 하는 철학적 담론은 존재할 수 없다. 왜냐하면 모든 언어놀이를 포괄하는 큰 이야기는 존재할 수 없으며 또 각 언어놀이들은 비교될 수도 없기 때문이다. [2]

리오타는 그의 주저 『분쟁』에서 한층 더 치밀한 언어철학적 성찰을 수행한다.

리오타는 언어에서 문장-규칙 체계와 담론장르를 구별한다. 문장규칙 체계는 논증, 기술, 서술, 질문 등으로 명제나 언어

1) J. F. Lyortard(1979), *The Postmodern Condition : A Report on Knowledge,* translation from the French by G. Bennington and B. Massumi (Minneapolis 1984), xxiii ff 참조. 리오타는 근대적 지식의 조건을 세 가지로 파악한다. 근본주의적 주장을 정당화하기 위해 보편적 원리를 거론하는 메타 이야기에 호소하는 것, 그 정당화 원칙에 의해 정초될 수 없는 것을 추방하는 것, 그리고 동질의 인식론적 윤리적 지침을 마련하려는 욕망이 그것이다.
2) J.F. Lyortard, A. a. o, 9-10쪽 참조.

행위가 어떠한 방식으로 진행되어야 하는지 그 규칙을 제시해 준다. 담론장르에는 여러 가지 문장규칙 체계의 문장들이 결합되어 있으며 동시에 어떤 목적에 지향되어 있다. 이러한 담론장르에는 예를 들면 대화, 강의, 법적 소송, 광고 등이 있다. 대화는 상호이해를, 강의는 지식의 전달을, 법적 소송은 합법성을, 광고에서는 유혹이 목적이다. 이러한 목적을 위해서 각각 담론장르에서 상이한 문장규칙 체계의 문장들이 결합되고 한 문장규칙 체계에서 다른 문장규칙 체계로 이행되는 것이다. [3]

그런데 리오타는 바로 이러한 언어구조에서 중요한 문제를 발견한다. 그것은 바로 부당함을 저지르지 않고는 말할 수 없다는 것이다. 즉 말하는 것이 시작되면 그 언술이 계속 진행될 수 있는 여러 가능성이 존재한다는 것이다. 그런데 어떤 문장규칙 체계를 선택하는 것이나 혹은 다른 담론장르로 이행하여 담론을 진행시키는 것은 그 이외의 다른 진행가능성을 배제하는 비용을 지불해야만 한다. 바로 여기에 문제가 발생한다. 과연 어떠한 진행가능성이 가장 적절한 것인가를 결정할 수 있는 보편적 규칙이나 기준이 없다는 것이다.

그 이유는 우선 상이한 담론장르는 진정으로 이질적이라는데 있다. 그리하여 각각의 담론장르는 상호대치될 수 없다.

더구나 어떤 특정한 담론장르의 규칙에 따라 진행을 결정하는 것은 다른 담론장르에 대한 부당함을 함축한다. 왜냐하면 한 담론장르의 규칙은 그 장르에만 제한되는 특수성 때문에 다른 담론장르에 적용될 수 없고, 그리하여 그것은 결국 다른 장르의 규칙들을 배제하는 형태로만 결정될 수 있기 때문이다. 예를 들어 대화의 형태로 진행되던 담론이 이해가 안 되

---

3) J.F. Lyortard(1987), *Der Widerstreit*, Muenchen, 10-15쪽 참조.

는 경우 법적 분쟁의 담론장르로 이행하는 것이 적절한 것인
지 아니면 유인형태로 이행하는 것이 적절한 것인지 결정할
수 없다.

이러한 담론장르 이론을 통하여 리오타가 도달하는 결론은
다음과 같은 것이다. 이러한 부당한 상황은 상이한 담론양식
을 포괄할 수 있는 메타규칙의 부재에서 비롯된다. 우리의 삶
과 지식이 형성되고 표현되는 언어는 그 통일성과 보편성을
결여하고 있다.

결국 필연적으로 국지적 특수성만을 갖을 수밖에 없는 언어
를 보편적 제일원리를 추구하며 보편적 메타 언어게임으로 전
용하는 것은 이질적인 것을 억압이나 추방을 통하여 강제적으
로 담아 내는 테러적 행위에 의해서만 가능하다. 따라서 모든
인식의 보편적 기반을 추구하던 근대철학의 정초주의적 담론
은 테러적 언술에 의해 점철될 수밖에 없었다. 그리고 근대적
삶이 그러한 철학을 딛고 일어설 때 근대적 삶도 같은 폭력성
으로 채색될 수밖에 없었다. 그것은 강제적 수용 아니면 제거
라는 흑백영화일 수밖에 없었던 것이다.

3. 후설 현상학과 정초주의

현대의 위기를 호소하며 새로운 출발을 선언하였던 후설의
현상학은 어떠한가? 우선 후설 현상학의 이념이 어떻게 서술
되고 있는가를 살펴보자.

"철학은 밑으로부터 시작하여 확실한 기초에 기반을 두는
엄격한 방법에 따라 진행하는 학문이다. "⁴⁾ 철학은 "정초 혹은
최후의 자기책임으로부터…성립하는 학문이다. "⁵⁾ "철학은 스

---

4) E. Husserl(1910), "Philosophie als strenge Wissenschaft", *Logos* Bd I
   (1910/1911), 337쪽.

스로를 절대적으로 정당화시키는 학문이며 나아가서 보편적 학문이어야 한다. "[6] 그리고 또 후설은 끝까지 철저한 합리주의의 신봉자인 것 같다. 그는 최후의 저작 『위기』에서 진정한 철학은 합리주의라고 선언한다. [7] 또 진정한 철학, 학문, 합리주의는 같은 것이라고 주장한다. [8]

후설 철학이념의 근대적 표현은 거의 외설적이다. 후설 철학의 이념은 그의 『현상학의 이념』이 출판된 후 여러 저작에서 완전히 노출되는 것과 같이 근원과 보편성에 대한 추구로 특징지워질 수 있을 것이다.

이러한 입장에서 이제 후설의 현상학을 바라보면 후설의 현상학은 근대적 철학이 극단화 내지 철저화된 형태로서 이해되어야 할 것이다. 그리고 현상학은 근대기 근대적 형태로 완성되었던 시대의 철학으로서의 현실성을 주장할 수 있을지는 모르지만 탈근대의 시대에 들어선 오늘날은 이제 그 자리를 내주어야 할 것이다. [9] 현상학자들은 후설의 현상학이 근대의 품 안을 떠날 줄 모르는 근대의 정부(?)에 불과하다고 실토해야 할 것이다.

그러나 현상학은 정초주의란 이유 때문에 시대의 뒤안길로 사라져야 할 것인가? 과연 정초주의는 리오타가 주장하는 바와 같이 현실의 이질성과 개별성을 강압적으로 통일하려 한 폭력주의에 불과한가? 그리고 그 이질성이 인정된다면 우리는 폭력성으로부터 벗어날 수 있는가? 그러나 탈근대주의자들의 현상학적 근본주의에 대한 비판은 적어도 다음 두 가지

---

5) E. Husserl, 전집 5, 13쪽.
6) E. Husserl, 전집 8, 3쪽.
7) E. Husserl, 전집 6, 273쪽.
8) E. Husserl, 전집 6, 200쪽.
9) Richard Bernstein(1983), *Beyond Objectivism and Relativism : Science, Hermeneutics, and Praxis* (Philadelphia : Unversity of Pennsylvania Press).

점에서 커다란 문제점을 가지고 있다.

1) 탈근대주의에서는 정초주의가 간직하고 있는 에토스가
폭력주의란 이름 아래 묻혀 버린다. 정초주의는 어떠한 주장
이나 지식의 근거를 해명하려는 것이다. 정초주의의 본래 이
념은 출처를 알 수 없이 진리라는 이름으로 강압되어 오는 불
투명한 권위로부터 벗어나기 위한 것이다. 따라서 우리가 강
압적 진리로부터 벗어나려 한다면, 위장된 진리의 억압으로부
터 벗어나려고 한다면, 정초주의는 포기될 수 없다. 정초주의
에는 투명성과 자기주장에 대한 책임의식이 배여 있다. 리오
타 역시 정초주의를 포기함으로써 자신의 철학의 내적 의도와
는 다른 결과에 봉착하는 내부균열의 위험을 담고 있다.

2) 후설의 정초주의는 탈근대주의자들이 정의한 바와 같이
단지 보편적 메타원리를 발견하려는 근대의 정초주의와는 다
르다. 후설의 정초주의는 근대의 정초주의가 본래의 정초주의
의 책임의식과 투명성의 추구에 충실하지 못했다는 비판적 성
찰의 결과이다.

1) 정초주의를 포기함으로써 나타나는 리오타 철학의 내부
균열

리오타가 언어게임의 이질성을 주장하면서 간과한 것은 각
언어게임이 그 게임의 과정 속에서 각기 명시적으로는 아니라
고 하더라도 어떠한 형태로든 진리의 주장(Wahrheitsan-
spruch)을 함축한다는 것이다. 좀더 구체적으로 말하면 : 신
화는 틀림없이 이론적 담론과는 다른 언어게임이다. 그것은
정당화 과정이 담론 안에서 제시되지 않는 신비적·은유적 서
술형식을 지닌다. 그러나 신화적 언어게임에서 서술과정을 통

128

하여 어떤 비의만이 암시되는 것이 아니다. 신화에서도 그러한 신비적·은유적 표현을 통해서 어떤 내용이 진리임이 주장되고 있는 것이다. 다만 차이는 이론적 담론의 경우 거기서 주장되는 진리의 근거가 담론 자체 내에서 언어화되어 있는 반면, 신화의 경우 그 진리주장은 근거에 대한 명시적 논의없이 당연한 것으로 수용하도록 서술되어 있다.[10] 따라서 신화적 언어게임에서 그 언어게임의 참여자는 그 안에서 주장되는 진리를 무조건 받아들일 수밖에 없다. 아니면 그는 신화라는 언어게임에서 스스로 퇴장하는 것이다. 정초주의는 이렇게 각각의 언어게임에서 전제되는 진리의 맹목적 수용을 벗어나려는 노력이다. 정초주의는 모든 언어게임이 함축하며 때에 따라서는 강요하는 진리주장의 근거를 투명화하려는 노력이다. 이러한 입장에서 보면 정초주의는 다양한 언어게임의 이질성을 간과한 데서 비롯되는 것이 아니다. 정초주의는 이론적 담론의 규칙들을 다른 언어게임에도 확대시키려는 데서 발생하는 폭력주의적 발상의 결과가 아니다. 오히려 각 언어게임이 진리주장을 함축하는 한 그 진리주장의 근거가 밝혀져야만 알 수 없는 권위와 위장된 진리의 폭력으로부터 벗어날 수 있다. 때문에 주장된 진리의 근거를 밝히려는 정초주의적 노력은 결코 포기될 수 없다.

나아가서 정초주의는 각각의 언어게임이 가지고 있는 상이한 진리근거를 밝혀 줌으로써 상이한 진리주장이 서로 침해되어서는 안 된다는 이질성들을 명백히 해주어 각각 진리의 한계를 그려 줄 수도 있다. 정초주의의 기본이념은 상이한 언어게임의 이질성을 거부하는 것이 아니라 각각의 언어게임에 내재하는 진리주장(Wahrheitsanspruch)을 맹목적으로 받아들

---

10) Vincent Descombes(1980), *Das Selbe und das Andere. Philosophie in Frankreich* 1933-1978(Frankfurt a. M. : Suhrkamp), 125쪽 참조.

여 권위주의에 압도당하는 것을 거부하는 것이다. 이러한 의
미에서 정초주의는 근대의 폭력주의와 전체주의의 모의자로
자백을 강요당할 필요가 없다. 오히려 정초주의는 강압적으로
다가오는 위장된 진리체계에 대한 반발이다.

이러한 관점에서 다시 리오타를 돌이켜보면 리오타의 철학
자체는 정초주의를 포기함으로써 매우 배타적인 경향을 가지
고 있다. 리오타 철학의 가장 큰 문제는 그가 현실의 이질성
을 명백히 하기 위해 기대고 있는 언어 절대주의이다. 즉 그
에게 있어서 언어는 객관적이고 절대적이며 그 자체 자율적으
로 진행되는 현상이다. 그리고 이러한 언어 절대주의에서 언
어의 사용자는 그 사용에 있어서 어떤 자율성과 주체성도 주
장할 수 없다. 그는 이미 열려진 객관적 언어의 공간에 들어
가 있으며 그것의 유희에 놀아나는 비어 있는 존재이다. 언어
는 인간에 구조적으로 그리고 발생적으로 선행하며 인간은 언
어에 의해 열려진 유희의 장에 등장할 뿐이다. 하나의 언술은
일어나는 것이지 인간의 언어능력으로 환원될 수 없다. 하나
의 세계는 이러한 언술과 함께 열려지는 것이며 그를 위해 인
간을 필요로 하지 않는다. 언어의 지속의 논리는 해당 담론장
르의 고유한 특성에서 유래하는 것일 뿐 인간의 의도나 의견
에 지배받는 것이 아니다. [11] 이러한 리오타의 언어 절대주의
는 그의 『포스트모던 조건』이란 저서에서 희미하게 드러나지
만 그 스스로 그의 철학적 주저라 일컫는 『분쟁』에서는 매우
뚜렷하게 드러난다. [12]

---

11) J.F. Lyortard(1987), *Der Widerstreit*, Muenchen, 128, 149, 197, 226쪽 참조.
12) 『분쟁』의 영어판 번역자와의 대화에서 리오타는 그의 『포스트모던 조건』에서 그가 이론적 지반으로 의지하고 있었던 비트겐슈타인의 언어게임 이론조차 언어를 사용자의 관점에서 접근한다는 이유에서 인간 중심주의적 주체주의를 벗어나지 못하고 있다고 비판한다. S. Best & D. Kellner, *Postmodern theory. Critical*

그러나 보다 심각한 문제는 리오타의 철학이 언어 절대주의
를 자명한 것으로 강요하는 서술적 구조를 가질 수밖에 없다
는 것이다. 즉 리오타가 주장하는 언어 절대주의는 리오타의
반정초주의가 유지되는 한 결코 정초될 수 없으며, 따라서 그
근거를 결코 투명화할 수 없는 그저 신화처럼 수용되어야만
하는 입장이다. 바꾸어 말하면 리오타의 포스트모던 철학은
이 언어 객관주의에 근거의 제시를 요구하거나 이의를 제기하
는 한 철학적 담론이 불가능한 배타적 구조를 가지고 있다.
그리고 이 배타적 구조가 한편으로는 불가피한 것으로 취급되
고 있다. 왜냐하면 모든 담론에 함축되어 있는 진리주장은 궁
극적으로 정초될 수 없는 것이라는 것이 리오타의 반정초주의
적 입장에 내포되어 있기 때문이다. 이러한 관점에서 마크 포
스터의 다음과 같은 지적은 경청할 가치가 있다.

"분쟁의 말미에서 독자는 모종의 혼란을 일으키게 될 것이
다. 리오타는 언어게임의 다양성을 내세우면서 그 다양성의
수용이 곧 정의라고 주장하는데 이는 여러 가능한 발화위치들
을 하나의 중심으로 통일시키든 하버마스식으로 합의를 추구
하든 어떠한 총체화 주장과도 정반대되는 것이다. 차이의 포
스트모던한 분출을 옹호하는 이러한 주장은 그 자체가 여러
언어게임 중의 하나가 아니라 다른 언어게임보다 우위에 놓이
는 언어게임, 즉 담론의 증대를 정당화하는 메타진술이다."[13]

2) 후설의 근본주의와 주관으로의 회귀는 탈근대 철학이 말하는 근대적 정초주의와 다르다

후설의 저서들을 다시 한 번 면밀하게 읽어 보자. 그러면

Interrogations, Houndsmill 1991, 168쪽 참조.
13) Mark Poster(1990) : *The Mode of Information. Poststructualism and
    Social Context*, 뉴미디어의 철학, 김성기 역 (서울 : 민음사), 284쪽.

후설의 현상학이 단순히 데카르트적 정초주의와 주관철학의 정부라는 스캔들은 많은 문제점을 가지고 있다는 것을 알 수 있다.

우선 후설의 정초주의와 주관주의는 보편적인 제일의 원리를 찾고 그로부터 다양한 현상을 체계적으로 설명하려는 데카르트적 근대 합리주의적 정초주의와는 근본적인 차이가 있다. 그 차이는 우선 후설이 『위기』에서 근대 합리주의 전통과 다음과 같이 거리를 취할 때 이미 시사되어 있다. "계몽주의 시대의 합리주의는 고려가 되지 않는다. 우리는 그 시대의 위대한 철학자들을…더 이상 따를 수 없다."[14] 그리고 그 암시는 다음과 같이 근대 합리주의의 정초방식을 기하학적 방식으로 규명하며 비판할 때보다 선명해진다. "여기에는(합리주의 : 필자) 그 자체 초월적으로 생각된 세계에 대한 절대적으로 정초된 보편적 인식이 기하학적 방법으로 실현될 수 있다는 믿음이 지배하고 있다."[15] 나아가서 이러한 생각은 세계를 보편적·궁극적 원리에 의해 파악할 수 있는 합리적 통일성의 영역으로 규정하는 존재론을 거부하는 것으로 발전한다. "세계에 대한 존재론적 이념, 즉 근저에 보편적·선천적 원리를 가지고 있다고 하는 세계에 대한 객관적 보편학의 이념은…난센스이다."[16]

후설은 이와 같이 근대의 합리주의와 비판적 거리를 유지하고 있다. 바로 이 때문에 그는 주관성의 영역을 지칭하는 "나는 생각한다"(ego cogito)라는 데카르트의 명제가 기하학에 있어서 제일원리와 같은 공리일 수 없다고 분명하게 말할 수밖에 없었다.[17]

---

14) E. Husserl, 전집 6, 200쪽.
15) E. Husserl, 전집 6, 85쪽.
16) E, Husserl, 전집 6, 298쪽.

132

결국, 후설이 주관으로 되돌아간 것은 모든 것이 설명될 수 있는 보편적 원리로부터의 체계화라는 강박관념 때문이 아니다. 그러면 그가 주관성으로 되돌아간 이유는 무엇인가? 후설이 주관성을 문제삼은 것은 진리인식은 그것이 진리로서 인식되는 의식작용과 불가분의 관계에 있다는 통찰에서이다. 즉 그의 과제는 어떤 것이 우리에게 진리로서 인식되는 그 인식의 과정을 해명함으로써 우리 진리인식의 투명성을 확보하려한 것이다. [18]

물론 주관적 인식행위의 투명성은 탈근대주의 철학자들의 이론적 기초로서 원용되고 있는 구조주의와 라깡의 정신분석학적 이론에 근거하여 비판되고 있다. 인간은 자신의 의식에 도달할 수 없다는 것이다. 그러니 일상적 차원에서 우리가 자기자신의 의식으로서 활동하지 않는다고 할지라도 인간의 의식능력으로부터 그 자신의 인식에 도달할 가능성 자체를 원리적으로 박탈하는 주장은 우선 납득하기 어렵다. 만일 그러한 주장의 정당성을 인정한다면 우리는 어떠한 주장도 받아들일 수 없는 딜레마에 빠지게 된다. 예를 들어 우리의 주관에게 우리 의식이 언어라든지 경제구조 또는 욕망 등에 의해 만들어진 것이라는 사실을 스스로 투명화할 수 있는 능력이 원천적으로 결여되어 있다면 대체 우리 의식이 언어, 경제구조, 욕망 등에 의해 구성되어 있다고 하는 주장이 어떻게 성립할 수 있는가? 실로 우리 자아에 관한 모든 주장은 자아의 자기투명화의 능력을 전제하고 있을 때만 가능하다. 그리고 자아의 자기투명화 능력을 전제하는 것은 자아에는 자아를 결정하고 있는 것으로부터 스스로 벗어나 자신을 들여다보고 투명하게 명증적으로 인식할 수 있는 초월적 차원이 잠재하고 있다

17) E. Husserl, 전집 6 , 79 ff.
18) E. Husserl, 전집 1, 80쪽 참조.

는 자아의 중층적 구조를 인정하는 것이다.

　아울러 데카르트 이후 너무나 자주 거론되어 이제는 아무 것도 아닌 듯 간과되어 버리는 사실이 강조되어야 한다. 즉 우리가 지금 가지고 있는 모든 이론이 타당성을 잃는다 해도, 예컨대, 마르크스의 경제결정론, 프로이트의 이드와 슈퍼에고, 라깡의 무의식의 기호구조들이 타당성을 잃는다 해도, 그리하여 모든 이론에는 그 어디에도 절대적으로 타당한 형이상학적 진리가 부재한다는 포스트모던적 회의에 빠진다고 해도, 단 하나 결코 포기할 수 없는 것, 그리하여 결코 해체될 수 없는 것이 있다. 그것은 바로 의식활동을 하는 한 나에게 의식되는 바로 나 자신이다. 즉 의식이 활동하는 한 의식되는 자의식의 영역은 의식이 활동하는 한 어떠한 회의와 공격에도, 어떠한 순간에도 파괴되지 않는다. 따라서 탐구의 제일차적 영역은 바로 의식 그 자체에 대한 탐구이다. 바로 이러한 이유에서 후설은 주관성의 영역으로 탐구의 시선을 옮길 수밖에 없었다.

　이제 후설의 주관으로 환원을 이해하기 위해서 많이 인용되는『이념』에 의한 구절을 다시 한 번 상기해 볼 필요가 있다. 외적인 대상에 대해서는 항상 추정적 형태의 인식만이 가능할 뿐이지만 우리 자신의 인식행위에 관한 인식은 원리적으로 그 투명성 내지─후설의 용어를 빈다면─명증성을 담보받을 수 있다. 왜냐하면 거기서는 인식대상과 인식작용이 일치되어 있기 때문이다.[19] 여기서 다시 한 번 주목해야 할 것은 일상적인 우리 의식작용과 그로부터 비롯되는 인식에 그런 명증성과 투명성이 실현되어 있다는 것이 아니라는 점이다. 우리의 일상적 의식은 그 자신이 갖고 있는 지향적 구조에 의해 필연적

---

19) E. Husserl, 전집 3/1, 96쪽 참조.

으로 자신을 잃어버리는 객관주의적 도그마에 빠져 그 자신이 아닌 다른 많은 것에 의해 조작당한다.[20] 그러나 의식에는 자기인식의 투명성이 원리적으로 배제된 것이 아니라 실현가능한 것이라는 점을 후설은 보여 주고 싶은 것이다. 후설의 현상학은 바로 이 원리적 가능성을 실현하려는 끊임없는 노력과 시도였다. 그 노력과 시도는 자기주장에 대한 철저한 책임의식이라는 윤리적 결단에 의해 좌절없이 계속되는 것이다.

4. 라깡을 벗어나서 다시 후설에로

이러한 후설의 주체에 대한 탐구는 라깡과의 대결을 요구한다. 라깡은 근대 주체적 의식을 환상적 허구로 전락시켰다는 데서 포스트모던 철학자들에게는 마피아의 대부처럼 군림한다. 우선 라깡의 핵심적 논지를 돌이켜보자.

프로이트는 인간이 근본적으로 욕망의 존재임을 고백하였다. 때문에 인간에게 억압은 숙명이다. 이 원억압에 의해 무의식은 억압기제의 감시망을 피해 자신을 위장시켜 표출한다. 프로이트는 신체적 고통이나 꿈을 설명하면서 무의식에 잠재된 욕망이 억압기제, 즉 사회윤리의 검열을 피하기 위해 압축 (condensation)과 대치 (displacement)라는 변형과정을 거쳐 꿈이나 신체의 여러 가지 증상으로 표출된다고 하였다.[21] 라깡은 프로이트가 무의식의 작용을 밝히는 과정에서 도입한

---

20) E. Husserl, 전집 8, 88쪽 참조. 의식은 대상을 지향하는 것으로 항상 그 아닌 다른 것에 관한 의식 (Bewusstsein als Bewusstsein von etwas)이다. 따라서 의식의 자연스러운 상태는 자기망각 (Selbstverlorenheit) 상태로 자신을 자신이 아닌 대상으로부터 이해하려는 객관주의적 도그마에 빠진다. 이에 대한 보다 상세한 논의는 필자의 졸저 *Welt und Erfahrung*, Frankfurt, Paris, New York, 1991, 66-67쪽 참조.

21) S. Freud (1900) : *The Interpretation of Dreams* (New York : Avon Books, 1965), 315-316쪽, 341-342쪽.

압축과 대치의 메커니즘이 언어의미 현상의 본질이라는 사실을 주목하였다. 라깡은 압축과 대치가 소쉬르의 언어관에서 야콥슨[22]이 발전시킨 은유(metaphor)와 환유(metonymy)라는 의미화의 기능에 상응하는 것으로 본다.[23] 그리하여 라깡은 무의식을 언어가 스스로를 전개하는 장으로 파악한다.[24] 언어는 우리가 우리의 의식적 사고를 표현하기 위해 고안한 도구가 아니다. 오히려 우리의 의식은 무의식의 언어작용에 의해 비로소 발생하여 언어의 다스림을 받게 만들어진 수동체일 뿐이다. 나의 의식은 타자와 상호관계를 통하여 언어능력을 받아들이기 전에는 존재하지 않는다. 결국 라깡에 따르면 현재의 인식하고, 지각하고, 소망하는 나의 의식의 원천은 나 자신이 아니라, 나의 자신은 사실상 나의 외부에서, 나 아닌 것에 의해 만들어진 것이다. 나의 의식근원은 내 자신에 있는 것이 아니라 나 자신이 아닌 곳에 있다. 때문에 나는 내가 존재하지 않는 곳에서 생각한다.

그러나 다니엘 스턴과 같은 아동심리학자를 참고로 하면 언어 이전에는 주체적 의식이 존재하지 않는다는 라깡의 결론은 여러 가지 사례연구를 통하여 비판될 수 있다.[25] 특히 라깡이 자의식의 구성과정을 다루면서 제시한 이른바 거울단계도 비

---

22) 소쉬르와 야콥슨의 관계 그리고 은유와 환유에 대해서는 Roman Jacobson (1979), "Linguistik und Poetik", in : Poetik, hrsg. E. Holenstein und T. Schelbert, Frankfurt. a. M. 94, 109-110쪽 참조. 야콥슨은 소쉬르가 구분한 syntagmatisch(계열적)와 paradimatisch(범열적)란 언어의 두 차원을 환유와 은유에 대응하는 것으로 보았다. 전자의 예로는 잔과 술의 관계를, 후자의 경우는 꽃과 처녀의 관계를 들 수 있다.

23) J. Lacan(1973), Schriften I, hrsg. N. Haas (Olten und Freiburg : Walter Verlag), 212-213쪽.

24) J. Lacan : A. a. o 182쪽. Robert Samuels(1993), Between Philosophy and Psychoanalysis. Lacan's Reconstruction of Freud (New York and London : Routledge), 37-43쪽 참조.

25) Daniel Stern, The Interpersonal World of the Infant, New York 1985.

판의 대상이 된다. 거울단계란 다음과 같은 것이다. 라깡에 따르면 유아는 6개월 이전까지 자신의 몸을 서로 연관없이 따로 떨어져 있는 파편화된 신체로 느끼다가 6개월에서 24개월 사이에 거울 속에 비친 자신을 보면서 비로소 자신의 몸의 전체상을 지각한다. 이것을 계기로 유아에게 신체의 통일성이 체험되어 통일적인 자아개념이 만들어진다는 것이다. 자아는 발생적으로 나중에 구성되는 것이며 자아는 스스로의 구성원천이 아니라 밖으로부터, 즉 거울에 비친 상이란 타자로부터 구성된다는 것이다. 그리고 이 단계가 언어활동으로 들어가는 단계와 일치한다고 한다.

그러나 거울단계는 다음과 같이 해석되어야 한다. 라깡이 잘 지적한 것처럼 유아는 처음에 거울 속의 상을 자신의 상으로 인지하지 못한다. 하지만 그 이유는 라깡의 주장처럼 유아의 자아부재 때문이 아니라, 유아가 거울 속의 상을 인식하는 방식과 자신의 자아를 인식하는 방식이 전혀 다르기 때문이다. 이제 유아가 거울 속의 상을 자신의 상으로 인식하는 단계에 이르게 되면, 유아는 내적으로 경험된 자아를 거울 속의 상으로 대상화하여 자기 앞에 놓고 보게 되는 것이다. 이것은 유아가 타자를 보는 방식과 동일하다. 따라서 유아는 자신을 타자의 시각에서 보게 되어 자신을 자신이 보는 타자와 같은 것으로 경험하게 되는 것이다. 그리하여 유아는 비로소 자신을 이제 여러 타자와 같은 범주에 위치시키게 된다. 즉 거울단계는 스턴에 따르면, 자신을 타자의 시선으로 바라봄으로써 자신을 타인들 사이로 밀어 넣어 여러 인간 가운데 하나로 사회화시키는 단계라는 것이다. 하지만 라깡은 자아가 자신을 타자와 같은 것으로 인지하여 자신 안에 타자를 받아들이는 단계를 자아가 비로소 구성되는 단계로 오해하였다.

라깡이 이러한 오해에 빠진 것은 언어능력 이전에 모든 것은 무형태적이고 파편화되어 경험될 수 없다는 언어 절대주의에 너무 집착한 데 이유가 있는 것 같다. 그러나 아동심리학자들은 언어능력 이전의 출생 15일에서부터 18개월까지의 유아를 관찰한 결과 유아가 인지하는 세계도 일관적이고 비교적잘 구별되어 있는 세계라는 결론을 얻게 된다. 즉 유아들은이미 대상들을 시간공간적으로 분리되어 존재하는 것으로 본다. 또 유아들은 사물들에 인과론을 적용할 수 있으며 따라서사물의 움직임은 다른 사물과의 접촉이나 충돌에 의해 일어난다고 본다. 때문에 연구자가 인과론과 반대되는 현상을 조작하면 유아는 놀라는 반응을 보인다. 나아가서 그들은 무생물과 생물을 구별할 수 있고 생물체는 무생물과는 달리 그 스스로에 의해 움직이는 것도 안다. [26]

이러한 연구가 후설의 현상학에 주는 시사는 무엇인가? 우선 언어 이전의 의식작용을 밝혀 내려는 후설의 작업은 강렬한 지원을 받게 된다. 선언어적 의식의 활동은 허구가 아니며또 의식은 주체적이라는 사실이다. 두번째는 거울단계에 대한기술이다. 즉 거울단계는 자신을 타자의 시선으로 바라봄으로써 자신을 타인들 사이로 밀어 넣어 여러 인간 가운데 하나로사회화시키는 단계라는 사실은 후설의 상호주관성 이론이 주장하는 내용과 상당한 근접성을 보여 준다.

5. 주체의 에로틱

그러면 마지막으로 이러한 후설의 상호주관 이론을 좀더 상세히 고찰해 보고 그것은 어떤 의미를 담고 있는가 성찰해 보자.

---

26) D. Stern, A. a. o, 80-86쪽 참조.

후설은 그의 상호주관성 이론에서 다음과 같은 사실을 밝히고 있다. 우리의 선험적 주체성이 우리 자신을 이 세계 안에 나타나는 인간으로 경험하는 단순한 경험에서 자아와 같은 타 선험적 주체적인 의식을 인정할 수밖에 없는 본질적 계기가 자아의식에 내재한다. 나의 신체는 모든 선험적 의식의 지향 활동에 의해 이루어지는 경험의 중점이므로 이 세계의 다른 현상과 같이 내 앞에 대상화되어 나타나지 않는다. 따라서 나는 원초적으로는 이 세상에 나타나는 인간으로서 경험되지 않는다. 나 자신을 이 세계에 존재하는 인간으로 경험하는 것은 나도 타자에게 내가 타자를 보는 것처럼 나타날 것이라는 방식으로 비로소 가능해진다. 이러한 방식은 타자에게 나와 같은 주체성을 인정하여 그 타자의 시선으로 자아를 바라보는 것이다.

여기서 특별히 주목되어야 할 것은 이렇게 이루어지는 자아가 스스로를 세계 내의 인간으로서 구성하는 경험에는 타주관성의 인정이 결정적인 역할을 하고 있다는 사실이다. 후설 역시 "우리가 우리의 주변세계 안에 타주관을 끄집어내었다면 마찬가지로 우리는 우리 자신을 우리 세계 속에 안주시킨 것이다"[27]라고 강조하고 있다. 이러한 사실은 결국 자아가 스스로를 인간으로서, 즉 세계 안에 나타나는 주체로서 세계화시키는 것은 결국 나와 대등한 그리하여 나와 경쟁할 수 있는 나 이외의 절대적 주체에 의존하고 있다는 것을 의미한다. 바로 여기서 후설에 있어서 감정이입이란 개념이 보다 깊은 의미를 획득하게 된다. 즉 타아경험 과정을 기술하는 용어로서 그리고 작용구조적으로 짝짓기에 비교되는 감정이입은 단지 자아가 타아를 어떻게 경험하게 되는가를 기술하는 것만은 아

---

27) E. Husserl, 전집 5, 347쪽.

니다. 오히려 이러한 기술을 통해 선험적 자아는 그 자신을
세계화시키기 위해서 그가 아닌 다른 선험적 자아와의 관계를
요청하며 그리하여 그 자신으로부터 타아의 존재를 타당화시
켜야 한다는 자아의 내적 구조가 이미 저차적인 단계에서 노
정되는 것이다. 달리 표현하면, 타아경험은 타아가 존재함으
로써 비로소 이루어지는 타아의 초상이 아니라 자아가 세계
내에 존재하기 위해 항상 스스로 수행해야 하는 숙명이다. 자
아는 타자의 주체성이 그의 시선을 유혹할 때 비로소 타주체
를 경험하게 되는 것이 아니라 그 자신의 주체성을 타자에 이
전시킴으로써 그와 대등한 그 아닌 주체성을 인정하는 것을
그 자신의 내적 삶의 방식으로 한다. 바꾸어 말해서 주체는
주체 내에 자폐적으로 머무를 때 구체적 인간으로 세계화될
수 없다. 주체는 타주체의 부재를 견딜 수 없으며 따라서 주
체는 최소한 복수화되어야 한다. 주체는 세계구성의 중심으로
서의 주체의 유일성에 머무르지 않고 자기와 대등한 또 다른
구성의 중심인 그 아닌 다른 선험적 자아를 인정하는 탈중심
화(Dezentralisierung)를 통하여 비로소 세계 안에 존재하는
인간으로서의 세계성과 구체성을 획득할 수 있다. 이렇게 수
행되는 타주체와의 관계맺음은 결국 어떤 우연이나 외적인 강
요에 의한 것이 아니라 주체의 존재방식에 의거한 자기행위이
다.

이러한 상호주관성 이론에서 벗겨진 주체의 모습에는 장미
빛 미래가 잔잔하게 새어 들어온다. 이미 밝힌 바와 같이 선
험적 주체는 스스로를 세계 안의 주체로서 구체화시키기 위해
탈중심화를, 즉 자기와 같은 주체성을 타존재자에게 이전하여
다수의 중심을 인정하는 중심분산(Einfuehlung)을 본질적 계
기로 한다. 바로 여기서 주체는 후설에게 '사랑의 공동체'
(Liebesgemeinschaft)를 향해 부단히 진화할 수 있는 가능

140

성으로 드러난다. 왜냐하면 후설에게 사랑이란 단순한 가슴이
떨리는 감정적 느낌이나 상대방을 경탄하며 자신을 상실함을
의미하는 것이 아니라 타자 속에서 자신을 느낌, 즉 타자 속
에서 자신으로 삶을 의미하는 것이기 때문이다. [28] 사실 이렇
게 주체가 자신을 타자 속에 이전시켜 그 안에서 자신으로 사
는 것이 사랑이기 때문에 진정으로 사랑하는 자들은 상대방의
고통과 기쁨 등을 자신의 아픔이나 기쁨과 같이 느끼는 것이
다. 후설은 그의 이러한 사랑이해를 이미 저차적 단계의 사랑
의 공동체, 즉 성관계에서 구체적으로 드러낼 수 있었다. 성
관계에서 한 행위자의 욕구의 충족은 그의 욕구가 단순히 성
행위를 함으로써 충족되는 것이 아니라 각 행위의 당사자가
상대방의 기쁨을 자기 것으로 느낄 수 있을 때 절정에 오르는
것이며 이 절정은 공동의 기쁨이다. 식욕과 같은 본능에서는
본능충족의 대상에 행위자가 그의 자신을 이전시키지 않고도
그 본능은 충족된다. 하지만 최초의 사랑으로 이해되는 성행
위에 있어서는 행위대상은 단순한 대상에 불과한 것이 아니
다. 성행위는 행위주체가 행위객체에 그 자신으로 살면서 그
의 기쁨을 같이 느낄 수 있을 때 충족되는 것이다. [29] 후설은
미출간 유고에서 내밀하게 속삭이고 있다. "사랑하는 사람들
은 단지 곁에 살고 있는 것이 아니라 서로의 안에 살고 있
다."[30] 사랑할 수 있는 것은 결국 자기이면서 탈중심화를 통
하여 자기를 타자에게도 이전할 수 있는 존재, 즉 주체들뿐이
다. 자기를 나누어 타인에게 자신으로 사는 것, 그것이 바로
몸과 몸의 사랑부터 정신과 정신의 사랑까지를 감싸고 있는
사랑의 원래 모습이다. 사랑은 상대방에 자기를 나눌 수 있는

28) E. Husserl, 미출간 유고. FI 24/29 a 참조.
29) E. Husserl, 전집 15, 593쪽 계속 참조.
30) E. Husserl, 전집 14, 174쪽.

자들 사이에서만 펼쳐지는 것이다. 주체, 그것만이 본래 에로
틱한 것이다.

　이제 우리는 언어의 유희를 생명으로 하는 탈근대 철학의
마지막 탱고를 끝내고 주체의 에로틱으로 사색의 촉각을 드리
워야 하지 않을까? 보다 덜 적대적인 미래를 바란다면.

현상학의 감정윤리학*
— 감정작용의 분석을 중심으로 —

이 길 우

1. 들어가는 말

서양 윤리학의 역사에서 감정(感情, Gefühl)이 윤리적 판
단과 행위의 근거라든가 아니면, 적어도 중요한 역할을 한다
고 보는 이론들은 매우 많다. 이른바 쾌락원칙을 윤리적 선
악판단의 기준으로 보는 쾌락주의를 비롯하여 로크(J.
Locke), 특히 흄(D. Hume)에 이르기까지 경험론적 윤리학
에서 흔히 볼 수 있는 주장들이 감정을 윤리적 판단과 행위의
원리로서 인정하는 것이다. 귀납적 보편화를 통한 경험적 원
리를 윤리적 원리로 주장함으로써 어쩔 수 없이 빠지게 될 상
대주의를 피하고 경험독립적 원리를 확보하려는 칸트(I.
Kant)도 도덕법칙에 대한 '존경심'이라는 하나의 특정한 감정
만은 인정하지 않을 수 없었다.

브렌타노(F. Brentano)는 그러한 '감정도덕'의 대표자인 흄
을 비판의 대상으로 삼아 윤리적 원리는 일종의 인식인데, 흄
은 감정을 윤리적 원리로 봄으로써 감정과 '감정의 인식'을 구
별하지 못하는 잘못을 범하였다고 비판한다. [1] 감정의 인식이

---

*이 논문은 1995년도 교육부 지원 한국학술진흥재단의 자유공모 과제 학술연구 조
성비에 의하여 연구되었음.
1) 브렌타노, 『윤리학의 기초와 구조』(Grundlegung und Aufbau der Ethik,

144

란 우리가 심리학처럼 감정을 반성의 한 대상으로 삼아서 고
찰할 때 생겨나는 인식이든가, 다른 사람의 감정을 내가 알아
봄으로써 얻게 되는 인식이다. 브렌타노에 의하면, 만일 감정
이 윤리적 원리라면 우리는 윤리적 문제에 관하여 논쟁할 수
없을 것이다. 왜냐하면, 감정은 주관적인 것이며 인식이 아니
기 때문이다. 오직 인식에서만 참·거짓의 구별이 있으며 여
기서만 논쟁이 가능한 것이다. [2]

  브렌타노는 윤리적 원리들은 일종의 인식이기 때문에 그 무
엇이 선인가, 악인가의 논의가 가능한 것이며, 흄처럼 이성과
대립시키는 감정을 윤리적 원리로 보게 되면 결국 상대주의에
빠지게 되며 윤리적 원리를 탐구하는 윤리학은 불가능하게 된
다고 보는 것이다. 브렌타노에 의하면, 감정과 감정의 인식은
구별되어야 한다. [3] 흄은 감정을 윤리적 원리라고 봄으로써 그
것을 일종의 인식으로 보는 결과가 되었다고 비판한다. 흄에
대하여 이러한 비판을 하는 브렌타노도 감정은 아니지만 감정
의 인식이 윤리적 판단과 행위에서 전제되어 있다는 입장을
나타내고 있다. [4]

  후설(Edmund Husserl)이 감정의 개념을 그의 윤리학에
도입하게 된 것은 브렌타노의 영향임에 틀림없다. 브렌타노는
감정이 인식의 조건일 수 있는 방식은 다만 인식의 대상으로
서 그러하다고 말하면서 감정이 윤리적 원리의 전제조건이라
고 주장한다. [5] 이 말이 의미하는 것은 감정 자체가 윤리적 원

    Felix Meiner 1978), 55쪽. 이에 관한 전반적인 것은 이 책 제3장「윤리학의 원
    리들은 인식인가, 감정인가?」(42쪽 이하 참조). 브렌타노의 이 책은 그의 강의
    록을 사후에 출판한 것임.
  2) 브렌타노,『윤리학의 기초와 구조』, 43쪽 참조. 흄은 물론 개인적으로 차이를 갖
    는 감정의 내용을 말하는 것이 아니라, 느끼는 방식의 보편성을 의미하는 것이지
    만 그렇다 하더라도 이 보편성은 경험적 보편성이므로 개연성만을 지닐 뿐이다.
  3) 브렌타노,『윤리학의 기초와 구조』, 55쪽 참조.
  4) 브렌타노,『윤리학의 기초와 구조』, 56쪽 참조.

리일 수는 없지만 감정을 그 대상으로 삼는 인식활동과 거기서 획득되는 감정의 인식이 윤리적 원리의 전제조건이라는 뜻이다. 브렌타노가 감정의 인식이라고 말함으로써 인식능력인 이성을 흄처럼 감정과 대립시키는 것과는 다른 방식으로 윤리적 원리의 조건으로서 감정을 도입하고 있는 것이다.

브렌타노는 또한 감정의 인식이 감정에 추가되는 제2의 의식작용이 아니라, 그것들이 함께 하나의 동일한 의식작용을 형성하는 것이라고 말한다.[6] 감정의 인식을 의식작용이라고 말하는 브렌타노의 이 말로부터 우리는 후설이 감정작용 (Gefühlsakt)이라고 부르는 것을 연상하게 된다. 그러나 브렌타노는 가치의 인식과 그것을 지배하는 법칙들에 관한 매우 정교한 이론을 전개하였음에도 불구하고 감정작용에 대해서나, 이것과 원하는 의식작용인 의지작용과의 관계에 대한 생각을 더욱 심화시키지 않은 것 같다. 후설의 감정작용은 확실히 브렌타노가 말하는 감정의 인식과 같은 개념이 아니다. 후설이 의미하는 감정작용을 수행하는 주체는 반드시 감정을 지니고 있으며 그 때문에 인식작용은 아닌 반면에, 브렌타노가 말하는 감정의 인식은 이 인식작용을 수행하는 주체가 감정을 그 자신의 것으로 지니고 있지는 않다. 그럼에도 불구하고 후설이 브렌타노의 윤리학 이론으로부터 중요한 암시를 받았음에 틀림없다고 보는 근거는 감정을 감성의 영역에 전적으로 포함되는 것으로 보지 않고 감정작용을 이성의 한 중요한 활동으로서 규정하기 때문이다. 그렇게 함으로써 후설은 감정을 윤리적 판단과 행위에서 중요한 역할을 한다고 보면서도 경험론적 상대주의에 빠지지 않고, '아프리오리'한 도덕법칙을 밝혀 내는 순수윤리학을 그의 선험현상학 체계 내에서 전개할

---

5) 브렌타노, 같은 책, 같은 쪽 참조.
6) 브렌타노, 같은 책, 같은 쪽 참조.

수 있었던 것이다.

이 논문에서는 후설의 윤리학에서 가장 중요한 개념들 중의 하나이며, 이 개념이 또한 후설의 윤리학을 특징짓고 있는 감정작용의 개념을 분석적으로 검토함으로써 그의 윤리학을 비판적으로 검토하는 토대를 마련하고자 한다.

2. 감정작용과 감각 및 감각적 감정

후설(E. Husserl)은 "감정을 배제한다면 '선'과 '악'에 관하여 말할 수 없다는 것은 자명하다"고 말할 정도로 감정의 문제를 배제하고는 도덕문제를 논할 수 없다는 입장이므로 감정의 현상학적 개념을 살펴보는 것이 그의 윤리학을 이해하는 데에 필수적이다. [7]

후설의 현상학에서 '감정작용'이라고 부르는 개념은 일반적으로 의미하는 감정(感情)의 좁은 개념으로 이해해야 한다. 왜냐하면, 감정의 일반적 개념은 후설이 감정작용과 구별하여 감각적 감정(sinnliches Gefühl)이라고 부르는 것도 포함되기 때문이다. 후설이 감정작용과 감각적 감정을 구별하는 것은 칸트(I. Kant)가 감정과 감각(Empfindung)을 구별하는 것과 비슷하다. 『순수이성 비판』에서 칸트는 감각을, 사물이 감관을 자극함으로써 얻게 되는 '직관의 재료'(Materie der Anschauung)라고 보는데, 후설도 이와 유사하게 감각을 의식의 한 질료적 재료(hyletische Daten)로 보고 감각적 감정은 이 감각들 중의 한 종류로 규정하고 있다. [8] 이 감각적 감

7) 후설전집(Husserliana) 28권, 『윤리학과 가치론 강의』(Vorlesungen über Ethik und Wertlehre, 이하 『윤리학』이라 약칭함), 396쪽.

8) 칸트, 『순수이성 비판』 B, 34쪽; 후설, 『순수현상학과 현상학적 철학의 이념들』 1권(Idenn zu einer reinen Phänomenologie und phänomenologischen Philosophie, Erstes Buch, Martinus Nijhoff 1950, 이하 『이념들 I』으로 약칭

정이 질료적 재료인 이상 현상학적 의미의 체험에 속하긴 하
나 지향적 체험은 아니고 다만 '노에시스'의 한 내실적(reell)
구성계기이다. [9] 통감, 쾌감과 같은 감각적 감정들이 어떻게
신체와 결부되어 있는가를 후설은 정위감각(定位感覺,
Empfindis)이라는 개념을 사용하여 명확히 설명하고 있다. [10]
　이 감각적 감정으로부터 후설은 하나의 이성적 의식작용
(vernünftiger Akt)인 감정작용을 구별한다. [11] 감정작용이
'이성적'이라는 것은 모든 능동적 의식작용은 이성적이며 감정
작용은 평가하는 이성의 활동이기 때문이다. [12] 감각적 감정이
의식의, 더 구체적으로는 '노에시스'의 한 비지향적 계기인 반
면에 감정작용은 일종의 의식작용을 가리키는 명칭이다. 그러
므로 감각적 감정들이 질료적 구성계기로서 하나의 감정작용
에 포함되어 있는 경우란 얼마든지 있을 수 있는 일이다. 예
를 들어, 내가 배에 통증을 느낀다는 것 자체는 하나의 단순
한 감각이다. 그런데 이 통증과 함께 나는 불쾌한 감정을 갖
는다. 이 감각적 감정은 단순한 감각보다 복잡한 것이긴 하나
어디까지나 외적 자극의 단순한 수용의 결과이다. 그런데 이
통증은 어떤 심각한 병의 증세라고 생각함으로써 나는 불안감
을 느낀다. 이것은 감정작용이다. 감각적 감정은 외적 자극의

함), 65쪽 이하, 85, 207쪽 이하 참조.
9) 감각적 감정도 포함되는 질료적 재료 또는 감각재료(Empfindungsdaten)를 '노
　에마'에 속하는 것으로 오해하는 경우가 많으므로 후설, 『이념들 I』, 412쪽, "질
　료적 재료들 자체는 결코 노에마의 내용에 속하지 않는다." 그리고, 411쪽, "노에
　시스의 감각재료(질료적 재료)의 '노에마'적 상관자"는 "대상이 나타나는 방식"이
　라는 표현을 찾아보면 분명해진다.
10) 정위감각이란 신체에 직접·간접으로 자리잡는 감각을 말하며 이것은 모든 감각
　이 신체와 불가분의 관계에 있음을 뜻한다. 이에 대해서는 『이념들 II』, 38-39쪽,
　특히 152쪽 이하 참조.
11) 『이념들 I』, 287, 290, 293쪽 참조.
12) 이에 대해서는 필자의 논문 「현상학적 윤리학, 후설의 순수윤리학의 이념을 중
　심으로」(『현상학 연구』 제3집, 『현상학의 전개』, 1988, 338쪽 주 8)를 참조.

단순한 수용인 반면에 감정작용은 하나의 능동적 의식작용으로서 감각적 감정이나 또는 다른 감각들을 어떤 방식으로든 질료적 구성계기로서 포함하고 있다. 이 점에서는 지각작용과 같은 이론적 의식작용과 다르지 않다.

이 감정작용을 후설은 '가치지각'(Wertnehmung) 또는 '가치감'(Wertfühlen)이라고도 표현하며 이것은 평가작용(wertender Akt)의 다른 명칭에 지나지 않는다. [13] 즉 가치를 대상으로 삼는 의식작용은 모두 감정작용이라는 것이 후설의 해석이다. 후설의 감정작용 또는 평가작용에 들어맞는 개념을 칸트의 철학에서는 찾을 수 없다. 외견상 칸트의 '미적 판단력'에 유사한 것으로 보이나 이것은 오직 미적 가치판단과 관련된 것이며 윤리적 가치와는 관계가 없다. 그리고 윤리적인 것과 관련된 판단력이 칸트의 경우 실천적 판단력이 있으나 이것은 감각세계에서 가능한 한 행위의 준칙이 보편적 실천법칙 아래 들어갈 수 있는가를 판정하는 능력이다. [14] 그리고 칸트의 경우 판단력 자체가 일종의 인식능력(Erkenntnisvermögen)이며 넓은 뜻의 오성의 한 기능이므로 결코 후설의 평가작용처럼 감정능력의 기능은 아니다. 칸트가 비록 하나의 특수한 감정으로서 '도덕적 감정'을 말한다 해도 이것은 능력이나 의식작용이 아니라 도덕법칙에 대한 표상의 결과이다. [15]

칸트는 미적 판단력과 관련해서는 쾌·불쾌의 감정을 말하지만 윤리적 가치와 관련해서는 도덕법칙에 대한 '존경심'을 제외하고는 전적으로 감정을 배제한다. 이에 반하여 후설은

---

13) 『이념들 II』, 9, 10, 186쪽 참조.
14) 칸트, 『실천이성 비판』(Kritik der praktischen Vernunft, Felix Meiner 1929, 이하 『실천이성 비판』이라 칭함), 79쪽(A. A.판, 68쪽 이하 참조).
15) 『실천이성 비판』, 89쪽(A. A. 134쪽) 이하 참조.

윤리적 평가작용을 포함하여 모든 평가작용에는 쾌·불쾌 등의 감정이 어떤 방식으로든 개입되어 있으므로 곧 감정작용이라고 보는데 과연 그러한가를 검토해 보고자 한다.

여기서 우리는 후설이 '평가작용'(Werten)이라고 부르는 것을 좀더 정확히 이해해야 할 필요가 있다. 예를 들어서 우리가 실용가치나 유통가치와 관련하여 값을 매기는 것이나 미술평론가가 회화나 조각품을 두고 작품을 비판하는 것은 후설이 의미하는 평가작용이 아니라 일종의 이론작용이다. 후설에 의하면, 평가작용이란 "우리가 거기서 살고 있는", "느끼면서 (평가작용의 대상과) 함께 있는" 그러한 의식작용이다. [16) 아름다운 음악을 들을 때 우리가 그것을 즐기면서 빠져 있는 의식이 평가작용이라면, 음악평론가는 음악에 빠져 있는 상태에서 한 걸음 물러나 그 음악과 거리를 두고 '객관적으로' 평가한다. 후자의 이 평가는 후설이 의미하는 평가작용이 아니라, 이론적 태도에서 수행되는 이론적 의식작용이다. 물론 이 이론작용은 음악에 대한 평가작용의 토대로도 되어 있는 단순한 청각적 표상작용, 멜로디의 지각작용인 이론작용과는 다른, 보다 높은 단계의 이론작용이다. "우리가 그 안에서 살고 있는", "느끼면서 그 대상과 함께 있는" 그러한 평가작용은 하나의 '실천적 의식작용'이며, 예술평론가의 평가는 이론적 관심에서 나온 '이론적 의식작용'이다.

원래 가치는 평가작용, 즉 후설이 표현하기 좋아하는 '가치지각'에서 직관적으로 직접 주어진다. 이 평가작용이 토대를 지닌 의식작용으로서 단순한 감각적 표상을 토대로 하고 있다 하더라도 그러하다. 후설이 예를 드는 것처럼 "내가 바이올린의 소리를 듣는다면, 이 소리가 나의 감정능력(Gemüt)을 근

---

16) 『이념들 II』, 8, 9쪽.

원적으로 생생하게 움직인다면, 호감(好感, Gefälligkeit)이 가는 것, 아름다움이 원본적으로(originär) 주어진다."[17] 평가작용의 대상은 바이올린의 아름다운 소리가 아니라, 소리의 아름다움 자체이다. 즉, 평가작용이 지향하는 것은 소리가 아니라 소리를 매개로 한 청각적 아름다움이다. 이 아름다움은 단순한 감각적 표상의 대상인 소리에 "토대를 지닌 대상"이다. 우리가 피상적으로 생각하면 먼저 아름다운 대상이 주어지고 이 대상의 아름다움은 이 대상을 매개로 하여 간접적으로 주어지는 것처럼 생각하기 쉽다. 그러나 아름다움은 우리가 직접 느끼는 것이지 감각적 표상내용으로부터 논리적으로 추상하여 얻는 것은 아니므로 직접적이다. 즉, 모든 평가작용에서는 그 대상인 가치가 직접 '직관적으로' 주어진다. 그러므로 후설은 감각적 지각과 유사하게 '가치지각'이라고 부르며, "가치를 직관하는 의식"이라고도 표현한다.[18]

여기서 우리는 또 하나의 의문을 갖게 된다. 우리가 평가작용을 수행하면서도 전혀 감정을 갖지 않는 경우가 과연 없을까? 그 어떤 것이 좋은 것, 아름다운 것임을 알면서도 그것에 대해 아무런 감정을 갖지 않을 수도 있지 않을까? 후설은 "감정능력이 '근원적으로' 생생하게 야기되지 않는, 원본적이지 않은" 평가작용의 양태도 있음을 인정한다.[19]

후설은 "나의 감정이 어떤 식으로든 '원래' 야기됨이 없이도 나는 바이올린을 아름답게 여기면서 볼 수 있다"고 말한다.[20] 그럼에도 불구하고 후설에 의하면, 이것도 하나의 평가작용, 즉 감정작용이다. 아름다운 풍경이나 예술작품을 자세히 감상

17) 『이념들 II』, 186쪽.
18) 『이념들 II』, 10쪽.
19) 『이념들 II』, 187쪽.
20) 『이념들 II』, 187쪽.

하지 않고 그냥 간단히 일별하면서 그것을 아름답다고 느낀다
면, 아름다움이 거기서는 '불완전한' 것으로 주어지는데 이것
은 마치 이론적 의식작용에서 감각적으로 불명확하게 (dun-
kel) 표상하는 것과 유사한 것이다. [21] 그저 스쳐 지나가는 가
치지각에서는 아름다움이 '불충전하게' 주어지므로 "감정의 공
허한 선취적 (先取的, vorgreifend) 지평"만을 지닌다. [22] 이
와 같이 "표상작용이 공허하거나 충실된 것일 수 있는 것처럼
평가작용도 그러하다"고 후설은 말한다. [23] 이러한 설명으로
미루어 외견상 감정이 관여하지 않은 것같이 보이는 평가작용
에서도 감정이 '근원적으로' '본래적으로' 야기되지 않았을 뿐,
어떤 식으로든 감정이 평가작용의 구성요소로서 들어 있다고
보는 것이 후설의 견해임이 확실하다.

3. 감정작용과 범주적 직관

우리는 감정작용과 다른 의식작용간의 차이와 관계를 고찰
하기 위하여 의식활동적 측면, 즉 '노에시스'적 측면에서 바라
보는 시선을 '노에마'적으로 바꿔서 이론작용의 대상인 장미와
감정작용의 대상인 아름다움의 관계에서 고찰하는 것도 하나
의 방법일 것이다. 이 경우 장미는 하나의 실재적 대상이며
아름다움은 일종의 관념적 대상으로 보인다. [24] 아름다움과 같
은 가치가 하나의 관념적 대상임은 그것이 평가작용이라는 하

21) 『이념들 II』, 187쪽 참조.
22) 『이념들 II』, 10쪽.
23) 『윤리학』, 323쪽.
24) 가치가 관념적(ideal) 대상이라는 단정적 표현은 출판된 후설의 저서에서는 발
    견할 수 없다. 다만 Roth가 후설의 유고 MS. F I 21, 30쪽과 MS. F I 23, 32쪽을
    참조하여 그렇게 표현하고 있을 뿐이다. (『후설의 윤리연구』, 123쪽, 각주 10 참
    조.)

152

나의 실천적인 이성적 의식작용의 대상이면서 오직 실재적 대
상을 토대로 삼아서만 구체적으로 주어질 수 있기 때문이
다. [25]

만일 가치가 수학적인 것이나 논리학적인 것과 같이 관념적
대상이라면 범주적 직관의 대상일 것이며 감정작용은 일종의
범주적 직관으로 이해할 수 있을 것이다. [26] 그러나 우리가 수
학적·논리적 법칙의 유용성(가치)에 관해서도 말할 수 있으
므로 가치란 적어도 이 점에서는 다른 관념적 대상과 동일한
유형의 것은 아니다. 상관관계적으로 말하면, 감정작용은 감
각적 직관을 토대로 삼는 것과 마찬가지로 범주적 직관을 토
대로 하여 수행될 수도 있다. 따라서 감정작용은 하나의 독특
한 범주적 직관이든가 아니면, 범주적 직관과 유사하긴 하지
만 본질적으로는 다른 직관일 것이다. 사실 후설은 논리법칙
에 유사한 가치의 법칙을 다루는 '형식적 가치론'인 '감정 논
리학'에 대하여 논하고 있다. [27] 그러나 이것은 어디까지나 이
론작용과 감정작용의 유사성에 근거한 것이지 범주적 대상과
가치의 유사성에 근거한 것은 아니다.

범주적 직관도 어떤 점에서는 하나의 이론작용이며 역시 대
상화 작용이지만 그 대상이 개별적인 구체적 대상이 아니라,
본질이라는 점에서 감각적 지각작용과 같은 이론작용과는 다
르다. 감정작용은 이론작용은 아니지만 일종의 대상화 작용이
다. 대상을 지향하는 체험은 그 어떤 것이든 대상화 작용이므

25) 아름다움 자체는 물론 미학이론에서 다루는 것처럼 이론작용의 대상이 될 수도
   있다. 그러나 우리가 문제삼는 것은 감정작용의 대상이 되는 아름다움이다.
26) 범주적 직관의 넓은 의미에는 내용적 본질을 직관하는 본질직관도 포함되지만
   이 개념을 처음 도입하고 있는 『논리연구』에서는 형식적 본질을 직관하는 범주적
   직관에 관하여 설명하고 있다. 이에 대해서는 후설의 『논리연구 II-2』(Logische
   Untersuchungen II/2, 1901, Max Niemeyer), 40쪽 이하 참조.
27) 『윤리학』, 70쪽 이하 ; 『후설의 윤리연구』, 92, 127쪽 이하 참조.

로 감정작용도 일종의 대상화 작용이다. [28] 다만 감정작용은
토대를 지닌 의식작용이므로 토대의 역할을 하는 이론작용의
대상화를 매개로 (토대를 지닌 대상인) 가치를 대상화하는 의
식작용이다. 범주적 직관도 일종의 토대를 지닌 직관이며 범
주적 대상도 토대를 지닌 대상이다. 예를 들어, 하나의 당구
를 보면서 기하학적 대상인 원(圓)이나 구(球)를 범주적으로
직관한다면, 이 특정한 재료로 만들어진 당구에 대한 감각적
지각이 토대로서 기능한다. 그와는 달리, 하나의 '가치론적
태도'에서, 당구놀이에서는 당구가 꼭 필요하다는 유용성이
나, 당구가 있어서 당구를 칠 수 있으니 기쁘다는 감정작용을
수행할 경우에는 저 범주적 직관이 지향하는 '원'이나 '구'와는
전혀 다른 대상을 지향한다. 그러나 이 경우에도 범주적 직관
에서와 마찬가지로 동일한 감각적 지각이 토대로서 기능하고
있다. 이 점에서 감정작용은 범주적 직관과 매우 유사하다.

　지금까지 감정작용과 대비시킨 범주적 직관은 형식적 본질
을 대상으로 삼는 직관이지만 후설의 현상학에서는 내용적 본
질을 대상으로 삼는 범주적 직관도 있다. 이것을 그는 특별히
'본질직관'(Wesensanschauung)이라고 부른다. [29] 가치는 논
리적 기초개념들이나 수학적・기하학적 개념들과 같이 형식적
인 것이 아니라, 내용적인 것이므로 가치를 대상화하는 감정
작용이 만일 일종의 범주적 직관이라면 본질직관에 가까운 것
이 아닐까 하는 생각을 가질 수 있다. 그러나 본질직관은 후
설이 비록 직관이라는 명칭을 붙이고 있긴 하나 매우 복잡한
절차를 거치는 사유작용인 반면에, 감정작용은 직관이라는 표
현에 걸맞을 만큼 직접적이며 단순하다. 기쁜 소식을 듣고 기
뻐하는 감정작용은 본질직관에서 그렇게 하는 것처럼 본질적

28) 『윤리학』, 333쪽 참조.
29) 본질과 본질직관의 개념에 대해서는 『이념들 I』, 1-8 참조.

154

인 것과 비본질적인 것을 구별하는 절차가 필요하지 않다. 기쁜 소식의 내용에 대한 표상에 토대를 둔 기쁨은 그 표상과 함께 직접 주어진다. 이 점에서 가치가 내용적이지만 이 가치를 지각하는 감정작용은 내용적 본질을 직관하는 본질직관과는 다르다는 것을 우리는 알 수 있다.

이제 우리가 지각 또는 직관과 관련하여 확정할 수 있는 것은 후설의 현상학에서는 지금까지 잘 알려진 대로 감각적 지각, 내재적 지각(반성), 범주적 지각, 그리고 가치지각(감정작용)의 네 가지로 구별할 수 있다. 다시 말하여, 감정작용은 범주적 지각 또는 직관과 유사하긴 하나 뚜렷이 구별되는 점도 있으므로 이것을 직관의 네번째 유형으로 보아도 무방할 것이다.

4. 감정작용과 이론작용의 관계

우리가 화가가 그린 하나의 그림을 보고 아름답다고 느끼거나 음악을 들으면서 갖게 되는 즐거운 감정은 외적 자극의 단순한 수용이 아니라 그림이나 음악이 지닌 아름다움을 능동적으로 지향하는 체험이다. 이 경우 그림의 색채와 형태 등 그림의 내용에 대한 지각이 그러한 감정작용의 토대로서 기능한다는 것은 의문의 여지가 없다. 그러나 보통의 경우 먼저 지각작용을 수행하고 그 다음 감정작용을 수행하는 것과 같이 두 개의 의식작용을 연속적으로 수행하는 것은 아니다. 수행하는 것은 감정작용이며 거기서 주어지는 대상은 그림이 지닌 아름다움이지 인식작용의 대상인 그림이라는 하나의 물체는 아니다. 그럼에도 불구하고 그림을 지각하지 않고 그림을 아름답다고 느낄 수는 없다. 그림에 대한 감정작용의 경우 이 그림을 단순히 잠재적으로 대상화하는 작용(potentiell obje-

ktivierender Akt)이 바탕(Unterlage)에 깔려 있음에 틀림
없다. [30] 그 때문에 감정작용은 후설이 말하는 것처럼 하나의
"토대를 지닌 의식작용"(fundierter Akt)이다. [31] 토대로 되
어 있는 저 "속견적·이론적 의식작용"(doxisch-theoretis-
cher Akt)은 활동적으로 수행되는 것이 아니라, '중화'(中化,
Neutralisierung)되어 있으며 주제로 되어 있는 감정작용의
수동적 배경을 이루고 있다. [32]

이제 문제는 감정능력과 단순히 "대상화하는 능력"인 오
성[33]이 감정작용의 대상인 가치를 구성하는 데서 어떤 역할을
하는가, 그리고 이 문제를 해결하기 위해서 단순히 감정작용
과 이론작용의 관계를 고찰하는 것만으로 충분한가 하는 것이
다. 후설이 이 문제를 집중적으로 다루고 있는 것은 1908/9년
의 윤리학 강의록(『윤리학』 C. 「윤리학의 근본문제에 관한 강
의」)이다. 그는 이 문제가 얼마나 해결되기 어려운가를 18세
기 영국의 합리주의 윤리학과 흄 등의 정서주의 윤리학의 대
립을 하나의 본보기로 제시하면서 보여 주는데, 이 대립을 그
는 '오성도덕'(Verstandesmoral)과 '감정도덕'(Gefühlsmo-
ral)의 대립이라고 표현한다. [34] 윤리적 결정에 있어서 오성도

---

30) 『이념들 I』, 288, 290쪽 참조.
31) 『이념들 I』, 285쪽 ; 『이념들 II』, 188쪽 참조 ; 『윤리학』, 252쪽 (후설은 여기에
  각주를 붙여 '토대를 지닌'이란 두 가지 의미, 즉 '어떤 것 위에 세워지다'와 '어떤
  것을 필연적으로 전제하다'라는 뜻을 지니고 있다고 설명한다).
32) 『이념들 I』, 266쪽 이하 참조.
33) 『윤리학』, 252-253쪽. 여기서 후설이 말하는 오성이란 칸트의 '이론이성'과 같
  은 뜻이다. 후설은 '논리적 이성', 또는 '지성'이라고도 표현한다. 『윤리학』, 251
  쪽에서는 칸트의 '이론이성'과 '실천이성'의 구별에 상응하여 '지성'(Intellekt)과
  '감정능력'(Gemüt)이라고 표현하고 있다.
34) 『윤리학』, 251쪽. 영국의 합리주의 윤리학이란 켐브리지 학파의 대표자인
  Ralph Cudworth(1617-1688)로부터 시작되어 Samuel Clarke(1675-1729)에
  와서 발전된 형태를 취한 윤리학으로서 도덕법칙과 수학적 법칙을 동일한 성격의
  법칙으로 본다.

덕은 오성이 본질적 기능을 수행한다고 보고 감정도덕은 감정
이 그러하다고 보는 것은 오성이나 감정능력 중 어느 하나의
역할을 지나치게 강조한 결과이다. 후설에 의하면, 이러한 대
립은 감정작용에서 함께 수행하는 오성과 감정능력의 기능에
대한 명확한 규정이 어려운 탓으로, 사실상 이 두 기능은 감
정작용에서 뒤섞여 있는데 이것은 감정기능의 본질에 근거한
다고 본다. [35]

이 두 기능의 '뒤섞여 있음'이 어떤 방식인가 하는 것은 하
나는 토대를 부여하는 기능이며 다른 하나는 그 토대 위에서
보다 상층의 대상을 구성하는 기능이다. 감정작용에 토대를
부여하는 이론작용은 그 자체로는 어떠한 가치도, 감정도 포
함하고 있지 않다. 그 반면에 감정작용에서는 이론작용이 필
수적인 토대로서 기능한다. 그 때문에 감정이나 가치를 인식
대상에 단순히 주관적으로 덧붙인 의미에 지나지 않는 것으로
보기가 쉬우며 이로부터 후설이 '윤리적 심리학주의'라고 부르
는 모든 유형의 윤리학적 상대주의가 나타나게 되는 것이다.
이것은 근본적으로 그 무엇을 좋게 여기는 평가활동과 좋은
것 자체를 동일시하는 오류에 기인한다는 것을 후설은 지적하
고 있다. [36]

이론작용 또는 인식작용과 감정작용은 전혀 다른 두 태도에

---

35) 『윤리학』, 252쪽.
36) 『후설의 윤리연구』(Alois Roth 지음, 이길우 옮김, 도서출판 세화), 44쪽. 여
    기서 인용되어 있는 후설의 글들은 미발간 유고 분류번호 MS. F I 28(1928년 강
    의록)에 있는 것으로 후설전집 28권의 『윤리학』의 강의록 MS. F I 20과 24 등보
    다 더 관심을 끈다. 왜냐하면, MS. F I 28은 『윤리학』에 수록된 가장 나중의 것
    (MS. F I 24)보다 훨씬 뒤인 1920년대의 강의들이며 위의 Roth에 인용되어 있는
    많은 부분들로 미루어 매우 중요한 것이 들어 있음을 짐작할 수 있기 때문이다.
    그러나 유감스럽게도 필자가 알고 있는 한, 이 강의록은 아직 출판되지 않았다.
    다만 『윤리학』의 편집자 서문에 이 강의록의 편집이 준비중에 있다는 언급을 볼
    수 있다. (『윤리학』, 편집자 서문 XLV쪽 각주 4 참조.)

서 나온 다른 두 가지의 의식작용이다. 하나는 단순한 대상적 인식을 목표로 한 것이며 다른 하나는 가능한 인식의 대상이 지닌 가치를 지향하는 의식작용이다. 현상학적으로는 태도가 다르면 의식작용도 다르며 거기에서 주어지는 의식대상도 다르므로 감정작용의 대상인 가치가 단순히 인식대상에 추가된 주관적 의미로 해석될 수는 없다. 그러나 가치는 감정작용에서 가치 그 자체로 나타날 수 없고 '아름다운 장미'나 '기쁜 소식' 등 언제나 그 무엇의 가치로만 구체적으로 나타날 수 있다. 그 때문에 장미나 소식에 대한 이론적 표상이 감정작용에서 수행하는 기능에 대한 물음이 제기되는 것이다.

일상생활에서 우리는 갓 피어난 싱싱한 한 송이의 장미를 보고 그냥 직접 아름답다고 느낀다. 이 느끼는 의식작용에서는 장미의 형태라든가, 붉은 색채의 농도와 향기의 강도 등의 측정치에 대해서는 전혀 생각도 하지 않는다. 그러므로 실천 영역에서는 감정작용이 자연스러운 일차적 의식이다. 그러나 그러한 감정작용이 일어날 수 있는 조건에 대하여 이론적으로 고찰해 보면 거기에는 장미를 대상화하는 단순한 표상작용이 장미의 아름다움을 느끼는 감정작용을 가능하게 하는 필수적 요소임을 알게 된다. 꽃잎이 지닌 색채의 일정한 농도와 밝기, 싱싱한 정도, 형태의 기하학적 모양, 향기의 강도가 아름다움을 느끼는 감정작용을 유발함에 틀림없다. 감각적 지각의 대상이 지닌 일정한 구성이 아름다움을 가져온다는 것은 수많은 경우에서 쉽게 확인할 수 있는 일이다. 여기서 우리는 자연의 목적과 이 목적을 실현하는 데에 이바지되는 의식의 관계를 가정하는 목적론적 관점을 그럴듯하게 보기 쉽다. 즉, 자연은 완전성을 향한 목적을 지니고 있고, 인간이 자연으로부터 받은 능력인 이성 역시 이 완전성을 목적으로 하고 있으며, 이것을 실현하는 데 이바지하는 것은 자연스러운 일이므

로 보다 완전한 것에 대해서는 아름다움을 느낀다는 해석이
다. 왜냐하면, 아름답다, 좋다는 가치를 느낄 때만 그것을 실
현하기를 원할 것이기 때문이다. 이러한 생각은 아리스토텔레
스에서 칸트 이전까지 내용적으로는 큰 차이를 보여 주지만
근본적으로는 목적론적 사고의 틀에서 벗어나지 않는 사상이
다. 이것은 인식의 진리나 가치의 객관성을 정초하는 데서는
상당히 편리한 사고방식이 될 수 있으나 사변적 형이상학의
길로 빠지기가 쉬운 것도 사실이다. [37]

긍정적 가치나 부정적 가치를 '지각'하는 감정작용은 객관적
사태에 대한 이론적 표상을 토대로 하는 이상, 이 표상의 명
증정도에 따라서 감정작용과 거기서 주어지는 대상의 명증도
달라진다는 것을 우리는 쉽게 가정할 수 있다. 사물에 대한
지각경험이 극히 적은 어린아이도 화려하게 핀 장미를 보고
아름답다고 느끼긴 할 것이다. 그러나 장미에 대한 인식적 표
상을 명확하게 갖지 못하는 어린아이는 그것을 아름답게 느끼
는 것도 매우 명확하지 못할 것이다. 이것을 우리는 미적 가
치에 있어서 자연미(自然美)에서는 큰 차이를 확정하기 어렵
지만 예술 같은 인공미(人工美)에서는 어렵지 않게 확인할 수
있으며, 더욱이 실용가치에 대한 감정작용에서는 인식적 표상
이 결정적으로 중요한 기능을 지닌다는 것을 알 수 있다. 실
용가치의 하나인 유통가치와 관련하여 하나의 예를 생각해 본
다면, 돈이 무엇인지 모르는 어린아이는 지폐의 색채와 인쇄
된 숫자에 대한 지각을 하더라도 그것이 사실상 지닌 가치에
대한 감정작용을 행하지는 못할 것이다. 따라서 감정작용의
명증은 단순한 표상의 명증에 상당한 정도로 의존되어 있으며
명확한 인식은 명확한 감정작용을 수행하는 데에 이바지될 수

---

37) 하르트만(Nicolai Hartmann), 『윤리학』(Ethik, Walter de Gruyter,
1962), 200쪽 이하 참조.

있다는 것을 알 수 있다.

그러나 이론작용이 감정작용의 유일한 토대로서 기능하는가 하는 문제는 아직 확정되지 않았다. 만일 이론작용이 감정작용의 유일한 토대라면 동일한 명증성을 지닌 인식작용은 동일한 감정작용을 유발시킬 것임에 틀림없다. 그렇다면 인식적 진리의 객관성만큼 가치의 객관성을 확정할 수 있을 것이다. 그러나 사실은 그렇지 않고 오히려 인식의 객관성을 인정하는 것보다 비교가 되지 않을 만큼 적게 가치의 객관성을 인정한다는 것을 우리는 잘 알고 있다.

5. 감정작용과 정서적 습득성

단순한 표상작용 또는 이론작용이 감정작용의 토대가 된다는 것이 곧 감정작용의 유일한 가능조건이라는 뜻은 아니다. 예를 들어, 종이에 인쇄된 활자와 이에 대한 지각작용이 곧 책에 기록된 사상내용에 대한 이해의 유일한 가능조건이 아닌 것과 마찬가지이다. 감정작용과 거기서 구성되는 대상(가치)의 한 가지 가능조건으로서 이론작용을 말한다 하더라도 우리가 주의해야 할 것이 있다. 감정작용의 토대가 되는 것은, 보다 정확히 말하여, 이론작용이나 그 대상 자체라기보다 대상에 대한 우리의 표상이다. 이것은 현실적인 지각이 아닌 경우, 즉 상상이나 예상 또는 회상을 토대로 해서도 슬픈 감정, 기쁜 감정을 가질 수 있다는 것으로 분명해진다. "만일 그렇게 된다면" 하고 상상, 또는 예상하거나, 과거에 있었던 사실에 대한 회상에서 갖는 기쁨이나 슬픔이 현재의 지각을 토대로 한 감정과 비록 차이를 갖는다 하더라도 근본적으로는 유사한 감정작용이다. 칸트의 용어를 차용하여 말한다면, 감각적 표상뿐만 아니라 개념적 표상도 감정작용의 토대가 된다는 것이다.

또 한 가지 주목해야 할 것은 단순한 표상을 포함하여 이론적 표상을 갖는 데서 기능하는 이론적 습득성(習得性, Habitualitäten)이다. [38] 장미에 대한 지각표상(知覺表象)은 장미가 꽃의 한 종류이며 어떠한 꽃이라는 경험인식적 습득성을 내가 갖고 있기 때문에 가능한 것이다. 지금 여기 피어 있는 장미에 대한 나의 지각작용은 과거에 장미에 대한 지각작용에서 형성된 습득성의 반복을 의미한다. 따라서 이 장미가 아름답다는 감정작용의 토대가 되어 있는 것은 지금 이 장미를 표상하는 표상작용뿐만 아니라, 장미에 대한 이론적 습득성이다. 이제 습득성의 기능에 대한 생각에 이르면 감정작용의 가능조건은 지금까지 언급한 토대부여 기능을 하는 이론작용과 그 습득성만이 아님을 알게 된다.

후설에 의하면, 모든 의식작용은 이미 형성된 습득성의 되풀이거나 아니면 새로운 습득성을 형성한다. [39] 감정작용도 하나의 의식작용이므로 역시 새로운 습득성을 형성하거나 이미 형성된 습득성의 반복이다. 그러나 감정작용은 어디까지나 토대를 지닌 작용이므로 이론작용 및 그 습득성을 토대로 해서만 새로운 습득성의 형성이나 반복의 기능을 수행할 것이다. 우리가 감정작용에서 형성되는 습득성을 '정서적 습득성'이라고 부른다면, 습득성의 일반적 기능이 그러하듯이 그것이 감정작용을 유발하는 동기를 부여할 것이다. 다시 말하여, 정서적 습득성이 감정작용의 가능조건으로서 중요한 의미를 지닌다고 보는 것이 타당하다. 후설은 "나는 증오심을 품는다. 여

---

38) 습득성이란 의식작용에서 형성되어 의식작용이 지나간 뒤에도 참되다, 올바르다, 좋다 등의 주관적 타당성을 지니고 남겨진 것으로 이론적 습득성으로서는 모든 경험적, 경험독립적 지시, 실천적 습득성으로서는 결심, 결정, 가치관, 도덕, 법규범 같은 것들이다. 이에 대해서는 『이념들 II』, 111쪽 이하 참조.
39) 『이념들 II』, 112쪽 이하 참조.

러 가지 다른 시간에 나는 여러 가지 다른 증오의 체험을 갖
게 된다. 그러나 '이' 증오심은 되풀이 나타난다. 이것은 지속
적으로 머물러 있는 증오심이다"라고 예를 들어 말하는 것은
바로 정서적 습득성의 한 종류이다. [40] 이 경우 감정작용은 그
때그때마다 다른 의식작용이지만 증오심은 동일한 것이다. 정
서적 습득성은 이 경우 단순히 토대로서 기능하는 것이 아니
라, 계속하여 동일한 주제의 감정작용을 유발하는 힘을 갖는
다. 그러므로 정서적 습득성은 감정작용의 가능조건으로서 이
론작용보다도 더 중요한 기능을 갖는다고 볼 수 있다.

다만 문제는 이 정서적 습득성을 최초로 형성한 의식작용도
역시 감정작용이므로 이 최초의 감정작용이 어떤 동기에서 생
겨났는가 하는 점이다. 그것은 전적으로 감정작용의 경우에
따라서 여러 가지로 다를 수 있다. 그러나 어떤 하나의 정서
적 습득성을 최초로 형성하는 감정작용과 관련된 문제는 그렇
게 간단하지 않다. 이 감정작용은 다른 감정작용과 그 습득성
에 의해 유발된 것일 수 있다는 것은 짐작이 간다. 예를 들
어, 우리는 어떤 하나의 고전음악을 들었을 때 그것이 마음에
든다, 참으로 좋다는 느낌을 가졌기 때문에 그후에 그와 비슷
한 다른 고전음악을 들으면 역시 그 음악도 마음에 들고 좋다
고 느낄 수 있다. 이것은 첫번째의 고전음악을 들으면서 내가
수행한 감정작용에서 형성된 정서적 습득성(미적 가치)이 첫
번째와 비슷한 두번째의 음악을 들을 때 동일한 또는 유사한
미적 가치를 느끼는 감정작용을 유발시킨 것이라고 볼 수 있
다. 그러나 이것은 긍정적 가치의 경우이지만 부정적 가치,
후설이 예를 드는 대로 증오심 또는 습득성의 하나로서 말하
는 경우 더 적합한 표현인 '원한'(怨恨)과 같은 것도 습득성이

---

40) 『이념들 II』, 112쪽.

라고 말할 수 있는가라는 의문이 생긴다. 원래 습득성이란 일 반석으로 언제나 의식주체가 그의 의식작용에서 타당한 것, 즉 참된 것, 올바른 것, 좋은 것으로 여기는 것이 지속적인 주관적 타당성을 지니고 자아 내에 머물러 있으면서 동일한 주제의 다른 의식작용을 유발하는 것을 의미하기 때문이다. 적어도 분명히 말할 수 있는 것은 '원한'도 이것을 지닌 주체 가 정당한 원한, 이유있는 원한으로 여기고 있다는 것이다. 따라서 주관적으로 타당한 원한인 것이다. 만일 그 원한이 근 거없는, 구체적으로 말하면, 원한을 갖게 된 원인이라고 볼 수 있는 사실에 대한 인식이 착오라는 것이 밝혀지면 그 원한 은 근거를 상실한 원한이므로 더 이상 습득성이 아니다. 이 경우 사실에 대한 올바른 인식이라는 새로운 이론적 습득성을 토대로 과거의 체험에 대한 새로운 평가(감정작용)에 의해 원 한이라는 정서적 습득성은 폐기될 수 있다.

앞에서 말한 것으로부터 분명해지는 것은 어떤 하나의 정서 적 습득성을 최초로 형성한 감정작용은 다른 감정작용과 거기 서 이미 형성된 정서적 습득성에 의하여 유발될 뿐만 아니라, 이론작용과 거기서 형성된 습득성에 의해서도 유발된다는 것 이다. 새로운 인식에 의한 새로운 평가작용이 그것이다. 이제 우리는 이론작용과 그 습득성, 그리고 다른 감정작용과 그 습 득성들이 감정작용의 가능조건이라고 말할 수 있을 것이다. 그러나 이것이 감정작용을 가능하게 하는 조건의 전부인가 하 는 것은 아직 결정되지 않았다. 왜냐하면, 실천적 의식작용으 로서 이성의 또 다른 하나의 기능인 의지작용과 감정작용의 관계를 고찰하는 일이 남아 있기 때문이다.

6. 감정작용과 의지작용

후설이 그의 윤리학 체계를 가치론과 실천론으로 나누는 것
은 가치론이 다루는 감정작용과 그 대상인 가치, 그리고 실천
론이 다루는 의지작용과 그 대상이 서로 밀접한 관계에 있으
면서도 완전히 동일한 법칙이 아니라, 서로 구별되는 법칙 아
래에 있기 때문이다. [41] 후설이 부르는 대로 감정작용을 수행
하는 능력인 '가치론적 이성'(axiologische Vernunft)과 원
하는 능력을 가리키는 '의지의 이성'(Willensvernunft), 또는
'실천이성'은 '논리적 이성'(이론이성)의 특수한 적용영역에 지
나지 않으며 근본적으로는 하나의 이성이 있을 뿐이다. [42] 그
리고 이 적용영역이 다르기 때문에 매우 큰 유사성에도 불구
하고 각 영역을 지배하는 법칙은 상당한 차이를 보여 주고 있
는 것이다.

원하는 의식작용인 의지작용은 그 어떤 것의 실현을 지향하
고 있다는 점, 그리고 과거나 현재의 것이 아니라 언제나 미
래의 것을 지향하고 있다는 점에서 단순히 평가하는 감정작용
과는 다르다. [43] 후설이 의미하는 이 '원한다'(wollen)는 개념
은, 칸트의 윤리학에서도 그러하지만, 행위에 의한 실천을 목
표로 하고 있는 만큼 "나는 할 수 있다"는 의식과 원해지는
것이 행위에 의해 "실현되어야 한다"는 의식이 배경에 놓여
있다. 현실적으로 그 실현이 불가능하다는 것을 내가 안다면
나는 그것을 욕구하거나 소망할지언정 원하지는 않는다. 그러

---

41) 『윤리학』, 36쪽 이하, 48쪽 이하 참조.
42) 『윤리학』, 54, 56쪽 참조.
43) 『윤리학』, 105쪽 참조. 현재 있는 것을 원하는 경우에도 그것이 계속 있을 것을
　　원하는 것이므로 미래지향적인 것이다.

므로 원한다는 것은 이성적 의식작용이며 이 능력이 실천이성
이다. [44)]

이 의지작용은 감정작용처럼 이론작용과 그 습득성을 토대
로 하고 있을 뿐만 아니라, 감정작용과 그 정서적 습득성을
토대로 하고 있으므로 더욱 복잡한 양상을 띠고 있다. [45)] 그
어떤 대상을 보자 곧바로 그것을 원하는 의지작용을 하는 것
같은 경우에도, 이전에 그와 동일한 대상에 대한 평가작용에
서 형성된 습득성이 기능하기 때문에 원하는 작용이 가능하다
는 것은 쉽게 알 수 있다. 어떤 경우에도 긍정적 가치로서 평
가하기 때문에 원하는 것이다. [46)] 그 무엇을 부정적으로 평가
한나면 나는 그것을 원하지 않거나, 실현하지 않기를, 그만두
기를, 또는 피하기를 원할 것이다. 평가작용이 반드시 감정을
포함하고 있다면 그것을 토대로 하고 있는 의지작용도 그 때
문에 반드시 감정을 동반하지 않을 수 없다.

그런데 의지작용도 하나의 의식작용이므로 감정작용의 그것
과는 다르다 하더라도 역시 일종의 정서적 습득성을 형성한다
고 보는 것이 타당하다. 의지작용에서 형성된 습득성이란 구
체적으로 어떤 것일까? 내가 그 어떤 것을 좋다고 평가하고
그것을 원하여 실현하였다면, 나의 원함은 타당한 원함이었다
는 의식, 원하는 대로 그것을 실현하였다는 의식이 그런 습득

---

44) 칸트의 윤리학에서는 실천이성이 자연법칙을 벗어나서도 원할 수 있는 능력, 법
    칙의 표상에 따라서 원할 수 있는 능력이라고 좀더 구체적으로 규정된다. (『도덕형
    이상학 기초』, Zur Grundlegung der Metaphysik der Sitten, A. A 판, 412쪽
    참조.)
45) 『윤리학』, 127쪽 참조.
46) 감정작용과 의지작용의 토대관계에 대해서는 필자의 논문, 「정서적 동기관계와
    상호주관적 습득성-E. 후설의 현상학적 윤리학을 중심으로-」(철학과 현상학 연구
    제7집 『현상학과 실천철학』, 한국현상학회 편, 1993, 철학과 현실사), 335쪽 이
    하 참조. 이 논문에서 필자는 의지작용을 '원망작용'(願望作用)이라고 표현하였으
    나 이 표현은 단순한 소망(所望)도 포함되는 것으로 오해할 우려가 있으므로 의지
    작용이라고 고쳐서 표현한다.

성일 것이다. 이 의식은 나의 자아에 남아 있어서 동일한 주제의 의지작용을 유발할 것이다. 말하자면, 나는 그것을 언젠가 원하여서 실현하였으므로 이번에도 그것을 원하고 실현할 수 있다는 의식을 갖게 할 것이다. 단순하게 보면 이 말이 틀린 말은 아니다. 그러나 이 경우 간과하기 쉬운 것은 원하여서 실현한 것에 대한 새로운 평가작용, 즉 감정작용이 수행되었으며 거기서 새로운 습득성이 형성되었다는 것이다. 그러므로 직접적으로는 이 감정작용과 그 습득성이 그후 동일한 주제의 의지작용을 유발한다고 보아야 한다. 나의 원함은 정당하였으며 그 실현은 성취되었다는 가치의식이 그것이다. 그리고 여기에는 일정한 감정이 동반된다.

따라서 원하는 의식작용은 그 어떤 것이든 이 감정작용과 그 습득성을 토대로 하고 있는 이상 의지작용에서 형성된 습득성과 이들에 대한 평가작용이 함께 작용함으로써 새로운 의지작용이 가능하게 된다. 그러나 물론 새로운 의지작용만을 가능하게 하는 것은 아니고 자아의 태도에 따라서는 새로운 이론작용이나 감정작용을 유발할 수도 있을 것이다.[47] 그러므로 의지작용에서 형성된 정서적 습득성이 다른 이론작용과 함께 새로운 감정작용을 유발할 수도 있다고 보는 것이 타당하다.

이제 우리가 특별히 주목해야 할 것은 의지작용의 감정은 그것이 토대로 하고 있는 감정작용의 감정에 지나지 않는가 하는 것이다. 다시 말하여, 의지작용도 정서적 의식작용에 속한다면 그것은 오직 감정작용을 토대로 하고 있는 이유 때문에 그러한가 하는 것이다. 이 문제와 관련하여 먼저 고려해 보아야 할 것은 의지에 의한 원함이 아니라 의지의 작용없이

---

47) 이 경우의 이론작용은 단순한 표상작용은 아니고 현재의 사실을 과거의 것과 비교하여 확인하는 것과 같은 이론작용이다.

단순히 욕구하는(begehren) 데서도 감정은 있을 수 있다는 점이다. 이 경우의 감정은 물론 후설이 감정작용과 구별하는 감각적 감정, 여기서는 특히 충동적 감정일 것이다. 칸트식으로 표현하면, 자연의 경향성(Neigung)에 자극을 받은 감정일 것이다. 그렇다면 토대인 감정작용을 배제한 의지작용 그 자체는 욕구의 경우와는 달리 감정을 전혀 갖지 않은 것일까 하는 의문이 생긴다. 적어도 후설은 그렇다고 보는 것 같다. 왜냐하면, 그는 평가하는 감정작용없는 원함이란 불가능하다는 것을 감정작용과 의지작용의 토대부여 관계로써 설명하기 때문이다. 그에 의하면, 이것은 두 의식작용의 토대부여 관계를 지배하는 본실석 법칙이다.[48] 그 때문에 후설의 윤리학에서는 가치론과 실천론이 불가분한 관계, 즉 가치론없는 실천론이란 있을 수 없는 관계에 있는 것이다. 올바른 원함은 언제나 올바른 평가를 전제하고 있으며 오직 명확한 긍정적 평가가 명확한 원함을 가능하게 한다. 최고로 선한 것으로 평가된 것을 원함은 최고로 선한 원함이다. 그리고 이 평가작용에는 감정이 필연적으로 동반되므로 이것을 원함에 있어서도 감정은 반드시 동반된다고 후설은 보는 것이다. 그것은 실용적 가치나 미적 가치의 평가에서도 그러하지만 윤리적 가치의 평가에서도 마찬가지이다.

7. 맺는말

우리는 지금까지 후설이 의미하는 하나의 실천적인 이성적 의식작용인 감정작용을 다른 것과 비교하여 분석적으로 고찰하였다. 이 감정작용이 지금까지의 분석에서는 그 대상적 구

---

48) 『윤리학』, 126쪽 참조.

별인 실용적 가치, 미적 가치, 그리고 윤리적 가치의 구별이
없이 전체적으로 다루어졌다. 그러나 윤리적 가치는 그 실현
의 요구성격이 그 어떤 다른 가치보다도 강하다는 점에서 윤
리적 가치에 대한 감정작용이 지닌 감정과 다른 가치에 대한
감정작용이 지닌 감정에 어떤 질적 차이를 말할 수 있을지 모
른다.⁴⁹⁾ 이 감정의 질적 차이에 관한 문제는 후설의 형식적
가치론에서는 다룰 수 없다. 왜냐하면, 이 문제는 감정작용의
대상인 가치의 내용과 관련된 것이며, 형식적 가치론은 가치
일반을 지배하는 형식적 법칙만을 다루는 이론이기 때문이다.
그러나 후설은 내용적 가치론에 속하는 문제를 체계적으로 다
루고 있지 않았으며 그것은 그의 중요한 윤리학적 관심사 밖
의 문제였던 것 같다.⁵⁰⁾

또 한 가지 다루기 어려운 문제는 감각과 감각적 감정이 감
정작용의 토대로서 기능한다면 그 토대부여 관계를 지배하는
어떤 '아프리오리'한 법칙이 있는 것일까, 아니면 단순히 사실
의 법칙인 심리법칙의 문제일까 하는 물음이다. 물론 표상작
용(이론작용)이 감정작용의 토대로 되어 있는 정도로 감각과
감각적 감정도 감정작용의 토대로 기능할 것이다. 왜냐하면,
모든 표상작용에는 원본적 방식이든, 변경된 방식이든간에 감
각과 감각적 감정이 '노에시스'의 내실적 계기로서 포함되어
있을 것이기 때문이다. 이 기본적인 사실을 고려하더라도 여
기서 우리의 생각을 끝내어도 좋을 것인가 의문스럽다. 감정

49) 윤리적 가치가 다른 가치보다도 그 실현에 대한 요구가 강하다는 점에 의문을
갖는다면, 윤리적 가치를 명확하게 느끼는 주체(인격체)가 그것을 실현하지 않았
을 때 얻게 되는 양심의 가책이나 자기존재의 무가치를 느끼는 등 부정적 감정을
생각하면 쉽게 이해된다. 미적 가치나 실용적 가치를 실현하지 않았을 때는 그와
같은 정도의 부정적 감정을 갖지는 않는다.
50) Alois Roth,『후설의 윤리연구』(이길우 옮김, 도서출판 세화, 1991), 172쪽 이
하 참조.

168

작용의 이성적 성격을 위태롭게 한 정도로, 그리하여 올바른 의지작용을 불가능하게 할 정도로 강력한 영향력을 갖는 그러한 감각과 감각적 감정의 토대를 생각할 수는 없는 것일까? 만일 그러한 토대를 지닌 감정작용을 생각할 수 있다면 마찬가지로 그러한 감정작용에서 형성된 정서적 습득성도 얼마든지 있을 수 있으며, 그렇게 형성된 도덕규범과 같은 '상호주관적 습득성'도 충분히 생각할 수 있다. 51) 그리고 이 상호주관적 습득성에 의해 유발되는 감정작용과 또 이것을 토대로 한 의지작용을 또다시 생각할 수 있다. 이로부터 우리는 한 사회와 다른 한 사회에서 통용되는 도덕규범의 차이가 (단순한 사실인식의 차이에 근거하는 것이 아니라면) 어디에 근거하는가를 해명할 수 있을 것이다.

이 감각이나 감각적 감정과 같은 토대는 후설에 의하면, 원래 심적 자연(seelische Natur)에 속하는 것으로서, 실천작용인 감정작용도 함께 속하는 정신적 존재의 하부토대이다. 여기서 우리는 앞서 말한 토대부여 관계의 문제가 윤리적 주체인 인격체에 있어서의 정신과 자연의 관계라는 보다 포괄적인 문제에 함께 포함되어 있음을 알게 된다. 그러나 이 문제에 대한 해명은 『이념들 II』에서 후설이 "정신적 세계의 구성"과 관련하여 분석하고 있는 것 이상의 것을 후설의 윤리학 강의들(후설전집 28권)에서 발견할 수는 없다.

---

51) 상호주관적 습득성은 다수의 주체의 의식작용에서 동일하게 형성된 습득성을 가리킨다. 이에 대해서는 이 논문 각주 46)에 적은 필자의 논문, 353쪽 이하 참조.

후설과 헤겔 : 종교현상학의 두 가능성

최 신 한

1. 종교현상학의 전형 : 엘리아데의 '성현(聖顯)의 변증법'

종교현상학은 종교철학 방법론 가운데 하나이다. 이것은 물론 종교학의 방법론으로 정립되어 왔지만 종교학 역시 종교철학을 배경으로 가지며 그 발전에 근거하고 있기 때문에 넓은 의미로 이렇게 분류된다. 종교철학의 방법론으로는 신학의 발전과 더불어 오랜 역사를 갖고 있는 '철학적 신학', 현대철학의 '언어적 전환'과 깊은 연관이 있는 '종교언어 분석학', 그리고 주로 후설 현상학의 방법론에 크게 자극받으면서 체계화되어 온 '종교현상학'이 있다. [1] 종교현상에 대한 연구방법론으로 정립된 종교현상학은 현상학적 운동에 의해서가 아니라 종교학자들의 노력에 의해 성취된다. 그럼에도 불구하고 종교현상학이 후설의 현상학으로부터 많은 것을 받아들이는 점은 종교학과 현상학의 상호관계에 대한 반성을 촉발시킨다. 특히 종교현상학이 철학적 현상학에서 요구하는 엄밀한 방법보다는 포괄적이고 느슨한 방식으로 현상학적 방법을 적용하고 있는 점[2]은 종교현상 연구방법론에 관한 많은 물음을 남기고 있다.

---

1) R. Schaeffler, Religionsphilosophie, Freiburg/München 1983 참조.
2) 위의 책, 110쪽 이하 참조.

종교학과 현상학의 만남은 여러 종교학자에게서 발견되지만
엘리아데의 종교현상학은 그중에서도 가장 전형적인 것으로
평가된다. 이것은 종교학의 역사에서 차지하는 엘리아데의 독
특한 위치를 결정지우는 점이기도 하다. 따라서 엘리아데의
종교현상학은 종교현상의 연구방법론 고찰에 있어서 효과적인
출발점이 된다. 종교를 종교 그 자체로 탐구하려는 엘리아데
는 종교현상을 "있는 그대로", 다시 말해서 아무런 전제없이
종교학적 탐구의 대상으로 삼는다. [3] 종교학에 있어서 종교는
무전제적인 대상이어야 하며, 이러한 학문적 조건을 충족시키
는 것은 일반적으로 종교라 불리우는 종교현상 이외에 다른
것일 수 없다. 엘리아데에게 있어서 종교는 이론적인 설명의
틀을 넘어가는 실천적 요청이 아니며 합리적인 설명에 앞서
전제된 형이상학의 한 부분도 아니고 그 자체 종교라는 현상
으로 드러난 것이다. 그러나 아무런 전제없이 드러난 종교현
상이라 하더라도, 그것이 객관적인 대상으로서의 현상일 수는
없다. "종교현상에는 신자의 입장을 떠나서 생각될 수 있는
고정된 객관적 의미란 존재하지 않는다. "[4] 따라서 종교현상
은, 그것이 구체적인 경험과 살아 있는 체험을 떠나 드러날
수 없는 한, 대상으로서의 경험이 아니라 바로 경험 그 자체
이다.

엘리아데는 이러한 종교적 경험의 보편적 틀을 '성'(聖)이라
규정하고 이와 대비되는 비종교적이고 일상적인 경험의 틀을
'속'(俗)으로 정의한다. [5] "성스러운 것, 종교적인 삶은 세속

---

3) M. Eliade, Patterns in Comparative Religion, New York 1958, 이은봉 역,
   『종교형태론』, (형설출판사 : 1982), 5쪽 참조.
4) W.C. Smith, Faith and Belief, 14, 21쪽, 길희성, 「윌프레드 켄트웰 스미스의
   인격주의적 종교연구」, 김승혜 편, 『종교학의 이해』, (분도출판사 : 1989), 209쪽
   에서 재인용.
5) M. Eliade, The Sacred and the Profane, The Nature of Religion, 이동하

적인 것, 세속적인 삶과 반대되고 있음을 보여 준다. "⁶⁾ 현실
속에서 이루어지는 종교적인 삶과 세속적인 삶은 모두 이러한
삶을 영위하는 주체의 내적 경험과 직결되어 있다. 세속적인
주체에게는 일상에서 경험되어진 존재들의 의미가 반복적으로
주어지는 반면, 종교적인 주체에게는 이러한 일상적·세속적
의미가 물러나고 전혀 새로운 존재의미가 나타난다. 이러한
의미의 전환은 결코 외적으로 주어지지 않으며 경험주체에 의
해 내적으로 파악되고 구성됨으로써 성취된다. 새롭고 성스러
운 존재의 의미는 외부로부터 주입되거나 강요될 수 없으며
전적으로 내적으로 비밀스럽게 나타나는 것이다. 엘리아데의
종교적 범주인 '성'은 이러한 나타남의 의미를 지니는 종교현
상이다. 이는 종교적 경험의 주체에게만 고유하게 나타나고
드러나는 것이며, 그것도 이전까지의 확인되던 존재의 의미와
는 전혀 다른 새로운 의미로 드러난다. 엘리아데는 이러한 새
롭고 성스러운 의미의 드러남을 일컬어 '성현'(聖顯,
Hierophanie)이라 한다. ⁷⁾ 성현은 이를 접하는 주체의 구체
적이고 생생한 경험을 떠나 설명될 수 없다. '성현론'(Lehre
von der Hierophanie)은 엘리아데 특유의 '종교현상학'인 것
이다.

성현은 그 자체 종교적 현상인 한 정태적인 것이 아니다.
종교적 현상은 이를 경험하는 주체에게 생생하게 나타나는 역
동적인 과정이다. 종교현상을 통해 성스러운 존재로 드러나는
존재는 원래부터 성스러운 존재로 구별되어 있지 않으며 경험
주체도 이를 앞서 결정하고 있는 것은 아니다. 성과 속의 구

역, 『성과 속』, (학민사 : ²1993), 10쪽 이하 ; M. Eliade, 『종교형태론』, 17쪽 이
하.
6) 같은 곳.
7) 위의 책, 4쪽.

별은 그야말로 현상하는 것이며 경험주체를 통해 이러한 현상
으로 결정될 뿐이다. 성과 속이 경험주체와 별개로 존재하는
실재가 아니라면 이는 동일한 현실 가운데 존재하면서 때로는
성으로 때로는 속으로 현상되는 것임에 틀림없다. 현실 속의
중립적인 대상은, 스스로 "단순히 세속적인 물체가 되는 것을
멈추고" "그것을 둘러싼 다른 어떤 것으로부터 분명하게 분
리"됨으로써 성스러움의 새로운 차원을 획득할 때, 성스러운
것으로 드러난다. "어떤 물체가 성이 되는 것은 그것이 자기
와 다른 어떤 것을 구현하고 계시하고 있는 한에서이다. "8)

엘리아데는 이러한 성과 속의 관계를 '성현의 변증법'이라
부른다. 9) 실재 가운데 어떤 것은 성스러운 것으로 드러남으로
써 종교적인 현상이 되고 일상적인 모습으로 머묾으로써 여느
때나 다름없는 세속적 현상으로 남는다. 종교적 현상은 그 대
상적 내용을 통해서가 아니라 그것이 종교적 의식작용에 주어
지는 방식을 통해 세속적 현상과 구별된다. 여기서 성현은 한
편으로 종교적 의식에 새로운 모습으로 나타나고, 다른 한편
으로 이 새로운 현상이 세속적 의식을 스스로 물러가게 만든
다. **새로운 것과 낡은 것의 교차가 성과 속의 변증법을 형성
한다.** 다른 경험의 주체에게 성으로 현상한 것이라 하더라도
그것이 자신에게 성으로 현상하지 않는 한, 이는 성으로 받아
들여질 수 없다. 그는 아직 새로운 성의 경험에 이를 수 없으
며, 이런 경험주체에게는 성현의 변증법이 적용될 수 없는 것
이다.

---

8) 위의 책, 30쪽. "돌이 숭배되는 것은 정확히 말하면 단순히 돌이기만 한 것이기
   때문이 아니라 히에로파니가 되고 물체로서의 정상적인 상태 이외의 것이 되는 한
   에서 숭배되는 것이다." (같은 곳) 독일어 번역본은 "물체로서의 정상적인 상태
   이외의 것"을 "일상적인 대상 이상의 것"으로 보다 정확하게 옮기고 있다. M.
   Eliade, Die Religionen und das Heilige, Frankfurt ³1994, 36쪽.
9) 위의 책, 29쪽 이하.

성현의 변증법은 결국 성현을 경험하는 주체의 의식현상을
떠나 설명될 수 없다. 종교현상은 주관적 의식의 현상인 것이
다. 따라서 성과 속의 구별은 종교적 의식작용 바깥에서 도출
될 수 없다. 성의 현현과 속의 물러남이라는 변증법에서 언급
되는 성과 속은 경험주체와 무관한 형이상학적 실재가 아니라
경험적·의식적 실재이다. 그러나 의식적 실재는 의식만의 유
아론적의 실재라기보다 지향적 의식에 주어진 "의식의 상관
물"이다.[10] 종교적 의식작용과 종교적 대상은 서로 상관적 관
계에 있으며 종교현상은 이 둘의 상관관계에 의해서만 적절히
기술될 수 있다.

그러나 이러한 종교현상의 변증법은, 이것이 하나의 역동적
인 과정인 한, "의식역사의 한 단계가 아니라, 의식구조의 한
요소이다."[11] 이 변증법은 종교현상을 담지하는 의식의 한 순
간을 포착한 것이 아니라 늘 새로운 의미를 구성하는 의식구
조의 중요한 한 요소이다. 종교현상을 통해 이제껏 존재하지
않던 세계에 대한 새로운 의미가 구성된다면, 이러한 새로움
의 의미는 그 자체 변증법적이며 역동적인 것이다. 즉 새로움
의 종교현상은 그것이 이러한 변증법적 구조를 벗어나 고착화
되는 순간 다시금 낡은 현상의 낡은 의미로 남을 수밖에 없
다. 여기서 성현의 변증법은 종교현상의 역사성 문제를 제기
한다. 종교현상의 역사 내지 여러 종교들의 역사는 사실 이러
한 성현의 변증법으로 이루어진다. "종교사는 대부분 성현의
진행과정에서 나타나는 성의 가치획득과 가치상실의 역사"이
거나 "성현의 가치변경의 역사"이다.[12] 종교현상에 대한 물음

---

10) 정진홍, 「엘리아데의 성현과 형태론에 대한 이해」, 김승혜 편, 『종교학의 이
    해』, 191쪽 참조 ; 정진홍, 「멀치아 엘리아데 연구」, 한국현상학회 편, 『현상학과
    개별과학』, (대학출판사 : 1985), 79쪽 참조.
11) M. Eliade, The Quest : History and Meaning in Religion, 박규태 역, 『종
    교의 의미』, (서광사 : 1991), 8쪽.

은 성현의 변증법을 통해 종교현상의 역사성과 종교사에 대한
물음으로 필연적으로 옮아 간다.

성현의 변증법을 통해 특징적으로 드러나는 종교현상학은
여기서 보다 구체적인 방법론을 요구한다. 성현의 변증법이
종교적인 현상을 경험하는 주체의 의식적 활동을 떠나 성립할
수 없다는 점은 철학적 현상학의 방법을 요구하고, 성현의 역
동성과 종교현상의 역사성은 변증법적 방법을 요구한다. 이러
한 방법에 대한 반성은 철학적 방법을 일방적으로 종교현상
연구에 적용하려는 시도는 아니다. 이것은 오히려 종교현상을
객관적으로 분석하려는 종교현상학의 필요에 의해 요구된다.
이 논문은 엘리아데의 성현의 변증법을 실마리로 해서 종교현
상을 분석할 수 있는 두 가지 가능한 방법에 대해 반성해 보
려 한다. 종교현상은 첫째 후설이 말하는 지향적 체험의 구성
요소를 매개로 하여 종교적 노에시스와 종교적 노에마를 분석
할 때 그 새로움이 드러날 수 있으며, 둘째 헤겔의 즉자와 대
자의 변증법을 통해 그 역동성과 역사성이 파악될 수 있다.
전자는 종교적 경험의 의식 내적 구조분석을 가능하게 하는
반면, 후자는 경험의 생성과 반전 및 새로운 경험의 생성에
대한 분석을 가능하게 한다. 후설 현상학의 방법은 전혀 분리
될 수 없는 종교적 대상과 종교적 의식의 상관관계를 밝혀 준
다면, 이러한 상관관계에 갇힐 수 없는 종교적 경험의 역동성
은 헤겔의 경험의 현상학을 통해 분석될 수 있다. 종교현상학
이 시도하는 종교현상 자체의 구조와 그 역동적 진행과정, 그
리고 그 상징적 의미에 대한 분석의 요구는 이러한 두 가지
방법론에 대한 고찰로 충족될 수 없다. 그러나 **초시간적 새로
움의 경험과 역동적·역사적 경험**으로 규정되는 종교현상은

---

12) M. Eliade, 위의 책, 45쪽; 독일어 번역본(각주 8), 50쪽 이하.

적어도 후설과 헤겔의 현상학적 방법을 통해 보다 분명하게 드러날 수 있다.

2. 종교현상의 현상학적 구조 : 종교적 노에시스와 종교적 노에마

종교현상의 본질을 탐구하는 종교현상학이 현상학에 관심을 기울이는 것은 무엇보다 '현상'에 대한 공통된 이해 때문이다. 현상학에서 말하는 '현상'은 그 배후에 있는 것이 가상적으로 나타난 것, 다시 말해서 존재 그 자체의 그림자를 말하는 것이 아니다. 오히려 현상은 존재 내지 사실 그 자체(Sache selbst)를 의미한다. 이것은 심리학적으로나 경험적으로 주어지는 존재가 아니라 그것의 순수본질 내지 선험적 본질을 의미하며, [13] 더 나아가 phainesthai(드러내 보임)의 의미를 지니는 phainomena(자기계시)를 지칭한다. 다시 말해서 현상은 존재 그 자체가 본래의 모습으로 드러나고 계시되는 것을 일컫는 것이다. [14] 종교적 경험의 현상은 이러한 의미의 현상 개념에 걸맞는다. 성스러움과 같은 종교적 경험은 그 배후에 어떤 다른 실체를 갖는 현상이 아니라 절대자와의 합일의 현상 그 자체를 일컫는다. 경험의 주체가 대상과 대립적 관계에 있는 것이 아니라 이들이 경험 속에서 하나로 통합되어 있는 것이다. 현상학은 주체와 객체의 대립이 해소된 이러한 현상을 "지향적 의식의 소여성"이라는 개념으로 성취하고 있으며 이는 또 잘 알려져 있다. 주체에 마주서 있는 존재를 주체의 입장에서 설명하는 것은 그 존재에 대한 추상적·형이상학적

---

13) E. Husserl, Ideen zu einer reinen Phänomenologie und phänomenologischen Philosophie. Erstes Buch, Den Haag 1976, 6쪽 참조, 이하 "Ideen I"로 표기.
14) M. Heidegger, Sein und Zeit, Tübingen 1972, 28쪽 이하 참조.

설명을 벗어나지 못한다. 전통 형이상학의 한계를 극복하려
한 현상학의 프로그램은 종교적 사실을 형이상학적 설명에 맡
겨 두지 않으려는 종교현상학적 관점과 잘 어울린다. 현상학
적 의식의 구조와 종교적 현상의 구조는 주객통일의 구조 속
에서 만나는 것이다.

　의식과 대상의 대립구조를 비판하는 후설에게 "사고작용과
사고내용의 상관관계"를 분석하는 일은 중요한 문제이다. 주
객 대립구조의 극복은 단순한 주장을 넘어서는 독특한 논증을
요구하기 때문이다. 이것은 그가 주장하는 '지향적 체험' 내지
'지향적 의식'의 구조에 대한 물음이기도 하다. 항상 "그 무엇
에 대한 의식"으로 삭용하는 의식의 지향성은 그 자체도 자명
한 것이면서 동시에 가장 불투명한 것이기 때문에, 15) 이 의식
작용과 그 상관자에 대한 해명은 후설에게 필연적이다. 후설
은 지향성을 분석하면서 "지향적 체험의 본래적인 구성요소"
와 "지향적 상관자나 이 상관자의 구성요소"를 처음부터 구별
한다. 16) 이러한 구별은 물론 자연적 태도로부터 현상학적 태
도로 선험적 환원이 이루어진 이후에 가능한 것이다. "모든
지향적 체험은 이 체험의 노에시스적 계기에 힘입은 노에시스
적인 것이다… 이러한 노에시스적 계기는 예컨대 의미부여에
의해 의도된 대상과 자신에게 의미있는 것으로 주어져 있는
대상을 순수자아가 바라보는 시선이다."17) 노에시스(Noesis)
는 체험의 내용을 정립하고 의미를 부여하는 사고작용인 것이
다. 반면에 이러한 사고작용에 의해 구성된 사고내용의 의미
는 노에마(Noema)이다. 이것은 노에시스적 내용에 상관적
으로 일치하는 노에마적 내용인데, 예컨대 지각작용에 대한

15) E. Husserl, Ideen I, 200쪽 이하.
16) 위의 책, 202쪽.
17) 같은 곳.

지각된 내용이며 기억작용에 대한 기억된 내용이고 판단에 대한 판단된 내용이다. [18] 노에시스에 대한 노에마적 상관자는 노에시스의 작용에 의해 충만된 의미를 일컫는다. 지향적 체험은 이와 같이 노에시스-노에마의 상관관계와 다르지 않다.

종교현상은 이러한 지향적 체험의 노에시스-노에마의 구조와 깊은 연관이 있다. 종교적 경험은 종교적 의식작용 (religiöser Akt)과 종교적 대상의 상관관계(Korrelation)로 이루어지며, 이것은 후설적으로 말해서 "종교적 노에시스와 종교적 노에마의 상관관계"이다. 종교적 의식작용은 자연적 의식의 활동이 아니다. 종교적 의식은 자연적 의식이 순수한 의식의 상태로 환원된 태도이다. 자연적 태도가 선험적으로 환원됨으로써 확보되는 현상학적 태도는 일상성에 오염된 세계의미를 그 본질적 의미로 되돌려 놓으려는 현상학적 선험이다. 이러한 본질인식의 가능조건은 일상성을 벗어나는 종교적 경험과 밀접한 연관성을 갖는다. 종교적 경험은 일상적 태도로부터 종교적 태도로의 태도변경을 통해서 가능하며, 이것은 주관적 태도가 변경됨으로써 전혀 새로운 객관적인 의미변경이 나타나는 자리이다. 종교적 경건함과 성스러움은 이곳에서 체험된다. 진정으로 종교적인 것, 혹은 종교학에서 말하는 누멘적인 것(das Numinöse), [19] 즉 초월적이고 신적인 것은 기존해 있는 일상적 태도로는 붙잡을 수 없는 것이며 종교적 태도변경을 통해 종교적 노에시스를 확보할 때 도달할 수 있는 것이다. 종교적 노에시스에 이르는 길은 회심과 개종으로 표현될 수 있으며 이것이야말로 현상학에서 언급하는 태도변경을 종교적으로 읽어 낸 것이다. 이런 측면에서 태도변경은

---

18) 위의 책, 203쪽 참조.
19) R. Otto, Das Heilige, München 1947, 길희성 역, 『성스러움의 의미』, (분도출판사 : 1991), 37쪽 이하.

현상학에서 발견되는 가장 종교적인 측면이라 할 수 있다. 그러나 종교적 노에시스에 이르는 것은 자연적 시간의 연장 속에서 일어날 수 없으며 의식의 일정한 수행법칙을 따라 도달할 수 있는 지평도 아니다. 종교적 노에시스는 지극히 비밀스런 순간의 상태이며 자연적 시간을 초월한 무시간적 지평이다.

종교적 의식작용이 형성하는 종교적 경험은 일상성의 경험과 근본적으로 구별된다. 일상성의 테두리에 머물러 있는 사람들은 부분적이고 개별적인 존재와 무반성적으로 관계할 뿐이다. 무반성적 태도에서는 해당존재의 본질적인 의미가 파악될 수 없다. 이 경우 '외적으로' 확정된 존재의 의미가 선석으로 통용될 뿐 이 존재에 대한 본질적인 의미의 획득은 불가능하다. 종교적 체험은 이러한 일상성의 테두리가 깨어지고 전적으로 새로운 세계에의 돌파가 이루어지는 장(場)이다. 일상성이 부여한 세계의미를 더 이상 수용하지 않는 이 경험은 세계에 대한 전적으로 변형된 관점을 갖게 한다. 종교적 경험은, 그것이 진정한 경험인 한에 있어서, 일상성을 벗어날 뿐 아니라 존재에 대한 전혀 새로운 의미를 가져다 줄 수 있어야 한다. 이때 새로움이란 이때까지 존재하지 않던 '존재'의 새로운 산출을 의미한다기보다, 기존해 있는 세계와 인간과 삶에 대한 전혀 새로운 '의미'를 뜻한다. 새로운 존재의 의미는 전혀 새로움을 체험한 존재의 새로운 의미부여에 의해 가능한 것이다. 종교적 경험은 일상성이 갖는 비본질적 성격을 벗겨내는 것으로 끝나지 않고 이에 더해 전혀 새로운 경험을 가능하게 한다. [20]

---

20) 이때 새로움이란 전혀 새로운 세계의 창출을 의미하기도 하고 지금까지 가리워졌던 세계의미의 드러남이기도 하다. 현상학에서는 후자적인 의미를 강조하는 반면, 종교 일반에서는 전자를 강조한다.

종교적 노에마와 종교적 노에시스의 상관관계가 종교현상을
분석하기에 적합한 것은 이제 분명하다. 의도된 종교적 대상
과 이것에 원본적으로 의미를 부여하는 종교적 의식활동이 맞
닥뜨려지지 않는 한 종교적 경험은 일어날 수 없기 때문이다.
의식의 노에시스적 지향작용에 노에마적 내용이 상관되지 않
는다면 경험은 생겨날 수 없는 것이다. 노에시스적 계기없는
노에마가 없으며 노에마가 없는 노에시스는 불가능하다. "현
상학적으로 순수한 체험은 노에시스와 노에마를 그 내실적
(reell) 구성요소로 가지며", [21] 이때 노에마는 노에시스에 원
본적으로 주어진다. "체험이 원본적 의식"(originäres
Bewußtsein vom Erleben)이라는 후설의 규정은 노에시스에
주어지는 노에마의 원본성을 지칭한다. [22] 따라서 종교적 대상
이 근원적으로 주어지는 것은 종교적 의식작용과 무관하게 일
어날 수 없다. 종교적인 체험을 하는 주관적 지평과 상관없이
종교적 대상은 나타날 수 없기 때문이다. 의식이 항상 그 무
엇에 대한 의식이라면 종교적 의식에는 이미 항상 종교적 대
상이 상관하고 있다. 종교적인 체험을 통해 무엇인가를 보는
사람에게 아무런 종교적 내용도 주어지지 않을 수는 없다. 종
교적 계시는 이를 받아들이는 사람에게만 주어진다. 사람은
일반적으로 종교적 체험의 가능성을 가지고 있지만 모든 사람
이 종교적 체험을 하는 것은 아니다. 이러한 종교현상학의 관
점에서 본다면, 종교현상을 결정하는 신적인 실재는 의식초월
적인 존재가 아니다. 종교적 실재에 사로잡힌 체험의 주인공
이 없는 한 이것은 알려질 수 없다. 신적인 실재는 종교적 노
에시스에 주어지는 종교적 노에마와 다르지 않은 것이다.

종교적 노에시스와 종교적 노에마는 서로 상관관계 가운데

21) Husserl, Ideen I, 251쪽.
22) 같은 곳 참조.

있지만 이 둘은 분명히 구별된다. 종교적 노에시스는 성스러움이 비춰지는 자리이며 이를 받아들이는 순수한 의식작용이다. 이러한 종교적 의식은 자연적 의식으로부터 환원된 의식이므로 자연적 의식을 지배하는 시간으로부터 자유롭다. 종교적 의식작용은 무시간적이고 유일회적이며 어느 누구와도 비교할 수 없는 고유한 방식으로 이루어진다. 이것은 동일한 종교적 경험의 주체에게서도 결코 동일한 방식으로 지속될 수 없으며 그때마다 새롭게 이루어진다. 종교적 의식작용에는 어떠한 법칙도 있을 수 없으며 이는 늘 특별하고 독특한 사건이다. 이 특별한 사건의 생기(生起)는 종교적 의식의 주체로 하여금 시간 속에서 영원을 체험할 수 있게 하며 일상의 세계와는 전혀 다른 새로운 세계의 의미를 파악하게 한다. 여기서 종교적 노에시스는 자연스럽게 종교적 노에마와 만난다. 종교적 노에시스에 상관된 종교적 노에마는 종교적 의식작용을 통해 전혀 새롭게 이해된 존재의 의미이며, 이 의미는 존재의 진정한 본질을 체험하게 한다. 종교적 의식작용에 상관된 종교적 대상의 의미는 종교적 의식과 같이 개성적이거나 특수하지 않고 보편적이다. 종교적 경험은 그때마다 다르게 이루어지지만 이 경험의 내용은 하나같이 성스러움인 것이다. 무한자, 초월자, 누멘적인 것 등 종교적 노에마에 대한 규정은 다양하지만 이들은 하나같이 보편적인 성스러움을 지칭한다. 종교적 노에시스와 종교적 노에마를 통해서 드러난 **종교현상은 개성**(Individualität)**과 보편성**(Universalität)**의 교차점**이다.

이러한 개성과 보편성의 교차에도 불구하고 종교현상에는 개성적 측면이 더 강하게 나타난다. 개성적인 종교현상은 종교적 노에시스의 내적 운동에 기인한다. 종교적 노에시스는 성스러움을 포착할 수 있는 순간적이고 유일회적인 의식의 작용이다. 이 작용은 그야말로 절대적인 지평에서 이루어지기 때문에 여기에는 늘 비합리성과 합리성, 말할 수 없음과 파악 가능함, 몰규정과 규정, 매료됨과 놀라움 사이의 긴장이 내재해 있다. [23] 종교적 노에시스에는 늘 비일상적이고 초월적인 종교적 노에마가 주어진다면, 이런 새로운 노에마에 대응하는 노에시스는 긴장 가운데 있을 수밖에 없다. 종교적 노에시스는 주어지는 새로운 성스러움에 매료되면서 이를 받아들이지만, 동시에 이것의 비일상성을 의식하면서 놀라지 않을 수 없다. 이러한 놀라움은 놀라움을 구성하는 비합리적인 것과 파악불가한 것을 어떤 방식으로든지 파악가능한 것으로 포착하려는 노력을 멈추지 않는다. 외부로부터 소여되는 것을 받아들이는 것이 의식의 활동이지만 이것을 파악하려 하는 활동은 이보다 더 능동적인 의식의 본성이다. 그러나 종교적 노에시스가 갖는 긴장의 구조는, 그것이 너무나도 분명한 사실임에도 불구하고, 여전히 불투명하다. 종교적 의식은 비합리적인 것에 대해서는 수동적으로, 합리적인 것에 대해서는 능동적으로 활동한다. 합리성은 의식의 자발적인 활동성에 기인하는 반면, 이러한 자발성을 가능하게 한 것은 의식 외적인 종교적 소여성이다. 이러한 비합리적 소여성은 종교적 노에시스에 의해 포착되지 않는 한 전혀 현상할 수 없는 반면, 종교적 의식 작용은 종교적 소여성이 없는 한 작동하지 않는다. 전자의 경우에는 의식작용이 중심이지만, 후자의 경우에는 그것이 부차적인 것으로 떨어진다. 역사 속에 존재했던 종교적 체험의 대

---

23) 『성스러움의 의미』의 저자 루돌프 오토는 이러한 종교적 노에시스의 내적 긴장과 운동을 「신적 이념 속에 깃들어 있는 비합리적인 것과 이것의 합리적인 것에 대한 관계」라는 이 책의 부제로 표현해 주고 있다. R. Otto, Das Heilige. Über das Irrationale in der Idee des Göttlichen und sein Verhältnis zum Rationalen, München 1947. 이에 대한 개괄적 설명은 Schaeffler, 같은 책, 115쪽 이하 참조

182

가들이 대부분 수동적이고 수용적인 의식활동으로부터 그들
체험을 고백하는 것은 이런 맥락에서 볼 때 매우 흥미롭다. [24]
  새로운 종교적 경험을 통해 획득되는 성스러움의 의미는 낡
은 사유의 형식을 해체한다. 새로운 경험에는 새로운 의식과
사유가 뒤따라야 하는 것이다. 새롭게 현상하는 의미를 충분
하고 완전하게 포착할 수 없는 의식작용은 이 의미를 위해 늘
새로운 의식으로 변모되어야 한다. 종교적 의식작용은 종교적
대상과의 관계에 있어서 늘 자신의 부적절함을 경험하며 이러
한 의식활동의 부정성이 새로운 종교적 경험의 가능으로 이어
진다. **종교적 의식작용의 부정성**은 새로운 종교적 경험을 가
능하게 하는 역동적인 부정성인 셈이다. 늘 자신의 지속성을
주장할 수 없는 종교적 의식작용은 한편으로 지속성의 상실이
라는 의미에서 좌절을 경험하지만, 자신의 좌절을 통해 새로
움을 획득한다는 의미에서 좌절의 극복을 생동적인 현실적 작
용성으로 경험한다. 종교적 경험의 생명력은 여기에 있다. 종
교적 경험의 전진적인 의미는 이러한 의식작용의 부정성과 작
용성에서 얻어진다. 종교적 의식작용의 좌절에서 종교적 대상
은 새로운 경험의 현실로 다가오며, 낡은 종교적 노에시스가
해체된 자리에 새로운 생명력을 지닌 종교적 노에마가 생기하
는 것이다.
  그러나 종교적 경험에 대한 현상학적 고찰은 어려움에 빠진
다. 종교적 노에시스와 종교적 노에마의 관계는 현상학적 모
델을 따르는 한, 이 둘의 완전한 일치로 종결되며 이들간의
긴장은 소멸되기 때문이다. [25] 현상학적인 의식작용과 이것에
지향적으로 의도된 대상은 예외없이 일치되어야 한다. 현상학
적 의식작용에는 의식의 역동적 부정성과 운동이 들어 있지

---

24) 구약의 예언서 참조.
25) R. Schaeffler, 같은 책, 244쪽 참조.

않은 것이다. 종교적으로 특별하게 구성되는 의식작용의 형식
과 이 의식작용에 본질적으로 걸맞는 종교적 대상의 영역은
현상학적으로 제한된다. 후설은 이를 특별한 대상의 본질영역
이라는 의미에서 '영역존재론'(regionale Ontologie)으로 규
정한 바 있다. [26] 다시 말해서 종교적 노에시스와 종교적 노에
마의 관계는 현상학적 방법을 충실히 따르는 한 둘의 일치가
만들어 내는 영역에 갇히는 것이다. 현상학은 이러한 일치에
서 현상의 본질을 파악하고 이로부터 존재의 의미를 획득한
다. 현상학적 '본질직관'은 바로 이러한 의미획득의 조건이다.
그러나 특별히 역사적 성격을 띠고 있는 종교현상의 의미는
이러한 노에시스-노에마의 관계가 형성하는 제한된 영역에서
완결적으로 파악될 수 없다. 만약 현상학적 본질직관을 종교
현상에 아무런 여과없이 적용할 경우 현상학적으로 파악된 종
교현상의 의미는 그 생명력이 사상(捨象)되고 만다. 종교현상
은 그 자체 역동적이고 역사적인 것이다. 새로운 종교경험은
그에 앞선 종교현상의 의미를 해체하고 이 의미를 구성할 수
있었던 의식형식과 직관형식을 마찬가지로 해체한다. 이러한
의식의 변경과 의미의 해체가 따르지 않는 한 종교현상은 그
진정한 의미의 소멸을 감수해야 한다. 일상성이 해체되고 새
로운 체험이 이루어짐으로써 확보되는 새로운 종교적 경험의
현실성은 종교적 노에마와 종교적 노에시스의 구조 속에 함몰
될 수는 없다. 종교적 노에시스와 종교적 노에마의 긴장은 이
둘의 일치로 종결되는 것이 아니라 새로운 개방으로 이어져야
하는 것이다. 예컨대 엘리아데의 성현의 변증법은 종교적 의
식의 보편적 구조를 보여 주지만 이것이 곧 후설적인 의미의
노에시스-노에마의 구조로 환원될 수는 없다. 새로운 경험에

---

26) E. Husserl, Ideen I, 23쪽 이하.

대한 개방은 자연적이고 법칙저인 사건이라기보다 종교적 결단과 같은 긴장에서 성취되기 때문이다.

3. 종교현상의 변증법적 구조 : 종교적 의식의 즉자와 대자

종교적 경험에 현상하는 새로움과 성스러움은 그 자체 절대적이며 이러한 절대적 경험의 순간은 이미 무시간적인 지평에 있다. 이러한 무시간적인 경험의 지평에서 종교의 현실적 작용성(Aktualität)은 어느 때보다 강하게 나타난다. 종교적 경험을 통한 전면적인 태도변화는 이러한 종교적 경험의 작용 현실성에서 가능한 것이다. 현상학적 방법은 엄밀한 의미에서 종교경험의 이러한 무시간적 지평을 분석해 내고 이를 통해 이 경험의 보편적·구조적 특징을 드러내 보이는 데 모아진다. 그러나 중요한 문제는 종교적 경험이 이러한 무시간적 지평에 지속적으로 머물러 있을 수 없다는 데 있다. 절대적 경험은 다시금 시간 속으로 떨어지고 전적으로 새롭던 경험은 시간의 변화와 더불어 낡은 경험으로 변모된다. 무시간적 지평에서 보여졌던 성스러움은 시간 속에서 그 본래의 모습을 감추어 버린다. 무시간적 경험에 나타나는 성스러움은 시간의 변화와 더불어 은폐되는 것이다. 종교현상의 이러한 나타남과 은폐의 구조가 종교현상의 역동성과 역사성을 드러내 보여 준다. 이러한 역동성과 역사성은 종교현상의 변증법적 특성인데, 이것은 새로움의 계시와 계시의 낡아짐이 만들어 내는 운동에서 잘 드러난다. 새로움으로 나타남은 이를 경험하는 주체의 새로운 의미획득인 반면, 낡은 것으로의 변모는 획득한 의미의 상실이다. 새로움의 나타남과 감추임, 그리고 종교적 의미의 획득과 상실은 변증법적인 것이다. 종교현상의 이러한 특징은 종교적 노에시스와 종교적 노에마의 구조적 관계에서

는 잘 파악될 수 없다. 현상학적 본질직관은 종교현상의 역사
적·변증법적 특성을 담아 낼 수 없기 때문이다. [27] 후설의 현
상학이 종교학의 방법론으로 크게 공헌했음에도 불구하고 여
기서 이를 넘어서는 새로운 방법론이 요구된다면, 그것은 헤
겔의 현상학적 방법과 종교철학의 논리이다.

　종교현상학은 특히 헤겔의 『정신현상학』의 방법에 많은 관
심을 갖는다. 이는 헤겔의 경험과 지식 일반이 갖는 운동의
특유함 때문인데, 이 문제는 보다 정교하게 분석되어야 한다.
경험의 운동성은 헤겔이 『정신현상학』을 "의식의 경험의
학"[28]으로 불렀던 것과 밀접한 연관이 있다. 우리의 경험과
지식은 일회적으로 확정되지 않는다. 오히려 경험은 늘 새로
운 경험을 낳고 새로운 경험은 이전의 경험에 어떤 방식으로
든지 연결되어 있다. 경험은 늘 중첩된 경험인 것이다. 그러
나 중첩된 경험의 진행은 자연적인 과정이 아니다. 겉으로 보
기에 자연스런 과정으로 보이는 경험의 이행은 경험을 바로
이러한 구체적 경험으로 이행하게 하는 의식의 활동이 매개됨
으로써 가능한 것이다. 중첩된 경험은 따라서 중첩된 의식의
활동이 만들어 내는 의식의 자기관계적 산물이다.

　헤겔은 이러한 중첩된 경험을 즉자와 대자의 변증법
(Dialektik von Ansich und Füruns)을 통해 설명한다. 종
교현상의 나타남과 감추임은 이러한 변증법에서 잘 설명될 수
있다. 엘리아데가 종교현상을 '성현의 변증법'을 통해 설명하
는 것은 우연이 아니다. 즉자와 대자의 변증법은 곧 '즉자'와
"즉자의 대-의식-존재" (Für-das-Bewußtsein-Sein des An-
sich) 사이의 변증법이다. [29] 여기서 대자는 성스러움이 종교

27) M. Eliade,『종교의 의미』, 25, 62쪽 참조.
28) G.W.F. Hegel, Phänomenologie des Geistes, TWA Bd. 3, Frankfurt/M. 80
　　쪽, 이하 "PhG"으로 표기.

186

적 의식에 나타난 것이고, 즉자는 이 나타남으로부터의 감추임을 뜻한다. 대자와 즉자의 관계는 한 순간의 의식을 지칭하는 것이 아니라 종교현상을 담지하는 의식의 역동적 관계를 드러내 보여 준다. 즉자는 의식에 나타나지 않는 한 자신의 모습을 드러낼 수 없는 반면, 의식에 나타난 즉자, 즉 즉자의 대자는 본래의 즉자를 상실한다. 즉자가 대자 속에 나타나면서 동시에 감추어지기 때문이다. 감추어진 즉자는 또 다른 대자 속에 나타나야 하며 여기서 의식관점의 변화는 필연적으로 수행된다. 즉자가 대자 속에 나타나고, 대자 속의 즉자가 자신을 감추며, 감추어진 즉자가 다시금 대자 속에 나타나는 의식의 활동이 진정한 현상의 과정이다. 즉자의 모습은 현상하는 이 과정의 총체에서 구체적이고도 전체적으로 밝혀진다.

헤겔의 『정신현상학』이 밝혀 낸 즉자-대자 변증법은 중첩된 의식의 활동을 근거지운다. 우리의 의식은 단순히 대상과 관계를 맺는 '의식적 관점'을 가지는가 하면, 이러한 대상에 대한 의식은 다시금 의식이 관계하는 '현상학적 관점'을 갖는다.[30] 의식에는 전혀 외적인 대상만이 주어지는 것이 아니라 대상에 관계한 의식도 또한 주어진다. 대상의식이 자기의식에 현상하는 것이다. 전자가 의식적 관점이라면 후자는 현상학적 관점이다. 자기의식은 대상의식과 전혀 다른 의식이 아니다. 대상의식과 이것에 관계하는 의식은 동일한 하나의 의식의 운동을 나타낸다. 대상에 대한 의식의 관계는 바로 이 대상을 의식하는 대상의식에 대한 의식의 관계로 이어지는 것이다. "의식이 의식자신에게 행사하는 운동"이란 다름아니라, 의식

29) 같은 곳.
30) 의식의 관점과 현상학적 관점에 대해서는 최신한, 「헤겔의 학문의 개념과 변증법적 파악의 논리」, 『인문과학』 제67집(1992), 연세대학교 인문과학연구소, 267쪽 이하 참조.

이 의식 바같의 대상만을 문제삼지 않고 대상에 대한 의식을 다시금 문제삼음으로써 의식 가운데 새로운 대상을 생겨나게 하는 의식의 운동이다. "의식이 자기자신에게서 행사하는, 다시 말해서 자신의 지식과 자신의 대상에 행사하는 변증법적 운동은, 이 의식에게서 새롭고 진정한 대상이 생겨나는 한에 있어서, 경험이라 일컬어지는 것이다."[31] 외적 대상이 내적 대상에로 이행하는 이 과정이 변증법적이며 이는 전적으로 의식의 자발적 활동을 통해 성취된다. 의식은 스스로 중첩적으로 현상하며 이 중첩된 현상과정에서 대상은 늘 새롭게 생성되며 새로운 대상의 생성은 새로운 경험으로 이어진다.

의식의 관점과 현상학적 관점간의 관계는 의식이 산출하는 새로운 대상과 새로운 경험을 잘 설명해 준다. 이 관계는 헤겔 특유의 논리를 나타내는데, 그는 이를 위에서 언급한 즉자와 즉자의 대-의식-존재간의 관계를 통해 해명한다. 의식은 늘 즉자적인 대상 내지 대상 그 자체(an sich)의 진리를 탐구하지만 이 진리는 직접적으로 확인되지 않는다. 이 탐구에서 즉자존재는 이미 항상 '우리의' 대상(unser Gegenstand)이며 '우리에 대해'(für uns) 존재한다. 가능한 모든 즉자존재는 오로지 "우리에 대해" 존재하고 "우리에게 있어서의" 존재인 것이다.[32] 의식적 관점은 항상 의식 바같에 있는 즉자존재를 파악하려 하지만 이 즉자존재는 곧바로 우리에게 있어서의 존재로 변모하고 말며, 우리에게 있어서의 존재도 현상학적 관점에 의해 다시금 우리에게 있어서의 존재에 대한 의식으로 변모한다. 이렇듯 "의식은 두 가지 대상을 갖는데, 그 하나는 최초의 즉자존재이며 다른 하나는 이러한 즉자존재의 대-의식-존재인 것이다."[33] 이 두번째 의식은 대상에 대한 표상이 아

31) PhG, 78쪽.
32) 위의 책, 76쪽 참조.

188

니라 오히려 첫번째 대상에 대한 '자기지식'이며 의식의 '자기반성'이기도 하다. 이러한 자기지식과 자기반성에서 대상은 새롭게 생성된다. 이렇게 생성된 새로운 대상은 첫번째 주어졌던 즉자존재의 반복이 아니라 그 본질이며 진리이다. 이러한 대상의 진리는 즉자적인 대상이 부정되고 새로운 대상이 생성됨으로써 획득되며, 이렇게 즉자의 부정을 통해 획득된 진리는 경험의 운동을 통해 가능한 것이다. 결국 경험의 운동은 즉자를 부정함으로써 작동하는 변증법적 동력이다. 즉자를 부정하는 의식의 운동은 '공허한 무'(leeres Nichts)에로 함몰되지 않으며, 오히려 부정을 동력으로 하여 새로운 경험을 생성하고 새로운 형태의 의식을 가능케 한다.

헤겔의 경험의 변증법이 종교현상학에 공헌할 수 있는 것은 이제 더욱 분명해진다. 종교현상의 역동적인 성격과 이로부터 귀결되는 그 역사적 성격이 헤겔이 파악한 경험의 구조와 잘 어울리는 것이다. 성스러움은 이것이 종교적 경험의 주체에게 현상하는 한, 이미 성스러움 그 자체는 아니다. 성스러움은 즉자적으로 나타나는 것이 아니라 종교적 경험의 '의식에 대해' 현상한다. 종교적 경험의 주체가 있지 않다면 성스러움의 즉자적인 모습은 어떤 방식으로도 드러날 수 없으며, 이러한 드러남은 전적으로 종교적 '의식에 대해', 그리고 이 '의식에 있어서' 드러난다. 종교적 의식에게 드러난 대-의식적인 성스러움의 즉자는 즉자 자체가 아님은 자명하다. 종교적 의식이 경험하는 성스러움과 성스러움의 즉자는 분명히 구별되는 것이다. 종교적 의식에 나타난 성스러움은 성스러움의 즉자에 미치지 못하며 이를 대신할 수 없다. 성스러움의 즉자는 성스러움의 경험보다 더 큰 것이다. 나타나는 동시에 감추어지는

33) 위의 책, 79쪽.

종교현상의 이러한 특징 때문에 종교적 경험은 역동적으로 일어나게 된다. 성스러움에 대한 무시간적 경험에서는 성스러움의 현상과 그 즉자가 동일하지만 시간 속에서 일어나는 이러한 경험이 더 이상 현실적 작용성을 유지하지 못할 때, 다시 말해서 이러한 새로움의 현실적 작용성이 낡아질 때 성스러움의 즉자는 감추어지는 것이다. 종교적인 새로움의 경험은 이러한 성스러움의 감추임이 새로운 경험을 촉발하고 이 경험은 마찬가지 방식으로 또 다른 새로운 경험으로 이어질 때 성취된다. 종교 일반이 늘 새로운 실존적 결단을 요구하는 것은 종교적 경험의 이러한 구조와 무관하지 않다. 성스러움과 새로움으로 경험되는 종교현상은 즉자적인 성스러움이 종교의식 가운데 실존적으로 경험될 때 가장 잘 드러난다.

　종교현상의 즉자와 이것의 대-의식-존재가 갖는 관계는 그 자체 상호의존적인 변증법적 관계이다. 서로는 일방적인 수렴 관계가 아닌 것이다. 즉자존재가 의식에 대자적으로 현상하며 현상된 즉자존재가 대자 속에서 새로운 모습으로 탈바꿈한다. 의식에 대해 현상하는 즉자존재가 의식의 매개없이 즉자적으로 남아 있지 못하는 것과 같이 대자존재 역시 즉자존재의 주어짐이 없는 한 자신의 내용을 갖지 못한다. 성스러움 자체는 종교적 경험에 대자적으로 나타나며 종교적 경험은 즉자적인 성스러움이 주어짐으로써 형성된다. 이러한 상호작용은 한 계기의 작용으로 끝나지 않는다. 즉자의 의식에 나타남은 새로운 즉자의 생성이며, 이러한 생성은 종교현상의 전과정에 지속적으로 나타난다. 그러나 의식이 새로운 성스러움을 생성하는 것은 성스러움의 즉자로 되돌아감을 의미하는 것은 아니다. 이것은 의식의 전진적 본성상 불가능하다. 오히려 의식존재는 성스러움(즉자)이 자신 가운데서 모습을 감추었기 때문에 진정한 성스러움(즉자)을 찾기 위해 자신에게 현상했던 성스러움(즉자)의 대-의식-존재를 늘 새롭게 산출해야 한다. 헤 겔의 경험개념이 갖는 종교현상학적 특징은 바로 이것이다. 종교적 경험은 직접적으로 시작되지만 이러한 직접성에 머물 지 않는다. 종교적 경험은 늘 의식매개적이며 의식은 자신의 매개를 통해 새로운 종교적 경험을 산출한다.[34] 종교현상은 이렇게 산출되는 새로운 경험의 각 계기와 다르지 않다.

종교적 의식작용에 의해 그때마다 새로운 모습으로 나타나 는 성스러움은 나타남과 감추임이라는 종교현상의 진수를 보 여 준다. 종교현상은 불변의 형태로 의식에 주어져 있는 것이 아니라 역동적인 것이다. 한 계기의 의식에 주어지는 성스러 움과 새로움은 그 계기만의 절대적 의미를 대변하지만 이것은 곧바로 새로운 의미로 대치될 수밖에 없다. 종교적 경험은 의 식을 통해 그때마다 새롭게 획득되는 성스러움의 의미를 떠나 지속될 수 없기 때문이다. 새롭게 얻어진 종교적 의미는 감추 어진 성스러움의 드러남에 다름아니다. 그러나 이 새로운 종 교현상은 전적으로 의식의 자발적 활동에 기인하는 것이라기 보다, 그에게 늘 새롭게 주어지는 즉자적인 성스러움과 종교 적 의식 사이의 변증법적 관계에 기인한다. 성스러움은 그야 말로 늘 새로워야 한다면 종교적 의식은 드러나지 않은 성스 러움의 의미를 어떤 방식으로든지 의식 내적으로 포착해야 한 다. 종교적 의식에 주어지는 성스러움의 대상이 의식을 규정 하고 이 대상은 의식에 의해 새롭게 산출된다. 종교적 의식이 종교적 대상에 의해 변모되며 종교적 대상 역시 이 의식의 활 동에 의해 다르게 생성되는 것이다. 경험은 의식에 주어지는

---

34) 종교를 직접성과 의식매개성의 관계를 중심으로 분석한 다음의 논문 참조 : 최신 한, 「종교적 진리와 철학적 진리 : 헤겔에 있어서 화해의 종교적 표상과 철학적 파 악」, 한국헤겔학회 편, 『헤겔연구』 5집, (청아출판사 : 1994), 20-44쪽, 특히 25 쪽 이하.

대상에 의해 결정되며 이 대상은 의식의 활동에 의해 새로운 경험으로 변모된다는 즉자와 대자의 변증법은 종교적 경험에도 예외없이 적용된다.

이상의 설명은 다음과 같이 요약될 수 있다 : 신적인 것 내지 성스러운 것이 종교적 의식을 규정하고 이 의식은 새로운 종교적 경험을 산출한다. 헤겔의 현상학은 이를 신적·절대적 정신과 인간적·유한적 정신의 실재적 관계로 규정하며, 이를 특히 종교의 역사적 소여(종교사)와 이에 대한 의식의 관계로 파악한다. 절대적 정신이 유한적 정신에 주어져 있으며 유한적 정신은 절대적 정신을 새롭게 산출하는 것이다. 종교적 의식작용은 그에게 주어진 모든 전제, 다시 말해서 절대적이고 신적인 정신의 전제를 의식 내적으로 해명해야 한다. 인간은 그에게 외적으로 의도되고 주어진 것에 대한 해명의 절차를 괄호로 묶을 수 없다. 이것을 억제하고 저지하는 것은 의식의 활동에 배치된다. 헤겔이 이해하는 종교현상은 이와 같은 전제의 성격을 띤 절대적 소여성이며 이 소여성의 새로운 산출이다. 절대적 소여는 종교적 의식에 대해 주어지며 종교적 의식은 이를 경험의 변증법에 걸맞게 의식 내적으로 변형시킨다. 이러한 소여와 변형이라는 변증법적 과정을 거치면서 의식 내적인 절대적 전제는 해소된다. 종교현상의 변증법은 절대적 전제와 그 파악이라는 경험의 변증법을 통과하면서 완결되는 것이다.

4. 종교현상은 새로움인가, 역사적인 것인가? : 의식의 지향성인가, 변증법인가?

헤겔의 종교적 경험의 변증법은 이제 "절대적 전제와 절대적 파악의 변증법"으로 규정된다. 그러나 종교현상을 **늘 새롭게 현상하는 종교적 대상**으로 규정하고 이를 일반적인 경험의

소여와 달리 **예외적이고 유일회적인 특별한 현상**으로 파악할
것인가, 아니면 종교현상도 여타의 경험과 같이 경험대상과
의식간의 일반적인 변증법적 관계로 파악할 것인가 하는 점이
종교현상학과 헤겔의 변증법간의 관계를 새롭게 조명하게 한
다. 전자의 입장을 취할 경우 종교현상학은 더 이상 헤겔의
방법론을 수용할 수 없는 것으로 보이지만, 후자의 입장을 택
할 경우 종교현상에 대한 탐구는 종교를 매개로 하여 존재 일
반의 원리파악에까지 나아갈 수 있다. 존재 일반의 원리는 추
상적인 법칙의 연역에서가 아니라 종교현상의 역사성에 대한
환원적 재구성에서 획득된다. 늘 새로운 경험만을 종교현상으
로 규정힐 것인지, 아니면 이러한 개별적 현상의 유기적 연관
의 전체를 종교현상으로 규정할 것인지의 문제는 각 규정에
걸맞는 종교현상학의 방법론을 결정한다.

　종교현상은 과연 인간의 경험 가운데 특별한 경험에 속하며
이를 파악하는 데에는 경험 일반에 대한 탐구방법과 다른 독
특한 방법이 요구되는가? 종교현상을 새로움의 나타남과 성
스러움의 현현이라고 규정한다면 이러한 종교현상은 다른 경
험의 소여방식과 어떤 점에서 다른가? 종교적 의식작용이 여
타의 경험을 산출하는 의식작용과 근본적으로 구별된다고 생
각하는 이들의 주장에 의하면, [35] 종교현상과 여타의 경험간의
질적인 구별은 의식에 주어지는 대상과 그 소여방식의 차이에
서 유래한다. 종교현상은 종교적 의식의 자발적 활동성에 의
해서보다 그에게 소여되는 종교적 대상에 의해 결정되며, 일
반적 경험에서와는 전혀 다른 이 경험의 소여가 바로 종교현
상의 새로움을 형성한다는 것이다. 종교현상의 새로움은 의식
의 적극적 간섭에 의해서라기보다 의식 외적으로 주어지는

---

35) F. Schaeffler, 같은 책, 132쪽; M. Scheler, Vom Ewigen im Menschen,
　　Bern 1954, 261쪽 이하 참조.

'힘'에 의해 결정되며, 의식작용은 기껏해야 이 힘이 갖는 의미를 구성할 뿐이다. [36] 이 경우 종교현상의 주인공은 종교적 경험의 주체가 아니라 이 종교적 주체와는 전혀 다른 지평에 있는 존재가 되지만, 바로 이러한 이유로 종교적 의식에 주어지는 종교적 대상은 전혀 새롭고 원본적인(originär) 것이 된다. 의식이 내적으로 산출하는 것은 이미 주어져 있는 것에 대한 변형에 불과하기 때문이다. 틀림없는 사실은 후설이 말하는 현상학적 원본성이 새로움의 경험과 맞물려 있다는 것이다.

'늘 새로움'으로 규정되는 종교현상은, 그것이 원본적인 명증성을 지녀야 하는 한, 다른 종교현상으로부터 도출될 수 없다. 새로움의 종교현상은 시간의 변화로부터 자유로워야 하며 오히려 늘 새로운 시간의 시작인 동시에 완성(erfüllte Zeit)[37]이어야 한다. 시간 속의 현상을 변형한 것은 이미 새로움의 낡아짐에 지나지 않기 때문이다. "모든 종교현상학이 갖는 최초의 확실한 진리는… 종교적 경험의 근원성과 연역 불가능성의 명제이다."[38] 종교적 경험은 그야말로 직접적으로 이루어지며, 직접적인 경험은 누멘적인 것과의 직접적인 만남 이외의 방법을 통해서는 이루어질 수 없다. 종교현상을 새로움으로 규정하는 이러한 입장에서는 종교현상에 대한 학문적 설명은 철저히 배제된다. 종교현상을 학문의 언어로 옮길 경우 이는 이미 종교현상의 새로움에 손상을 입히기 때문이다. 종교는 형이상학이나 도덕이 아니라는 슐라이어마허의 주장[39]

36) '힘'에 대한 종교현상학적 분석은, 정진홍, 「종교현상학과 종교사회학과의 만남을 위하여 : 힘의 실재에 대한 새로운 인식을 중심으로」, 그리스도교 철학연구소 편, 『현대사회와 종교』, (서광사 : 1987), 143-166쪽 참조.
37) F.D.E. Schleiermacher(hrsg. v. R. Odebrecht), Dialektik, 288쪽 참조.
38) M. Scheler, 같은 책, 170쪽.
39) F.D.E. Schleiermacher(hrsg. v. R. Otto), Über die Religion. Reden an die

은 이런 맥락에서 종교현상학의 주장을 선취하고 있다. 종교적 경험 속에서 이루어지는 무한자의 행위는 직접적으로 느껴질 수밖에 없으며 무한자와의 만남은 전혀 개성적이며 특별하게 이루어진다. 종교현상의 새로움은 그 내용이 중요하기보다 그 직접적인 확실성이 더욱 중요한 것이다. 전혀 새로운 종교현상은 종교적 의식작용에 주어지는 현상학적 명증성이라면 이는 성스러움이 현실의 시간을 넘어 종교적 의식에 주어짐에 다름아니다. 늘 새로움의 종교현상은 개방적 경험과 창조의 시간을 담지할 수 있는 방법론을 요구하는 것이다.

종교현상에 대한 현상학적 분석이 갖는 장점은 이렇듯 종교현상의 새로움에 대한 구조적 분석에 있다. 그러나 이러한 현상학적 분석이 종교현상의 역동성과 이것이 만들어 내는 종교의 역사를 해명함에 있어서 한계에 부딪칠 수밖에 없음은 이미 상술한 바와 같다. 종교현상학이 후설적인 방법의 한계지점에서 헤겔의 현상학적 방법에 관심을 기울이는 것은 결코 포기될 수 없는 종교현상의 역사성 때문인 것이다. 그러나 흥미로운 것은 헤겔의 의식변증법의 한계가 마찬가지로 현상학의 관점에서 다시금 지적된다는 사실이다. 이러한 비판은 헤겔이 말하는 "현상적 경험의 완결성"과 "절대적 전제의 절대적 파악"을 향한다. 헤겔에게는 종교적 경험도 여타의 경험과 다르지 않으며 경험의 완결성은 종교적 경험의 완결성도 포함한다. 종교적 경험이 비완결적이며 개방적이라는 점에 대해서는 헤겔도 물론 동의한다. 표상의 단계에 머물러 있는 종교적 경험에는 늘 새로운 경험의 내용이 주어질 수 있다는 것이다. 그러나 헤겔의 경험개념이 갖는 특징은 표상의 진정한 의미가 종교적 관점을 넘어서는 개념적 관점에서 비로소 드러날 수

Gebildeten unter ihren Verächtern, ⁶1967 Göttingen, 41쪽 이하, 특히 44쪽 참조.

있다는 데 있다. [40] 헤겔의 경험개념에 대한 비판은 예컨대 하이데거와 가다머의 해석학적 경험개념과 무관하지 않다. 하이데거의 노선을 따르는 가다머의 철학적 해석학이 헤겔의 경험개념을 받아들이는 한편, 이를 경험의 개방성과 연관하여 비판하는 것은 바로 이 문제와 연결된다. [41]

의식을 늘 상황 속에 있는 것으로 보는 가다머는 의식을 "해석학적 상황의 의식" 내지 "영향사적 의식"(wirkungsgeschichtliches Bewußtsein)으로 규정한다. [42] 의식은 그때마다의 상황 속에서 중첩적으로 관계하며 영향을 끼친다는 것이다. 철학이 전통적으로 규정해 온 대상에 대한 지식으로서의 경험은 이제 상황에 대면해 있는 의식을 통해서만 가능하게 된다. 의식이 상황 속에 있지 않는 한 대상적 지식은 있을 수 없기 때문이다. 상황적 의식은 따라서 경험의 완결성을 부정한다. 헤겔이 말하는 경험의 완결성은 의식의 소여성에 대한 자기반성을 통해 생겨난다면, 이러한 경험의 개념은 경험의 상황적 개방성을 강조하는 가다머에게 비판적으로 수용된다. 경험은 의식작용과 그 대상의 일치로 종결되지 않으며 오히려 이들의 중첩된 관계로 이루어진다는 변증법적 경험의 개념을 수용하면서도 이를 중첩된 반성의 자기관계를 매개로 완결적인 지식으로 환원하는 데는 반대한다. 경험은 역사적 소여성에 대한 자기관계적 파악에서가 아니라, 역사적 소여성에 개방되어 있는 영향사적 의식의 활동에서 이루어진다. 이런 맥락에서 가다머는 경험의 진정한 구조는 헤겔 『정신현상학』의 도정을 되돌아올 때 보다 잘 드러난다고 생각한다. [43] 그에게

---

40) G.W.F. Hegel, Religions-Philosophie, Gesammelte Werke Bd. 17, Hamburg 1987, 15쪽 참조.
41) H.-G. Gadamer, Wahrheit und Methode, Tübingen ⁴1975, 250쪽 이하 참조.
42) 위의 책, 285쪽.

는 완전히 파악된 경험보다 그때마다의 새로움에 열려 있는 경험이 더 중요하고 더 본질적인 것이다. [44]

　종교적 경험은 물론 새로움에 개방되어 있어야 한다. 하이데거를 매개로 하여 해석학과 깊은 연관을 지니는 현상학이 종교현상에 대한 분석에 있어서 헤겔적 학문의 방법을 지속적으로 따르지 않으려 하는 이유는 자명하다. 종교현상학은 이러한 종교적 경험의 완결을 지향하기보다 늘 새로움에 열려 있는 종교적 경험의 특유함을 포착하려 하기 때문이다. 그러나 하이데거와 가다머의 경험개념은 그야말로 "새로움의 생기"에 국한된다. [45] 가다머의 비판적 헤겔 수용도 이런 맥락에서 이해된다. 전혀 새롭게 이루어지는 종교적 경험의 순간은 다른 것과 비교할 수 없을 정도로 중요하며 절대적이다. 그렇지만 이 새로움이 갖는 상황적·역사적 의미연관을 파악하는 일은 종교적 경험의 진정한 실현을 위해 더욱 중요한 것이다. 우리는 여기서 헤겔의 자기완결적 방법이 갖는 의미에 대해 되돌아볼 필요가 있다. 소위 체계적 학문의 방법으로서의 변증법은 종교현상과 같은 특별한 현상에 대한 분석의 방법으로 그치지 않는다. 이것은 종교현상을 포함해서 모든 존재의 운동과정을 파악하는 방법이다. 이러한 역동적 과정에 대한 파악에서 계기적인 생기가 갖는 유기적 의미연관이 드러나며 그

---

43) 위의 책, 286쪽 참조.

44) "경험의 진리는 항상 새로운 경험에 대한 연관을 갖고 있다. 따라서 우리가 경험한다라고 일컫는 것은 경험을 **통해서**(durch) 이루어질 뿐 아니라 경험에 **대해**(für) 개방되어 있다… 경험의 변증법은 완결되는 지식에서가 아니라 경험 자체를 통해 자유롭게 움직여지는 경험에 대한 개방성 가운데서 그 본래적 완성을 얻는다."(같은 책, 338쪽)

45) "의식이 의식자신과 자신의 대상으로서의 자신의 지식에 대해 행사하는 변증법적 운동은, **이로부터 의식에게 새롭고 진정한 대상이 생기**(生起)**하는 한에 있어서만** 본래적인 의미의 **경험**이라고 불리울 수 있다."(M. Heidegger, "Hegels Begriff der Erfahrung", in : M. Heidegger, Holzwege, Frankfurt/M. ^{6}1980 , 121쪽.)

실현이 실제적으로 가능하게 된다. 현상학과 해석학이 강조하
는 개방적 경험의 새로움은 이미 이러한 자기완결적 과정에
들어와 있다. 늘 새로움에 열려져 있는 경험의 직접성은 이미
의식변증법의 운동 가운데 있다는 것이다. 직접적으로 소여된
의식의 상관물이 없는 한 의식의 운동은 일어나지 않지만, 이
직접성은 직접성으로 멈추지 않고 대자적 의식에 의해 새롭게
조명되며 여기서 새로운 경험이 산출된다. 직접성과 매개성의
변증법이 모든 경험을 완결로 이끌어 가는 것이다.

헤겔에게 종교현상의 역사는 결국 존재의 문제와 필연적인
연관성을 지닌다. 이런 맥락에서 그는 형이상학을 존재-신-논
리학(Onto-theo-logik)으로 본다. [46] 따라서 종교현상의 역
사인 종교사는 존재를 파악할 수 있는 너무나도 중요한 실증
적 재료이다. 그러나 종교현상을 종교사적 관점에서 파악하는
헤겔의 종교이해에는 종교현상학에서 추구하는 종교적 경험의
의미나 종교적 노에마는 종교가 갖는 (형이상학적) 의미의 한
부분에 불과하다. 종교를 통해 파악될 수 있는 존재의 의미는
새로움의 현상에 국한되는 종교분석을 통해서는 총체적으로
드러날 수 없기 때문이다. 헤겔도 파악하고 있듯이 종교사는
분명 종교적 경험의 역사이다. 그러나 종교경험의 내면으로
들어가 이를 지향적으로 파악하려는 종교현상학의 노력은, 이
학문이 종교적 경험을 중시하는 경험과학의 하나라 하더라도
이것이 경험과학의 테두리를 벗어나려 하지 않는 한, 종교 자
체의 의미를 총체적이고 체계적으로 보여 줄 수 없다는 것이
다. 『종교철학』에서 헤겔이 종교의 역사를 서술한 것은 개별
적인 종교적 경험에 대한 분석이라기보다 역사 속에 나타난

---

46) G.W.F. Hegel, Wissenschaft der Logik I, TWA Bd. 5, 44쪽; M. Heidegger,
   Identität und Differenz, Pfullingen 1957, 56쪽; L. B. Puntel, Dartstellung,
   Methode und Struktur, Bonn ²1981, 109쪽 이하 참조.

구체적이고 특별한 종교(bestimmte Religion)의 존재론적 의미를 파악한 것이다. 이런 면에서는 헤겔의 서술방식이 포스트모던적 사유에서 말하는 '큰 이야기'임에는 틀림없다. 그러나 거대담론이 그야말로 피상적·추상적인 의미를 말하는 데 그친다면 문제가 되겠지만, 헤겔의 서술이 보여 주고 있는 것처럼, 중첩된 경험에 대한 총체적 파악이 존재의 구체적이고 보편적인 의미를 드러내 보여 주는 한, 이러한 담론은 철학이 기꺼이 추구할 바의 것이다. 종교현상의 의미는 종교적 노에시스가 생성하는 의미를 넘어서서 그 메타적 의미를 획득할 때 가장 생동적이고 유기적인 것이 될 수 있다. 이것은 종교적 노에시스-노에마의 관계에서 생성되는 의미를 넘어선 메타적 의미인 것이다.

그러나 "철학이 자기의 회색빛을 또다시 회색으로 칠해 버릴 때면 이미 생의 모습은 늙어 버리고 난 뒤이며, 이렇게 회색을 가지고 다시 회색칠을 함으로써 생의 모습은 젊어지는 것이 아니라 다만 인식되어질 뿐이다"[47]라고 토로하는 헤겔의 말에서 우리는 현실에 대한 메타적 의미를 추적하는 철학과 새로운 경험의 자리로 주어지는 종교 사이의 근본적인 차이를 발견할 수 있다. 현실적으로 새롭게 생기하는 종교현상과 그에 대한 메타적 의미파악은 분명 구별된다. 종교현상을 어떻게 파악할 것인가의 문제는 결국 종교현상을 새로움으로 규정할 것인가, 아니면 이런 현상의 역사로 규정할 것인가의 문제가 선결된 뒤 비로소 결정될 수 있다. 그러나 어느 한쪽으로만 결정될 수 없는 종교현상은 이미 새로움과 역사성을 동시에 파악할 수 있는 제3의 방법을 요구하고 있는지 모른다.

---

47) G.W.F. Hegel, Grundlinien der Philosophie des Rechts, TWA Bd. 7, 28쪽.

하이데거의 후설 비판과 해석학적 현상학[1]

이 남 인

1. 들어가는 말

Heidegger는 1927년에 출간된 그의 주저 『존재와 시간』에
서 존재물음 일반을 해명하기 위한 토대로서 현존재의 존재인
실존의 구조를 분석하면서 기초적 존재론을 전개하는데, 이러
한 존재론은 현상학이며 동시에 해석학이다. 기초적 존재론이
지닌 이러한 이중적인 성격을 통해 우리는 Husserl에 대한
그의 관계가 이중적임을 알 수 있다. 그가 기초적 존재론을
현상학이라 부르는 데서 알 수 있듯이 그는 그의 사상의 형성
과정에서 Husserl로부터 결정적인 영향을 받았다. 그에게 있
어 현상학이란 Husserl의 경우와 마찬가지로 모든 유형의 자
의적인 사변, 구성, 혹은 전통과 권위에의 맹종의 속박에서
벗어나 "사태 자체로"(zu den Sachen selbst) (SZ, 27-28)[2]

---

1) 이 글은 한국현상학회와 한국해석학회의 주관으로 1995년 2월 17-19일에 개최된
신춘 세미나에서 발표된 논문을 수정 · 보완한 것이다. 글쓴이는 그 세미나에서 이
글의 논평을 맡아 주었던 박찬국 교수를 비롯하여, 글쓴이에게 이 주제에 대해 보
다 더 많이 생각할 기회를 제공하여 주신 모든 세미나 참석자들에게 감사드린다.
2) 이 글에서 우리는 Heidegger의 문헌을 Sein und Zeit, Tübingen, 1972의 경우
는 SZ라는 약호와 면수를 제시함으로써, 아래에 제시된 그 이외의 문헌은 전집
(GA) 번호와 면수를 제시함으로써 인용한다 : *Wegmarken*, Frankfurt/M.,
1976 (GA 9) ; *Unterwegs zur Sprache*, Frankfurt/M., 1986 (GA 12) ; *Zur
Sache des Denkens*, Tübingen, 1976 (GA 14) ; *Prolegomena zur Geschichte*

귀환하라는 방법론적 요청을 뜻하며, 그는 그의 사상의 전개
과정에서 철두철미 이러한 현상학의 근본이념을 견지하고 있
다. [3] 그러나 다른 한편 그는 기초적 존재론을 해석학이라 부
르면서 자신의 현상학을 Husserl의 선험적 현상학과 구별짓
고 있다. 실제로 그는 현사실성의 해석학의 이념이 점차 구체
화되기 시작한 1919년경부터 부단히 『논리연구』[4]로부터 『이
념들』에 이르는 Husserl의 소위 전기의 현상학[5]과 대결하고,
그를 비판해 나가면서[6] 자신의 사상을 전개해 나갔다.

---

des Zeitbegriffs, Frankfurt/M., 1979 (GA 20) ; Die Grundprobleme der
Phänomenologie, Frankfurt/M., 1975 (GA 24) ; Metaphysische Anfangsgrün-
de der Logik im Ausgang von Leibniz, Frankfurt/M., 1978 (GA 26) ; Zur
Bestimmung der Philosophie, Frankfurt/M., 1987 (GA 56/57) ; Grundprob-
leme der Phänomenologie, Frankfurt/M., 1993 (GA 58) ; Phänomenologie
der Anschauung und des Ausdrucks, Frankfurt/M., 1993 (GA 59) ; Interpre-
tation zu Aristoteles, Frankfurt/M., 1985 (GA 61) ; Ontologie (Hermeneutik
der Faktizität), Frankfurt/M., 1987 (GA 63) ; Beiträge zur Philosophie,
Frankfurt/M., 1989 (GA 65).

3) 이는 그의 후기사상에 있어서도 마찬가지이다. 이 점에 대해서는 GA 12, 91 ;
GA 14, 90 등을 참조.

4) 이 글에서 Husserl의 저작에 대한 약호는 모두 한국현상학회 편의 「후설과 현대
철학」(『철학과 현상학 연구』제4집)의 12-14쪽에 실린 "후설 저서 약호표"를 따랐
다.

5) 『논리연구』로부터 『이념들』에 이르는 이러한 Husserl의 현상학은 이 글의 제5장
에서 밝혀지듯이 그 본질상 "불완전한 유형의 정적 현상학"이다. 글쓴이는 지금까
지 발표된 몇몇 논문에서 『논리연구』에서 『이념들』에 이르는 현상학을 종종 정적
현상학이라 불러 왔는데, 이는 더 정확히 표현하면 "불완전한 유형의 정적 현상
학"이라고 불러야 옳다. 이 글에서는 제4장까지는 『논리연구』에서 『이념들』에 이
르는 현상학을 지칭하기 위하여 Husserl의 전기 현상학—물론 이 개념 역시 문
제가 없는 것은 아니다—이라는 개념을 사용하기로 한다.

6) 해석학적 현상학의 이념이 구체화되기 시작한 1919/20년경부터 『존재와 시간』이
발표되던 1927년 사이에 Heidegger가 행한 강의가 1980년대 중반 이후 현재에
이르기까지 상당수 출판됨에 따라 어떻게 Heidegger가 Husserl의 현상학과 대
결하면서 자신의 철학적 지평을 개척해 나갔는가 하는 문제는 최근에 아주 활발하
게 연구되고 있다. 이 점과 관련해 최근에 출간된 Heidegger의 강의는 다음과
같다 : Zur Bestimmung der Philosophie (1919, GA 56/57) ; Grundprobleme
der Phänomenologie (1919/20, GA 58) ; Phänomenologie der Anschauung
und des Ausdrucks (1920, GA 59) ; Interpretation zu Aristoteles (1921/22, GA

이 글의 목표는 Heidegger가 해석학적 현상학을 발전시키면서 Husserl로부터 받은 영향을 고려하면서 그가 이 후자의 현상학에 대해 가하는 비판의 내용과 성격을 고찰하고, 그를 토대로 이 두 철학자의 관계의 전체적인 모습을 올바로 해명하기 위한 토대를 마련하는 데 있다. 이를 위해 우리는 제2장에서 Husserl의 현상학에서 모든 현상학적 분석을 주도하는 핵심주제인 '지향성'이 Heidegger에 의해 현상학적으로 비판·수정되면서 『존재와 시간』의 핵심주제 중의 하나인 '심려'로 변함을 고찰하고, 그에 이어 제3장에서는 이러한 탐구주제의 변화와 더불어 그의 탐구방법도 변하면서, 그에 따라 선험적 현상학이 해석학적 현상학으로 변화하게 됨을 고찰한 후, 제4장에서는 이러한 Heidegger의 Husserl-비판의 근본적인 성격을 검토하며, 마지막으로 제5장과 6장에서는 제2장에서 4장 사이에 이루어진 논의의 한계를 살펴보면서 양자에 대한 비교연구와 관련된 몇 가지 문제를 간단히 언급하고자 한다.

2. 지향성과 심려

『존재와 시간』의 초고를 담고 있으며, 그것이 출간되기 2년 전인 1925년에 행한 "Prolegomena zur Geschichte des Zeitbegriffs"에 관한 강의에서 Heidegger는 Husserl에 의해 발견된 근본적 사실로 범주적 직관, 아프리오리가 지닌 근원적인 의미와 더불어 무엇보다도 중요한 것으로 일차적으로 지향성을 지적하면서 그에 대해 자세히 논의한다. 그가 지향성을 이처럼 가장 중요한 발견내용으로 간주하며 그에 대해 자세히 다루는 일차적인 이유는 이 세 가지 발견내용이 서로

---

61) ; *Ontologie (Hermeneutik der Faktizität)* (1923).

무관한 것이 아니라, 실은 지향성에 대한 발견으로 집약되기 때문이다 : 범주적 직관은 감각적 직관에 정초된 일종의 지향 체험이며, 아프리오리란 다름아닌 그러한 체험 속에서 자신의 모습을 드러내는 지향적 대상이다. 그러나 그가 지향성의 문제를 자세히 다루는 무엇보다도 중요한 이유는 Husserl의 지향성 개념이 한편으로는 현대철학에 새로운 문제지평을 열어준 아주 중요한 개념임에도 불구하고, 다른 한편으로는 그것이 "현상학이 하고자 하는 일을 직접적이며 어떤 선입견없이 받아들임을 방해하는 바로 그 장본인이기 때문이다."(GA 20, 34) Husserl이 『논리연구』, 『이념들』 등에서 Brentano의 지향성 개념을 현상학적으로 비판하면서 지향성의 중요한 구조들을 나름대로 철저히 해명한 것은 사실이지만, 그럼에도 불구하고 거기에는 아직도 크고 작은 많은 문제들이 숨어 있으며, 그러한 한에서 현상학의 숨어 있는 근원적인 가능성이 제대로 발현되지 못하고 있다는 것이 바로 Husserl의 지향적 분석에 대해 Heidegger가 내리는 진단이다.

Heidegger에 의하면 Husserl의 지향성 개념이 이러한 결정적인 결함을 지니고 있는 이유는 후자가 현상학의 근본이념에 따라 '사태 자체'에 대한 직관에 기초하여 모든 분석이 이루어져야 한다고 주장하면서, 현상학적 분석을 구체적으로 진행시킴에 있어서는 그러한 근본이념에 충실하지 못한 채, 암암리에 충분히 검토되지 않은 '선입견'을 가지고 들어가기 때문이다. 이제 Heidegger의 과제는 Husserl 보다 더욱더 철저히 현상학의 근본이념에 충실하면서 Husserl의 분석 속에 들어 있는 검토되지 않은 전제를 들춰내고, 그를 비판하면서 지향성의 정체를 올바로 해명하는 일인데, 이 점에 대해 그는 다음과 같이 말한다. "교섭활동의 구조는 말하자면 어떤 인식론적 도그마없이 밝혀져야 한다. 올바로 보여진 것을 토대로 해서, 그리고 그를 통해서만 지향성에 대한 보다 더 예리한 파악과 그리고 아마도 지금까지 이루어진 지향성에 대한 현상학적 해석에 대한 비판이 가능할 것이다. 우리는 실제로 현상학 속에도 지향성과 관련하여… 해명되지 않은 선입견이 결부되어 있음을 확인하게 될 것이다."(GA 20, 46)

Husserl은 『논리연구』, 『이념들』 등에서 지향성을 "자기동일적 대상에 대한 자아의 의식적 관계"로 규정하는데, 여기서 우리는 이러한 지향성 개념이 지닌 두 가지 특징을 발견한다. 첫째, 이러한 지향성 개념을 위한 전제는 자기동일적 대상에 대한 의식적 관계를 내포하고 있는 지향적 체험과 그렇지 못한 비지향적 체험이 엄격히 구별된다는 생각이다. 이러한 지향성 개념의 규정을 위해 결정적 의미를 지니는 것이 이른바 "파악작용-감각내용의 도식"이다. 이 도식에 의하면 자기동일적인 대상은 두 가지 요소, 즉 다양한 감각내용들(Empfindungsinhalte)과 하나의 파악작용(Auffassungsakt)의 상호작용에 의해 구성된다. 그에 따르면 우선 맨 먼저 자기동일적 대상구성을 위한 토대로서의 다양한 감각내용들이 주어져야 하는데, 여기서 감각내용은 일종의 체험으로서 자기동일적 대상으로 향한 어떤 종류의 의식적 관계도 결여하고 있다고 간주되며, 따라서 비지향적 체험이라 불린다. Husserl은 대상과의 의식적 관계는 주관에 의해 감각내용이 해석될(deuten) 때 형성된다고 생각하며, 다양한 감각내용이 해석되면서 자기동일적 대상과의 의식적 관계가 형성되는 과정을 '파악작용'(Auffassung) 또는 '통각작용'(Apperzeption)이라 부르는데, 이러한 작용이 다름아닌 지향성이다. 지향성은 Husserl이 제5『논리연구』에서 천명하듯이 "나에 대해 대상의 존재를'(das Dasein des Gegenstandes für mich) 처음으로 규정해 주는… 체험성격"으로 "말하자면 감각내용에 혼을 불어넣

204

어 그 본질에 따라 우리가 이 대상, 저 대상을 지각할 수 있
게끔, 예를 들면 이 나무를 보거나 저 초인종 소리를 듣거나
저 꽃향기를 냄새맡거나 등등을 가능케 해주는 것이다.”(『논
리연구 II/1』, 399) 둘째, 이러한 지향성 개념은 구성적 관점
에서의 객관화 작용의 절대적인 우위에 기초해 있다. 앞서 지
향성을 “자기동일적 대상에 대한 자아의 의식적 관계”로 규정
하였을 때, 그 의식적 관계는 두말할 나위도 없이 일차적으로
객관화 작용, 즉 넓은 의미의 이론이성에 의해 이루어진 관계
를 의미한다. 바로 이러한 이유에서 Husserl은 객관화 작용
이 비객관화 작용의 토대라고 주장하면서, 『논리연구』에서 표
상(Vorstellung)이 모든 심리현상의 토대라는 Brentano의
명제를 비판하고, 수정·보완함으로써, 모든 지향체험들간의
정초관계를 지배한다고 생각되는, 다음과 같은 지향성에 관한
근본법칙을 제시한다 : “모든 지향체험은 객관화 작용이거나,
그러한 작용을 ‘토대’로서 가지고 있다… .”(『논리연구 II/1』,
514) 이 법칙에 따르면 객관화 작용은 그것이 “모든 다른 작
용들에게 이것들이 그 나름의 새로운 방식으로 관계를 맺게
될 대상을 최초로 표상시켜 주는 유일무이한 기능”(『논리연구
II/1』, 515)을 가졌기 때문에 모든 비객관화 작용을 지향적으
로 정초해 줄 수 있다.

Heidegger에 의하면 이러한 지향성 개념은 큰 문제점을 지
니고 있는데, 여기서 무엇보다도 문제가 되는 것은 Husserl
이 지향적 분석을 행함에 있어 대부분의 전통적인 인식론자들
과 암암리에 공유하고 있는 근본전제이다. 이러한 인식론적
근본전제에 의하면 아직 세계와 관계를 맺고 있지 않은 의식
과 의식으로부터 독립적인 세계라는 두 개의 항이 앞서 주어
져 있으며, 인식론이 해결해야 할 과제는 어떻게 내재적인 의
식이 초월적인 세계를 인식할 수 있는가를 해명하는 데 있는

바, 이는 바로 이 둘을 매개시켜 주는 그 무엇, 예를 들면 '표
상'을 통하여 가능하다는 것이다. Husserl이 본래 이러한 인
식론적 전제를 비판하면서 자신의 지향성 개념을 확립해 나가
려 한 것은 사실이나, 그럼에도 불구하고 그는 구체적으로 지
향적 분석을 수행함에 있어서 부지불식간에 부분적으로 자신
이 비판하고자 한 이러한 전제를 다시 받아들이고 말았는데,
그 대표적인 예가 바로 지향적 체험과 비지향적 체험의 구별,
그리고 그에 기초한 "감각내용-파악작용"의 도식이다. 이러한
도식에 의하면 비지향적 체험으로서의 감각내용이 내재적인
의식과 초월적 대상을 연결시켜 주는 역할을 담당하고 있다고
할 수 있는데, 그 이유는 지향적인 체험은 오직 감각내용을
매개로 해서만 자기동일적인 대상과 관계를 맺을 수 있는 것
으로 규정되기 때문이다. [7]

Heidegger에 의하면 Husserl의 지향적 분석에서도 확인할
수 있는 바, 이러한 근본전제는 일종의 그릇된 선입견 혹은
도그마에 불과하며, 이러한 '인식론적 선입견'(GA 20, 40)에
서 해방되지 않고서는 지향성에 대한 올바른 분석은 이루어질
수 없다. 대부분의 전통적인 인식론자들과 마찬가지로
Husserl 역시 이러한 인식론적 선입견을 받아들임으로써 지향
작용(intentio)과 지향적 상관자(intentum)의 관계를 올바로
파악하지 못하고 있는데, 바로 이 점과 관련해 Heidegger는
"현상학에서도 아직 극복되지 못한 오류"(GA 24, 446)가 있
다고 지적한다. 길가에 서 있는 나무에 대한 외적 지각을 선
입견없이 현상학적으로 분석해 보면 알 수 있듯이 지향작용은
'감각내용'을 매개로 하여 지향작용의 '밖에서' 존재하는 대상
을 향하며, 그를 통해 그것과 관계를 맺는 것이 아니라, 이러

---

7) 이 점과 관련해 Husserl은 감각내용이 "(지향)작용을 구축하며, 그의 필연적인
토대로서 지향성을 가능하게 해준다"(『논리연구 II/1』, 387)고 지적한다.

한 것들의 매개없이 직접 그 대상과 관계를 맺고 있다. "무엇
에로 향함과 인식에서 현존재는 일차적으로 자기자신으로부
터, 즉 자신의 내적 영역으로부터 밖으로 나가는 것이 아니
라, …그 자신의 의미에 따라 볼 때… 어떤 방식으로 이미 발
견된 세계 속에 머무는 존재로서 이미 언제나 밖에, 세계 속
에 있다."(GA 20, 221)

따라서 이러한 그릇된 인식론적 선입견에 사로잡혀 이루어
진 Husserl의 지향적 체험과 비지향적 체험의 구별은 무의미
하다. 앞서 지적되었듯이 모든 체험은 의식의 내부에서 머물
다가 밖으로 나가는 것이 아니라, 이미 내세계적 존재자 곁에
서 머무는 것, 즉 이러한 의미에서 이미 그것을 향한, 혹은
그것과 관계를 맺고 있는 지향적 체험이기 때문이다.
Heidegger에 의하면 Husserl이 비지향적 체험으로 간주한
바 감각내용 역시 그것이 우리의 의식의 장에서 확인가능한
체험일 경우 일종의 지향성, 즉 아직 명료한 형태로 자신의
모습을 드러내지 않은 근원적 지향체험이다.

이러한 인식론적 선입견에 의하면 의식이 세계 내 존재자를
향해 초월하면서 그들과 최초로 지향적인 관계를 맺을 수 있
는 것은 이론이성, 혹은 객관화적 작용을 통해서며, 바로 이
러한 이유에서 다양한 영혼활동 중에서 이론이성, 혹은 객관
화적 작용은 다른 영혼의 능력에 비해 절대적인 우위를 지닌
다. Husserl의 지향적 분석과 관련해 앞서 확인한 바, 객관
화 작용의 절대적 우위 역시 이러한 인식론적 선입견의 또 다
른 표현에 불과하다. 그러나 현존재에 의해 환경세계 내에서
이루어지는 다양한 존재자와의 부단한 실천적인 교섭활동이
알려 주듯이, 근원적인 실천적 삶의 영역에서 확인할 수 있는
대부분의 비객관화적 작용들은 객관화적 작용이 작동하기 이
전에 이러저러한 존재자들과 교섭하면서 그들과 이미 지향적

관계를 맺고 있다. 객관화적 작용은 이처럼 환경세계에서 근원적으로 수행되는 다양한 유형의 실천적인 삶의 활동인 비객관화적 작용이 자신의 근원적인 생의 차원을 벗어나 외화된 것에 불과한데, 이처럼 근원적인 실천적인 삶의 영역이 외화되는 과정을 Heidegger는 "탈-생화의 과정"(der Prozeß der Ent-lebung) (GA 56/57, 91 ; GA 58, 75 이하 참조)이라 부른다. 탈-생화라는 현상이 알려 주듯이 객관화적 작용은 근원적인 실천적 삶의 활동인 비객관화적 작용에 기초해 있으며, 이러한 점에서 그것의 파생적 양상에 불과하다.

객관화적 작용의 절대적 우위라는 Husserl의 근본입장은 이처럼 객관화적 작용과 비객관화적 작용 사이의 정초관계를 올바로 파악할 수 없게 할 뿐 아니라, Heidegger가 "이론적인 영역을 토대로 해서 실천적인 영역을 해석하려 함"(GA 20, 61)이라고 지적하듯이, 비객관화적 작용의 지향적 구조를 올바로 파악할 수 있는 가능성을 차단한다. 객관화적 작용에의 정초여부, 혹은 객관화적 작용과의 결합여부는 이러한 근원적인 실천적인 지향성의 본질구조와는 아무런 관계도 없다. 객관화적 작용을 분석할 때 사용된 분석모델 및 분석방법을 사용할 경우 이러한 근원적인 비객관화적 작용의 지향구조는 왜곡될 수밖에 없으며, 그 정체는 밝혀질 수 없다.

객관화적 작용의 절대적 우위라는 명제는 거기서 한 걸음 더 나아가 객관화적 작용의 정체를 올바로 파악할 가능성도 차단한다. 앞서 우리는 객관화적 작용이 근원적인 실천적인 삶의 영역이 탈-생화한 결과요, 그러한 한에서 객관화적 작용이 비객관화적 작용의 파생적 양상에 불과함을 지적하였는데, 이는 객관화적 지향성이 그 근본구조에서 고찰하면 일종의 실천적 지향성임을 의미한다. 왜냐하면 탈-생화의 결과인 모든 유형의 객관화적 지향성은 그 자체 비록 근원적인 삶의 영역을 벗어난 것이긴 하지만, 그럼에도 불구하고 그 자체 새로운 유형의 삶을 의미하며, 그러한 한에서 수단-목적 관계로 특징 지워지는 환경세계적인 실천적인 삶의 연관과 분리되어 존재 하는 것이 아니기 때문이다. 이러한 점에서 Heidegger는 가장 낮은 단계의 객관화 작용인 지각작용에 대해 다음과 같이 말한다. "자연적인 지각작용도… 대체로 볼 때 사물에 대한 독자적인 고찰이나 연구가 아니라, 사태와의 구체적인 실천적 인 교섭으로 해소되고 만다. 자연적 지각은 독자적이지 않다. 나는 지각 자체를 위해서 지각하는 것이 아니라, 방향설정을 위해서, 길을 트기 위해서, 무엇을 다듬기 위해서 지각한다." (GA 20, 37-38) 비로 이러한 이유에서 Heidegger는 Husserl의 지향성 개념을 비판해 가면서 지향성을 그의 실천 적 측면을 강조하기 위해 '교섭활동'(Verhaltung)[8]이라 부른 다.

Husserl의 지향성 개념에 대한 Heidegger의 비판은 여기 서 끝나지 않는다. Heidegger에 의하면 Husserl은 지향적 분석을 행함에 있어 일차적으로 인식론적 물음에서 출발하면 서 지향성의 근원적인 존재의미에 대한 존재물음을 소홀히 다 루고 있는데, 그는 바로 이 점을 가장 심각한 문제로 간주한 다. 그것이 무엇이든 어떤 존재자, 혹은 존재자 영역에 대한 모든 탐구는 그 탐구의 전제역할을 담당하는 바, 그 존재자에 대한 특정의 존재론적 규정에서 출발한다. 따라서 어떤 존재 자에 대한 탐구를 구체적으로 진행시키기 위해서는 무엇보다 도 먼저 탐구의 전제인 일반적인 존재규정을 확보하는 일이 필요한데, Heidegger에 의하면 탐구가 올바로 진행되기 위해

---

8) 가장 전형적인 예는 다음과 같은 대목이다 : "지향성은 그 단어의 의미에 따라 볼 때 …으로 향함이다. 모든 체험, 영혼의 모든 교섭활동은 그 무엇에로 향한다." (GA 20, 37)

서 이러한 존재규정은 임의로 확보되어서는 안 되며, 어디까지나 사태 자체인 존재자를 토대로 하여 획득되어야 한다.

Husserl의 지향적 분석도 그것이 일종의 탐구인 한, 비록 그에 대한 명료한 문제의식이 결여되어 있긴 하지만 나름대로 탐구의 전제로서의 지향성의 존재에 대한 일반적인 규정을 가지고 들어가고 있음은 두말할 나위도 없는데, 그에 의하면 지향성으로서의 의식은 "그것이 파악작용 속에 있다는 점에서 내재적인 존재", "절대적 소여성이라는 의미에서의 절대적 존재", "대상을 구성한다는 의미에서 구성적 존재", "사실적 존재가 아니라, 이념적 존재라는 의미에서 순수존재" 등의 존재규정을 지닌다. 이러한 존재규정과 관련하여 Heidegger가 문제삼고 있는 점은 과연 이러한 네 가지 존재규정이 지향성이라는 사태 자체를 토대로 획득된 근원적인 존재규정인가 하는 점이다. 그에 의하면 이러한 존재규정은 지향체험이라는 "존재자 자체를 토대로"(GA 20, 149) 획득된 근원적인 규정이 아니라, 어디까지나 자의적인 규정에 불과한데, 이러한 존재규정이 지닌 자의성의 원천은 Husserl이 인식론으로서의 선험적 현상학을 수립하기 위해 가장 효과적인 수단이라고 생각하면서 선택한 현상학적 반성, 즉 "특정의 이론적 태도"(GA 20, 155)이다. 이처럼 특정한 이론적 태도로서의 현상학적 반성을 지향체험에 대한 분석의 수단으로서 선택하면서 Husserl은 바로 현상학적 반성의 도식 안에서 필연적으로 지향체험은 어떻게 파악될 수 있는가, 지향체험은 어떻게 주어질 수 있는가, 지향체험은 구성된 것인가, 혹은 구성하는 것인가, 지향체험은 사실적 존재인가, 이념적 존재인가 등의 일반적인 네 가지 물음을 선행적으로 가지고 들어갈 수밖에 없었는데, 바로 지향체험을 고찰하기 위한 이러한 물음 속에서 주도적인 역할을 담당하는 일반적인 존재규정이 다름아닌 위에서 살펴본 지향체험의 네 가지 존재규정이다. 여기서 알 수 있듯이 이러한 네 가지 존재규정은 지향체험이 반성이라는 특정의 이론적 태도를 매개로 해서 우리에게 주어지는 한에 있어서, 즉 그것이 "반성의 가능적 대상"(GA 20, 143)인 한에서 그것에 귀속되는 존재규정에 불과하며, 따라서 그것은 지향체험이라는 사태 자체를 토대로 해서 획득된 근원적인 존재규정이 아니라, 자의적인 존재규정에 불과하다.

그러면 지향성의 참된 존재규정은 무엇이며, 이러한 존재규정은 어떠한 방식으로 획득될 수 있을까? Heidegger에 의하면 지향성의 참된 존재규정은 그것이 있는 바 그대로 주어진 지향성, 즉 반성의 대상이 되기 이전에 "자연스런 태도"(natürliche Einstellung)에서 살아 나가는 체험을 토대로 획득되어야 한다. 우리는 이처럼 자연스런 태도 속에서 이루어지는 이러한 근원적인 체험을 반성적 시선이 그것을 향하기 이전에 암묵적인 형태로든 명료한 형태로든 이미 이해하고 있는데, 그에 의하면 근원적인 체험은 Husserl이 생각한 것과는 달리 내재적인 영역 속에 머물다가 경우에 따라 세계를 향해 초월하는 그 무엇이 아니며, 그 소여방식에 있어서도 절대적으로 투명하게 주어지기보다는 많은 경우 "암묵적인 형태"로, 즉 불투명하게 주어지며, 더 나아가 자신의 존립을 위해 그 어떤 세계 및 내세계적 존재자를 필요로 하지 않는 것이 아니라, 이미 세계 및 내세계적 존재자들 곁에서 그들과 함께 존재하는 것이다. 더 나아가 이러한 근원적인 지향적 체험은 현상학적 판단중지 및 형상적 환원을 통해 그의 개별성 및 현사실적 존재의미가 배제되어 순수형상의 세계로 전환된 순수존재도 아니다. 더러는 투명하게, 그리고 많은 경우 흐릿한 형태로 이해되는 바, 세계 내 존재자들과의 부단한 교섭활동으로서의 이러한 근원적인 지향적 체험은 그 누구와도 치환될 수 없는 그때그때마다의 현존재에 의해 지금, 바로 여기에서 수행되는 개별적이며 현사실적인 실존적인 체험이다. 이처럼 지향체험의 근원적인 참된 존재규정은 '실존'이며, 그러한 한 에서 지향체험의 근원적인 존재규정은 환경세계적인 도구들의 존재규정인 도구적 존재성과도 구별되고 이론적 대상의 존재 규정인 안전존재성과도 구별된다.

Husserl의 지향적 분석에 대한 비판을 통해 Heidegger는 이처럼 모든 지향체험이 이미 앞서 발견된 세계 내에서 이루 어지는 존재자들과의 실천적인 교섭활동으로서 그 안에 언제 나 실존적 계기를 지니고 있음을 밝히고 있다. 그런데 Husserl의 지향성 개념은 실천적 교섭활동 및 그 속에 들어 있는 실존적 계기를 표현하기에 부적절한 개념이며, 따라서 Heidegger는 이러한 교섭활동을 표현하기 위하여 더 이상 지 향성이란 개념을 사용하지 않으며, 그를 위해 새로운 개념을 사용하는데, 그것이 다름아닌 『존재와 시간』에서 중요한 실존 범주의 하나로 등장하는 '내-존재'(In-Sein)의 한 계기인 "… 곁에 있음"(Sein bei)이다.

따라서 지향성의 정체를 보다 더 근원적으로 이해하기 위해 서는 내-존재의 총체적인 구조를 고찰할 필요가 있다. 실존 범주로서의 '내-존재'에서의 '내'는 "옷이 옷장 안에 있다", "옷장이 집 안에 있다"의 경우처럼 공간적으로 존재하는 두 개의 존재자 사이의 공간적인 포함관계를 지칭하는 개념이 아 니라, 친숙한 세계 속에 거주하면서 현존재가 거기서 만나는 다양한 존재자들과 실천적이며 실존적으로 교섭하는 방식을 지칭하는 개념이며, 보다 더 근원적으로는 이러한 존재자들의 발견을 가능케 해주는 토대로서의 세계 자체의 근원적인 개시 성 및 그와 등근원적인 현존재의 존재인 실존에 대한 근원적 인 개시성을 지칭하는 개념이다. 내세계적 존재자에 대한 발견을 위한 토대인 현존재의 실존 및 그의 세계에 대한 근원적 개시성은 Heidegger에 의하면 서로 분리될 수 없는 등근원적인 세 가지 계기들, 즉 정황성, 이해, 말로 구성되어 있는데, 여기서 정황성은 이미 앞서 주어진 세계 및 현존재의 실존을 개시해 주는 계기이며, 이해는 장차 기투되어야 할 세계 및 현존재의 실존을 근원적으로 개시해 주는 계기이고, 말은 정황성과 이해를 의미로 분절시키는 계기이다. 환경세계 속에서 살아가고 있는 현존재는 이처럼 자기자신의 존재인 실존 및 그와 등근원적인 세계의 존재에 대해 근원적인 실존적 이해를 선행적으로 가지면서, 그를 토대로 부단히 자기자신을 포함해 그가 세계 내에서 만나는 존재자들을 해석하면서 그들과 교섭하고 있다. 현존재가 내세계적으로 만나는 존재자에 대한 모든 유형의 발견과정은 이러한 선행적인 실존적 이해를 토대로 수행되는 부단한 실존적 해석과정이다. 여기서 개별적 존재자는 다양한 형태로 해석될 수 있는데, 예를 들면 그것은 선언어적으로 해석될 수도 있고, 언어적으로 해석될 수도 있으며, 후자의 경우 선이론적·선학문적으로 해석될 수도 있고, 이론적·학문적으로 해석될 수도 있다.

실존범주로서의 내-존재는 이처럼 근원적인 정황적 이해와 더불어 그를 토대로 수행되는 해석작용 전체를 지칭하는 개념이다. 내존재는 첫째, 정황성이라는 측면에서 보면 "앞서 주어진 세계 속에 이미 있음"을 의미하고, 기투적 이해라는 측면에서 보면 "자기자신을 넘어서고 있음"을 의미하며, 마지막으로 해석을 통한 내세계적 존재자의 발견이라는 측면에서 보면 "존재자 곁에 있음"을 의미한다. 따라서 이러한 내존재의 전체적인 구조는 "(내세계적으로 만나는 존재자들) 곁에 있음으로서의 (세계) 속에 이미 있으면서, 자기자신을 넘어서는 존재"(Sich-vorweg-schon-sein-in- [der-Welt] als Sein

-bei [innerweltlich begegnendem Seienden]) (SZ, 192)로
표현될 수 있는데, Heidegger는 이러한 내존재의 전체적인
구조를 '심려'(Sorge)라 부른다.

이러한 논의를 통해 Husserl이 확립한 지향성 개념의 정체
가 근원적으로 밝혀진다. 객관화적 작용, 혹은 객관화적 작용
에 기초한 작용으로서의 지향성은 환경세계적으로 만나는 존
재자들과의 부단한 교섭활동인 "존재자 곁에 있음"의 파생적
양상에 불과하다. [9] 그런데 지향성이 거기에 기초하고 있는
바, 탈-생화되지 않은 근원적인 "존재자 곁에 있음"으로서의
비객관화적 체험 역시 내-존재의 근원적 양상이 아니라, 다시
근원적인 개시성인 세계 및 실존에 대한 근원적인 정황적 이
해에 뿌리를 두고 있으며, 그러한 한에서 이러한 이해의 파생
적 양상에 불과하다. 여기서 알 수 있듯이 지향성은 근원적인
정황적 이해의 "파생적 양상의 파생적 양상"이며, 이러한 점
에서 그것은 대부분이 물 밑에 잠겨 있는 심려라고 하는 빙산
의 일각에 비유될 수 있다. [10] 바로 이러한 맥락에서
Heidegger는 1925년 "Prolegomena zur Geschichte des
Zeitbegriffs"에 관한 강의에서 Husserl의 지향성 개념을 비
판하고, 이를 보완·수정한 후 일상적 현존재의 현존재 분석
론을 마무리지으면서, 강의 전반부에서 지향성 개념과 관련해
이루어진 논의를 되돌아보면서 다음과 같이 말한다. "현존재
의 근본구조로서의 심려라는 현상에서 보면 사람들이 현상학
에서 이해하였던 바 지향성은 단편적이며, 단지 수박 겉핥기

9) 이 점과 관련해 우리는 객관화적 작용이 "존재자 곁에 있음"의 근원적인 양상인
  비객관화적 체험이 탈-생화한 것이며, 그러한 한에서 객관화적 작용으로서의 지향
  성, 즉 인식이 "결코 일차적인 방식이 아니라, 언제나 비인식적 태도에 의해서만
  가능한 세계 내 존재의 정초된 방식"(GA 20, 222)임을 환기할 필요가 있다.
10) 지향성, 곁에 있음, 심려의 관계에 대해서는 SZ, 363, Anm. 1 ; GA 9, 135 ;
  GA 24, 444 ; GA 26, 168 등을 참조.

식으로 파악된 현상에 불과함이 밝혀진다. 지향성이 의미하는 바, 즉 …에로 향함은 그러나 당연히 '이미 있음으로서 자신을 넘어서면서 곁에 있음'이라는 통일적인 근본구조 속으로 되돌려 보내져야만 한다. 바로 이러한 통일적인 현상이야말로 사람들이 단지 전체적인 구조로부터 고립시켜 비본래적으로 지향성이라 생각했던 것에 대응하는 본래적인 현상이다."
(GA 20, 420)

3. 선험적 현상학과 해석학적 현상학

Husserl이 1910/11년 Logos지에 발표한 논문의 제목이 말해 주듯이 그가 추구했던 이념은 "엄밀학으로시의 철학"(Philosophie als strenge Wissenschaft)이었다. 엄밀학으로서의 철학의 이념은 거기서 사용된 개념들이 엄밀한 경우에 실현될 수 있는데, 어떤 개념이 엄밀하다 함은 그 개념이 명석성(Klarheit)과 판명성(Deutlichkeit)을 지니고 있음을 의미한다.

Husserl의 전기의 선험적 현상학은 이러한 엄밀학으로서의 철학의 이념을 체계적으로 구체화시키려 노력한 하나의 예이다. 인식의 가능근거에 대한 인식론적 물음에서 출발한 이러한 현상학에서 제일차적인 분석주제로 등장한 것은 앞서 살펴본 의미의 지향성이었는데, 지향적 분석과 관련해 그는 현상학적 환원의 방법을 사용하여 지향체험들 사이의 타당성 정초관계를 해명하고자 한다. 그런데 이러한 해명작업과 관련해 가장 중요한 문제로 제기되는 것은 그 모든 타당성 정초연관을 떠받들고 있으며, 이러한 점에서 모든 타당한 인식의 출발점 역할을 담당할 수 있는 최종적인 타당성의 원천을 확보하는 일이다. 그에 의하면 모든 인식의 출발점인 최종적인 타당성의 원천은 "임의로 선택된 출발점이 아니라, 사태 자체의 본성에 토대를 둔 출발점"(『성찰』, 53)으로서 필증적 명증을 지녀야 하는데, 그것이 필증적 명증을 지닌다 함은 그것이 절대적으로 확실하고, 절대적으로 의심할 수 없음, 즉 그것이 그렇지 않음을 단적으로 생각해 볼 수 없음을 의미한다. 그에 의하면 이러한 필증적 명증을 지닌 영역은 다름아닌 자기의식의 영역인데, 이는 현상학적 환원을 통해 체계적이며 단계적으로 모든 종류의 자연적 정립, 그중에서 최종적으로는 세계존재에 대한 믿음인 자연적 태도의 일반정립에 대한 판단중지가 이루어질 때 비로소 확보될 수 있는 "절대적인 무전제성의 영역"(『성찰』, 74)이다.

Heidegger에 의하면 '사태 자체에' 대한 통찰의 결과로 얻어졌다고 하는 이러한 선험적 현상학적인 철학의 구상은 자명한 것도 아니요, 온당한 것도 아니다. 바로 이러한 이유에서 그는 "'현상학의 근본문제들', 다시 말해 가장 큰 논쟁거리이고 결코 불식시킬 수 없는 가장 근원적이며 최종적인 현상학의 근본문제는 현상학 그 자체이다"(GA 58, 1)라고 지적하면서 1919/20년 겨울학기에 행한 "Grundprobleme der Phänomenologie"에 관한 강의를 시작하는데, 우리는 그가 이러한 지적과 함께 이미 이때부터 Husserl의 현상학에 대한 체계적인 비판을 준비하고 있음을 알 수 있다. 물론 그가 Husserl의 현상학을 비판할 때 엄밀한 학으로서의 철학의 본래적인 이념 자체를 비판하는 것은 결코 아니다. 그는 엄밀학이 모든 참된 철학, 따라서 두말할 것도 없이 그가 수립하고자 하는 현상학이 추구해야 할 근원적인 이념이라고 생각한다. [11] 그가 Husserl의 현상학에 대해 가하는 비판은 엄밀학

---

11) Heidegger는 해석학적 현상학의 이념이 구체화되어 가는 1919/20년경부터 『존재와 시간』의 출간까지 엄밀학을 현상학이 추구해야 할 본래적인 이념이라고 생각

의 본래적인 이념 자체가 아니라, 그러한 이념의 구현자로 등장한 초기의 현상학인데, 그에 의하면 이러한 현상학은 엄밀한 학으로서의 철학의 본래적인 이념을 구현하고 있는 철학이 아니라, 오히려 그러한 근원적인 이념을 퇴색시키고 있는 철학에 불과하다. 그는 이러한 비판을 통해 엄밀한 학으로서의 철학의 이념을 근원적으로 구현하고 있다고 생각되는 새로운 유형의 현상학, 즉 해석학적 현상학을 구축해 나간다. 이제 우리는 철학의 방법에 대한 문제를 중심으로 선험적 현상학에 대한 비판의 내용, 그리고 그를 통해 해석학적 현상학의 성립 과정을 고찰하면서 선험적 현상학과 해석학적 현상학의 근본적인 차이를 해명하고자 한다.

Heidegger가 Husserl의 현상학적 환원의 방법에 대해 가하는 비판은, 그가 "특정물음의 사태적인 필연성, 그리고 사태 자체로부터 요청된 탐구방법을 통해서만 특정 학문분과는 성립할 수 있다"(SZ, 22)고 지적하듯이, 사태와 그를 파악하기 위한 수단인 방법이 불가분의 관계에 있다는, 그가 Husserl과 공유하는 확신에서[12] 유래하는 필연적인 귀결이

한다. 이 점에 대해서는 GA 61, 36, 46, 89 ; GA 58, 6, 38 등을 참조. 그는 후기에 접어들면서 존재사유를 더 이상 일종의 학으로 간주하지 않고, 그 대신 그것이 오히려 시작(Dichtung)과 유사함을 강조하는데, 이 점과 관련해 유의해야 할 점은 이 경우 '사유의 엄밀성'(die Strenge des Denkens)이 조금도 부정되거나 포기되는 것이 아니라는 사실이다. 존재사유가 시작과 유사성을 지닐 수밖에 없는 이유는 그것이 이 후자와 마찬가지로 '생기의 방식'(die Weise des Ereignisses)(GA 12, 255)인 "사태를 드러내 보이며 말함"(die Sage)의 한 가지 방식이며, 그러한 한에서 생기를 '엄밀하게', 즉 '사태에 맞게' 경험할 수 있는 하나의 방식이기 때문이다. 여기서 우리는 현상학의 근본적인 요청에 따라 사태 자체의 변화와 더불어 엄밀성의 성격 자체도 변화하게 됨을 다시 한 번 확인하는데, 생기에 대한 엄밀한 경험은 학적 사유를 통해서가 아니라, 존재사유나 시작을 통해서만 가능한 것이다. 바로 이러한 맥락에서 그는 Trakl의 시를 해석하면서 "본질적으로 다의적인 Trakl의 언어가 지닌 특유한 엄밀성"(GA 12, 71)에 대해 언급하면서, "시작적인 말함의 다의성은 태만한 자의 부정확함이 아니라, 적확한 직관의 섬세함에 자신을 내맡긴 자의… 엄밀성이다"(GA 12, 71)라고 말한다.

다. 앞서 Husserl의 지향성 개념에 대한 Heidegger의 비판
을 통해 밝혀졌듯이, 이 후자에게서 현상학적 분석의 주제인
사태 자체는 전자의 경우와는 전혀 다른 모습을 보였으며, 그
에 따라 그를 분석하기 위한 방법도 근본적으로 변화해야 함
은 당연한 일인데, 우리는 앞서 사태의 변화에 따라 그를 파
악하는 수단인 방법이 변화되어야 함을 부분적으로 고찰하였
다. Husserl의 지향성 개념은 심려의 파생적인 한 양태로서
비록 탈-생화되긴 하였지만, 그럼에도 불구하고 어디까지나
일종의 실존적인 체험이며, 앞서 살펴보았듯이 대상화하고 객
관화하는 파악방식인 현상학적 환원의 방법은 이러한 근원적
인 실존적 체험을 그것이 "자연스런 태도" 속에서 수행되고
있는 바 그대로 파악할 수 있는 방법이 될 수 없었다. 더 나
아가 이러한 반성의 방법은 지향적 체험이 거기에 뿌리박고
있는 바, Heidegger적 현상학의 핵심주제인 심려를 그의 전
체적 구조 속에서 파악할 수 있는 적절한 수단이 될 수 없음
은 두말할 나위도 없다. 왜냐하면 객관화하고 대상화하는 파
악방식인 현상학적 반성은 일종의 존재자인 직접적으로 주어
진 현재적인 체험만을—그것도 비근원적인 형태로—주제화
할 수 있을 뿐이며, 그러한 존재자의 존재토대인 바, 탄생에
서 죽음까지 이르는 현존재의 실존의 본래적이며 전체적인 구
조인 심려를 이론적으로 주제화하기는 고사하고, 그러한 현상
이 존재한다는 사실을 선이론적으로 포착할 수조차 없다.

그러면 이러한 심려현상이 존재한다는 사실을 선이론적으로
포착하고, 그를 토대로 심려현상의 구조를 이론적으로 분석할
수 있는 방법은 무엇일까?

우선 심려현상이 존재한다는 사실에 대한 선이론적인 포착

---

12) 이 점에 대해서는 『이념들 I』, 161쪽 참조.

가능성의 문제부터 검토하기로 하자. 퇴락의 양상에서 살아가는 일상적 현존재는 현재 눈앞에서 생생하게 자신의 모습을 드러내는 개별적인 존재자에만—그것이 자연적 대상이든, 지향성이든—모든 관심을 집중시킨 채, 비록 명증적인 양상에서 주어지지는 않을지라도, 그럼에도 불구하고 개별적 존재자들에 대한 실존적 해석을 위한 토대로서 부단히 자신의 기능을 수행하는 심려현상으로부터 부단히 눈을 돌리며 회피하려는 근본적인 은폐성향을 지니고 있는데, 바로 이러한 은폐성향이 파괴될 때 현존재의 실존의 본래적이며 전체적인 구조인 심려가 존재한다는 사실에 대한 선이론적 포착이 비로소 가능하다. 그러면 퇴락의 양상에서 살아가는 일상적 현존재가 지닌 이러한 지속적인 은폐성향을 그 뿌리로부터 파괴시켜 주는 것은 무엇일까? Heidegger에 의하면 이를 가능케 해주는 것은 그 어떤 형태의 객관화적 작용이 아니라, 일종의 정서적 통일체인 '불안'(Angst)이라는 근원적 기분(Grundstimmung)이다.

우리는 여기서 문제가 되고 있는 근원적 기분인 불안을 그것과 유사해 보이는 현상인 공포(Furcht)와 혼동해서는 안된다. 공포의 경우 "공포를 불러일으키는 것"(das Wovor der Furcht)과 "그것을 염려해 공포가 발생하는 것"(das Worum der Furcht)은 우리가 구체적으로 지시할 수 있는 특정한 개별적인 존재자로서, 이 둘은 대개의 경우 구별된다. 그러나 불안의 경우는 사정이 전혀 다르다. 불안의 경우 "불안을 불러일으키는 것"(das Wovor der Angst)과 "그것을 염려해 불안이 발생하는 것"(das Worum der Angst)은 현존재가 세계에서 만나는 어떤 구체적인 개별적인 존재자가 아니다. 불안은 바로 그 안에서 지금까지 현존재에게 나름대로의 의미를 지녀 왔던, 세계 내에서 현존재가 만나면서 교섭하는

모든 개별적인 존재자가 그 모든 의미를 송두리째 상실하게
되는, 그러한 근원적인 기분이다. 말하자면 "불안 속에서는
환경세계적인 도구적 존재자, 내세계적 존재자 일반은 침몰하
여 사라져 버린다."(SZ, 180) 따라서 그 모든 존재의미를 상
실한 개별적인 존재자들은 더 이상 "불안을 불러일으키는 것"
이 될 수 없다. 그러면 불안을 불러일으키는 것은 무엇인가?
그것은 다름아닌 이처럼 의미를 상실한 모든 존재자들의 존재
기반인 일상적 현존재의 세계 자체, 그리고 그와 등근원적이
며, 그 속에 이미 던져져 있는 일상적 현존재의 실존 자체이
다. 그러면 "그것을 염려해 불안이 발생하는 것"은 무엇인
가? 그것은 다름아닌 이러한 일상성을 벗어나, 현존재의 본
래적인 기투를 통해 본래적인 양상으로 장차 새롭게 태어나야
할 현존재의 실존 및 그와 등근원적인 본래적인 세계이다.
"불안은 이처럼 (일상적 현존재의) '세계', 그리고 공공적으로
해석되어 있는 상황을 토대로 퇴락한 채 자기자신을 이해할
가능성을 현존재로부터 박탈한다. 불안은 현존재를 그것을 염
려해 불안이 발생하는 것인 바 그의 본래적인 세계-내-존재
-가능(sein eigentliches In-der-Welt-sein-können)을 향해
되던진다. 불안은 현존재를 그의 가장 고유한 세계 내 존재로
개별화시키는데, 이러한 세계 내 존재는 이해하는 존재로서
본질적으로 자신을 가능성을 향해 기투한다."(SZ, 187)
　이처럼 불안이라는 근원적인 기분은 퇴락의 양상 속에서 살
아가는 현존재에게 속해 있는 뿌리깊은 은폐경향을 송두리째
파괴하면서, 현존재를 그의 일상성 및 평균성을 지닌 세인의
모습으로부터 해방시켜, 그를 그 어떤 다른 현존재와도 치환
할 수 없는 본래적인 현존재로 개별화시켜 주는데, 바로 이를
통해 현존재는 그의 본래적이며 전체적인 실존과 직면하게 되
면서 새롭게 태어나고, 자신의 존재 및 그와 등근원적으로 세

220

계의 존재에 대해 새로운 실존적 이해를 지니게 된다. 이처럼 불안이라는 근원적 기분을 통해 자신의 실존의 본래적이며 전체적인 모습에 대해 참다운 의미에서 눈을 뜬 본래적인 현존재에게만 일상적 양상과 본래적 양상을 보이는 현존재 전체의 실존의 구조인 심려에 대해 이론적인 분석을 행할 수 있는 가능성이 열린다.

그러면 현존재의 존재인 실존의 구조인 심려를 이론적으로 주제화할 수 있는 구체적인 방법은 무엇인가? 이는 다름아닌 현존재가 그때그때마다 살아 나가면서 그것이 일상적 양상이든, 본래적인 양상이든 자신의 실존에 대해 가지고 있는 실존적 선이해를 개념적인 존재론적 선이해, 즉 실존론적 선이해로 바꾼 후 이를 반복되는 해석학적 순환을 통해 단계적으로 구체적인 이해로 바꾸어 감으로써 가능한데, 이러한 작업이 다름아닌 실존론적 해석이다. "현상학적 기술의 방법론적 의미는 해석이다. 현존재의 현상학의 logos는 hermeneuein, 즉 해석이라는 성격을 지니는데, 그를 통해 현존재 자체에 속한 존재이해로부터 현존재의 존재의미 및 현존재에만 고유한 존재의 근본구조가 스스로 자신의 모습을 드러낸다."(SZ, 37) 이처럼 실존론적 분석론으로서의 현상학은 Heidegger에 의하면 더 이상 반성적 직관의 방법에 기초한 선험적 현상학이 아니라, 해석의 방법에 기초한 해석학적 현상학이 된다. 그런데 앞서 밝혀졌듯이 현존재는 정황성 속에서 주어지는 근원적인 실존적 이해를 토대로 부단히 실존적 해석을 수행하면서 존재자들과 교섭하고 그들을 발견하는 존재자이며, 따라서 이러한 현존재의 존재를 존재론적으로 해석함을 자신의 과제로 삼는 현상학적 해석은 "해석에 대한 해석"으로 정의될 수 있다.

이제 이러한 해석학적 현상학의 특성을 몇 가지 살펴보면서 그것이 그 본질상 선험적 현상학과 어떻게 구별되는지 고찰하기로 하자.

1. 앞서 언급되었듯이 현상학적 해석 역시 그것이 일종의 해석인 한 모든 여타의 해석과 마찬가지로 전체에 대한 추상적이며 막연한 이해와 부분에 대한 구체적인 이해 사이에서 반복되는 해석학적 순환 속에서 진행되며, 따라서 현상학적 해석을 구체적으로 진행시키기 위해서는 해석의 출발점이자 전제역할을 담당하는 세계 및 실존에 대한 실존론적 선이해 및 선구조가 획득되어야 하는데, 이러한 실존론적 선이해 및 선구조는 현존재가 이론적인 태도를 취하기 이전에 자신의 실존 및 세계의 존재에 대해 지니고 있는 실존적인 정황적 선이해를 토대로 해서 획득될 수 있다. 이렇게 획득된 실존 전체에 대한 막연하고 추상적인 실존론적 선이해 및 선구조는 해석학적 순환을 통한 현상학적 해석이 점차 진행되면서 그의 추상성을 극복하고 단계적으로 구체적인 이해로 바뀌어 나간다. 해석의 전제이자 출발점인 실존론적 선이해 및 선구조는 이처럼 해석학적 현상학에서 결정적인 의미를 지니는데, 현상학적 해석이 올바로 진행되기 위해서 이러한 출발점은 임의로 확보되어서는 안 되며, 어디까지나 실존이라는 사태 자체로부터 획득되어야 한다. "철학은 자신의 '전제들'을 떨쳐 버리려 할 수도 없고, 그렇다고 해서 그것을 주어진 그대로 아무렇게나 받아들이려고 해서도 안 된다. 철학은 전제들을 (올바로) 파악해서, 그것들과 더불어 그것에 대해 그것들이 전제인 바의 그것을 보다 더 철저하게 전개해 나간다."(SZ, 310) 여기서 우리는 선험적 현상학과 해석학적 현상학의 본질적인 차이점을 확인할 수 있다. 선험적 현상학이 절대적인 무전제의 영역인 자기의식의 필증적 명증에서 출발해 절대적으로 무전제인 철학이 되고자 하는데 반해, 해석학적 현상학은 나름대로의

전제에서 출발하여 그 전제의 구체적인 모습을 완전히 드러내고자 하는 철학이다.

2. 실존론적 해석 역시 근원적인 정황성 속에서 주어지는 실존론적 이해를 토대로 진행되는 해석이며, 그러한 한에서 실존적 해석과 마찬가지로 자체 내에 그 나름대로의 기투성격을 지니고 있다. 실존적 이해를 토대로 실존론적 이해를 획득하는 과정, 그리고 그를 토대로 반복되는 해석을 통해 현존재의 존재구조를 획득하는 과정으로서의 실존론적 해석은 "그때그때마다 실존하는 현존재의 존재가능성"(SZ, 13)을 의미하며, 그러한 한에서 현존재의 실존의 수행, 혹은 현존재의 실존의 운동성이라는 의미의 기투성격을 지니고 있다. 환경세계 내에서 이루어지는 현존재의 선이론적인 이해 및 부단한 해석과정이 현존재가 부단히 자신의 존재인 실존을 새로운 가능성을 향해 기투해 나가는 과정이듯이, 실존론적 이해 및 해석과정 역시 현존재가 자신의 실존을 새로운 가능성을 향해 기투해 나가는 과정이라 할 수 있다. 이러한 맥락에서 Heidegger는 "존재론적 해석은 앞서 주어진 존재자(즉 현존재)를, 그의 존재구조를 개념적으로 파악하기 위하여, 그에게 고유하게 속해 있는 존재를 향해 기투한다"(SZ, 312)고 말하면서 이러한 존재론적 해석 속에 들어 있는 기투를 실존적 해석 속에 들어 있는 기투와 구별해 '존재론적 기투들'(SZ, 312)이라고 부른다. 실존적 해석 속에 들어 있는 이러한 존재론적 기투들이 어떤 정도의 폭과 깊이를 가지게 될지, 그리고 그러한 기투과정에 끝이 있을지 없을지 등의 문제는 실존론적 해석이 한참 진행된 후에나 부분적으로 밝혀질 수 있을 것이다. 『존재와 시간』의 제2부에서 진행되는 근원적인 실존론적 해석의 폭과 깊이와 관련해 Heidegger는 '선구적 결단성'에 대한 실존론적 분석을 "현존재를 그의 가장 극단적인 실존가능성으로 해석하

223

면서 해방시키는 작업"(SZ, 303)으로 규정한다. [13] 여기서 우리는 현존재의 가장 극단적인 실존방식으로서의 현존재의 해석학이 현존재의 구체적인 실존적 삶을 도외시한 채 거의 탈세계적이라 일컬어질 수 있는 차원에서 진행되는 바, '순수관조'를 연상케 하는 선험적 현상학과 본질적으로 구별됨을 알 수 있다.

3. 앞서 우리는 현존재의 실존의 전체적인 모습인 심려를 근원적으로 개시해 주면서 현존재에게 그의 전체적인 실존에 대한 실존적 이해를 가능하게 해주는 것이 불안이라는 근원적인 기분임을 살펴보았다. 이러한 근원적인 기분이 없이는 세계 및 실존에 대한 실존적 선이해의 생성도, 실존론적 선이해의 확보도 애당초 불가능하며, 바로 이러한 이유에서 Heidegger는 불안이 "실존론적 분석론을 위하여 원칙적인 방법적 기능"(SZ, 190)을 지니고 있음을 강조한다. 불안은 해석학적 현상학의 분석주제인 실존을 처음으로 발견할 수 있도록 해주며, 그러한 한에서 해석학적 현상학에서 불안은 그 방법적인 측면에서 보면 선험적 현상학에서 반성적인 직관이 지니고 있는 방법적 기능과 유사한 기능을 담당한다. 말하자면 불안이라는 근원적 기분은 나름대로의 근원적인 직관적 기능을 지니고 있는 셈인데, Heidegger는 『존재와 시간』에서 이와 관련해 "정황성이 지닌 명증"(SZ, 136)이라는 표현을 사용하며, 그에 앞서 이미 1919년에 행한 "Die Idee der Philosophie und das Weltanschauungsproblem"이라는 강의에서는 "체험을 자기 것으로 만들면서 받아들이는 체험"으로서의 "이해하는 직관" 혹은 "해석학적 직관"(GA 56/57, 117)이라는 표현을 사용한

---

13) Heidegger는 *Beiträge zur Philosophie*에서 이러한 실존론적 해석이 심화된 존재사유의 최종적인 목표를 "이성적 동물(*animal rationale*)로부터 현-존재에로의 인간의 본질의 변화"(GA 65, 3)라고 규정한다.

다. 불안이라는 기분 속에 들어 있는 이러한 해석학적 직관은 선험적 현상학의 방법인 반성적 직관보다 훨씬 더 근원적인 직관인데,[14] 그 이유는 그러한 직관만이 반성적 직관을 통해서는 도달할 수 없는 사태인 본래적이며 총체적인 실존의 근원적인 모습을 현존재에게 열어 주기 때문이다. 여기서 우리는 해석학적 현상학이 사태 자체에 대한 직관에 기초해 명석·판명한 개념들로 철학이론을 구축하여야 한다는 엄밀학으로서의 철학의 이념을 포기하는 것이 아니라, 바로 그러한 이념을 근원적으로 실현시키고자 하는 철학임을 다시 한 번 확인한다. 본래적이며 총체적인 실존의 모습을 가장 근원적인 의미에서 직관적으로 개시해 주는 이러한 불안이라는 근원적 기분이 없이는 해석학적 현상학은 성립할 수 없으며, 바로 이러한 점에서 해석학적 현상학은 철두철미 이러한 근원적 기분의 발로라 할 수 있다. 여기서 우리는 선험적 현상학과 해석학적 현상학의 본질적인 차이를 다시 한 번 확인한다 : 선험적 현상학적 분석을 가능하게 해주는 것이 반성적 직관이라는 일종의 이론적 작용임에 반해, 해석학적 현상학적 분석을 가능하게 해주는 것은 해석학적 직관이라는 선이론적 작용이다.

4. Heidegger의 Husserl 비판과 현상학적 해체

Heidegger는 그에게 해석학적 현상학의 이념이 구체화되어 감에 따라 부단히 전통철학과 비판적으로 대결하고, 그것을

---

14) "현존재의 근원적인 존재구조에 대한 통찰", (SZ, 54) "현존재의 본질적인 존재구조 전체를 관통하여 그의 총체적 개시성에 대한 이해 및 파악"(SZ, 146)을 가능하게 해주는 이러한 해석학적 직관과 현상학적 본질직관의 관계에 대해 Heidegger는 다음과 같이 말한다 : "'사유'와 '직관'은 양자 모두 이미 이해로부터 멀리 떨어진 이해의 파생태이다. 현상학적 '본질직관'도 실존론적 이해에 기초해 있다."(SZ, 147)

새롭게 해석하고 참다운 의미에서 자기의 것으로 만들어 가면서 자신의 철학을 전개해 나간다. 이러한 작업을 위하여 그는 전통철학에서 사용된 개념들의 근원적인 의미를 밝혀 내기 위하여 그것들의 본래적인 원천인 '근본경험'(GA 9, 34), 혹은 '근원적 경험'(SZ, 22)의 영역으로 귀환하고자 하는데, 이처럼 근원적인 경험의 영역으로 귀환하는 작업을 그는 이미 해석학적 현상학의 이념이 싹트기 시작하던 1919/20년경부터 '해체'(Destruktion)라 부르고 있다. 15) Husserl 역시 『논리연구』, 『엄밀학으로서의 철학』, 『이념들』 등 도처에 나타난 Descartes의 보편수학(Mathesis universalis)의 이념에 대한 비판, 심리주의 비판, 역사주의 비판, 자연주의 비판, Brentano의 지향성 개념에 대한 비판 등 무수히 많은 예들이 보여 주듯이 당시의 다양한 철학사조뿐 아니라, 전통철학에 대해 철저히 비판해 가면서 자신의 현상학을 전개해 나가고 있다. Husserl의 현상학은 철학사와 무관한 철학이라는 일반적인 통념과는 달리 그와의 부단한 대결 및 그에 대한 나름대로의 철저한 비판을 통해 전개된 철학이며, 이러한 부단한 비판 및 대결을 통해 그가 의도했던 것 중의 하나는 Heidegger의 경우와 마찬가지로 사태 자체에 대한 근원적인 경험을 토대로 전통철학의 그릇된 전제를 밝혀 내면서, 이것을 참다운 의미에서 자기 것으로 만드는 일이었다. 여기서 우리는 Husserl 역시 Heidegger도 인정하듯이[16) 비록 그에 대한 명료한 개념

---

15) 현상학적 해석학의 이념이 구체화되어 가는 1919/20년부터 『존재와 시간』이 출간되기 이전까지의 해체문제에 대해서는 GA 9, 34 ; GA 59, 29 ff. ; GA 61, 131 ff. ; GA 63, 105 등을 참조.

16) Heidegger는 Husserl의 현상학에 이미 이러한 '해체'의 이념이 있었음을 인정하는데, 이 점과 관련해 그는 전통철학에 대한 해체문제를 언급하는 대목에서 "(『논리연구』에서) 현상학이 처음으로 분출할 때" 현상학이 목표로 삼았던 것은 전통철학이 분석해 놓은 "이론적 경험 및 이론적 인식이라는 현상들을 근원적으로 새롭게 자기 것으로 만드는 일"(GA 9, 34-35)이었다고 말한다.

적인 언급은 없지만 실제에 있어서는 나름대로의 해체이념을 가지고 있었고, 실제로 그러한 이념에 따라 전통철학과 대결하면서 자신의 현상학을 전개시켜 나갔음을 알 수 있다.

그러나 Heidegger에 의하면 이러한 Husserl의 해체작업은 단편적으로만 실현되었을 뿐, 대체적으로 미완인 채로 남아 있을 수밖에 없다. 그 이유는 후자가 모든 유형의 전통과 권위의 속박에서 벗어나, 사태 자체에 대한 직관을 토대로 이론을 수립해야 한다는 현상학의 근본이념을 제시하였음에도 불구하고, 실제 현상학적 분석을 행함에 있어서는 가장 결정적인 대목에서 부지불식간에 이러한 근본이념을 망각한 채, "전통이 주는 압력과 부담"(GA 20, 178)을 완전히 벗어 던지지 못한 데 있는데, 이 점에 대해 그는 다음과 같이 말한다. "그의 가장 고유한 주제인 지향성에 대한 가장 근원적인 규정이 관건일 경우 바로 현상학적 탐구도 전통의 속박에 매여 있다. 현상학은 가장 본래적인 그의 원칙에 반해 그의 가장 고유한 주제를 사태 자체를 토대로 해서가 아니라, … 전통적인 선입견을 토대로 규정한다. 따라서 현상학은 가장 고유한 자신의 영역의 규정이라는 근본과제에서부터 비현상학적이 되었다! 다시 말해 그것은 겉보기에만 현상학적이다!"(GA 20, 178) Heidegger에 의하면 이처럼 Husserl의 현상학을 비현상학적이라는 굴레를 씌운 전통의 연원은 가깝게는 사유하는 자아를 철학의 출발점으로 삼은 Descartes에서, 멀리는 인간의 본성을 이성적 동물(animal rationale)로 규정한 Platon, Aristoteles에서, 또 더 근원적으로는 '사유'와 '존재'를 하나로 본 Parmenides에서 유래한다.

그러면 이처럼 Husserl이 그가 추구했던 바 해체작업을 참다운 의미에서 수행할 수 없도록 한, 이러한 전통철학의 정체는 무엇인가? Heidegger에 의하면 그것은 퇴락의 양상에서 살아가는 현존재에 의해 이루어진, 자기의 본래적인 실존의 모습을 직시하지 못한 퇴락의 철학에 불과하다. "존재물음 자체에 대한 태만, 그리고 지향성의 존재에 대한 물음의 태만은 현존재 자체의 퇴락 속에 그 뿌리가 있다."(GA 20, 178) 바로 이러한 퇴락의 양상 속에서 머물면서 Husserl은 비록 전통철학에 대해 나름대로의 비판을 가하면서 근원적인 경험영역으로 들어가고자 하였으나, 그때마다 그는 그가 비판하고자 한 대부분의 전통철학자들과 마찬가지로 퇴락의 양상에서 해방될 수 없었으며, 그 필연적인 결과 그는 참다운 의미에서 '근본경험', '근원적 경험'의 영역으로 돌입할 수 없었고, 해체작업 역시 올바로 수행될 수 없었다는 것이 Heidegger의 기본입장이다. 여기서 Heidegger가 염두에 두고 있는 참다운 의미에서의 근원적인 경험의 영역은 다름아닌 해석학적 현상학의 본래적인 탐구주제인 바, 퇴락의 양상에 머무는 반성적 직관에게는 자신의 본래적인 모습을 감추며, 오직 정황적 이해라는 근원적인 '해석학적 직관'에게만 자신의 모습을 드러내는 본래적이며 총체적인 실존인데, 그에 의하면 참다운 의미의 해체작업은 바로 이러한 실존에 대한 근원적인 경험을 토대로 해서만 가능하다. 이러한 논의를 통해 지향성에 대한 반성적 파악인 Husserl의 선험적 현상학에 대한 비판을 토대로 이루어진 해석에 대한 해석으로서의 해석학적 현상학의 전개과정의 의미가 분명해지는데, Heidegger에 의하면 그것은 다름아닌 퇴락의 양상에 머물러 있는 Husserl의 현상학에 대한 해체작업이며, 동시에 이 후자에 의해 미완인 채로 남아 있는 전통철학에 대한 참다운 의미의 해체작업을 완성해 나가는 과정이라 할 수 있다.

여기서 우리는 Heidegger의 Husserl 비판에 대한 오해를 피하기 위하여 현상학적 해체의 의미를 올바로 이해하여야 할 필요가 있다. 전자의 후자에 대한 비판에서 등장하는 '퇴락' 등 여타의 개념들과 더불어 이 개념 역시 아주 '과격한' 어감을 지니고 있으며, 바로 이러한 개념의 과격성 때문에 그 정확한 내용을 이해하지 못할 경우 사람들은 흔히 해체를 '공중분해', 혹은 '무화시킴' 등을 의미하는 것으로 오해할 수도 있다. 그러나 현상학적 해체작업을 통해 해체되는 것은 공중분해되는 것도, 무화되는 것도 아니며, 단지 보다 더 근원적으로 사유될 뿐인데, 바로 이러한 맥락에서 Heidegger는 Husserl의 전기 현상학에 대한 해체를 통해 가능해진 바 자신의 해석학적 현상학의 근본성격과 관련하여 다음과 같이 말한다 : "그런데 나에게 중요한 의미를 지녔던 것은 현상학 내에서의 하나의 방향도 아니요, 전혀 새로운 그 무엇도 아니다. 이와는 달리 나는 현상학을 보다 더 근원적으로 사유하고자 한 것인데, 이러한 작업을 하고자 한 이유는 그를 통해 현상학을 본래적으로 서양철학의 전체적인 맥락 속으로 연결시키기 위해서였다."(GA 12, 91)

5. Husserl과 Heidegger의 관계

우리는 『논리연구』에서 『이념들』에 이르는 Husserl의 전기 현상학과 『존재와 시간』에 나타난 Heidegger의 해석학적 현상학의 관계를 살펴보았다. 이러한 논의와 관련해 우리는 그를 통해 Husserl-Heidegger의 관계의 극히 부분적이며 단편적인 모습만이 해명되었을 뿐, 그 전체적인 모습이 해명된 것이 아님을 유의해야 한다. 그의 미발간 유고들이 보여 주고, 『논리연구』, 『이념들』 등에도 여기저기서 그 필요성이 언급되고 있듯이 Husserl은 이미 『논리연구』 출간 직후부터 그의 전기의 현상학의 한계를 발견하고, 그를 비판해 가면서 현상학의 새로운 지평을 개척해 나간다. Heidegger가 현상학을 무한히 열린 가능성으로 이해하면서 그가 비판의 대상으로 삼고 있는 Husserl의 전기 현상학과 관련하여 "첫번째로 현상학이 모습을 갖추어 나감"(GA 20, 123 ff), 혹은 "첫번째로 현상학이 분출함"(GA 9, 34)이라고 지적하면서 그것을 비판하고 현상학적으로 해체해 가면서 새로운 형태의 현상학인 해석학적 현상학을 발전시켜 나가듯이, Husserl 역시 1910년대 중반 이후부터 사태에 대한 보다 더 근원적인 사유를 통해 그의 전기 현상학을 철저히 비판해 가면서 본격적으로 그 이후의 현상학을 전개해 나갔다. 말하자면 Husserl의 후기 현상학은 바로 그의 전기 현상학에 대한 그 나름의 철저한 현상학적 해체를 통해서 가능했던 것이다.

Husserl이 자신의 전기 현상학에 대한 현상학적 해체작업을 수행할 수밖에 없었던 이유는 1910년대 중반 이후에 그가 스스로 발견하게 되듯이『논리연구』에서『이념들』에 걸쳐 이루어진 현상학적 분석내용이 커다란 문제를 안고 있기 때문이었다. 바로 이러한 문제 때문에 그는 1913년에『이념들 I』을 출간하면서 거기에 이어『이념들 II』와『이념들 III』도 출간할 계획이었으나, 결국 이러한 계획을 포기할 수밖에 없었다. 이처럼『이념들』의 완간을 포기하도록 한 문제란『논리연구』및『이념들』에서 이루어진 현상학적 분석들이 하나의 통일적인 관점에 의해 일목요연하게 이루어진 것이 아니며, 바로 이러한 이유에서 거기서 사용된 대부분의 근본개념 역시 일의적이지 못하며, 이중적 혹은 다중적일 수밖에 없다는 사실이다. 그는 이러한 난점을 극복하기 위한 유일한 길은 현상학적 분석을 주도하는 두 가지 관점, 즉 정적 현상학적 관점과 발생적 현상학적 관점을 철저히 구별하는 일임을 인식하게 되었고, 그에 따라 1910년대 중반 이후에는 정적 현상학과 발생적

230

현상학의 이념을 구별하고 있다.

정적 현상학과 발생적 현상학의 구별이라는 관점에서 보면 『논리연구』에서 『이념들』에 이르는 Husserl의 현상학은 불완전한 형태의 정적 현상학이라 규정될 수 있다. 따라서 현상학의 근본주제로서의 지향성 개념은 이처럼 불완전한 정적 현상학에서는 일의적이지 못하며, 따라서 두 가지 유형의 현상학의 이념이 보다 더 철저히 구별되어 감에 따라 수정·보완되어야 한다. [17] 지향성 개념이 수정·보완되어야 할 필요성과 관련해 Husserl은 이미 『이념들 I』에서 그가 거기서 확립한 지향성 개념에 대해 그것이 "아주 자명한 것이면서, 동시에 가장 불가사의한 것"(『이념들 I』, 201)이라고 지적하면서, 다른 대목에서 다음과 같이 말한다. "우리가 파악한 것처럼 이처럼 막연하고 폭넓게 이해된 지향성 개념은 현상학의 초기단계에서 꼭 필요한 (분석의) 출발을 위한 개념이며, 기초적인 개념이다. 이 개념이 지칭하는 가장 일반적인 것은 자세한 탐구가 있기 전에는 아주 막연한 것일 수도 있으며, 그것은 본질적으로 서로 다른, 아주 다양한 형태 속에서 나타날 수도 있다…."(『이념들 I』, 191) 이러한 근본적인 문제점에 대한 보다 더 투명한 인식과 더불어 1910년대 중반 이후에는 정적 현상학과 발생적 현상학의 이념이 명료히 구별되어 감에 따라 이 두 유형의 현상학에서 지향성 개념은 구체적으로 각기 달리 정의된다 : 타당성 정초관계 해명을 목표로 하는 정적 현상학에서는 타당성의 유일한 담지자는 객관화 작용이며, 그러한 한에서 객관화 작용만이 선험적 구성의 기능을 지니며, 따라

---

17) 이처럼 지향성 개념이 수정되어 감에 따라 그의 정초연관을 해명하기 위한 방법인 현상학적 환원의 방법 역시 정적 현상학과 발생적 현상학에서 각기 다른 모습을 보일 수밖에 없다. 이 글에서 우리는 이 문제를 따로 다루지 않기로 한다. 이 점에 대한 상세한 논의는 졸고, "선험적 현상학과 해석학"(『생활세계의 현상학과 해석학』, 서울, 1992, 221-251쪽) 참조.

서 선험적 구성기능으로서의 지향작용은 객관화적 작용, 혹은 객관화적 작용에 정초된 비객관화적 작용을 의미한다. 이러한 점에서 "모든 지향체험은 객관화 작용이거나, 그러한 작용을 토대로서 가지고 있다"는 명제는 정적 현상학 내에서 나름대로의 타당성을 지닌다. 그러나 발생적 정초관계를 해명함을 목표로 하는 발생적 현상학에서는 객관화 작용만이 아니라, 의식의 장에서 확인할 수 있는 모든 유형의 작용은 나름대로의 발생적 구성의 기능을 지니며, 따라서 이러한 모든 작용은 ―객관화 작용이든, 비객관화 작용이든, 능동적 작용이든, 수동적 작용이든―지향작용으로 규정된다. 더 나아가 발생적 현상학에서는 객관화 작용과 비객관화 작용 중에서 발생적으로 우위를 지니는 것은 비객관화 작용이요, 이러한 비객관화 작용이 없이는 그 어떤 객관화 작용도 발생할 수 없으므로, 모든 지향작용을 규제하는 일반법칙은 정적 현상학의 경우와는 달리 다음과 같다 : "모든 지향작용은 비객관화 작용이거나, 그러한 작용을 토대로서 가지고 있다."

이러한 논의를 통해 제2장에서 제4장 사이에 이루어진 논의를 통해 Husserl-Heidegger의 관계의 "극히 단편적이며 부분적인 모습"만이 해명되었다는 우리의 방금 전의 지적이 구체적으로 무엇을 의미하는지 밝혀진다. 우리가 살펴본 Heidegger의 Husserl 비판에서 비판의 대상으로 등장했던 것은 실은 Husserl의 현상학의 전체 모습이 아니며, 단지 1910년대 초반까지 전개된 불완전한 유형의 정적 현상학에 불과하다. 바로 이러한 불완전한 유형의 정적 현상학을 현상학적으로 해체하면서 Husserl은 이미 1910년대 중반 이후부터 그 본래적인 이념에 있어 서로 독립적이며 구별되는 두 가지의 선험적 현상학인 정적 현상학과 발생적 현상학의 이념을 발전시켜 나갔고, Heidegger 역시 동일한 현상학에 대한 또

다른 유형의 철저한 현상학적 해체를 통하여 1919/20년경부
터 자신의 해석학적 현상학의 이념을 발전시켜 나갔던 것이
다. 이 점과 관련해 우리가 염두에 두어야 할 또 한 가지 사
실은 Heidegger가 『존재와 시간』의 출간 이후 바로 그 안에
들어 있는 문제들을 비판적으로 검토해 가면서 소위 전회 이
후의 존재사유로 특징지워지는 극단적으로 심화된 형태의 해
석학적 현상학[18]을 전개해 나갔다는 점이다. 바로 이러한 이
유 때문에 Husserl-Heidegger의 관계에 대한 논의는 아주
복잡한 양상을 보일 수밖에 없다. 양자의 현상학에 대한 보다
더 내실적이며 본격적인 비교연구를 위해서는 이러한 다양한
유형의 현상학적 해체 및 그를 통해 정립된 다양한 유형의 현
상학에 대한 구체적인 비교·검토가 이루어져야 하는데, 이
점과 관련해 우리는 간단히 다음의 세 가지 사실을 지적하고
자 한다.

1. Heidegger의 Husserl 비판에서 비판의 대상으로 등장한
바 불완전한 유형의 정적 현상학은 "감각내용-파악작용"의 도
식 등 부분적인 문제점만 수정되면 올바른 정적 현상학으로
발전하게 된다. 이 점과 관련하여 우리는 이러한 정적 현상학
과 Heidegger의 해석학적 현상학의 관계를 재조명하면서 앞
서 고찰한 Heidegger의 Husserl 비판을 재검토해 볼 필요가
있다. 우선 지적되어야 할 점은 수정·보완된 정적 현상학에
대해서도 앞서 우리가 살펴본 바 Heidegger의 비판의 전체적
이며 핵심적인 내용, 즉 그를 통해 실존 전체의 모습이 포착

---

18) 이 점에 대해서는 GA 12, 115 ff. ; GA 65, 321 등을 참조. 이 문제에 대한 이
차 문헌으로는 F.W.v. Herrmann, *Weg und Methode. Zur hermeneutischen
Phänomenologie des seinsgeschichtlichen Denkens,* Frankfurt/M, 1990과
"Die Frage nach dem Sein als hermeneutische Phänomenologie", in : *Große
Themen Martin Heideggers. Eine Einführung in sein Denken.* (hrsg. von E.
Spaude), Freiburg, 1990, S. 11-30 등을 참조.

되지 못하였고, 그에 대한 이론적인 천착이 이루어지지 못했다는 비판은 여전히 타당하다는 사실이다. (아래에서 지적되듯이 비록 발생적 현상학에서 실존이라는 현상이 주제화되기는 하지만 그럼에도 불구하고 이러한 비판은 부분적으로 발생적 현상학에 대해서도 타당하다.) 실존의 전체적인 모습에 대한 선이론적 통찰, 그리고 그의 존재론적 구조에 대한 치밀한 이론적인 분석, 이것이야말로 그 누구도 부인할 수 없는 Heidegger가 이루어 놓은 커다란 공적임이 분명하다. 그러나 이와 관련하여 우리가 간과해서는 안 될 점은 이러한 Heidegger의 통찰이 전적으로 옳음에도 불구하고 정적 현상학의 근본이념 자체는 그 무엇에 의해서도 침해될 수 없는 나름대로의 고유한 권리를 지닌다는 사실이다. 이미 우리는 Heidegger가 해석학적 현상학적인 입장에서 문제삼았던 "모든 지향체험은 객관화 작용이거나, 그러한 작용을 토대로서 가지고 있다"는 명제가 타당성이란 관점에서, 즉 정적 현상학의 테두리 안에서 나름대로의 정당성을 지니고 있음을 살펴보았다. 이 점과 관련하여 우리는 다음과 같은 사실에 유의하여야 한다 : "논리적 이성은 그러나 그것이 그의 본래적인 영역에서뿐 아니라 (다른 영역에서도) … 옳고 그름을 심판하는 기능을 하고, 적법성 여부를 규정하고, 옳고 그름의 기준을 알려 주며 공표한다. 가치판단하는 이성, 실천이성은 말하자면 벙어리이고, 어떤 점에서 장님이다."(『윤리학』, 68) 타당성 정초라는 관점에서 볼 때 객관화 작용, 즉 넓은 의미의 논리적·이론적 이성은 이처럼 비객관화 작용에 비해 절대적인 우위를 지니며, 바로 이러한 이유에서 Husserl은 "논리학 자체의 지배가 지닌 보편성의 최종적인 근거"(『이념들 I』, 272)에 대해 언급한다.

타당성 정초라는 관점에서 여타의 작용에 비해 이론이성이

지닌 이러한 절대적 우위가 무엇보다도 극명하게 드러나는 곳
은 모든 타당성의 최종적인 담지자이며, 바로 이러한 이유에
서 최고형태의 이론이성이라 불릴 수 있는 반성적 자기의식이
다. 이러한 반성적 자기의식은 Kant의 표현을 빌면 "나는 생
각한다라는 표상을 산출하면서, 모든 여타의 표상을 동반할
수 있어야 하고, 모든 의식 속에서 하나이고 동일한 것이며,
다른 어떤 표상에 의해 동반될 수 없는"[19) 의식이며, 이러한
점에서 모든 유형의 판단을 최종적으로 내리면서, 그에 대해
모든 책임을 떠맡는 의식이다. 이 점과 관련해 우리는
Heidegger 해석학의 핵심주제인 바 비객관화적 작용으로서의
정황적인 근원적 기분이 반성적 직관에게는 결여된 특유의 뛰
어난 능력, 즉 실존 전체의 모습을 선이론적이며 실존적으로
포착할 능력을 지니고는 있으나, 그러나 그에 대한 이론적인
분석을 독자적으로 수행할 능력은 지니고 있지 못하다는 사실
을 간과해서는 안 된다. 근원적 기분은 단지 불투명하며 막연
한 양상 속에서 실존 전체의 모습을 선이론적이며 예비적으로
보여 줌으로써 이론적인 실존론적 분석을 수행할 수 있는 단
초를 마련해 줄 뿐이지, 그 어떤 다른 것의 도움없이 독자적
으로 실존론적 분석을 수행할 수 있는 것은 아니다. 이처럼
막연하게 주어진 실존의 구조에 대한 구체적인 이론적 분석을
통해 그의 구조를 분명한 형태로 밝혀 내면서 실존에 대한 해
석작업을 마무리짓고, 이러한 해석결과에 대해 모든 책임을
떠맡는 것은 실은—비록 Heidegger가 그 점을 분명히 밝히
고 있지는 않지만—반성적인 자기의식이다. 바로 이 점과 관
련하여 Husserl은 우리에게 다음과 같은 중요한 사실을 상기
시키고 있다 : "그러나 단지 가치평가만 하는 이성은 보지 못

---

19) Kant, *Kritik der reinen Vernunft*, B, 132.

하고, 파악하지 못하고, 해명하지 못하고, 술어화하지 못한
다. 따라서 이러한 작용에는 가장 넓은 의미의 논리적 영역,
즉 존재정립적 영역이 연결되어야 한다…. 이처럼 의지 및 정
서 영역에서 그 형식 및 규범과 관련해 은폐되어 있던 것이
환한 빛 속으로 들어서기 위해서는 논리적 이성의 횃불이 꽂
혀져야만 한다."(『윤리학』, 69)

Heidegger는 비록 근원적인 기분이 지닌 정황적인 실존적
직관능력을 강조하기 위하여 반성적 직관이 지닌 한계를 철저
하게 비판하는 것은 사실이지만, 그러나 다른 한편 비록 그
점에 대해 명시적으로 언급하고 있지는 않지만 반성적 직관능
력이 지닌 이러한 근원적인 기능을 나름대로 인정하고 있다.
예를 들면 그는 『존재와 시간』에서 모든 이해 및 해석의 전제
이며 출발점인 바 선이해의 확보문제와 관련해, 그러한 선이
해의 확보가 임의로 이루어져서는 안 되며, 어디까지나 사태
자체를 토대로 하여 올바로 획득되어야만 함을 도처에서 강조
하면서[20] 타당한 선이해와 부당한 선이해가 구별됨을 강조하
는데, 여기서 특정한 선이해가 타당한지의 여부를 최종적으로
심판해 주기 위해서는 단순히 정황적 이해만으로는 부족하며,
거기에 반드시 반성적 직관이라는 '이성의 횃불'이 꽂혀져야
한다. 이러한 지적은 비단 그의 전기의 해석학적 현상학에 대
해서만 타당한 것은 아니며, 전회 이후의 후기의 존재사유에
대해서도 타당하다. 이러한 존재사유의 입장에서 그는 현-존
재로서의 인간을 존재진리를 "찾고, 보존하며, 수호하는 자"
(Sucher, Wahrer, Wächter) (GA 65, 17)로 규정하고, 이와
관련해 제2의 시원을 예감하도록 해주면서 존재진리를 "찾고,
보존하며, 수호하는" 작업을 가능하게 해주는 근원적인 기분

---

20) 이 점에 대해서는 SZ, S. 43, 153, 232 등을 참조.

236

들로 '놀람', '소스라침', '삼가함' 등을 제시하는데, 참다운 의
미에서 이러한 작업이 가능하기 위해서는 이러한 근원적인 기
분들에 반드시 모든 책임의 최종적인 담지자인 반성적 직관이
라는 이성의 횃불이 꽂혀져야만 한다. 새로운 세계를 근원적
으로 개시해 주는, 그럼에도 불구하고 그 자체로는 아직도 사
태의 구조를 이론적으로 통찰할 능력을 충분히 갖추고 있지
못한 근원적인 기분들, 다시 말해 나름대로의 근원적인 정황
적 직관을 통해 사태를 투시하고는 있으나, 그럼에도 불구하
고 어떤 점에서 아직도 '눈멀었다고' 할 수 있을 이러한 근원
적 기분들은 자율적인 책임의 주체로서의 인간간의 책임있는
상호대화의 원천인 반성적 직관의 도움을 통해서만 참다운 의
미에서 존재진리를 "찾고, 보존하며, 수호하는" 일을 가능하
게 해줄 수 있다. [21]

2. Husserl의 발생적 현상학은 Heidegger의 해석학적 현상
학과 여러 가지 점에서 유사성을 보이고 있다. 우선 발생적
현상학에서는 앞서 살펴보았듯이 모든 지향작용을 규제하는
일반법칙이 "모든 지향작용은 비객관화 작용이거나, 그러한
작용을 토대로서 가지고 있다"로 바뀌면서 지향성 개념이 근
본적으로 변화한다. 이러한 지향성 개념의 수정과 관련해 중
요한 의미를 지니는 것은 Heidegger의 해석학적 현상학의 핵
심주제인 세계전체를 향한 세계의식 역시 일종의 지향체험으
로 규정되며, 이러한 세계의식과 관련해서 해석학적 현상학의

21) 반성적 직관이 지닌 이러한 고유한 기능이 발휘되지 못할 경우 나타날 수 있는
위험에 대해서는 Klaus Held, "Heidegger und das Prinzip der
Phänomenologie", in : Heidegger und die praktische Philosophie. Hrsg. von
A. Gethmann-Siefert und O. Pöggeler, Frankfurt a. M., 1988, S. 111-139 ;
ders., "Grundstimmung und Zeitkritik bei Heidegger", in : Zur philosophis-
chen Aktualität Heideggers. Bd. 1. Philosophie und Politik. Hrsg. von D.
Papenfuss und O. Pöggeler, Frankfurt a. M., 1991, S. 31-56 등을 참조.

경우처럼 기분, 심려(Sorge) 등이 중요한 현상학적 분석의
주제로 등장한다는 사실이다. [22] 이 점과 관련해 Husserl은
이미 1915년 이전에 완성되었다고 추측되는 한 미발표 유고에
서 다음과 같이 쓰고 있다 : "내가 기분이 좋으면 이 기분은
반대경향, 그에 대립되는 정서에 의해 깨지지 않는 한 이처럼
쉽게 번져 나간다…. 그러나 그때 기분은 늘 '지향성'을 담지
하고 있다…. 기분은 모든 현상하는 개별적 대상에 색조를,
그러나 통일적인 색조를, 하나의 통일적인 기쁨의 빛, 하나의
통일적인 슬픔의 색조를 부여하는 정서적 통일체이다…. 이
기분은… 그 자체 지향적으로 향하고 있는가? 아마도 우리는
그렇다고 답해야 할 것이다. "[23] 이처럼 세계의식, 기분 등이
일종의 지향체험으로 규정되어 감에 따라 모든 지향작용의 발
산중심인 선험적 주관이 그 내용면에서 Heidegger의 현존재
와 유사한 성격을 보이게 됨은 두말할 나위도 없다. 이처럼
지향성 개념 및 선험적 주관의 개념이 수정되어 가면서 1920
년대 이후에 씌인 유고들에서는 실존(Existenz), 현사실성
(Faktizität), 탄생(Geburt), 죽음(Tod)[24] 등의 문제도 경
우에 따라서는 단편적으로, 경우에 따라서는 심도있게 분석된
다.
　이처럼 발생적 현상학에서 현상학의 근본주제인 지향성에
대한 근본규정이 변화하면서 그에 따라 선험적 현상학의 근본
적인 성격 역시 변화하는데, 그에 의하면 선험적 현상학은 이

---

22) 기분 및 심려분석은 유고 M III 3 II 1 (1900-1914), A VI 26 (1921-1931), E
　　III 9 (1931-1933), A VI 34 (1931) 등에 나타나 있다.
23) 유고, M III 3 II 1, 29-30.
24) 예를 들면 우리는 1921년경에 씌인 유고에 개별적 실존(individuelle
　　Existenz)에 대한 언급이 있음을 확인한다. (『상호주관성 I』, 234쪽 참조) 현사
　　실성, 탄생, 죽음 등의 문제는 여러 후기유고들 속에서 다루어지고 있는데, 그중
　　의 일부는 이미 1973년에 I. Kern에 의해 『상호주관성 III』으로 출간되었다.

제 단순한 인식론의 차원을 넘어서, 실천철학, 역사철학, 생
철학, 문화철학, 형이상학, 신학 등 모든 가능한 철학이론으
로 발전해 나가며, 그와 함께 무엇보다도 해석학적, 혹은 실
존철학적 성격을 보이게 된다. 바로 이 점과 관련해 Husserl
은 1928년에 출간된 『논리학』에서 현상학을 "선험적 주관의
자기해석으로서의 선험적 현상학"으로 규정하며, 1931년 6월
10일 Berlin에서 행한 '현상학과 인간학'이라는 강연에서 "참
된 의식분석은 말하자면 의식의 삶에 대한 해석학이다"[25]라고
말한다. 여기서 언급된 의식의 삶에 대한 해석학으로서의 선
험적 현상학에 의하면 모든 지향체험은 나름대로의 해석기능
을 지닌 체험으로 규정되며, 그를 해명하기 위한 방법인 현상
학적 환원 역시 해석학적 성격을 지니게 된다. 이처럼 선험적
현상학이 해석학적 성격을 지니게 됨에 따라 Husserl은 현상
학적 반성을 "종교적 개종과 비교될 수 있는 것, 그리고 그것
을 넘어서 가장 위대한 실존적 변신이라는 의미를 자체 내에
간직하고 있는 것"(『위기』, 140)으로 규정하면서, 철학을 "절
대적으로 참되고 근원적인 삶이 새롭게 태어날 수 있도록 해
주는 것",[26] 다시 말해 가장 극단적인 형태의 자기보존을 위
한 실천적인 실존의 수행과정으로 규정한다.

이처럼 Husserl의 발생적 현상학과 Heidegger의 해석학적
현상학이 여러 가지 점에서 유사하나, 그럼에도 불구하고 이
두 유형의 현상학은 여러 가지 점에서 차이를 보이고 있다.
이러한 사실은 예를 들면 후자에게서 핵심문제로 등장하는 존
재물음이 전자의 경우 여전히 구체적으로 제기되고 있지 않다

---

25) E. Husserl, "Phänomenologie und Anthropologie", in : *Philosophy and Phenomenological Research* II/1(1941), 12쪽. 이 문제에 대한 구체적인 논의 는 졸고, "선험적 현상학과 해석학" 참조.
26) 유고 E III 4, 17.

든가, 혹은 이와 반대로 세계문제와 관련해 전자에게서 비중 있게 다루어지고 있는 동물, 식물 등의 세계가 후자에게서는 비교적 소홀히 취급되고 있다는 점 등에서 알 수 있다. 양자 사이에 놓인 이러한 공통점과 차이점을 올바로 인식할 경우에만 Husserl의 발생적 현상학과 Heidegger의 해석학적 현상학 사이의 관계를 올바로 해명할 수 있는 실마리가 풀릴 수 있을 것이다.

3. Husserl-Heidegger의 비교연구와 관련해 흥미로운 사실은 Heidegger가 비록 『존재와 시간』에서는 그에 대해 전혀 언급하고 있지 않지만, 실제로는 해석학적 현상학으로서의 기초적 존재론을 Husserl적인 의미에서의 선험적 현상학으로 이해하고 있다는 점이다. 이와 관련해 그는 1927년 10월 22일 Husserl에게 보낸 편지에서 "인간 현존재의 존재방식이… 바로 그 자체 내에 선험적 구성의 가능성을 지니고 있다"(『심리학』, 601), "선험적 구성이 사실적 현존재의 존재의 핵심적 가능성이다"(『심리학』, 601), "현존재의 실존구조가 모든 대상적인 것의 선험적 구성을 가능하게 한다"(『심리학』, 602)는 사실 등을 지적하면서, "그 안에서 '세계'가 구성되는 그 존재자의 존재방식이 무엇이냐 하는 물음"이 바로 "『존재와 시간』의 핵심문제"(『심리학』, 601)였다고 말한다. 물론 여기서 Heidegger가 염두에 두고 있는 선험성은 그가 그 나름으로 사용하는 선험성, 즉 "존재자들의 차원을 넘어섬"으로서의 세계, 혹은 존재가 지닌 '초월'이라는 성격으로서의 선험성을 의미하는 것이 아니라,[27] 그것이 개별적 대상이든, 세계이든 모든 초월적인 것을 구성한다는 의미에서의 선험성, 다시 말해 Husserl적인 의미의 선험성을 의미함은 두말할 나위도 없다.

---

27) 이러한 의미의 선험성 개념에 대해서는 SZ, 38 ; GA 24, 23 ; GA 26, 218 ff 등을 참조.

이러한 선험적 구성이라는 Husserl적인 의미의 선험성은 이처럼 Heidegger가 스스로 밝히고 있듯이 그의 해석학적 현상학의 핵심주제인데, 『존재와 시간』에 나타난 다양한 유형의 대상에 대한 해석의 문제는 Husserl적인 의미의 대상에 대한 선험적 구성의 문제에 해당하고, 『존재와 시간』 및 그의 출간 이후에 소위 전회 이후의 존재사유에 이르기까지 이러한 '대상적' 해석의 존재론적 근거로서 끊임없이 그의 해석학적 현상학의 핵심주제로 등장하는 '세계개시성'(Welterschlossenheit), '세계발단'(Welteingang), '세계기투'(Weltentwurf), '세계형성'(Weltbilden) 등의 문제는 Husserl적인 의미의 세계, 혹은 생활세계의 선험적 구성의 문제에 해당한다.

이 점과 관련하여 Heidegger는 비록 『이념들』에 나타난 현상학적 환원의 방법에 대해 비판하긴 하지만, 그럼에도 불구하고 현존재의 구조에 대한 분석을 위해 실제로는 그 근본적인 이념을 받아들이고 있다. 이 점과 관련하여 Husserl이 선험적 주관의 구조분석에 있어 자연적 태도의 일반정립이 지닌 위험을 경고하듯이, 그 역시 『존재와 시간』의 결정적으로 중요한 대목에서 "(현존재는) 자신의 고유한 존재를… '세계'를 토대로 하여 이해하려는 경향"(SZ, 15)이 있음을 지적하면서, "현존재 해석에 대한 세계이해의 존재론적 반영"(die ontologische Rückstrahlung des Weltverständnisses auf die Daseinsauslegung)(SZ, 15-16)의 위험에 대해 경고한다. 그런데 이러한 위험을 극복하기 위하여 일차적으로 이루어져야 할 작업은 다름아닌 세계의 정립에 대한 현상학적 환원이며, 이 점과 관련하여 그는 실제로 나름대로의 환원의 방법을 발전시켜 나가는데, 예를 들면 『존재와 시간』의 출간 직후인 1927년에 행한 "Die Grundprobleme der Phänomenoloige"에 관한 강의에서 현상학적 방법의 세 부분으로 제시된 '현상학적 구성', '현상학적 환원', '해체'(GA 24, 26 ff) 중에서 현상학적 환원과 해체는 Husserl이 제시한 현상학적 환원의 이념이 구체화된 예들이다.

6. 맺는말

이처럼 양자는 여러 가지 점에서 유사성을 보이며, 바로 이러한 이유 때문에 양자에 대한 의미있는 현상학적 비교연구가 가능한 것이다. 그런데 이 양자의 비교연구와 관련해 우리는 이 양자의 관계에 대해 1980년대 중반까지 이루어진 많은 연구들은 이 두 현상학자들이 남긴 방대한 양의 유고 중 이러한 연구를 위해 충분한 양이 체계적으로 정리되어 발표되기 전에 이루어졌고, 따라서 어쩔 수 없이 그들이 발전시켜 나간 현상학의 정체가 아직 충분히 밝혀지지 않은 상황에서 이루어졌기 때문에 적지 않은 편견을 지니고 있음을 지적하고자 한다. 이러한 편견을 불러일으킨 원인은 무엇보다도 이 두 현상학자에게 있는데, Husserl이 Freiburg 대학에 정교수로 취임한 1916년 이후 철학적으로 수없이 많은 결실을 가져온 이 두 철학자 사이의 창조적이며 생산적인, 참다운 의미의 비판적 대화는 이미 1920년대 중반에 접어들면서 점차 줄어들기 시작하였다. Husserl은 방대한 양의 그의 후기유고들이 보여 주듯이 자신의 현상학적 분석의 지평이 계속하여 확대되고 심화되어 감에 따라 현상학적 분석에 몰두하느라 1920년대 중·후반 이후 Heidegger의 철학적 입장을 검토할 만한 충분한 시간적 여유를 가질 수 없었다. Heidegger 역시 해석학적 현상학의 이념이 구체화되어 감에 따라 무엇보다도 자신의 작업에 몰두하느라 이미 1920년대 중반 이후에는 Husserl이 이루어 놓은 후기의 현상학적 분석의 구체적인 내용을 충분히 접할 수 없었는데, 이 점에 대해 그는 이미 1925년의 강의에서 "현재 그의 연구상황의 내용적 성격에 대해 나는 충분히 숙지하고 있지 못하다"(GA 20, 167)고 고백하며, 앞서 언급된 1927년에 Husserl에게 보낸 편지에서도 "물론 단점은 제가 (당신의) 구체적인 연구내용을 더 이상 알고 있지 못하다는 데 있습니다. 따라서 반론 역시 형식적인 것이 되기 쉽습니다"(『심리학』, 600)라고 쓰고 있다. 이처럼 점차 뜸해지기 시작한 양자 사이의 철학적 대화는 1930년대에 접어들면서 드디어 무엇보다도 외적인 요인에 의하여 불행하게도 단절되었으며, 그 대신 이 두 사람 사이에는 상대방의 연구결과에 대한 충분한 고려 및 이해없이 일방적인 비판만이 간헐적으로 오고갈 뿐이었다.

이 양자의 관계에 대해 논할 때 많은 연구자들은 이처럼 진지한 대화가 단절된 가운데 이루어진 간헐적인 비판을 토대로 하여, 충분한 문헌적 전거없이, 그리고 무엇보다도 사태에 대한 통찰없이, 그들의 생각에 Husserl적인 입장, 혹은 Heidegger적인 입장이라 생각되는 입장을 택하고 그를 토대로 논의를 진행시켜 나가는 경우가 많았다. 그러나 이러한 연구는 근본적으로 문제를 안고 있는데, 그 이유는 앞서 살펴보았듯이 하나의 Husserl, 하나의 Heidegger만이 있는 것이 아니며, 따라서 그들의 연구의 전제가 되는 바 Husserl적인 입장, 혹은 Heidegger적인 입장의 정체가 극히 불투명하기 때문이다. 이제 이 두 현상학자 사이에 단절되었던 철학적 대화를 후대의 현상학자들이 참다운 의미에서 다시 떠맡아 계속시킨다는 의미를 지니며, 동시에 앞으로의 현상학 연구의 심화 및 지평확장을 위해 결정적인 의미를 지니는 바, 양자의 현상학에 대한 비교연구는 이 두 현상학의 전체적인 모습을 더욱더 구체적으로 밝혀 가면서 활발하게 진행되어야 하는데, 이 글은 이러한 비교연구를 위한 작은 서론에 불과하다.

Auf dem Wege zu "Sein und Zeit"

—Die Forschungen zur Entstehung von Heideggers Hauptwerk —

Frithjof Rodi, Bochum

Wenn ich im folgenden davon spreche, "auf dem Wege zu *Sein und Zeit*" den Spuren der Entstehung von Heideggers Hauptwerk nachzugehen, so ist damit zweierlei gemeint: einerseits möchte ich einiges sagen über die einzelnen Stadien im Entwicklungsgang Heideggers in den Jahren 1919 bis 1927, also in den Jahren, als er zunächst Privatdozent in Freiburg, und ab 1923 Professor in Marburg war. Bekanntlich ist Heidegger 1928 als Nachfolger Husserls nach Freiburg berufen worden. Für diese Berufung war das Erscheinen des Buches *Sein und Zeit* im Jahre 1927 ausschlaggebend. Wir können also sagen, daß die frühen Freiburger Jahre (vom Ende des Ersten Weltkriegs bis 1923) und die Marburger Jahre (1923 bis 1928) eine entscheidende Phase in Heideggers Entwicklung darstellen, die dann mit dem Erscheinen seines Buches und mit der Berufung nach Freiburg ihren krönenden Abschluß gefunden hat. In diesem Zusammenhang spielt der Einfluß Diltheys auf Heidegger eine besondere Rolle, auf die ich ausführlich eingehen werde.

Zweitens bedeutet die Formulierung "auf dem Wege sein", daß ich nicht nur Heideggers Entwicklung ein Stück weit nachzeichnen will, sondern auch dem Gang der Heidegger-Forschung der letzten zehn Jahre nachgehen will, soweit sie sich mit dem frühen Heidegger unter dem Einfluß Diltheys beschäftigt hat. In diesem zweiten Sinn sind meine Ausführungen vielleicht weniger philosophisch als philologisch zu nennen. Ich möchte versuchen, ein Stück Geschichte der Heidegger-Forschung zu erzählen und dabei auch über den Anteil unserer Bochumer Arbeiten an dieser Forschung berichten.

Wir müssen uns für alles folgende der Tatsache erinnern, daß Heidegger zwischen 1916, dem Jahr seiner Habilitationsschrift, und 1927, dem Jahr des Erscheinens von *Sein un Zeit* nichts veröffentlicht hat. Es ist für einen jungen Gelehrten durchaus ungewöhnlich, zwischen seinem 30. und 37. Lebensjahr nichts zu publizieren. Noch ungewöhnlicher aber war es, daß Heidegger trotz seines Schweigens in der Öffentlichkeit doch schon in seinen Marburger Jahren durch seine Vorlesungen eine Art Be rühmtheit erlangt hatte. In ganz Deutschland berichteten Studenten der Philosophie von dem jungen Genie, das da in Marburg eine ganz neue Art des Philosophierens im Hörsaal vorführte. Man nannte ihn damals, wie Hannah Arendt berichtet, "den heimlichen König im Reich des Denkens". Für die Forschung unserer Tage war es also besonders wichtig zu erfahren, was Heidegger in seiner ersten Freiburger Zeit und in Marburg wirklich gelehrt hatte.

I

Ich möchte beginnen mit der Situation der Forschung, wie sie in den frühen achtziger Jahren bestand, also nicht ganz zehn Jahre nach dem Tod Heideggers im Jahre 1976.
1. Gemäß den Verfügungen, die Heidegger selbst getroffen hatte, enthält die auf über 100 Bände angelegte *Gesamtausgabe* auch die Vorlesungsskripten aus der Marburger Zeit. In den siebziger Jahren Waren schon 5 Bände hiervon erschienen, von denen für die Vorgeschichte von *Sein und Zeit* vor allem der Band 20 zu nennen ist, der die Vorlesung vom SS 1925 über *Prolegomena zur Geschichte des Zeitbegriffs* enthielt. Die Herausgeberin, Petra Jaeger, schrieb damals mit einem gewissen Recht, daß es sich bei dieser Vorlesung um "eine frühe Fassung von *Sein und Zeit*" handle, wenn auch die eigentliche Zeitlichkeitsthematik hier noch fehle. Aber bei den Kennern der Entwicklung Heideggers war bekannt, daß es sich bei dieser Vorlesung nur um *eines* von zahlreichen Dokumenten dieser Entwicklung handelte und daß vor allem auch die Vorlesungen aus der frühen Freiburger Zeit wichtige Aufschlüsse über diese Entwicklung geben würden. Heidegger selbst hatte diese frühen Vorlesungen nicht in die Gesamtausgabe aufnehmen wollen. Erst der revidierte Katalog der Gesamtausgabe von 1984 teilte die Ent-

scheidung der Herausgeber mit, daß auch diese frühen Vorlesungen ediert werden sollten.

2. Diese Entscheidung kam dem Drängen zahlreicher Forscher entgegen, die voller Ungeduld auf eine Publikation jener frühen Quellen hofften. Das Interesse an einer historisch-genetischen Beschäftigung mit Heidegger wurde vor allem von Theodore Kisiel aus den U.S.A. vertreten, der inzwischen mit seinem 1994 erschienenen Buch *The Genesis of Being and Time* den bisher substantiellsten Beitrag zur Erforschung des frühen Heidegger vorgelegt hat. Er und andere erwarteten von den Herausgebern der Heidegger-Ausgabe den ungehinderten Zugang zu den Quellen, was damals zu großen Spannungen und Mißstimmungen innerhalb der Heidegger-Forschung führte. Wir können uns heute, da nun auch schon 5 Bände mit Vorlesungen aus der ersten Freiburger Zeit vorliegen (GA 56/57, 58, 59, 61 u. 63), kaum mehr vorstellen, wie groß diese Spannung und Erwartung war, bevor diese Bände erschienen.

Diese Situation wurde dadurch noch komplizierter, daß Anfang der achtziger Jahre außerhalb des streng gehüteten Archivbestandes des Heidegger-Nachlasses einige Nachschriften von Vorlesungen Heideggers auftauchten, die gerade für die frühe Freiburger und die Marburger Zeit wichtige Quellen darstellten. Es handelte sich dabei um studentische Nachschriften der Heidegger-Schüler Franz Josef Brecht und Walter Bröcker. Ich sagte schon: diese Manuskripte tauchten außerhalb des eigentlichen

Heidegger-Nachlasses auf, nämlich als Geschenke von Privatpersonen an verschiedene Archive. Eines dieser Archive war unsere Bochumer Dilthey-Forschungsstelle. Wir erhielten von Professor Otto Friedrich Bollnow ein ganzes Konvolut solcher Vorlesungsnachschriften, darunter die Nachschrift der Vorlesung aus dem SS 1923 *Ontologie* (*Hermeneutik der Faktizität*). Nur wer diese Vorlesung, die inzwischen als Bd. 63 der Gesamtausgabe erschienen ist, kennt, kann ermessen, wie groß die Ungeduld derer war, die die Texte kannten und gerne publiziert hätten, aber auf die offizielle Version innerhalb der Gesamtausgabe warten mußten.

Denn zu den Spannungen und Mißstimmungen jener Jahre kam es zum Teil dadurch, daß die Familie Heidegger als Inhaberin der Urheberrechte eine äußerst restriktive Linie im Umgang mit dem Nachlaß durchsetzte.

Nur ein ganz kleiner Personenkreis hatte Zugang zu den im Literaturarchiv in Marbach aufbewahrten Papieren. Selbst die Herausgeber der einzelnen Bände der Gesamtausgabe konnten nicht frei mit den Quellen arbeiten. Andererseits war es praktisch unmöglich, aus unveröffentlichten Manuskripten, wie wir sie in Bochum besaßen, etwas abzudrucken. So kam es zu erheblichen Animositäten zwischen den Verwaltern des Nachlasses und verschiedenen Heidegger-Forschern.

Man muß diese damalige Situation natürlich in Zusammenhang sehen mit der in Deutschland damals wieder neu in Gang kommenden Diskussion um Heideggers Verwicklungen in den Nationalsozialismus. Die Familie Heidegger war natürlich bestrebt, den Zugang zu möglichst vielen Archiven und Dokumenten zu verhindern oder zumindest zu erschweren. Außerdem mußte sie im Interesse der Gesamtausgabe darauf achten, daß bei dem stark zunehmenden Interesse an Heidegger vor allem in den U.S.A. alle Veröffentlichungen und Übersetzungen urheberrechtlich gesichert waren. Man kann diese restriktive Politik bis zu einem gewissen Grad verstehen; denn sie ergab sich in erster Linie aus der großen Verantwortung für das Jahrhundertwerk der Gesamtausgabe.

II

Für unsere Bochumer Dilthey-Forschungsstelle ergab sich ein besonderes Problem dadurch, daß die Schenkung von Otto Friedrich Bollnow auch einen Text enthielt, von dem niemand in der gesamten Heidegger-Forschung etwas zu wissen schien: die Nachschrift einer Vorlesungsreihe, die Heidegger im April 1925 in Kassel gehalten hatte unter dem Thema: *Wilhelm Diltheys Forschungsarbeit und der gegenwärtige Kampf um eine historische Weltanschauung.* Es handelt sich dabei um 10 Vorträge, die Heidegger nicht an einer Universität, sondern in einer wissenschaftlichen Gesellschaft gehalten hat und die nur von einem einzigen der später namhaft gewordenen Heidegger-Schüler gehört und überliefert worden ist, nämlich Walter Bröcker. Nicht einmal Hans-Georg Gadamer, der ja schon damals zu

Heideggers engstem Schülerkreis gehörte, konnte sich an diese Vortragstreihe erinnern.

Die Bedeutung der Kasseler Vorträge liegt einerseits darin, daß auch sie eine Skizze des Buches *Sein und Zeit* sind. Andererseits war es für uns in Bochum natürlich von besonderem Interesse, daß sich hier Heidegger ausführlich auf Dilthey bezog, und zwar in anderer Weise als später in *Sein und Zeit*. Dies führte uns weiter zu der Frage, welche Rolle die Philosophie Diltheys für die Entwicklung Heideggers in den Jahren vor *Sein und Zeit* spielte. Um diese Fragen auf der Basis der noch unveröffentlichten Quellen zu klären, veranstalteten wir 1985 zwei Symposien in Bochum, an denen vier der ältesten Heidegger-Schüler, nämlich Käte und Walter Bröcker, Hans-Georg Gadamer und Ludwig Landgrebe teilnahmen. Die Ergebnisse dieser Konferenzen sind in Band 4 des Dilthey-Jahrbuchs veröffentlicht worden. Sie betrafen natürlich nicht nur das Verhältnis Heidegger-Dilthey, sondern ganz allgemein die Anfänge des Philosophierens von Heidegger in den Jahren nach 1919.

Ich möchte mich im folgenden auf den ersten der genannten Aspekte konzentrieren, also auf die Beziehung Heidegger-Dilthey, wie sie sich durch die Forschungen des vergangenen Jahrzehnts erkennen lassen.

Es sind 4 Punkte, die hierbei vor allem von Interesse sind:

1. Die besondere Stellung Diltheys in Heideggers frühen Freiburger und Marburger Vorlesungen.

2. Die Überlagerung von zwei Projekten in der Entstehung von *Sein und Zeit*: einerseits das Projekt eines Buches über Aristoteles; andererseits die Thematik Zeitlichkeit und Geschichtlichkeit, die schließlich das Aristoteles-Buch verdrängte.

3. Die Entdeckung des Grafen Yorck von Wartenburg und die damit verbundene Abwertung Diltheys in den Augen Heideggers und seiner Schüler.

4. Heideggers Einfluß auf Gadamer im Zusammenhang mit der Entdeckung Yorcks.

1. Der Kontext, in dem Dilthey in diesen frühen Vorlesungen erscheint, ergab sich aus Heideggers Bemühung um ein neues, radikales Philosophieren, das nicht verwässert war durch die akademische Tradition und Routine. Er hatte sich damals nicht nur von der katholischen Kirche und dem Neu-Thomismus losgesagt, sondern distanzierte sich jetzt auch vom Neukantianismus seines Lehrers Heinrich Rickert und sogar von einigen grundsätzlichen Positionen Husserls. Er war auf der Suche nach einer "Urwissenschaft", die im Begriff des Lebens (Heidegger sagte zunächst noch nicht "Dasein") ihr Zentrum haben sollte und von der "Selbstbesinnung" ihren Ausgang zu nehmen hätte.

Wie stark dies ein ursprünglich religiöser Ausgangspunkt war, zeigt sich u.a. daran, wie Heidegger sich auf den Diltheyschen Begriff der *Selbstbesinnung* berief. Wir verdanken Theodore Kisiel den Hinweis darauf, daß

Heidegger schon als Student der Theologie Exzerpte aus Diltheys Schriften angefertigt hatte, die den Begriff der Selbstbesinnung auf Augustinus zurückführten. Auch wenn wir die Liste der Namen ansehen, die Heidegger noch Ende der zwanziger Jahre als Hauptquellen für sein Denken nannte, wird die Dominanz des relilgiösen Denkens deutlich: neben Aristoteles und der mittelalterlichen Scholastik werden genannt: Augustinus, Luther und Kierkegaard. Dazu kommen dann die "eigentlichen" Philosophen: Dilthey, Rickert und Husserl.

Aber man muß betonen: es ist nicht ein theologischer Traditionszusammenhang, sondern das, was ich einen "ursprünglich religiösen Ausgangspunkt" genannt habe, der Heidegger auf der Suche nach einer "Urwissenschaft" zu einem radikalen, sozusagen fundamentalistischen Denken führt. Deshalb hebt er an Dilthey hervor, daß er "mit einer Tendenz zum Radikalismus versuchte, rein aus den Sachen selbst zu philosophieren." Dilthey ist für Heidegger damals "der stärkst wirkende Philosoph für die nächsten Jahrzehnte", weil er "erst wieder einmal echte Probleme in den leeren Schematismus der Transzendentalphilosophie brachte" und damit einen "Durchbruch einer rationalen Tendenz des Philosophierens" möglich machte. Ich werde auf diesen Bezug zu Dilthey noch einmal zurückkommen.

2. Wenn Heidegger anfang der zwanziger Jahre etwas über seine wissenschaftlichen Pläne verlauten ließ, so hörte man in der Regel von dem Projekt einer groß angelegten Arbeit über Aristoteles. Auch für seine Vorlesun-

gen finden wir als wiederkehrendes Thema "Aristoteles", so in den Jahren 1921, 1923 und 1924. Diese Pläne spielten auch eine große Rolle, als es 1922 darum ging, ob Heidegger eine Professur in Göttingen oder Marburg erhalten solle. Er schickte damals an Natorp in Marburg und an Misch in Göttingen seine später berühmt gewordene *Aristoteles-Einleitung*. (Dieser Text ist erst 1989 wieder aufgefunden worden und wurde im Dilthey-Jahrbuch publiziert.)

Betrachtet man nun diese Vorlesungen und die an Natorp und Misch geschickte Abhandlung, so stellt man fest, daß über Aristoteles verhältnismäßig wenig gesagt wird. Besonders deutlich wird dies an der Vorlesung des Wintersemesters 1921/22 über *Phänomenologische Inter-pretationen zu Aristoteles* mit dem Untertitel: *Einführung in die phänomenologische Forschung* (GA Bd. 61). Von den 200 Seiten des Buches sind gerade 8 Seiten Aristoteles gewidmet, das weitere ist eine Einführung in die Philosophie, die mit einer grundlegenden Wesensbestimmung und Definition von Philosophie beginnt und dann eine Phänomenologie des "faktischen Lebens" gibt. Ähnlich verhält es sich bei der an Natorp und Misch geschickten *Aristoteles-Einleitung*, deren erster Teil eine *Anzeige der hermeneutischen Situation* gibt, die das systematisch Wichtige dieser Abhandlung enthält. Dieses ungleiche Verhältnis zwischen dem historischen Stoff und dem systematischen Rahmen ist schon ein Hinweis darauf, daß es

Heidegger im Lauf der Jahre immer weniger auf Aristoteles selbst, sondern auf die Explikation einer philosophischen Grundfrage ankam, nämlich die Frage nach der Grundbewegtheit des menschlichen Lebens. Diese Grundbewegtheit ist in der Vorlesung vom Wintersemester 1921/ 22 unter dem später von Heidegger nicht mehr verwendeten Begriff "Ruinanz" (ruina=der Sturz) behandelt. Dieses Thema der "Grundstrukturen des Lebens als Bewegungen" (GA 61, S. 114) steht in einem sachlichen Zusammenhang mit der Kinesis-Problematik bei Aristoteles. Dies wird in der Vorlesung (S. 112) kurz angedeutet und dann in dem Bericht an Natorp und Misch von 1922 ein Stück weiter ausgeführt. Man spürt überall, wie Heidegger die eigentlich historische Thematik zurückschiebt, um sich dem Thema der Bewegtheit des Daseins zuzuwenden.

Daß damit das Thema der *Zeitlichkeit* zum beherrschenden Problem werden mußte, liegt auf der Hand. Aber mit diesem Problem verband sich gleichsam ein Zwillingsproblem, nämlich die *Geschichtlichkeit*. Man kann anhand der bis jetzt veröffentlichten Materialien in etwa verfolgen, wie sich diese Zwillingsproblematik in den Jahren 1924/25 allmählich zum eigentlich zentralen Thema seines Buches entwickelte, das nun nur noch wenig mit Aristoteles zu tun hatte, aber die *Zeit* als "möglichen Horizont eines jeden Seinsverständnisses überhaupt" (S. u. Z., S.1) zu interpretieren unternahm. In diese Jahre fällt auch die allmähliche Abwertung Diltheys in den Augen Heideggers.

3. Gadamer, der im Sommersemester 1923 die Vorlesung

Hermeneutik der Faktizität in Freiburg gehört hatte, hat davon berichtet, daß er im Spätsommer jenes Jahres, während der gallopierenden Inflation, also Gast Heideggers in Todtnauberg zugebracht und miterlebt hat, mit welcher Begeisterung Heidegger ein gewisses frisch von der Druckerei kommendes Buch gelesen und ihm auch vorgelesen hat, das auf beide Philosophen dann einen entscheidenden Einfluß ausgeübt hat: Es war der Briefwechsel zwisthen Dilthey und dem Grafen Yorck. Aber nicht Dilthey, sondern Yorck war für Heidegger der wichtigere Briefpartner, denn was Heidegger an den Briefen Yorcks vor allem faszinierte, war die scharfe Kritik an der Grundhaltung der deutschen Historischen Schule, und damit auch eine Kritik an Dilthey.

Um sich zu verdeutlichen, wie sehr diese Kritik in Heideggers eigene Konzeption paßte, muß man nachlesen, was er im gerade voraufgegangenen Semester in Freiburg über die Tendenz der historischen Geisteswissenschaften gesagt hatte, die sich in der Art Spenglers auf eine stilgeschichtliche Methode glaubten verlassen zu können. Heidegger erklärte: "Die historischen Geisteswissenschaften merken nicht, daß sie sich an einer ganz bestimmten Möglichkeit ihrer selbst, d.h. der Kunstgeschichte, vergreifen, d.h. in der Nachäffung dieser sich eine höhere 'Geistigkeit' geben." Und er führte dies am Beispiel der Religion aus: "Die Religion ist im Kern ihres Daseins mißverstanden, wenn die Religionsgeschichte heute sich die billige Spielerei leistet, Typen, d.h. Stilformen der

Frömmigkeit auf eine unterhaltsame Bildertafel zu zeich-
nen."

Was wird hier kritisiert? Es ist eine bestimmten Form
der geisteswissenschaftlichen Forschung, wie sie Heideg-
ger in einer extremen Weise durch Spenglers "Mor-
phologie" der Weltgeschichte repräsentiert fand und als
Tendenz damals vielfach in den historischen Geisteswis-
senschaften am Werk sah. Es war in Deutschland die große
Zeit des typologischen Sehens: Dilthey z. B. hatte Typen
der *Weltanschauung* unterschieden, und in der Dilthey-
Schule hatten Herman Nohl und Eduard Spranger diese
und ähnliche Typologien auf die Kunst, die Pädagogik und
Psychologie angewandt. In der Tiefenpsychologie und der
Psychosomatik hatten Carl Gustav Jung und Ernst Kret-
schmer einflußreiche typologische Theorien entwickelt.
Aber auch in der Literaturwissenschaft, in Geschichte und
Religionswissenschaft war es zu einer solchen "mor-
phologischen" Tendenz, die sich fast immer auf Goethes
Morphologie berief, gekommen. Hiergegen machte
Heidegger vor allem in der Vorlesung vom Sommerseme-
ster 1923 in schärfster Form Front. Er sieht hier eine
falsche Übernahme der Methoden der Kunstgeschichte,
sofern sie typische Kunststile unterscheidet und in der
Kunst vor allem den stilgeschichtlichen Wandel untersu-
cht. Diese ästhetische Betrachtungsweise wird, wie
Heidegger sagt, zu einer "billigen Spielerei", wenn sie z.B.
auf die Religion angewendet wird. Das Phänomen der
Frömmigkeit wird neutralisiert, wenn es in vergleichend-

typisierenden Verfahren in der Variationsbreite seiner Möglichkeiten wissenschaftlich behandelt wird.

4. Der Zufall wollte es nun, daß Heidegger wenige Wochen nach diesem Freiburger Sommersemester in den Briefen des Grafen Yorck an Dilthey eine ähnliche Kritik formuliert fand. Yorck kritisierte die vergleichende Methode, da sie immer auf "Gestalten" abziele und damit immer ein Moment der ästhetischen Betrachtung enthalte. Von der Tradition der deutschen Historischen Schule saget er: "Jene Schule war gar keine historische, sondern eine antiquarische, ästhetisch konstruierend." In einem solchen ästhetisch konstruierenden Verfahren gehe das eigentliche Wesen der Geschichtlichkeit verloren. "Vergleichung ist immer aesthetisch, haftet immer an der Gestalt." "Das sich Bewegen von Leben zu Leben, die Art des historischen Verstehens und der Erfassung von Persönlichkeit vollzieht sich über dem ohne Vergleichung, oder wenigstens ist diese nicht wesentlich."

Der Nachhall dieser und ähnlicher Worte Yorcks im Kreis der Heidegger-Schüler, bei Gadamer, Fritz Kaufmann, Franz Josef Brecht und anderen, war außerordentlich und steht eigentlich in keinem Verhältnis zu der Beiläufigkeit, in der sie als Antworten auf Manuskripte Diltheys geäußert worden waren. Aber hier lag offenbar eine Art der Konstellation vor, wie sie bei den Griechen als Kairós bezeichnet wurde: der richtige Augenblick, in dem alle Voraussetzungen und Bedingungen für die Wirkung eines Wortes oder einer Handlung gegeben sind. Heidegger hatte sich in all den Vorlesungen seit 1919 selbst schon bis an die Grenze vorgearbeitet, die er nun mit den Formulierungen Yorcks wie von einem plötzlichen Lichtstrahl beleuchtet sah. Und der Zufall wollte es, daß er in jenen Wochen einen jungen Doktor der Philosophie zu Gast hatte, mit dem er jene Entdeckung teilen und gemeinsam erörtern konnte. Gadamer hat vor wenigen Jahren mir gegenüber noch einmal ausdrücklich bestätigt, daß der Impuls für sein eigenes großes Buch *Wahrheit und Methode* auf jene Wochen im Spätsommer 1923 zurückgeht, die er in diesem Zusammenhang als "die entscheidenden Wochen für Heidegger und in gewissem Sinne auch für mich" bezeichnete.

근거율에 대한 하이데거의 존재론적 비판

류 제 기

Ⅰ. 서 론

흔히 논리학의 최고의 원리 또는 사유의 최고의 법칙으로 동일률, 모순율, 배중률과 더불어 충족이유(근거)율을 든다. 충족이유(근거)율은 오랫동안 방치되어 있다가 라이프니츠에 의해서 제기되었다. 하이데거는 그 기간을 충족이유(근거)율 의 '부화기'(Incubationszeit)라고 부른다. 물론 라이프니츠 이전에도 충족이유(근거)율에 대한 탐구가 없었던 것은 아니 다. 아리스토텔레스는 원리(arche)나 원인(aition)으로서 이 문제에 접근했다. 그러나 충족이유(근거)율이란 명칭을 처음 으로 부여하고 뚜렷한 공식의 형태로 만든 것은 라이프니츠이 다. 충족이유(근거)율의 일반적인 공식은 "어떤 것도 근거없 이 존재하지 않는다"(Nihil est sine ratione)이다. 그것을 긍 정적으로 표현하면 "모든 존재자는 근거를 갖는다"(omne ens habet rationem)이다.

하이데거는 논리학에서 자명한 최고의 원리로서 간주되는 충족이유(근거)율을 비판한다. 충족이유(근거)율은 라이프니 츠에 있어서도 논리학적 원리인지 형이상학적 원리인지, 아니 면 그 둘을 다 합한 것인지 불분명하다.[1] 더 나아가서 하이데 거는 충족이유(근거)율이 전제로 하고 있는 근거의 본질을 문제삼는다. 철학의 정신이란 폭포의 물줄기를 따라 내려가는 것이 아니라, 그것의 원천으로 거슬러 올라가는 것이다. 전제를 자명하게 생각하고 거기서 논리적인 귀결을 도출하는 과학과 달리, 전제의 자명성을 거부하고 참다운 원리를 향해 나아가는 플라톤의 변증법적 정신이 바로 철학의 정신이다. 하이데거의 관심의 초점은 존재이다. 근거도 역시 존재와 관련을 맺으며, 그것은 존재에 속한다. 그리고 충족이유(근거)율은 논리학의 나머지 원리들과 동등한 것이 아니라, 최고의 원리이다. 이 두 주장이 충족이유(근거)율에 대한 하이데거의 기본논점이다.[2] 이 기본논점을 토대로 하이데거는 충족이유(근거)율에 접근한다. 그러나 그의 전기사상과 후기사상에서 존재를 보는 시각이 차이가 있으므로 이에 따라 논의를 전개하겠다. 물론 전기사상과 후기사상은 전혀 별개의 것이 아니라, 둘은 해석학적 순환과 같은 관계에 있다고 하겠다.

충족이유(근거)율을 최초로 확립한 사람은 라이프니츠이다. 그외에도 볼프(Chr. Wolff), 크루지우스(Chr. A. Crusius), 칸트, 쇼펜하워 그리고 셸링 등이 이 문제를 다루었다. 그러나 충족이유(근거)율의 싹은 아리스토텔레스에서 볼 수 있다. 충족이유(근거)율의 공식은 "어떤 것도 근거없이 존재하지 않는다"이다. 여기서 근거는 아리스토텔레스의 관점에서 보면 네 가지로 분류할 수 있다.[3] 첫째, 근거는 참된 명제에 대한 근거로서 인식근거(Erkenntnisgrund)이다. 이것을 하이데거는 참임(Wahrsein), 즉 논증(Argument)에 대한 근거라고도 부른다. 둘째, 근거는 어떤 것이 현실적으로 일어나는 것에 대한 근거, 즉 사물적 존재 또는 사실존재(Daß-sein)에

---

1) WG, S. 10 참조.
2) GA 26, S. 282 ff 참조.
3) ibid., S. 136 ff 참조.

대한 근거이다. 예를 들면 기와가 지붕에서 떨어졌다고 해보자. 이것의 근거는 나쁜 날씨이다. 이때의 근거는 원인(Ursache)이라 부를 수 있다. 셋째, 근거는 본질근거(Wesensgrund)로서 무엇임에 대한 근거이다. 예를 들면 어떤 것이 떨어졌다고 해보자. 이것의 근거는 그것의 무게이다. 넷째, 근거는 행위의 근거(Handlungsgrund), 즉 동기이다. 이것은 위에서 말한 참존재, 무엇임, 그리고 사물적 존재가 현존재와 그의 행위에 덧붙여질 때 이루어진다. 아리스토텔레스에 있어서 본질근거와 사물적 존재에 대한 근거는 존재근거에 속하므로 크게 나누면 인식근거, 존재근거 그리고 행위근거로 나눌 수 있다. 하이데거는 이 네 가지 근거, 즉 아르케를 형식적 일반적으로 "정초하는 인식이 시작하는 최초의 것", 더 간단히 말해 "거기로부터 비롯되는 최초의 것"(das Erste, von woher)이라고 규정한다. 희랍어 아르케는 처음 또는 시작점을 의미한다. 뿐만 아니라 그것의 동사인 archein은 '지배하다'를 의미하므로 그것은 또한 지배를 의미한다. "아르케는 처음(Anfang)이자 동시에 지배(Herrschaft)이다."[4] 그러므로 아르케의 형식적 일반적 성격인 "거기로부터 나오는 최초의 것"이라는 사실은 또한 그 최초의 것으로부터 나오는 다른 것을 지배함을 뜻한다. 하이데거는 근거의 형식적 일반적 성격이 밝혀졌다고 해서 근거의 원천이 분명하게 드러났다고 보지 않는다.[5] 그러나 충족이유(근거)율의 범위는 규정되었다고 평가한다. 다시 말하면 모든 것은 어떤 근거, 그것이 무엇임이든 사물적 존재이든 진리임(Wahrsein)이든 아니면 행위이든, 그것의 근거없이는 존재하지 못한다. 존재의 모든 방식은 그것의 근거를 가진다. 그러므로 **"존재에**

---

4) GA 9, S. 247.
5) GA 26, S. 137 ff.

262

근거가 속한다."[6] 이것은 하이데거가 충족이유(근거)율을 해석하는 근본적인 입각점이다. 아리스토텔레스에서 아르케와 밀접하게 관련이 있는 것은 아이티온, 즉 원인이다. 아이티온은 형상인, 운동인, 목적인 및 질료인으로 나누어진다. 그러나 하이데거에 따르면 그것이 이렇게 분류되는 것과 분류의 원칙 사이의 내적 관계는 모호하다.

아리스토텔레스 이후 라이프니츠, 볼프, 크루지우스, 칸트, 셸링과 쇼펜하워 등은 충족이유(근거)율을 중심적 문제로 다루었다. 그러나 이들 모두는 근거라는 개념을 자명하게 전제하고 있다. 과연 근거가 무엇인가? 이 물음에 부딪칠 때, 우리는 일종의 難問(aporia)에 빠진다. 그러면 근거의 본질에 대해 하이데거와 대화를 해보자.

II. 본 론

1. 전기사상에서의 충족이유(근거)율

하이데거는 근거의 문제를 논리학의 중심문제라고 보고 있다.[7] 하이데거의 전기사상의 핵심은 기초존재론이다. 하이데거가 기초존재론에 입각해서 근거의 문제와 충족이유(근거)율의 문제를 다루는 것은 당연하다. 기초존재론은 현존재의 실존론적 분석론이므로 근거와 충족이유(근거)율의 열쇠는 바로 현존재라고 할 것이다.

먼저 충족이유(근거)율의 성격을 살펴보자. 충족이유(근거)율은 "어떤 것도 근거없이 존재하지 않는다"라고 일반적으

---

6) ibid., S. 138.
7) ibid., S. 144 ff 참조.

로 표현된다. 이것의 긍정형식은 "모든 존재자는 근거를 갖는
다"이다. 이것은 확증도 아니고 규칙도 아니다.[8] 충족이유
(근거)율(Satz vom Grund)에서 하이데거는 Satz의 성격을
문제삼는다. 그것은 문법적으로 이해된 명제가 아니라 원칙
(Grundsatz)이며 그것도 최고의 원칙이다. **"이유(근거)율은**
모든 원칙들 중의 원칙이다."[9] 논리학의 제1원칙들은 동일
률, 모순율, 배중률 그리고 충족이유(근거)율이다. 하이데거
는 이들 넷 사이의 동등성을 인정하지 않고 이유(근거)율을
최고의 원칙으로 주장한다. 볼프는 최고의 원리를 모순율로
보았으나 보통 동일률이 최고의 원칙으로 간주된다. 그러나
동일률도 충족이유(근거)율에 근거하므로, 충족이유(근거)율
이 최고의 원칙이다. 하이데거는 라틴어에서 유래하는 동일성
(Identität)을 독일어 동일한 것(das Selbe)으로 해석하여 동
등한 것(das Gleiche)과 구별한다. 동일성은 "동일한 것 자
체, 자기자신과 동일한 것"[10]이며 "동일한 것에 근거한 다른
것들의 공속성"[11]을 의미한다. 여기서 동일한 것은 근거로서
작용하고 있다. 그러므로 "동일률 또한 이유(근거)율에 근거
한다."[12] 따라서 충족이유(근거)율은 최고의 원칙이라고 할
수 있다.

하이데거는 라이프니츠를 실마리로 삼아서 진리와 근거의
문제에 접근한다. 판단은 진리의 담지자이고 진리는 판단이나
명제의 성격이다. 라이프니츠의 판단론은 포함설(Inklusions-
theorie)로서 규정지을 수 있다. "S는 P이다"라는 긍정판단
에서 주어 S와 술어 P는 결합되고 있다. 이것은 라이프니츠

---

8) GA 10, S. 17 ff.
9) ibid., S. 21.
10) ibid.
11) ibid., S. 22.
12) ibid.

264

에게 "S는 P를 포함한다"(S includere P)를 의미한다. 다시 말하면 그것은 술어 P가 주어 S 속에 내재함을 의미한다. 이렇게 볼 때 라이프니츠에게 모든 판단은 분석판단이라고 할 수 있다. 이러한 라이프니츠의 포함설은 진리론과 밀접한 관계가 있다. 라이프니츠에게 "진리의 근거는 주어와 술어의 결합에 있다. "[13] 방금 전에 말한 것처럼 결합은 술어 P가 주어 S 속에 내재하는 것(inesse)을 말한다. 라이프니츠에게 있어 "內在는 **동일하다**(idem esse)를 의미한다. "[14] 그러므로 동일성은 진리의 본질이라 할 수 있다. 하이데거에게 동일성은 앞에서 본 것처럼 근거를 가져야 한다. 이렇게 볼 때 진리의 문제는 근거의 문제와 밀접한 관계를 갖게 된다. 진리는 하이데거에게 있어 존재적 진리와 존재론적 진리로 나누어진다. 존재적 진리는 존재자의 현시성(Enthülltheit)을 말하며, 여기에는 두 종류가 있다. 존재자에는 현존재와 비현존재, 즉 사물적 존재자가 있으므로 존재적 진리에는 사물적 존재자의 피발견성(Entdecktheit)과 현존재의 개시성(Erschlossenheit)이 있다. 이에 대해 존재의 개현성(Offenbarkeit)은 존재론적 진리이다. 존재론적 진리는 존재적 진리를 가능하게 한다. "**존재의 현시성이 비로소 존재자의 개현성을 가능하게 한다.** "[15] 존재론적 진리는 또한 모든 존재적 진리의 기초가 된다. [16] 존재론적 진리와 존재적 진리는 그것들이 존재론적 차

---

13) GA 26, S. 47.
14) ibid., S. 49.
15) 하이데거는 진리를 現示(Enthüllen)라는 용어로써 중립적으로 표현하였다. 사물적 존재자(Vorhandenes)의 현시는 발견(Entdecken)이라는 용어를 사용하고 현존재의 현시는 開示(Erschließen) 또는 開明(Aufschließen)이라는 용어를 사용하여 이 둘을 구별하고 있다. (GA 24, S. 307 참조) 그러나 투겐트하트(『Heideggers Idee von Wahrheit』, S. 293)나 오버마이어(『Ernst Tugendhats Kritik an Heidegger』, S. 304)는 세계내부적 존재자에도 개시성(Erschlossenheit)이란 용어를 사용하여 용어상의 오류를 범하고 있다.

이에 관계함의 근거 위에서 공속한다. [17) 존재자와 존재를 구별하는 존재론적 차이는 존재를 이해하는 현존재가 있을 때만 가능하다. 그러므로 하이데거는 존재론적 차이의 근거를 현존재의 초월이라 부른다. [18) 진리의 문제와 근거의 문제가 밀접한 관계를 가지고 있고, 진리의 문제가 초월의 문제와 관계가 있다면, "근거의 본질에 대한 물음은 초월의 문제가 된다. "[19) 진리와 근거와 초월은 이렇게 밀접하게 얽혀 있다. 그러나 진리와 근거에 활력을 부여하는 것은 현존재의 초월이다.

하이데거의 초월개념을 이해하기 위해 다음과 같은 두 가지 점이 필요하다. 첫째, 초월은 현존재와 불가분의 관계이다. 초월이 없는 현존재란 생각할 수 없다. 하이데거는 '초월하는 현존재'란 표현을 동어반복이라고 말한다. [20) 하이데거에게 초월은 현존재의 근본구조인 세계 내 존재와 같으며[21) 또한 자유와 같다. 단지 이것들을 어떤 측면에서 보느냐에 따라 명칭의 차이가 있을 뿐이다. 둘째, 하이데거의 초월은 인식론적 차원이 아니라 존재론적 차원에서 논의된다. 초월이 어떤 것으로부터 어떤 것에로 나아가는 관계라는 형식적 구조를 지녔다고 해서 이것을 주관, 객관의 관계로 파악해서는 안 된다. 다시 말하면 초월은 주관에서 대상으로 나아가는 관계를 지칭하지는 않는다. 현존재는 내재의 영역에 갇힌 수인이 아니다. 현존재의 초월은 존재자를 넘어서 세계에로 나아간다. 하이데거에게 있어 세계는 의미지평이다. "전체로서 세계는 어떤 존재자가 '아니며', 현존재가 어떤 존재자에게 관계하며 그가 그

16) WG, S. 13.
17) ibid., S. 15 참조.
18) ibid. 참조.
19) ibid., S. 16 참조.
20) ibid.
21) ibid., S. 19 참조.

266

존재자에 어떻게 관계하는지를 그것에 의거하여 **자신에게 의미를 부여하는 것이다.** "²²⁾ 이렇게 볼 때 초월은 현존재의 여러 태도 중의 하나가 아니라 모든 태도에 앞서 생기하는 현존재의 근본얼개이므로 "모든 태도는 초월에 뿌리박고 있다. "²³⁾ 현존재는 세계 내 존재이므로 세계는 현존재 밖에 대상적으로서 있지 않다. 현존재는 자기존재에 항시 마음을 쓰고 있으므로 세계는 이것에 의해 규정된다. 다시 말하면 의미의 지평으로서의 세계는 자연과 달리 실존, 곧 자기존재에 의해 규정된다. "세계는 자기성에 속한다; 세계는 본질적으로 현존재와 관련적이다. "²⁴⁾ 현존재가 모든 존재자를 넘어서서 세계로 나아가는 것은 "현존재가 그의 존재의 본질에 있어 세계형성적이라는 것을 의미한다. "²⁵⁾ 초월 속에서 현존재는 모든 존재자를 넘어서서 본래적인 자기자신에로 복귀할 수 있다. 그러므로 "초월은 자기성을 구성한다. "²⁶⁾ 하이데거는 초월을 자유로서 파악하고 있다. 현존재는 자기자신의 가능성에로 기투한다. 그와 동시에 그는 세계를 기투한다. "세계에로의 넘어섬은 자유 자체이다. "²⁷⁾ 현존재는 자유이기 때문에 자기자신에 대해 의무를 지게 된다. 그러므로 자유는 구속과 제어를 가능하게 하는 것이다. ²⁸⁾ 자유는 근거에 대한 자유이기 때문에 근거의 원천이며 본질이다. "초월로서의 자유는 근거의 고유한 종류일 뿐만 아니라 **근거 일반의 원천**이다. "²⁹⁾ 하이데거는 "근거

22) ibid., S. 43 참조.
23) ibid., S. 37.
24) ibid., S. 43.
25) ibid., S. 37.
26) ibid., S. 39.
　인간만이 세계형성적(weltbildend)이다. 이에 대해 돌은 무세계적(weltlos)이다. 동물은 세계결핍적(weltarm)이다. (GA 29/30, S. 261 참조)
27) ibid., S. 19.
28) ibid., S. 43.

에 대한 자유의 근원적 관계"를 근거지움(Gründen)으로서
규정한다. 근거지움은 건립(Stiften), 지반획득(Bodenneh-
men)과 정초(Begründen) 등의 세 계기를 가진다. 건립은
자기자신의 가능성을 기투함이며 세계를 기투함
(Weltentwurf)이다. 건립으로서의 근거지움은 그것 자체로
서는 아직 존재자와 만나고 있지 못하다. 근거지움이 존재자
와 관련을 맺기 위해 그것의 다른 계기인 지반획득이 필요하
다. "세계기투 속에 이 존재자는 그것 자체에 있어 아직 개현
되고 있지 못하다. 기투하는 현존재가 기투하는 현존재로서,
또한 이미 존재자 한가운데 있지 않다면, 그 존재자는 은폐된
채로 있음에 틀림이 없다."[30] …의 한복판에 있음(Inmitten-
sein von…)은 존재자 속에 기분에 젖어 있음(in Seienden
sich Befinden)을 말한다. 다시 말하면 그것은 존재자에 사
로잡혀 있음(Eingenommenheit vom Seienden)을 말한다.
이것이 근거지움의 둘째 계기인 지반획득이다. 그런데 근거지
움의 계기들 사이에는 시간적 선후가 있는 것이 아니다. 건립
과 지반획득은 同時的이다. 여기서 시간은 사물존재적인 내부
시간성(Innerzeitigkeit)이 아니라 시간성과 관계가 있다. 건
립은 장래(Zukunft)와 관계가 있고 지반획득은 기재
(Gewesenheit)와 관계가 있다. 장래, 기재 그리고 현재는
통일성을 이루고 있다. 근거지움의 계기들이 시간성과 관계있
다는 것을 통해서 우리는 "초월이 시간의 본질, 즉 시간의 탈
자적 지평적 얼개에 뿌리박고 있음"[31]을 알 수 있다.
　　현존재는 기투적 피투성, 즉 기투하면서 존재자의 한가운데
에 기분에 젖어 존재한다. 현존재의 가능성의 기투는 존재자

---

29) ibid., S. 44 참조.
30) ibid.
31) ibid., S. 45.

에 사로잡혀 있음에 의해 제약을 받아 오히려 어떤 가능성만
이 현실화되고 다른 가능성들은 제거된다. 이 점이 바로 현존
재의 자유의 유한성(Endlichkeit der Freiheit des Daseins)
을 나타낸다. 세계기투, 즉 건립과 존재자에 사로잡혀 있음,
즉 지반획득은 상보적이다. 전자는 후자없이 존재자에 관여할
수 없으며 후자도 전자없이는 마찬가지이다. 건립과 지반획득
은 상보적일 뿐만 아니라 통일적이다. 그러므로 여기서 근거
지움은 제3의 계기인 정초(Begründung)가 나온다. 정초는
존재적 진리를 가능하게 하며 또한 '왜'라는 물음(Warum-
frage) 일반을 가능하게 한다. 무엇-임(Was-sein), 어떻게
-있음(Wie-sein)과 존재(무)에 대한 선개념적인 선이해는
'왜'라는 물음을 가능하게 한다.[32] 그러므로 존재이해는 근거
의 제3의 계기인 정초라고 할 수 있다. 존재이해로서 정초는
그 속에서 존재와 존재얼개가 개현되므로 그것은 존재론적 진
리라 할 수 있다. 푀겔러는 정초지움의 세 계기를 현존재의
실존범주에 대응시키고 있다.[33] 건립은 이해에, 지반획득은
정태성에, 그리고 정초는 말(Rede)에 대응시키고 있다. 하이
데거는 근거의 본질을 다음과 같이 총괄적으로 규정하고 있
다. **"근거의 본질은 초월적으로 유래하는 근거지움의 세 방
식, 세계기투, 존재자에 사로잡힘, 그리고 존재자의 존재론적
정초이다."**[34] 하이데거는, 충족이유(근거)율의 역사를 살펴
보면 충족이유(근거)율은 외면적으로 파악되고 있다고 간주한
다. 충족이유(근거)율의 역사는 충족이유(근거)율을 모순율
이나 동일률과 함께 위치시키거나 심지어는 이것들로부터 충
족이유(근거)율을 도출하려고 했다. 그러므로 충족이유(근

---

32) ibid., S. 46.
33) ibid., S. 48 참조.
34) O. Pöggeler, Der Denkweg Martin Heideggers, S. 93 참조.

거)율의 역사는 하이데거에 따르면 충족이유(근거)율의 원천
을 파악하지 못했다. 그리고 동일률이나 충족이유(근거)율은
명제의 성격이 아니라 초월의 생기(Geschehen), 즉 시간성
으로부터 파악해야 한다고 하이데거는 주장한다. 자유는 근거
에 대한 자유이기 때문에 그것은 근거의 원천이다. 자유는 근
거의 원천으로서 그것은 또한 근거가 된다. 그러므로 자유는
근거의 근거이다. 그러나 자유는 자신의 근거존재를 위해서는
근거가 결여되어 있음, 즉 심연(Abgrund)이다. [35] 그러므로
근거에 대한 자유로서의 초월은 심연적 근거(abgründiger
Grund)라 할 수 있다.

퓌겔러에 따르면 『존재와 시간』의 기초존재론은 근거지으려
는 의욕(Gründen-Wollen)에서 비롯한다. [36] 기초존재론의
기초라는 말은 바로 근거를 연상시킨다. 현존재의 존재의 의
미는 시간성이다. 여기서 의미는 근거와 동의어적으로 쓰였
다. [37] 『존재와 시간』에서는 현존재의 시간성(Zeitlichkeit)만
이 탐구되었지 존재 일반의 시간성(Temporalität)은 탐구되
지 못했다. 결국 기초존재론의 기초는 확고한 기초(fun-
damentum inconcussum)가 아니라 흔들리는 기초(fun-
damentum concussum)이다. [38] "근거지움이 형이상학적 사
유의 한 방식으로서 투시될 때에야 비로소 마음대로 다룰 수
없는 그때그때의 역사로서의 진리의 경험에로의 길이 자유롭
게 열릴 것이다. 하이데거의 사유는 아주 서서히 근거지우려
는 의욕에서 벗어난다. 근거짓는 기투의 피투성의 경험이 존
재의 진리의 심연성의 경험으로 심화된다. "[39] 하이데거 전집

---

35) op. cit, S. 50.
36) O. Pöggeler, Der Denkweg Martin Heideggers, S. 93 참조.
37) ibid., S. 160 참조.
38) ibid., S. 159 참조.
39) GA 14, S. 34 참조.

10권 『충족이유(근거)율』에서는 「근거의 본질에 관해서」에서
전개한 충족이유(근거)율에 대한 논의의 오류를 비판한다. [40]

2. 후기사상에서의 충족이유(근거)율

라이프니츠의 충족이유(근거)율, 더 정확히 말하면 "제시되
어야 할 충족이유(근거)율(principium reddendae rationis
sufficientis)"을 실마리로 해서 근거의 문제에 접근해 보자.
충족이유(근거)율은 근거에 대해서 무엇을 말하고 있는가?
우리는 라이프니츠의 혼과 더불어 대화함으로써 살아 있는 라
이프니츠와 마주쳐야 한다. "라이프니츠라는 이름은 우리가
그것의 강함을 견디어 낼 수 없는 사유의 전제이다."[41] 필자
는 먼저 "제시되어야 할 충족이유(근거)율"의 요소를 이루는
'제시되어야 하는'(reddendae)과 '충족시키는'(sufficiens)의
의미를 살펴본 후 그 다음에 충족이유(근거)율의 내용을 고찰
할 것이다.

1) 충족이유(근거)율의 의미와 성격

첫째의 요소, '제시되어야 하는'(reddendae)은 라이프니츠
와 근대철학의 사유개념인 表象과 관계가 있다. '근거를 제시
하다'(rationem reddere)는 "근거를 되돌려 주다"(den
Grund zurückgeben)를 의미한다. [42] 여기서 '되돌려'(zu-
rück)는 표상과 관계가 깊다. 표상이라는 말에 해당하는 라
틴어 repraesentatio를 보게 되면, 문제는 뚜렷하게 부각된
다. "만나지는 것을 표상하는 나에게로, 그것에게로 되돌리고

---

40) ibid., S. 161.
41) GA 10, S. 84 ff 참조.
42) GA 10, S. 65.

그것에 대해서 나타낸다. 즉 현재화한다. "[43] 이것을 제시해야
할 충족이유(근거)율과 관련시켜 보자. "표상은 그것이 인식
적인 것이라면, 만나지는 것의 근거를 표상에로 되돌려 둔다.
즉 그것을 표상에 되돌려 준다. 인식적 표상에서 인식하는 나
에게 근거가 제시된다. "[44]

근대사유의 특징은 표상이다. 이 표상 속에서 존재자는 대
상이 된다. "라이프니츠와 모든 근대의 사유에 있어 존재자가
존재하는 방식은 대상들의 대상성에 있다. "[45] 제시해야 될 충
족이유(근거)율은 인식에 적용될 뿐만 아니라, 대상에도 적용
이 된다. "오히려 근대철학의 주도적인 사상에 따라, 정초된
표상이 어떤 것을 자신에 대해 자신의 대상으로 확보하는 한
에서만, 그 어떤 것은 존재하기 때문에, 제시되어야 할 충족
이유(근거)율은 인식의 최고의 원칙일 뿐만 아니라, 인식의
대상의 최고의 원칙이다. "[46]

둘째 요소인 충족(suffectio)을 살펴보자. 하이데거에 따르
면 충족개념의 배후에는 완전(perfectio)이라는 개념이 놓여
있다. [47] 완전이라는 개념은 대상의 성립에 대한 규정들의 완
전을 말한다. 대상의 가능조건들이 완전하고, 대상의 근거가
완전할 때 대상의 성립이 잘 이루어진다. [48]

이제, 충족이유(근거)율의 내용을 살펴보자. 라이프니츠는
그것에 대해 다음과 같이 말을 하였다. "어떤 것도 근거없이
존재하지 않거나 어떤 결과도 원인없이 존재하지 않는다. "[49]

43) ibid., S. 45 참조.
44) ibid.
45) ibid., S. 46.
46) ibid., S. 54.
47) ibid., S. 64 참조.
48) ibid. 참조.
49) ibid., S. 43.

(nihil est sine ratione seu nullus effectus sine causa) 이 명제의 전반부부터 살펴보자. 어떤 것도 근거없이 존재하지 않는다. 이것은 충족이유(근거)율의 일반적이고 통속석인 형식이다. 충족이유(근거)율의 근거는 없다. 충족이유(근거)율에 따르면 모든 것은 근거를 가지는데 충족이유(근거)율은 근거가 없다고 한다면 모순율을 범하게 된다. 그러므로 충족이유(근거)율이 근거가 없다는 것은 불가능하다. 이것에 대한 하이데거의 논의는 세 가지로 행해질 수 있다. 첫째, 모순율이 최고의 원칙인가 하는 점이다. 앞에서 살펴본 것처럼 모순율은 오히려 충족이유(근거)율에 근거하고 있다. 충족이유(근거)율이 최고의 원칙이다. 둘째, 헤겔의 『논리학』 이래로, 모순이 어떤 것이 현실적이라는 것에 반내하는 근거가 되지 못한다는 점이다. 50) 오히려 모순은 현실성의 내적 생명이라 할 수 있다. 그러므로 아무런 성찰없이 모순율에 입각하여 충족이유(근거)율이 근거가 없다는 것이 모순적이기 때문에 불가능하다고는 할 수 없다. 셋째, 충족이유(근거)율이 근거가 없다는 것은 표상될 수 없다는 것이 문제이다. 그러나 표상과 사유는 다르다. 충족이유(근거)율이 표상될 수는 없지만, 사유될 수는 있다.

앞의 명제의 후반부인 "어떤 결과도 원인없이 존재하지 않는다"를 검토해 보자. 이것은 인과율과 관계있다. 그렇다면, 앞에서의 명제에서 충족이유(근거)율의 공식과 인과율의 공식이 '또는'(sive)에 의해 동등하게 병치되어 있다. 51) 하이데거는 충족이유(근거)율의 근거와 결과(Grund und Folge)는 인과율의 원인과 결과(Ursache und Wirkung)와 다르다고 한다. 그러나 "인과율은 충족이유(근거)율의 세력범위에 속한

---

50) ibid., S. 38 참조.
51) ibid., S. 43 참조.

다. "52)

라이프니츠는 충족이유(근거)율의 일반적이고 통속적인 공식과 철학적으로 사유된 엄밀한 공식을 구별하였다. 53) 전자는 "근거없이 어떤 것도 존재하지 않는다." 또는 "어떤 것도 원인없이 생성되지 않는다"로 표현된다. 이에 대해 후자는 "어떤 것도 제시되어야 할 근거없이 존재하지 않는다"로 표현된다. 충족이유(근거)율의 통속적 공식은 틀리지는 않으나 라이프니츠가 보기에는 부정확한 것이다. 라이프니츠에 따르면 "왜 무가 존재하지 않고 오히려 어떤 것이 존재하는가의 근거는 본성 속에 있다. "54)(ratio est in natura, cur aliquid potius existat quam nihil) "이 근거는 어떤 '실재적인 존재자'나 원인에 있어야 한다. "55) 여기서 원인은 제1원인(prima causa) 또는 사물의 궁극적 근거(ultima ratio rerum)인 신이다. 이렇게 볼 때 충족이유(근거)율의 힘이 미치는 범위는 존재자 전체로부터 신에게까지 이른다. 56) "이유(근거)율은 신이 존재하는 한에서만 타당하다. 그러나 충족이유(근거)율이 타당할 때에만 신이 존재한다. "57) 그러면 이 신이 니체에 의해 살해되었을 때, 충족이유(근거)율은 어떻게 되는가? "신이 계산할 때, 세계는 생성되었다. "58) 하이데거에 따르면 신이 죽어 버린 오늘날, 원자시대에도 여전히 충족이유(근거)율은 막강한 힘을 자랑하고 있다. 신이 죽어 버린 뒤, 계산된 세계는 여전히 남아 있어서, 인간으로 하여금 세계를 계산하

52) ibid., S. 44.
53) ibid., S. 45 참조.
54) ibid., S. 52.
55) ibid., S. 53.
56) ibid. 참조.
57) ibid., S. 55.
58) ibid., S. 170.

도록 시킨다. [59] 이때 계산은 충족이유(근거)율에 따라서 하게 된다.

라이프니츠는 충족이유(근거)율이 미치는 힘을 나타내기 위해, 충족이유(근거)율에 형용사 엄청난(magnum), 막강한(grande) 그리고 가장 고귀한(noblissimum)을 덧붙인다. 이유(근거)율은 근거를 제시하라는 요구의 성격을 지니고 있다. 이런 요구는 근대의 철학과 과학에 힘을 미치고 있다. "라이프니츠에 의해 사유된 이유(근거)율은 그것이 요구의 방식으로 근대의 표상을 일반적으로 규정할 뿐만 아니라, 사유인의 사유, 즉 철학이라고 하는 사유의 결정적인 방식으로 근대의 표상을 전체적으로 조율하였다. "[60] 오늘날 원자시대에는 그것은 철학과 과학뿐만 아니라 인간 삶의 모든 영역까지 그것의 세력권을 확장하고 있다. 그것은 기술과 결부되어, 철저하게 인간과 세계를 장악하고 지배하고 있다. "이유(근거)율의 지배는 현대적 기술적 시대의 본질을 규정하고 있다. "[61] 이런 지배의 수단은 정보라고 할 수 있다. 물론, 근대와 원자시대의 존재의 성격은 구별이 되어야 한다. 근대에 존재는 대상성(Gegenständigkeit)인데 반해, 원자시대인 현대에 존재는 주문가능성(Bestellbarkeit)이다. 이에 따라 근대의 존재자는 대상이고 원자시대의 존재자는 부품(Bestand)으로서 규정된다.

2) 왜(Warum)로서의 근거와 왜냐하면(Weil)으로서의 근거

앞에서 하이데거는 근거의 본질에 좀더 접근하기 위해, 신

---

59) ibid. 참조.
60) ibid., S. 80 ff.
61) ibid., S. 198.

비주의적 시인 안겔루스 실레지우스(Angelus Silesius, 1624-1677)의 시를 해명한다. [62) 이 시를 해명하는 데 중요한 것으로 부각되는 것은 '왜 없이'(ohne Warum)와 '왜냐하면' (때문에, Weil)이다. 우선 실레지우스의 시를 들어 보자.

　　장미는 왜 없이 존재한다. 장미는 꽃피기 때문에 꽃핀다.
　　장미는 자기자신을 주의해 보지도 않고, 누군가가 자기를 보고 있는지 묻지 않는다.

　먼저 "장미는 왜 없이 존재한다. 장미는 꽃피기 때문에 꽃핀다"가 무엇을 뜻하는지 고찰해 보자. 라이프니츠의 충족이유(근거)율에는 일반적 통속적 형식이 있고, 엄밀한 형식이 있다. 일반적 통속적 형식은 "어떤 것도 근거없이 존재하지 않는다"이다. 이에 대해 엄밀한 형식은 "어떤 것도 제시되어야 할 근거없이 존재하지 않는다"이다. 이것을 좀더 짧게 표현하면 "어떤 것도 왜 없이 존재하지 않는다"(Nichts ist ohne Warum)이다. 이것과 실레지우스의 "장미는 왜 없이 존재한다"는 어떤 관계가 있는가?

　장미의 존재방식과 인간의 존재방식은 다르다. 제2행을 통해 이것을 해석해 보자. 인간은 장미가 자신으로부터 무엇을 취하고 바라는지 주의깊게 살펴본다. 물이 필요하면 물을 주고 거름이 필요하면 거름을 준다. 이렇게 함으로써 인간은 인간다울 수가 있다. 그러나 장미는 인간에게 그럴 필요가 없다. "장미가 꽃피기 위해서는 장미는 그 꽃핌이 근거하는 근거의 제시를 필요로 하지 않는다."[63) 이런 의미에서 볼 때 장

---

62) J. D. Caputo, The Rose is without why, in : Philosophy Today 15(1971) 참조. Caputo는 이 논문에서 하이데거의 후기사상과 신비주의와의 밀접한 관계를 논하고 있다.
63) GA10, S. 72.

미는 왜 없이 존재한다. 그러나 장미는 근거가 없이 존재하는 것은 아니다. '왜 없이'는 '근기에 관계없이'를 의미하고 '왜냐하면'은 근거에 대한 관계를 나타낸다. 라이프니츠에게서 왜 없이(ohne Warum)와 근거없이(ohne Grund)는 같다. 이에 대해 실레지우스의 경우에 둘은 같지 않다. [64] 장미의 경우에도 충족이유(근거)율은 적용된다. 왜냐하면, 모든 것은 근거 없이 존재하지 않기 때문이다. 하이데거에 따르면 충족이유(근거)율이 적용되는 경우는, 장미가 우리 표상이 될 때이다. [65] 그러나 장미가 자기 자체로 있을 때, 그것은 적용되지 않는다. 하이데거는 실레지우스의 '왜 없이'와 '왜냐하면'의 문제를 괴테의 시를 통해 더 심화시켜 나아간다.

어떻게? 언제? 그리고 어디에? ㅡ신들은 침묵하고 있다!
너는 왜냐하면(Weil)에 머물고 왜(Warum)?를 묻지 않고 있다.

여기서 '왜'는 어떻게? 언제? 어디에?라는 물음과 관계가 있다. '왜'는 일어나는 것의 법칙, 시간, 장소에 대해서 묻는다. [66] 이에 대해 '왜냐하면'은 '왜'에 답을 주기 때문에 '왜' 없이 존재한다. 즉 그것은 어떤 근거도 가지고 있지 않으나 근거이다. 그러므로 '왜냐하면'으로서의 근거는 심연적 근거(abgründiger Grund)이다. 하이데거에 따르면, '왜냐하면'은 존재의 본질이다. [67] 이것을 위해 하이데거는 어원분석을 하고

64) ibid., S. 74 참조.
65) ibid., S. 73 참조.
66) ibid., S. 206 ff 참조.
67) ibid., S. 207 참조.

있다. '왜냐하면'은 옛날 말인 dieweilen(하는 동안)을 말한
다. weilen은 wärhen(지속하다), 조용한 채로 있다, 고요함
속에 그 자체로 유지하고 보지하다 등을 의미한다. 하이데거
는 weilen, währen 등이 존재하다(sein)라는 말의 옛 의미라
고 한다. [68]

3) 존재와 근거의 공속성

근거의 본질을 파악하기 위해, 우리는 다시 충족이유(근거)
율의 공식을 음미해 보자. "어떤 것도 근거없이 존재하지 않
는다."(Nihil est sine ratione) 이 공식에서 무(nihil)와 '없
이'(sine)를 강조하면, 이것은 우리가 보통 충족이유(근거)율
을 다루는 방식이다. 이것은 긍정적 형식으로 표현하면 "모든
것은 근거를 가진다"이다. 그러나 이 충족이유(근거)율은 근
거에 대해서는 직접적으로 말하지 않고 존재자에 대해 언표하
고 있다. [69] 그렇다면 우리에게 문제가 되는 근거에 어떻게 접
근할 수 있는가?

충족이유(근거)율의 공식에서 이다(est)와 근거(ratione)
를 강조하여 읽어 보자. "이런 강조는 우리에게 이다(ist)와
근거(Grund)의 일치, est와 ratio를 들리게 한다."[70] 이렇게
되면 충족이유(근거)율은 존재자에 대한 언표(Aussage über
das Seiende)가 아니라 존재에 관한 言明(Sagen von Sein)
이다. **"존재에 근거와 같은 것이 속한다. 존재는 근거와 같은
것(grundartig)이며, 근거적(grundhaft)이다."**[71] 이제 존재
와 근거는 공속한다. "근거가 존재로서의 존재와 공속함으로

68) ibid., S. 207 ff 참조.
69) ibid., S. 84 참조.
70) ibid., S. 86.
71) ibid., S. 90.

부터 근거는 그것의 본질을 받아들인다. 역으로 근거의 본질로부터 존재로서의 존재가 시배한다. "[72] 존재와 근거는 동등한 것이 아니라 동일한 것이다. 동일한 것이란 A와 B가 같은 것이 아니라 A와 B가 서로 다름을 유지하면서 공속하고 있는 것을 말한다. 존재는 본질적으로 근거이기 때문에 그것을 정초지우는 근거를 가질 수 없다. 이렇게 볼 때 존재는 근거가 결여된 것이기 때문에 심연(Ab-Grund)이다. 근거를 가지는 것은 존재자이지 존재가 아니다. 그래서 존재는 심연적 근거(abgründiger Grund)라 할 수 있다.

III. 결 론

이제까지 우리는 근거율에 대한 하이데거의 존재론적 비판을 살펴보았다. 이것에 대한 두 전제는 첫째, 충족이유(근거)율이 논리학의 다른 원리들인 동일률, 모순율과 배중률보다 더 높은 최고의 원리라는 점이고, 둘째, 근거는 존재에 속한다는 점이다. 특히 중요한 점은 두번째 전제이다. 오랜 부화기를 거쳐 라이프니츠에 의해 명백하게 공식화된 충족이유(근거)율은 그 뒤 볼프, 크루지우스, 칸트, 셸링과 쇼펜하워 등에서 중심적인 철학적 문제였다. 이들의 충족이유(근거)율에 대한 고찰은 본 논문의 한계를 벗어나는 것이고 또한 현재 필자의 역량을 넘어서는 것이다. 이것은 필자의 과제로 남겨 두기로 하겠다. 이들에게 충족이유(근거)율의 핵이라 할 수 있는 근거의 문제는 자명하게 전제되고 있을 뿐이다. 하이데거는 이러한 근거의 문제를 문제삼는다.

---

72) ibid., S. 92 ff.

하이데거의 사상에서, 즉 전기의 기초존재론(Fundamentalontologie)이나 후기의 *存在史的* 사유(seinsgeschichtliches Denken)에서 초점이 되는 것은 존재이다. 그러므로 하이데거가 근거의 문제를 존재론의 지평에서 다루는 것은 당연하다고 하겠다. 전기사상에서 근거의 문제는 현존재의 초월과 관계가 있다. 하이데거는 초월을 자유로서 파악하였다. 자유는 근거에 대한 자유이기 때문에, 자유는 근거와 근거율의 원천이다. 하이데거는 근거에 대한 자유의 근원적 관계를 근거지움(Gründen)이라고 규정하였다. 근거지움의 방식들은 건립(Stiften), 지반획득(Bodennehmen)과 정초(Begründen)이다. 근거의 원천으로서의 자유는 근거의 근거이나 자신의 근거존재에 대해서는 근거가 결여되어 있다. 따라서 근거에 대한 자유로서의 초월은 심연적 근거(abgründiger Grund)이다.

하이데거의 후기사상에서 근거와 존재는 同一한 것(das Selbe)이다. 여기서 同一한 것은 동등한 것(das Gleiche)이 아니라 공속성(Zusammengehörigkeit)을 의미한다. 그러므로 근거와 존재는 공속한다. 존재자는 근거를 가지나 존재는 근거이다. 근거로서 존재는 근거를 가지고 있지 않으므로 그것은 심연(Abgrund)이다. 따라서 존재는 심연적 근거이다.

이처럼 하이데거의 존재의 사유에서 근거의 문제는 현존재의 존재방식이든 존재 일반이든 존재의 문제와 관련을 맺고 있다. 그리고 현존재의 존재방식인 초월이나 자유 또는 존재는 근거이나, 그것들의 근거 자체에서 볼 때 근거가 없으므로 그것들은 심연적 근거이다. 이렇게 볼 때 충족이유(근거)율이 전제하고 있는 근거의 자명성은 부서지고 근거의 문제는 새로운 차원을 얻게 된다.

참고문헌

1) M. Heidegger의 저서

GA 10···Der Satz vom Grund, Frankfurt am Main, 1971.

GA 24···DieGrundprobleme der Phänomenologie, Frankfurt am Main, 1975.

GA 26···Metaphysische Anfangsgründe der Logik im Ausgang von Leibniz, Frankfurt am Main, 1978.

GA 29/30···Die Grundbegriff der Metaphysik, Welt -Endlichkeit-Eiusamkcit, Frankfurt am Main, 1983.

WG··· Vom Wesen Des Grundes, Frankfurt am Main, 1955.

2) 그외의 서적

R. Allers, Heidegger on the Principle of Sufficient Reason, in : Philosophy and Phenomenological Research 20, 1959-60, pp. 365-373.

J. D. Caputo, The Rose is without Why, in : Philosophy Today, 1971. pp. 3-15.

____, The Principle of Sufficient Reason : A Study of Heideggerian Self-Criticism, in : Southern Journal of Philosophy 13, 1975, pp. 419-426.

G. Kahl-Furthmann, Der Satz vom zureichenden Grunde, in : Zeitschrift für Philosophische Forschung 30, 1976, Heft 1, pp. 107-122.

O. Pöggeler, Der Denkweg Martin Heideggers, Pfullingen, 1983.

후설과 잉가르덴의 현상학 이해
— Das Verständnis von Phänomenologie
bei Ed. Husserl und R. Ingarden —

조 관 성

1. 머리말

이 글의 의도는 후설과 잉가르덴의 현상학 이해를 비교, 대
조하는 데 있다. 후설의 현상학이 주제삼고 있는 내용에 따라
서, 우리는 그의 현상학을 다양한 방식으로 특징지을 수 있
다. 후설이 자신의 현상학함에서 늘 염두에 두고 있는 두 가
지 주축인 자아극과 대상극에 따라서, 우리는 그의 현상학을
무엇보다도 먼저 노에시스학(Noetik)과 질료학(Hyletik)이
라는 틀 속에서 이해할 수도 있다. 후설은 자신의 현상학함에
서 노에시스학과 질료학의 팽팽한 상관관계에 착안하여 철학
함을 수행하나, 질료학보다 뚜렷이 노에시스학을 더 중시하
며, 그의 현상학적 통찰, 분석 그리고 기술은 주로 노에시스
학에 정향되어 있다. (『이념들 I』, 196쪽) 이 글은 후설과 잉
가르덴을 뚜렷한 대조 속에서 비교하기 위하여 주로 노에시스
학에 정향된 후설의 현상학을 드러내 보인다.

현상학적 전통에 속하며 후설의 애제자인 잉가르덴은 현상
학적 미학이론가로서 그리고 그에 의해서 선험적 관념론으로
이해된 후설의 선험적 현상학에 대한 비판자로서 알려져 있
다. 이 글은 후설의 선험적 현상학에 대한 비판자로서의 잉가

르덴을 주제삼는다. 잉가르덴의 철학적 활동을 주도한 관심은
의식으로부터 독립하여 그 자체 존재하는 실재세계와 실재대
상의 존재를 확립하는 데 있었다. 잉가르덴은 인식의 기초 또
는 토대를 확보하기 위하여 인식주체인 순수의식에 대한 탐구
에 몰두하지 않고, 오히려 인식대상의 본질적인 존재성격과
존재양식을 분석하는 데 주로 전념하였다. 잉가르덴이 인식론
의 기본문제를 취급할 때, 그의 철학함의 기조를 이루는 철학
의 분과는 존재론이다. 기본적으로 존재론에 정향된 잉가르덴
의 철학함은 인식론의 기본문제에 관계하는 다음과 같은 단순
한 통찰에서 출발한다. 즉 우리가 어떤 주어진 실재대상(영
역)을 인식하는 방식은 인식행위의 주체인 나의 의식에 달려
있지 않고, 오히려 그 실재대상(영역)의 존재양식과 형식적
구조에 의존해 있다.

   후설의 현상학 또는 그의 철학은 의식의 현상학이다. 즉 그
의 현상학이 주제삼는 것은 자아의 의식 또는 의식의 삶이다.
후설이 자신의 현상학함을 수행할 때 따르는 방법적 절차는
크게 나누어 볼 때 두 가지이다. 하나는 본질로의 환원을 뜻
하는 형상적 환원이며, 다른 하나는 순수자아 또는 순수의식
의 삶을 드러내어 포착하기 위한 절차인 선험적·현상학적 환
원이다. 후설의 철학함은 형상적 환원과 선험적·현상학적 환
원 이후 드러나는 순수의식의 본질을 분석하고 기술하는 일을
주요과제로 삼는다. 이러한 배경 아래에서 후설의 현상학은
선험적 현상학으로 이해될 수 있으며, 후설은 자기의 선험적
현상학의 기본입장을 특징짓기 위해서 '선험적 관념론'이라는
표현을 실제로 사용한다. (『이념들 Ⅰ』;『성찰』, 41절 ;『위
기』, 26절 참조)

   우리는 후설 철학 속에서 자아극과 대상극 또는 주관과 대
상의 긴밀한 연관관계를 발견할 수 있다. 이 연관관계는 자아

의 의식과 세계의 지향적 상관관계로 해석될 수 있다. 이러한 상관관계의 관점에 서서 후설의 현상학은 의식의 상관자인 세계를 항시 자아 또는 의식과 함께 주제삼는다. 즉 후설 철학은 자아의 의식과 세계를 긴밀한 상관관계 속에서 주제삼는다. 자아의 의식의 빛 또는 자아로부터 떨어져 나간 세계, 또는 세계로부터 떨어져 나간 자아의 의식이나 자아는 후설 철학의 온전한 주제대상이 아니다.

필자는 아래의 글에서 후설 철학의 세 가지 주요국면, 즉 후설 현상학의 주제, 방법적 절차 그리고 기본입장에 초점을 맞추어 후설과 잉가르덴의 현상학 이해에 따른 관계와 구별점을 밝혀 내고자 한다.

2. 후설 현상학의 자기이해, 선험적 현상학 그리고 존재론[1]

이 글은 후설과 잉가르덴의 비교를 위해서 매우 의도적으로 후설의 현상학을 무엇보다도 먼저 선험적 현상학으로 규정한다. 후설이 직접 저술한 『성찰』, 『이념들 I』 그리고 『위기』 같은 저서들은 우리가 후설의 선험적 현상학의 내용과 모습을 그것들로부터 알아낼 수 있는 대표적인 입문서들이다. 후설의 선험적 현상학은 사실과학이 아니라, 본질과학으로서 오로지 본질에 관한 인식내용을 얻고자 추구한다. 이미 언급되었듯이 선험적 현상학에 따르는 방법적 절차는 형상적 환원과 선험적·현상학적 환원이다. 전자는 사실적인 경험심리적 의식현상으로부터 의식의 순수본질로의 환원으로서, 판단하는 사고의 수행에 있어서는 사실적인 경험적 보편성으로부터 본질적인 보편성으로의 환원을 의미한다. 후자는 무엇보다도 선험적

---

1) 후설 철학에서 읽어 낼 수 있는 존재론에 관한 국내학자의 업적으로 조주환의 『후설의 존재론에 관한 연구』를 참조하시오.

의식을 드러내어 주제삼을 수 있는 반성의 절차를 뜻한다.
(『이념들 Ⅰ』, 6쪽) 후설이 추구하는 선험적 현상학의 이념은
그가 추구하는 엄밀한 과학으로서의 철학의 이념과 그리고 또
한 제일철학으로서의 철학의 이념과 일치한다. 이러한 후설의
이념들은 후설이 기본적으로 선험적 주관에 관한 근본과학을
추구함을 표현한다. 후설이 추구하는 엄밀한 과학 그리고 제
일철학으로서의 선험적 현상학은 초재적인 사물적(질료적) 존
재영역 위에 정초될 수 없다. 그것은 내재적인 존재영역인 선
험적 의식 위에 정초될 수 있다.

완성 또는 완결된 체계가 아닌 후설 철학은 한편 인식이론
으로 해석되기도 하고, 나른 한편 존재론으로 이해될 수도 있
다. 즉 순수자아의 주위를 맴도는 후설의 구성적인 선험적 현
상학은 존재론과 인식론의 성격을 함께 지닌다. 이것은 후설
이 순수자아를 존재와 인식의 보편적인 토대 또는 근거로
(das reine ego als universaler Seins- und Erkenntnisgrund)
파악한다는 점에서도 분명해진다. (『성찰』, 189쪽) 순수자아
또는 선험적 의식은 인식작용의 주체이기 이전에 무엇보다도
먼저 존재하는 모든 것의 절대적인 최종적 전제이다. 후설의
철학적 사고내용이 함축하고 있는 존재론에 주목할 때, 후설
의 선험적 현상학은 모든 존재자들에 관한 과학으로서 여겨지
며, 이 존재자에 관한 과학은, 즉 우리가 후설 철학에서 길어
올릴 수 있는 존재론은 그것의 최종적인 정초를 선험적 의식
이 수행하는 구성작용을 통하여 획득한다. 후설은 자기의 선
험적 현상학을 "진정한 의미의 보편적 존재론"(die wahre
und echte universale Ontologie)으로 여긴다. 이 보편적 존
재론은 형식적 존재론(die formale Ontologie)과 실질적 존
재론(die materiale Ontologie)을 그 내용으로 담고 있으며,
그것이 주제삼고 있는 다양한 존재영역들은 자아와 대상의 상

관관계 속에서 탐구될 수 있다. (『성찰』, 38쪽 참조)[2] 우리가
후설 철학을 보편적 존재론으로 해석해 낼 경우, 후설 현상학
의 근본관심은 존재자의 의미와 존재자의 존재에 관한 물음
에, 즉 존재의 구성에 관한 물음에 정향되어 있다고 말할 수
있다. (『논리학』, 19, 174쪽 ; 『성찰』, 13쪽 참조)

우리는 후설이 자신의 현상학적 철학함을 통하여 추구하고
수행한 보편적 존재론을 그의 선험적 현상학의 관점과 범위
속에서 선험적 자아 또는 순수의식에 기초한 존재론으로서,
그리고 바로 이 선험적 자아 또는 선험적 의식을 주제삼는 존
재론으로서 간주할 수 있다. 우리는 후설이 추구한 선험적 현
상학으로서의 보편적 존재론의 내용과 모습을 후설이 수행한
실질적 (영역)존재론을 통하여 밝혀 낼 수 있다. 후설은 자기
의 실질적 (영역)존재론에서 자아와 대상의 상관관계에 착안
하여, 즉 두 가지 주축을 이루고 있는 존재영역으로서의 내재
적 의식과 초재적 실재의 상관관계에 주시하면서 물질적(질료
적) 사물과 자연, 여기에 상관적으로 대응하는 자아의 신체,
동물적·영혼적 존재, 순수의식의 영역 그리고 정신적·인격
적 존재영역과 우리가 이어받고 이어주면서 공유하는 문화적
대상(영역) 등을 선험적 의식의 구성작용의 토대 위에서 내용
이 풍부한 실질적인 존재영역들로서 탐구한다. 이와 같은 다
양한 실질적인 존재영역들은 자아와 대상(영역) 또는 자아와
세계라는 자아극과 대상극의 두 가지 주축을 맴돌고 있는 현
상학적 주제들이다.

후설의 선험적 현상학은 대상성으로 뻗치는 자아의 다양한
다수의 지향작용들에 대한 탐구에 주력한다. 자아의 세계에

2) 형식적 존재론과 실질적 (영역)존재론에 대하여 참고할 후설 원전의 위치를 예
시한다 : 『이념들 I』, 10절, 148절 ; 『논리학』, 91, 110, 119, 125쪽 ; 『경험과
판단』, 435쪽 ; 『이념들 III』, 36쪽.

대한 경험, 대상에 대한 감각적 지각, 상상작용, 기대 및 기억작용, 타자경험에 관련된 간접 현시작용, 가치 평가작용과 실천적 행위 그리고 술어화 작용과 지향적인 본능적 삶에 대한 탐구 등이 후설에 의해서 수행된다. 이러한 탐구들은 과학론의 관점에서 볼 때 이론학과 실천학의 기초를 확보하기 위한 작업으로 간주될 수도 있다. 선술어적 경험의 단계와 술어적 경험의 단계에서 수행되는 자아의 다양한 지향작용들에 대한 탐구는 결국 순수의식이라는 보편적 존재영역에 대한 탐구, 즉 순수의식에 대한 본질분석과 본질기술을 의미한다. 후설이 추구하며 주제삼고 있는 모든 중요한 철학적 문제들은 보편적 존재영역인 순수의식에 대한 탐구에 기초하여 해명될 수 있는 것들이다.

후설의 현상학에서 언급되는 존재의 구성은 아리스토텔레스의 제일철학적 사유와 다르다. 후설이 뜻하는 존재의 구성은 세계를 창조·창출할 수 있는 최종적인 절대적 근원 또는 동인으로서의 神에 근거하는 것이 아니라, 대상(영역)에 대하여 그것의 존재성격을 부여하고 규정하는 주관성의 구성작용에 근거하며, 구성작용을 수행하는 주관성의 본질구조를 문제삼는다. 그러므로 후설 철학에 있어서 절대적인 존재는 존재자들의 총체로서 여겨지는 세계를 창조·창출하는 神이 아니라 존재자를 창조·창출하지는 않으나 존재자의 존재의미와 존재타당성을 정초하고 구성하는 주관성이다.

후설의 선험적 현상학에서 대상극에 속하는 세계는 자아극에 속하는 자아 또는 주관성 못지않게 하나의 큰 현상학적 주제를 형성한다. 이 세계는 후설 철학에서 세계를 경험하고 체험하는 자아와의 관련성 속에서만 주제적 대상이 될 수 있다. 세계는 자아에 의해서 경험되고 의식된 또는 체험된 세계로서 나타난다. 세계를 경험하고 체험하는 주체인 자아는 무엇보다도 먼저 어떤 대상성으로 향하는 지향적 체험을 자기의 본질 구조로서 지니고 있다. 자아의 지향적 체험은 한편 밖의 대상(영역)으로 향하기도 하고, 다른 한편 자아의 내적 의식의 삶으로 뻗치기도 하나, 우선 밖에 놓여 있는 개별적 대상으로, 그리고 이 개별적 대상들이 속해 있는 세계 또는 세계지평으로 뻗쳐 향한다. 대상(영역)은 지향적인 자아와의 관련 속에서 그것의 존재타당성을 갖게 된다. 후설의 선험적 현상학은 자아의 지향적인 의식의 삶과 대상(영역)으로서의 세계를 상호관련의 탐구 속에서 주제삼는다.

자아와 세계의 긴밀한 상관관계에 주시하여, 우리는 우선 세계에 관련된 자아의 존재방식 또는 존재론적인 근본성격이 무엇인지 물음을 제기할 수 있다. 자아는 세계와 뗄 수 없는 세계성을 지니는가? 또는 자아는 세계로부터 떨어진 일종의 선세계성을 갖고 있는가? 우리는 또한 지향적인 자아와 관련하여 세계 안에 있는 모든 대상들과 함께 세계의 존재방식이 무엇인지에 대해서도 물음을 제기할 수 있다. 세계는 자아와의 관련 속에서만 존재하는가? 또는 세계는 자아로부터 떨어진 채, 즉 자아와 관련없이 스스로 존재할 수 있는가? 여기에 자아와 세계의 상관관계 속에서 제기된 자아와 세계의 존재방식에 관한 물음은 자아와 세계의 관계에 따른 존재론적인 문제와 관념론과 실재론에 따른 문제를 함축하고 있다. 이미 예고되었듯이, 본 글은 여기에 제시된 문제제기를 후설 현상학의 기본주제인 자아와 세계의 상관관계, 현상학의 기본적인 방법적 절차인 형상적 환원과 선험적·현상학적 환원 그리고 실재론과 관념론의 문제에 주목하여 후설과 잉가르덴을 비교하면서 다루고자 한다.

위에서 후설 철학에서 읽어 낼 수 있는 존재론의 틀 속에서 기술된 후설 현상학의 관점에 서서 볼 때, 존재자의 존재를

자아의 주관성으로부터 떼어서 생각하는 철학적 논제나 입장
은 온전한 것으로 성립할 수 없다. 그리고 후설 현상학은 그
것이 지니는 두 가지의 기본적인 방법적 절차들 중의 하나인
반성의 절차, 즉 선험적·현상학적 환원 때문에 관념론적인
요소와 성격이 전혀 끼여들 수 없는 철저한 의미의 실재론을
원천적으로 배격한다. 우리는 후설 현상학의 기본틀을 떠받들
고 있으며 후설 철학을 특징짓는 두 가지 방법적 절차로서 본
질직관과 본질기술로 이어지는 형상적 환원과, 내재적인 존재
영역으로서의 자아의 의식이 지니고 있는 근본특성으로서의
반성에 의해서 가능한 선험적·현상학적 환원을 제시할 수 있
는데, 후설 철학 또는 그의 현상학을 근본에서 떠받들고 있으
며 특징짓는 방법적 절차는 반성이다. 후설 철학은 철두철미
하게 모든 점에서 반성의 철학이다. 후설 철학에서 반성은 본
질직관과 본질기술의 수행에 반드시 따르는 전제조건이다.
(『이념들 Ⅰ』, 77절 ;『성찰』, 15절 참조)

3. 잉가르덴과 그의 존재론

후설처럼 잉가르덴도 순수의식의 본질분석과 본질기술에 종
사하는 후설의 현상학을 순수의식의 현상학 또는 선험적 현상
학으로 이해한다. (『관념론』 참조) 잉가르덴은 자신의 스승인
후설을 후설의 선험적 현상학과 관련지어서 매우 높이 평가한
다. 잉가르덴에 따르면, 그의 스승인 후설이 이룩한 뛰어난
공적들 중의 하나는 후설이 의식에 대한 모든 심리학주의적인
잘못된 해석들을 배격하면서 선험적 의식을 순수한 모습으로
밝혀 냈다는 점에 있다. 또한 후설은 후학들에게 순수의식의
매우 다양한 내용과 국면들을 보고 기술할 수 있도록 가르친
매우 큰 존경을 받아야 할 스승이었다. (『논평』, 183쪽 참조)

스승인 후설과 제자인 잉가르덴은 학문적인 면에서뿐만 아니라, 사생활의 면에서도 매우 긴밀하고 다정한 관계를 맺었으며, 이러한 좋은 관계를 계속 유지하였다. 우리는 후설과 잉가르덴이 맺고 있던 이러한 좋은 관계를 이 두 철학자가 오랜 기간(1915-1938)에 걸쳐서 서로 주고받은 편지들 속에서 읽어 낼 수 있다. (『서신』 참조) 후설의 영향하에서 수학한 많은 현상학적 철학자들 중의 어느 철학자보다도 잉가르덴이 후설을 존경했으며, 후설은 자신이 직접 가르친 어느 제자보다도 잉가르덴을 사랑했으며, 애정어린 관심을 가지고 잉가르덴의 학문적 삶과 개인적인 사적인 삶을 지켜 보았음을 위 서신들에서 알아낼 수 있다.

　그러나 잉가르덴은 후설과 다른 현상학적 길을 갔다. 잉가르덴의 현상학적 방향 또는 경향은 후설의 선험적 현상학과 달리 "경험론적이고 실재론적인 방식으로 현상학함"이라는 특징을 지니고 있다. (『현상학적 운동』, 226쪽) 잉가르덴이 존재론적 연구로서 특징짓는 자신이 수행한 현상학적 연구와 분석은 순수의식과 순수의식의 상관자를 주제대상으로 삼지 않고, 순수의식에서 떨어져 나간 대상영역(Gegenstandsgebiet)을 주제삼는다. 잉가르덴이 자신의 존재론에서 탐구대상으로 삼고 있는 대상영역의 예로서 우리 앞에 놓여 있는 실재세계, 개별적인 실재대상 그리고 개별적 대상으로서의 순수의식을 들 수 있다. 잉가르덴은 이 대상영역을 존재영역(Seinsgebiet)이라고도 부른다. 잉가르덴이 뜻하는 대상영역 또는 존재영역은 후설의 용어로 표현될 경우 자아극으로부터 떨어져 존립하는 대상극에 속하는 영역으로 이해될 수 있다. [3] 글쓴이는 잉가르덴이 수행한 존재론적 연구와 분석을 '현상학적'

---

3) 대상영역에 대하여 『논쟁 II/2』, 68절, 374-376쪽을 참조하고, 존재영역에 대하여 『논쟁 II/2』, 67절을 참조하시오.

이라고 특징부여를 하는데, 이것은 잉가르덴이 자신의 존재론에서 일반적인 형식적·근본저 의미에서 이해된 후설의 형상적 환원을 방법적 절차로 사용한다는 뜻에서이다.

잉가르덴은 체계적인 철학을 세 가지 분과로, 즉 존재론, 형이상학 그리고 인식론으로 분류한다.(『논평』, 162-163쪽 참조) 잉가르덴이 뜻하는 존재론은 하나의 영역적 이념에 따라서 단일화되고 통일되어 있는 하나의 영역에 속해 있는 이념들의 내용에 관한 선험적 연구를 의미한다. 잉가르덴이 이해하고 있는 이러한 의미의 존재론은, 순수의식이 다른 모든 존재영역들과 뚜렷이 구별되는 차이점들이 있음에도 불구하고 그 자체로서 하나의 명확히 규정된 존재영역을 구성한다는 의미에서, 순수의식에 대한 본질분석으로서 여겨지는 후설의 순수의식의 현상학도 포괄한다. 좀더 정확하게 설명하면 다음과 같다. 잉가르덴의 존재론 또는 잉가르덴이 수행한 존재론적 연구는, 순수의식이 잉가르덴에 의해서 실재하는 초재적 세계의 한 구성요소 또는 구성부분으로서 여겨지는 한에서 또는 순수의식이 하나의 개별적 대상이라는 의미에서 하나의 존재영역을 형성하면서 하나의 존재영역으로서의 실재세계에 속해 있는 한에서, 순수의식의 현상학을 자체 내에 포함한다.(『동기』, 66쪽 참조) 잉가르덴은 여기에서 그 기본적인 의미가 기술된 존재론에 이어서 철학의 또 다른 분과로서 형이상학을 제시한다. 잉가르덴이 이해하고 있는 형이상학은 사실적으로 존재하는 여러 가지 존재영역들의 본질, 이러한 존재영역들이 서로 맺고 있는 관계들의 본질 그리고 이러한 존재영역들의 최종적인 존재근거의 본질을 추구하는 철학적 연구이며, 존재영역들이 본질적으로 지니고 있는 사실적인 거기 있음(Dasein)과 그리 있음(Sosein)에 관하여 결정을 내려야 하는 과제를 안고 있는 철학의 분과이다. 인식론이라는 이름 아래 잉가르덴은 순수 인식이론과 다양한 응용 인식이론들을 이해하고 있다.

위 단락에 기술된 잉가르덴이 구분한 철학의 세 가지 분과에 관한 내용으로부터 우리는 잉가르덴의 철학함이 주로 존재론에 정향되어 있으며, 그의 존재론이 인식론보다 오히려 형이상학과 긴밀한 관계를 맺고 있음을 알아낼 수 있다. 철학사에서 존재론과 형이상학이 내용면에서 서로 부분적으로 합치하면서 동시에 또한 서로 구별되는 긴밀한 관계를 맺고 있음을 감안할 때, 잉가르덴이 그의 존재론을 인식론보다 형이상학에 더 긴밀하게 관련지움은 그의 독특한 철학적 입장을 이루지 못한다. 잉가르덴의 존재론은 한편 철학적 문제의 발단의 면에서 볼 때 인식론과 관련을 맺고 있긴 하나, 다른 한편 그의 존재론이 취급하는 주제내용에 착안할 때 형이상학과 더 긴밀하게 관계맺고 있다고 말할 수 있다.

잉가르덴은 자신의 철학함의 주요관심이 정향되어 있는 존재론을 실재적 존재론(die existential-Ontologie), 형식적 존재론(die formal-Ontologie) 그리고 실질적 존재론(die material-Ontologie)이라는 세 가지 부분으로 나눈다. (『논평』, 163~178쪽) 잉가르덴은 자신이 수행하는 모든 존재론적 연구의 기초 또는 토대가, 순수의식과 (순수의식과 관련이 없는) 실재대상(영역) 자체 사이에 놓여 있는 본질적인 차이점 또는 구별점을 선명하게 해명해 냄으로써, 마련되고 확보되어야 한다고 주장한다. 잉가르덴에 따르면 순수의식과 실재대상(영역)의 존재론적 구별점 또는 차이점은 다음과 같은 세 가지의 존재론적 계기 또는 관점, 즉 존재양상, 형식적 구조 그리고 실질적 본질이라는 세 가지 계기 또는 관점을 통하여 투시되고 탐구되어야 한다. 이 세 가지 계기에 각각 일치하는 탐구가 실재적 존재론, 형식적 존재론 그리고 실질적 존재론이다.

이미 언급되었듯이 잉가르덴이 수행한 현상학적 연구와 분석은 주로 존재론적 연구에 관계한다. 현상학적 철학자로서의 잉가르덴의 공적은 의심할 여지없이 분명하다. 현상학적 철학자로서의 잉가르덴의 공적은 그가 존재론을 정초하고 정식화 또는 공식화하였으며, 이렇게 뚜렷이 세워진 존재론을 세 부분으로 분명하게 분류하였으며 그리고 무엇보다도 실재적 존재론을 확립했다는 데에 있다. 잉가르덴이 확립한 실재적 존재론은 하나의 독립적인 철학분과로서 다양한 대상들이 지니고 있는 다양한 존재방식들에 대한 분석을 수행한다.

잉가르덴은 자신이 수행한 실재적 존재론의 분석작업을 통하여 다음과 같은 존재계기에 관한 네 가지의 기본적인 대립 (또는 대조)쌍을 이끌어 내었다 : 1. 존재의 자율성과 존재의 타율성 (Seinsautonomie-Seinsheteronomie), 2. 존재의 근원성과 존재의 도출성 (Seinsursprünglichkeit-Seinsabgeleitetheit), 3. 존재의 자립성과 존재의 비자립성 (Seinsselbständigkeit-Seinsunselbständigkeit), 4. 존재의 독립성과 존재의 의존성 (Seinsunabhängigkeit-Seinsabhängigkeit). [4] 여기에 제시된 네 가지의 기본적인 존재의 대립쌍은 잉가르덴이 수행하는 실재적 존재론의 핵심 내용을 형성하며, 의식과 세계의 관계에 따른 문제와 관념론과 실재론에 따른 문제에 대하여 커다란 중요성을 지닌다. 잉가르덴은 특히 후설의 선험적 현상학과 관련하여 관념론과 실재론에 따른 문제를 해명하기 위하여 이 네 가지의 존재의 대립쌍을 사용한다.

---

4) 이 네 가지의 기본적인 존재의 대립쌍에 관한 자세한 설명을 위해서는 『논평』, 163-170쪽과 『시학』, 22-23쪽을 참조하시오.

4. 자아와 세계. 현상학의 주제에 주목하여 본 후설과 잉가르덴의 관계

4.1. 후설이 파악한 자아와 세계의 상관관계

후설의 현상학함에서 우리는 자아극과 대상극의 긴밀한 상관관계를 쉽게 읽어 낼 수 있다. 자아와 대상(영역)의 상관관계는 자아가 자기자신과 대상(영역)에 대하여 갖게 되는 통각방식 또는 파악방식에 따라서, 즉 후설이 그의 전문용어로 부르는 바 자아의 자기자신과 대상(영역)에 대한 태도(Einstellung)에 따라서 다양한 방식으로 표시된다. 자연적 태도에서 자아와 대상(영역)의 상관관계는 신체적 자아와 그의 앞에 놓여 있는 질료적 대상(즉 사물)과 현실세계의 상관관계로 나타난다. 이 상관관계는 반성하는 현상학적 태도에서 나의 의식작용(Cogito)과 의식된 것(Cogitatum)의 상관관계로 또는 구성작용을 수행하는 자아의 단일성과 세계현상의 단일성이 맺고 있는 상관관계로 나타난다. 인격적 태도에서 이 상관관계는 정신적 자아로 이해되는 인격적 자아와 그를 에워싸고 있는 문화적 대상과 문화적 주위세계와의 상관관계로 드러난다.

후설 철학이 주제삼고 있는 자아는 우선 일차적으로 개체적인 자아이다. 후설은 이 개체적인 자아를 라이프니츠 철학에서 이어받은 용어인 단자(Monade)로 표시한다. 라이프니츠의 단자론이 지니고 있는 자연철학적 함축내용을 도외시하고 자아론에 주시할 때, 라이프니츠와 후설이 사용하는 용어인 단자는 개체적인 자아를 가리킨다. 그러나 라이프니츠와 후설이 단자에 대하여 생각하고 부여하는 의미는 사뭇 다르다. 라이프니츠가 그의 『단자론』에서 생각하고 있는 단자는 무엇인가가 그것을 통하여 들어가고 나올 수 있는 창(문)을 갖고 있

294

지 않다. (『단자론』, 7절) 이것은 개체적인 자아로서의 단자가
닫혀진 채 존재하며 결코 상호관련, 상호작용하지 않음을 의
미한다. 이것은 또한 단자들이 자기들 외부에 있는 어떤 것들
로부터도 스스로 영향이나 작용을 받지 않음을 의미한다. 라
이프니츠에 따르면 한 단자의 타 단자에로의 영향은 신의 개
입에 의해서만 가능하다. (『단자론』, 51절) 반면에 후설이 생
각하고 있는 개체적인 자아로서의 단자는 자기를 에워싸고 있
는 주위세계 그리고 타 단자들과 스스로 지향적인 상호관련을
맺고서 상호영향을 주고받으며 상호작용하는 우리 태도 속에
서 살아간다. 5) 개체적인 단자로서의 자아는 우리 공동체 속에
살면서 자아와 대상(영역)에 대하여 상호주관적인 우리 태도
를 가진다. 이 우리 태도 속에서 단자들로서의 우리 모두와
우리 모두가 이어받고 이어주는 정신적인 문화세계로서의 생
활세계가 맺고 있는 상관관계가 나타난다.
　자아와 대상(영역)의 상관관계가 가능한 것은 자아의 의식
이 대상(영역)으로 뻗치는 지향성을 갖추고 있기 때문이다.
자아의 지향성은 자극, 촉발하는 질료(Hyle), 자아의 추구,
지향, 사념하는 노에시스(Noesis) 그리고 사념되고 구성된
노에마(Noema) 사이에 펼쳐져 있는 하나의 팽팽한 긴장관계
로서 이해될 수 있다. 질료, 노에시스 그리고 노에마는 순수
의식의 삼중적 구조로 또는 지향성의 세 가지 범주로 간주될
수 있다. 질료, 노에시스 그리고 노에마는 각각 "초재적 존

---

5) 단자에 대한 후설의 생각과 입장을 자세히 파악하기 위해서는 특히 『상호주관성
II』, 17-19쪽, 34-36쪽, 50-54쪽, 267쪽을 참조하시오. 후설은 한편 자기고유의
시간성 속에서 이루어지는 자아의 자기발생과 자기발달의 국면에 착안하여 개체적
인 자아인 단자를 선험적 자아로 특징지으며, 다른 한편 단자가 세계 속에 살고
있는 구체적인 정신적 자아라는 점에서 단자를 인격적 자아로 칭하기도 한다. 이
런 맥락에서 후설은 선험적인 단자들의 공동체(transzendentale Monaden-
gemeinschaft)를 인격체들의 공동체(Personengemeinschaft)와 동일한 의미로
사용한다.

재"(transzendentes Sein), "의식으로서의 존재"(Sein als Bewußtsein) 그리고 "의식 속에 스스로 나타나는 존재" (Sein als sich im Bewußtsein bekundendes)로서의 존재성격을 가진다. 후설은 여기에 제시된 선험적·현상학적 환원을 통해서만 얻어질 수 있는 세 가지로 나뉜 존재구분을 모든 존재구분들 중에서 가장 기초적인 뿌리로 또는 모든 존재구분들의 밑에 놓여 있는 뿌리로 여긴다. 이 세 가지로 구분된 존재들 중에서 모든 존재영역들의 뿌리가 되며, 모든 존재영역들이 본질적으로 상관관계를 맺고서 의존하고 있는 존재영역은 후설에 의하여 '원존재 영역'(Urregion) 그리고 "의식으로서의 존재"로 표시되는 선험적 의식이라는 존재영역이다. (『이념들 I』, 158-159쪽 참조)

자아극과 대상극이 맺고 있는 가장 보편적인 상관관계는 내재적 존재로서의 의식의 존재와 초재적 존재로 특징지워지는 대상영역의 존재가 지향적으로 맺고 있는 상관관계이다. 이러한 상관관계에 따르면, 존재하는 모든 것은 그것이 자아의 의식에 주어지는 한에서만 존재할 수 있다. 이것은 대상극의 영역에 놓여 있는 모든 존재는 자기의 존재를 위해서 자아의 의식으로부터 뻗쳐 나가는 지향성의 빛을 받아야 함을 뜻한다. 가장 넓은 의미와 범위에서 이해된 초재적 존재인 세계는 스스로 닫혀진 채 그저 존대하는 것이 아니다. 세계는 자아가 던지는 지향적 뻗침의 가장 넓은 의미의 대상 또는 표적이 된다. 물론 자아도 스스로 닫혀진 채 존재하지 않는다. 자아는 세계를 가지고 있다. 자아의 의식은 우선 먼저 밖의 대상(영역)으로 자연스레 향하는 지향적 성격을 갖추고 있으며, 밖으로부터 밀려 들어오는 모든 자극과 촉발의 수용점일 뿐만 아니라 또한 모든 지향적 작용의 발원점이다.

후설이 자연적 태도 또는 자연적 태도의 일반정립이라 부르는 전반성적인 일상적 삶의 수행 속에서 세계 속에 구체적으로 존재하는 자아는 세계의 존재에 몰입하여 세계를 경험하는 삶을 산다. (『이념들 I』, 27절 참조) 자연적 태도에서의 자아는 순수의식으로서가 아니라 세계 속에 몸담고 살고 있는 구체적인 신체적 자아로서 세계를 마주 대하고 있다. 자연적 태도에서 드러나는 신체적 자아는 자아가 또는 자아의 의식이 세계에 대한 의식을 갖기 위한 기초 또는 출발점을 이룬다. 자연적 태도의 신체적 자아는 내재적인 순수자아와 초재적인 세계 사이에서 매개의 역할을 할 뿐만 아니라, 자아의 세계에 대한 모든 직접적인 지각적 경험은 또한 이 신체적 자아를 통하여 이루어진다. 자연적 태도의 신체적 자아는 한편 질료적인 대상영역 안에 있는 다른 모든 사물들과 동일한 물체(Körper 또는 Raumkörper)의 특성을 지니며, 다른 한편 영혼이 깃들어 있는 살아 있는 신체(Leib)의 특성을 갖추고 있다. 자연적 태도에서 자아와 세계는 무엇보다도 먼저 신체를 통하여 또는 신체에 자리잡고 있는 감각기관이 수행하는 지각적인 감각경험을 통하여 긴밀한 상관관계를 맺고 있다. 자연적 태도에서 전반성적인 일상적 삶을 살면서 우리는 신체적 자아로서의 우리의 존재와 세계의 존재 그리고 세계 안에 있는 모든 대상들의 존재를 의심함이 없이 자명한 것으로서 정립한다.

후설이 뜻하는 자연적 태도는 대상(영역) 또는 세계의 존재에 관한 다음과 같은 두 가지 계기 또는 국면을 지니고 있다. 첫째 국면은 철저한 실재론적 입장을 함축하며, 자아와 관련 없이 존재하는 세계 자체의 선소여성을 부각시킨다. 둘째 국면은 세계의 존재를 세계에 대한 경험의 주체인 자아의 자연적 삶과의 관련 속에서 파악한다. (『이념들 I』, 27-28절 참조) 첫째 국면을 뒷받침해 줄 수 있는 후설의 자연적 태도의

세계에 대한 기술에 따르면, 세계는 우리가 살든지 죽든지 또
는 우리가 세계를 인식하든 않든 그 자체로서 스스로 자명하
게 존재한다. (『제일철학Ⅰ』, 245쪽) 세계 전체의 존재는 결
코 의심될 수 없는 자명한 것으로서 자아의 모든 판단적 활동
의 전제를 이룬다. (『경험과 판단』, 25쪽) 둘째 국면을 뒷받침
하는 후설의 기술은 세계의 존재를 분명히 자아의 세계에 대
한 넓은 의미의 경험과 관련짓고 있다. 이에 따르면 세계의
존재는 자명하며, 세계는 항시 우리(신체적 자아 또는 인간적
자아)에 대하여 존재하며 우리 모두가 공유하는 주위세계이
다. 세계는 우리가 경험을 통하여 직접적으로 만나고 포착할
수 있는 것으로서 존재한다. 우리는 세계를 경험하고 인식하
고 가치평가하는 주체이며 또한 세계를 실천적으로 다룰 수
있는 주체이다. (『제일철학Ⅰ』, 243쪽)

자아와 세계의 상관관계 속에서 자아와 세계는 서로를 규정
한다. 그러나 자아와 세계가 함께 상관관계를 맺고서 서 있는
토대 또는 기초는 선세계적 자아 또는 선험적 자아로 표시될
수 있으며 선험적·현상학적 환원을 통하여 드러나는 선험적
의식 또는 선험적 주관성이다. 자아의 세계에 대한 존재신념
속에서 그것의 존재가 자명한 것으로서 정립된 세계는 선험
적·현상학적 환원을 통하여 순수자아에 의하여 포착되고 사
념된 세계현상으로서 나타난다.

세계는 일차적으로 우선 먼저 그 자체 스스로, 즉 자아와
관련없이 존재한다고 말할 수도 있다. 그러나 세계는 자연스
레 밖으로 향하는 자아의 지향성의 빛에 의하여 포착됨으로써
그것의 존재가 지니는 자아와 관련이 없는 일차적인 선소여성
을 벗어나게 되며 신체의 지각작용과 의식의 정신작용을 통하
여 경험되고 의식된 채 존재한다. 후설의 선험적 현상학에 따
르면, 세계 안에 있는 개별적 대상이나 세계는 선험적 자아와

의 관련 속에서만 그것들의 존재, 존재의미 그리고 존재타당성을 얻을 수 있다. 우리(신체적 자아)는 세계의 존재를 자명한 것으로 여기면서 세계에 몰입하여 살며, 경험하며, 사고하며, 평가하며 그리고 행위하는 삶을 산다. 우리의 삶의 무대인 이 세계는 나(선험적 자아의 지향적 의식작용들)로부터 그것의 진정한 존재의미와 존재타당성을 획득한다. (『성찰』, 8쪽 참조)

4.2. 잉가르덴이 이해한 세계와 순수의식의 관계

잉가르덴은 개별적인 대상들을 포함한 실재세계와 순수지향적인 내재적 대상들을 포함한 순수의식의 관계를 자신의 실재적 존재론의 고찰로부터 얻어낸 존재의 대립쌍인 "존재의 자율성과 존재의 타율성"이라는 존재의 차이를 통하여 해명해낸다. (『논평』, 165쪽 ;『동기』, 43-65쪽 참조) 잉가르덴의 실재적 존재론에 따르면, 어떤 대상이 그것의 자체 안에 존재기초를 지니고 있을 때, 즉 어떤 대상이 그 자체로서 무엇으로서 존재할 때 그 대상은 존재의 자율성을 지닌다. 즉 자율적인 존재이다. 반면에 어떤 대상이 자기의 존재기초를 자체 안에 지니고 있지 않고 자기 이외의 다른 대상에 지니고 있을 때, 즉 그 대상이 그 자체로서는 본질적으로 아무런 존재가 되지 못할 때 그 대상은 존재의 타율성을 지닌다. 즉 타율적인 존재이다.

잉가르덴은 실재세계와 순수의식과의 실재적 존재론의 관계에 주목하여 다음과 같은 실재적 존재론의 물음들을 제기한다. 1. 실재존재의 이념에 무엇이 속해 있는가? 2. 순수의식의 존재의 이념에 무엇이 속해 있는가? 3. 실재세계의 이념에는 실재세계가 자율적인 존재라는 사태가 속해 있는가 또는 타율적인 존재라는 사태가 속해 있는가? 4. 후자의 경우라면, 실재세계가 지니는 존재의 타율성은 순수의식에 대하여 상대적인가 또는 순수의식 이외의 다른 것에 대하여 상대적인가? 5. 순수의식의 이념에는 순수의식이 자율적인 존재라는 사태가 속해 있는가 또는 타율적인 존재라는 사태가 속해 있는가? 6. 만일 순수의식이 타율적인 존재라면, 순수의식은 무엇에 대하여 상대적인 존재의 타율성을 지니고 있는가? 사실 잉가르덴은 18개의 물음들을 제기한다. 그러나 6개의 물음들만을 여기에 도입하는 이유는 이 6개의 물음들이 나머지 물음들의 기초를 형성할 뿐만 아니라, 후설과 잉가르덴을 비교하는 본 논문의 주제에 직접적인 관련을 지니기 때문이다. (『논평』, 168-169쪽 참조)

잉가르덴에 따르면 바로 위 단락에 제시된 첫째 물음과 둘째 물음은 직관적인 봄을 통해서만이 답해질 수 있으며, 이 직관적인 봄이 잉가르덴이 제기하는 실재적 존재론에 관한 다른 모든 물음들에 대하여 대답을 제공할 수 있는 기초적인 출발점을 이룬다. 이것은 직관적인 봄이 잉가르덴의 실재적 존재론에서 하나의 방법적 원리로서의 역할을 수행함을 의미한다.

잉가르덴이 제기한 위에 제시된 실재적 존재론의 물음들은 세계와 의식이라는 두 가지 존재 사이에 놓여 있는 실재적 존재론의 관계를 밝혀 내는 데 정향된 물음들로서, 후설에 의해서 초재적 존재로 표시되는 실재세계의 존재에 관계할 뿐만이 아니라 또한 후설에 의해서 의식으로서의 존재로 표시되는 순수의식의 존재에도 관계한다. 잉가르덴이 추구하는 실재적 존재론은 실재세계와 순수의식이라는 두 가지 존재가 지니는 각각의 존재양상을 명확하게 밝혀 내고, 이 두 가지 존재가 서로 다름을 설명하고자 한다.

그러나 우리는 다음과 같은 잉가르덴의 의도에 주목해야 한

다. 잉가르덴이 수행하는 존재론 또는 실재적 존재론의 강조
점은 우선 먼저 일차적으로 실재세계라는 대상영역에 놓여 있
다. 그리고 순수의식에 관한 잉가르덴의 존재론적 탐구의 강
조점은 후설적 의미의 순수의식에 대한 현상학적 분석에 놓여
있는 것이 아니라, 순수지향적인 내재적 대상들을 포함한 순
수의식에 대한 개념적 해명과 규정에 놓여 있다.

자신이 수행하는 실재적 존재론에 근거하여 잉가르덴은 실
재세계와 순수의식에 관한 다음과 같은 하나의 근본명제를 주
장한다. 이 근본명제에 따르면, 실재세계와 이 세계 안에 있
는 개별적인 실재대상들은 후설에 의하여 이것들의 존재를 정
초하고 구성한다고 여겨지는 순수의식과 관련없이 존립하는,
즉 존재의 자율성을 지니고 있는 자율적인 존재이다. (『동기』,
65쪽) 잉가르덴의 실재적 존재론은 실재세계의 이념에 실재
세계의 존재의 자율성이 필연적으로 (반드시) 속해 있음을 분
명히 주장한다. 이런 근거에서 잉가르덴의 존재론은 순수의식
에 의해서 가능하게 되는 실재세계의 존재를 전제하거나 또는
설정하는 모든 형이상학적 이론들을 배척한다.

잉가르덴에 따르면, 후설이 뜻하는 선험적 · 현상학적 환원
을 통하여 순수의식의 주제대상이 되는 순수지향적인 대상들
은 존재의 타율성을 지닌 타율적인 존재이다. 왜냐하면 순수
지향적인 대상들은 순수의식이 수행하는 지향적 의식작용들을
통하여 존재성격을 얻으며, 이 지향작용의 수행없이는 그 자
체로서 스스로 존재할 수 없기 때문이다. 잉가르덴의 주장에
의하면, 선험적 · 현상학적 환원을 통하여 순수의식의 주제대
상인 현상으로서 드러나는 순수지향적인 대상은 그 자체로서
아무것도 아닌 것이다. 이 순수지향적인 대상은 후설이 그것
에 부여하는 자기고유의 존재성격을 지니지 않는다. 순수지향
적인 대상이 지니는 모든 규정내용들은 순수자아에 의해서 단

지 사념된 것들이며, 이 지향적인 대상에 내재하지 않는다. 이러한 잉가르덴의 주장들로부터 순수지향적인 대상은 그 자체 안에 존재의 기초를 지니지 않는 타율적인 존재라는 잉가르덴 존재론의 또 다른 근본명제가 도출된다. 잉가르덴이 보는 순수지향적인 대상은 순수의식의 지향적인 사념작용 덕택에 가능할 수 있는 하나의 거짓된 존재이다. 반면에 후설이 보는 순수지향적인 대상은 순수의식에 의해서 포착되는 주제 대상으로서 "의식 속에 스스로 나타나는 존재"이며, 후설의 현상학은 바로 이 존재를 현상으로서 주제삼는다.

잉가르덴의 실재적 존재론은 그의 형식적 존재론 그리고 실질적 존재론과 긴밀한 연관을 맺고 있다. (『논평』, 174-175쪽 참조) 이것은 어떤 대상의 존재방식이 그 대상의 형식적 구조 그리고 실질적 구조와 긴밀하게 관련되어 있음을 뜻한다. 잉가르덴의 존재론이 지니고 있는 세 가지 국면은 서로 긴밀한 관계를 맺으면서 서로서로를 보충한다. 이런 의미에서 잉가르덴의 존재론은 하나의 존재론을 형성한다. 그러나 실재적 존재론이 실재세계와 순수의식의 존재론적 관계를 드러내 보이는 데 기초적 역할을 한다는 점에서 잉가르덴 존재론의 세 가지 국면들 중에서 가장 중요한 것으로 간주된다.

존재영역으로서의 실재하는 세계가 지니고 있는 형식적 구조의 한 가지 계기에 주목하여 잉가르덴은 존재의 자율성을 지닌 실재세계를 내적으로 단일하게 묶여진 온전한 전체로서 여긴다. (『논쟁 II/2』, 376쪽) 실재세계의 이념에는 실재세계가 하나의 온전한 전체라는 형식적 계기 또는 사태가 속해 있는데, 이것은 실재세계가 이 실재세계에 속하지 않는 어느 대상과도 결합하지 않음을, 따라서 세계에 속하지 않는 어느 대상과도 함께 하나의 온전한 전체를 이룰 수 없음을 뜻한다. 자율적인 존재를 지니고 있는 존재영역으로서의 실재세계의

302

이념에는 또한 다음과 같은 사태가 속해 있다. 즉 세계는 자체 안에 다양한 종류의 존재의 자율성을 지닌 대상들을 포함하고 있다. 잉가르덴은 순수의식을 실재세계를 보는 것과는 다르게 이해하고 있다. 잉가르덴의 주장에 따르면, 의식의 흐름으로서의 순수의식은 엄밀히 말하여 하나의 대상영역 또는 존재영역이 아니라, 하나의 개별적인 대상에 불과하다. 이런 맥락 속에서 잉가르덴은 순수자아 또는 의식의 흐름의 형식적 구조에 주목하여 의식의 흐름을 하나의 유기적인 전체로서 규정한다. 그러나 잉가르덴에 따르면 우리는 하나의 유기적인 전체로서 여겨지는 의식의 흐름 속에서 이 흐름을 이루고 있는 구성부분 또는 구성요소로서의 개별적인 체험들만을 부각시켜 읽어 낼 수 있을 뿐이다. (『논쟁 II/2』, 381쪽 ; 『논평』, 172쪽 참조)

　잉가르덴의 실질적 존재론은 실재하는 세계와 순수의식이 맺고 있는 실질적인 본질관계가 무엇인지를 묻는다. 실재세계와 순수의식의 실질적인 본질관계는 이 두 가지 존재의 동질성인가 아니면 이질성인가? 잉가르덴의 실질적 존재론은 이 두 가지 존재가 맺고 있는 실질적인 본질관계를 파악해 내고자 한다. 잉가르덴은 자신이 수행한 실질적 존재론에 근거하여 존재의 자율성을 지니고 있는 실재세계와 순수의식이 뿌리째 서로 다른 철저한 이질성을 실질적인 본질관계로서 지니고 있음을 주장한다. (『논평』, 175-178쪽) 잉가르덴이 세 가지 국면을 가지고 있는 그의 존재론에서 실재세계의 존재의 자율성에 초점을 맞추어 주로 아니 전적으로 실재세계에 정향된 존재론을 그려 내면서 실재세계와 의식이 보이는 존재의 차이를 밝혀 냈다는 점에서 그의 존재론의 세 가지 국면은 하나의 존재론을 형성한다. 잉가르덴의 이러한 하나의 존재론은 자아의 의식과 세계의 관계에 관한 점에서 보편적 존재론으로서의 후설의 선험적 현상학과 뚜렷한 대조를 이룬다. 후설은 자아의 의식과 세계가 보이는 존재방식의 차이(예, 세계존재의 초재성과 의식의 내재성)를 인정하나, 후설은 잉가르덴과 달리 자아의 의식과 세계의 긴밀한 지향적인 상관관계에 초점을 맞추어 철저하게 자아의 의식의 존재에 뿌리를 내린 철학을 그려 낸다.

5. 형상적 환원과 선험적·현상학적 환원. 현상학의 방법에 주목하여 본 후설과 잉가르덴의 관계

잉가르덴은 후설이 1912년 여름학기에 독일 괴팅겐 대학에서 '판단론'이라는 제목하에 행한 강의를 회상하면서, 그 강의가 논리학에 관한 강의가 아니었다고 말한다. 잉가르덴에 따르면, 후설은 1912년 여름학기의 5월에 자신의 강의에서 본질과 본질연구로서의 철학에 대하여 길고 상세하게 설명하였다. 잉가르덴은 본질과 본질연구로서의 철학에 관한 후설의 설명이 그 당시 자신에게 큰 인상을 주었다고 회상한다. 잉가르덴은 후설이 이 1912년 여름학기 강의에서 그 당시 이미 작성되어 있던『이념들 Ⅰ』의 많은 내용들을 발표한 것 같다고 말한다. (『서신』, 107쪽 참조)『이념들 Ⅰ』의 1권 1절 1장은 사실과 본질이라는 제목하에 무엇보다도 본질론을 본질 또는 형상으로의 환원이라는 틀 속에서 다루고 있다. 후설은『이념들 Ⅰ』에서 본질로의 환원인 형상적 환원을 먼저 다루고 다음에 곧 이어서 선험적·현상학적 환원을 다루고 있다. 『이념들 Ⅰ』은 후설 철학에서 하나의 현상학적 방법을 이루고 있는 두 가지의 방법적 절차인 형상적 환원과 선험적·현상학적 환원을 긴밀한 연결 속에서 상세하게 취급하고 있다. 우리는 위의 잉가르덴의 회상으로부터 잉가르덴이 후설의『이념들 Ⅰ』속에서 하나의 현상학적 방법으로 긴밀하게 엮어진 채 나타나는

두 가지 방법적 절차들 중에서 형상 또는 본질로의 환원이라
는 절차에 마음을 두고 있음을 읽어 낼 수 있다.

현상학적 전통에 속해 있는 철학자들 모두가 현상학의 창시
자인 후설이 마련해 놓은 두 가지의 방법적 절차 둘 다를 수
용하여 사용하지는 않는다. 후설의 선험적·현상학적 환원의
절차 또는 반성의 절차를 거부하면서 후설이 제시한 형상적
환원의 기본틀만을 수용하여 준용하는 현상학자들이 있다. 이
런 부류에 속하는 현상학자들로서 현상학적 가치론 또는 윤리
학을 탐구한 셸러, 현상학적 가치론과 존재론을 탐구한 하르
트만 그리고 존재론과 미적 대상에 정향된 미학을 탐구한 잉
가르덴을 예로 제시할 수 있다. 후설이 제시한 선험적·현상
학적 환원의 절차를 거부하면서 형상적 환원의 기본틀만을 수
용하여 준용하는 현상학자들은 그들의 현상학적 연구 또는 분
석에서 각각 그들이 탐구주제로 삼고 있는 주로 초재적 대상
의 본질을 보고 파악하고자 한다는 점에서 공통점을 지니고
있다.

후설 철학은 한편 질료학의 관점과 범위 속에서 초재적인
대상(영역)의 본질을 추구하기도 하며, 다른 한편 노에시스학
의 관점과 범위 속에서 내재적인 의식의 본질을 추구하기도
한다. 그러나 후설이 수행하는 현상학적 연구는 주로 내재적
인 의식을 탐구하는 본질학 또는 본질론으로 간주된다. 여기
에서 우리는 다음과 같은 점에 주목해야 한다. 후설 철학이
노리는 진정한 본질은, 탐구되는 대상이 초재적인 대상(영역)
이든 내재적인 대상(영역)이든, 반성을 통하여 드러나는 내재
적인 순수의식에 의해서 포착되고 주제화된 대상(영역)의 본
질이다. 이러한 본질이 바로 후설의 선험적 현상학이 추구하
고 주제삼는 현상이다. 후설이 생각하고 있는 이러한 현상개
념은 특히 하이데거의 현상개념과 뚜렷한 대조를 이룬다. 하

이데거는 본질로 환원된 현상을 추구하지도 않으며, 자아의 내적 의식으로의 환원을 뜻하는 반성을 통하여 포착·파악되는 현상을 노리지도 않는다. 그는 그 자체로부터 스스로 드러나는 현상을 주제삼는다. (『존재와 시간』, 7절)

이미 밝혀졌듯이, 잉가르덴의 존재론은 주로 아니 전적으로 초재적인 대상영역 또는 존재영역(예를 들면 실재세계, 개별적인 대상, 예술작품 그리고 존재의 자율성을 지닌 실재세계의 구성요소로서의 순수의식)을 탐구한다. 이에 따라서 잉가르덴의 현상학적 연구는 반성을 통하여 드러나는 순수의식과 관련지움이 없이 존재의 자율성을 지닌 실재세계의 본질과 이 세계 안에 있는 개별적인 대상들의 본질을 탐구주제로 삼는다. 여기에서 우리는 잉가르덴의 존재론이 지니는 방법의 면에서의 특징은 바로 그의 존재론이 지니는 주제의 면에서의 특징과 일치한다는 것을 알아낼 수 있다. 잉가르덴이 추구하는 존재론이 보이는 주제와 방법의 면에서의 이러한 일치는 뒤에 기술될 잉가르덴이 주장하는 철저한 의미의 실재론의 입장으로 이어진다. 잉가르덴 존재론의 이러한 전체적인 모습은 그의 존재론이 근본에서 의식의 존재에 뿌리를 두고 있는 후설 철학이 의식의 지향성에 근거하여 주장하는 자아와 세계의 긴밀한 상관관계를 전적으로 수용하지 않기 때문에 나타난다.

잉가르덴은 그의 존재론에서 일반적인 형식적·근본적 의미에서 이해된 후설의 형상적 환원과 이 환원에 결합된 본질직관을 방법적 절차로서 사용한다. (『논쟁 II/1』, 13장 참조) 이것은 잉가르덴이 후설이 내세운 형상적 환원과 본질직관의 방법이 지니는 형식적·근본적인 국면에 관한 한에서만 후설을 추종한다는 것으로 이해되어야 한다. 잉가르덴의 주장에 따르면, 실재세계와 순수의식의 존재론적 관계에 관한 근본물음들은 오직 직관적인 봄을 통해서만이 답해질 수 있다. (『논평』,

169쪽) 그리고 잉가르덴이 수행하는 존재론이 담고 있는 미완성의 주요과제는 실재세계와 순수의식의 실질적인 본질을 파악하는 데 있다. (『논평』, 178쪽) 잉가르덴은 또한 자신이 자기의 저서 『Essentiale Fragen』에서 형식적·근본적 의미에서 이해된 후설의 본질직관의 방법을 따르고 있음을 시인하고 있다. (『논쟁 II/2』, 380-381쪽)

잉가르덴은 본질개념이 현상학에서 매우 중요한 역할을 함에도 불구하고 후설이 본질개념을 소상하게 다루지 못했음을 지적한다. (『논쟁 II/1』, 385쪽) 이러한 이유에서 잉가르덴은 개별적인 대상의 본질개념을 주제삼아 상세하게 다루었으며, 개별적인 대상의 자세한 본질개념을 6가지 종류로 나누어서 밝혀 내었으며, 또한 이 6가지의 가능한 본질개념을 명제형식으로 정식화하였다. (『논쟁 II/1』, 13장)

잉가르덴은 개별적인 대상의 본질에 관한 존재론적 고찰이 그 대상의 본질을 분석하여 그 대상의 존재방식을 해명해 낼 수 있는 발판이 된다고 생각한다. 개별적인 대상의 본질에 관한 존재론적 고찰과 분석에 근거하여 잉가르덴은 실재세계의 존재방식과 이 세계 안에 있는 대상들의 존재방식에 관련된 문제를 해결하려고 시도했다. 이러한 시도가 잉가르덴의 존재론 특히 그의 실재적 존재론에 의해서 수행되었으며, 잉가르덴은 실재세계와 이 세계 안에 있는 실재대상들의 뚜렷한 존재성격을 존재의 자율성에서 찾아내었다.

후설 철학 속에서 형상적 환원과 선험적·현상학적 환원이라는 두 가지 방법적 절차는 하나의 현상학적 방법을 이루고 있으며 늘 함께 결합된 채 연구주제 또는 연구영역에 적용된다. 그러나 만약 어떤 현상학적 연구에서 선험적·현상학적 환원의 방법만이 사용된다면 이런 연구는 오로지 선험적 사실만을 포착할 수 있을 것이다. 또한 오로지 형상적 환원만을 사용하는 현상학적 연구는 초재적 본질만을 포착할 것이다. 따라서 두 가지 방법적 절차를 함께 사용하는 후설 철학이 어떤 연구대상을 주제삼을 때 목표로 삼고서 노리는 것은 선험적 본질이라고 말할 수 있다.

잉가르덴이 추구하고 수행한 존재론은 형식적·근본적 의미에서 이해된 후설의 형상적 환원만을 준용하는 본질연구라고 말할 수 있다. 우리가 후설 철학이 제공하는 개념을 빌려서 사용하여 초재적 본질과 내재적인 선험적 본질을 구별할 수 있다면, 잉가르덴의 존재론은 후설 철학이 관계하는 내재적인 선험적 본질을 도외시하고 초재적 본질만을 탐구주제로 삼았다고 해석할 수 있다.

잉가르덴은 자기의 존재론에서 후설적 의미의 선험적·현상학적 환원의 방법 또는 순수의식을 포착하기 위한 반성의 절차를 전적으로 사용하지 않는다. 이것은 당연한 일이다. 왜냐하면 잉가르덴이 자신의 존재론에서 후설적 의미의 순수자아나 선험적 자아를 인정하지 않음이 분명하기 때문이다. 그의 존재론은 순수자아에 대한 반성의 절차없이 실재하는 초재적 대상영역을 주제삼는다. 또한 잉가르덴은 존재론적 연구를 통하여 얻어낸 자신의 존재론적 연구결과로서의 존재론을 최종적으로 정초하는 데에도 선험적·현상학적 환원을 도입하여 사용하지 않는다. (『서신』, 63, 64, 73쪽) 선험적·현상학적 환원에 대한 잉가르덴의 이러한 태도 또는 입장과 관련하여 후설은 반성을 통하여 드러나는 선험적 자아 또는 순수의식을 끌어들이지 않는 모든 종류의 존재는 자기모순적이라는 입장을 보인다. 왜냐하면 후설의 선험적 현상학에 충실히 따를 경우 모든 철학적 존재론들은 선험적이면서 관념론적인 존재론이기 때문이다. (『제일철학 II』, 482쪽) [6]

308

6. 관념론과 실재론의 문제. 현상학의 입장에 관한 후설과 잉가르덴의 관계

선험적·현상학적 판단중지(『이념들 Ⅰ』, 32절 참조)를 통하여 우리는 자연적 태도의 세계에 대한 우리의 소박한 존재 신념을 무효화하여 배제한다. 이것은 자연적 태도 속에서 우선 일차적으로 그 자체로서 존재하는 세계의 존재가 선험적·현상학적 판단중지를 통하여 전혀 영향을 받지 않음을 뜻한다. 우리는 선험적·현상학적 판단중지를 통하여 세계의 존재에 대한 우리의 소박한 신념을 배제하여 자연적 태도의 세계를 괄호 속에 넣어 둘 뿐이지, 세계의 존재를 부인 또는 부정하는 것이 아니다. 선험적·현상학적 판단중지는 세계에 대하여 우리가 수행할 수 있는 하나의 사고의 실험일 뿐이다. 자연적 태도의 세계와 이 세계에 관련하는 모든 것을 무효화하는 사고의 실험으로 이해되는 선험적·현상학적 판단중지는 선험적 의식으로의 선험적·현상학적 환원에 이르기 위한 전 단계이다. 선험적·현상학적 환원을 통하여 후설 현상학의 토대로 여겨지는 순수의식이라는 존재영역이 드러난다. 이 순수 의식의 영역은 가장 넓은 의미에서 파악된 의식의 체험과 의식에 의하여 체험된 대상적 상관자들이 지향적으로 관계맺고 있는 존재영역이다.

우리는 자아극을 그 기초에서 대표하는 순수의식이라는 존재영역의 존재방식에 대해서뿐만 아니라, 대상극을 가장 넓은 의미에서 대표하는 실재세계라는 존재영역의 존재방식에 대해서도 말할 수 있다. 후설은 사물들의 존재영역 또는 실재세계의 존재영역의 가장 뚜렷한 존재방식을, 이 존재영역이 순수

---

6) 후설의 선험적·현상학적 환원에 대한 잉가르덴의 자세한 입장을 알기 위해서는 다음을 참조하시오 : 『동기』, 38-43쪽.

의식에 대하여 초재적으로 존재한다는 뜻에서, 초재성으로 특
징짓는다. 또한 후설은 초재적인 실재세계가 지니는 존재방식
의 특징을 그 실재세계의 존재가 의심될 수 있다는 우연성에
서 찾고 있다. 반면에 후설은 순수의식의 영역을 내재적인 존
재영역 또는 절대적인 존재영역으로, 그리고 그것의 존재가
의심될 수 없는 존재의 필연성을 가진 존재영역으로 파악하고
있다. (『이념들 Ⅰ』, 44, 46절 참조)[7]

  후설 철학에서 주축을 이루는 두 가지 존재영역은 의식의
존재영역(Sein als Bewußtsein)과 실재의 존재영역(Sein
als Realität)이다. 이 두 가지 존재영역은 그것이 각각 지니
는 존재방식 또는 소여방식인 내재성과 초재성에 따라서 뚜렷
이 구별된다. 전자는 내재적인 체험의 영역이며, 후자는 초재
적인 사물의 영역이다. (『이념들 Ⅰ』, 42절) 내재적 존재로 특
징지워지는 의식은 그것이 존재하기 위해서 원칙상 어떠한 종
류의 초재적 사물도 필요로 하지 않는다는 의미에서 절대적
존재로 여겨진다. 반면에 초재적인 질료적 사물들의 세계는
그것이 존재하기 위해서 또는 그것의 존재를 위해서 완전히
의식에 의존한다. 그것도 논리적 의미로 이해되고 구상된(형
식적 원리로서의) 의식이 아니라 살아 있는 실제의 의식에 의
존하고 있다. 여기에서 세계는 그것의 존재를 위해서 의식에
의존하는 상대적인 존재영역으로 드러난다. 후설은 자신의 사
유를 더 한층 밀고 나가면서 시간·공간적인 전체세계는 그것
의 의미상 단순히 지향적인 존재일 뿐이라고, 즉 의식에 대하
여 존립하며 의식에 의하여 파악되고 체험된 존재일 뿐이라고
주장한다. 후설의 이러한 사고에 따르면, 개별적인 질료적 대

---

7) 여기에 제시된 내용의 틀 속에서, 후설은 실재사물과 실재세계의 존재방식이 순
   수의식의 존재방식과 뚜렷이 구분된다는 점을 매우 상세하게 기술하고 있다 : 『이
   념들 Ⅰ』, 44-51절 참조하시오.

상의 실재이건 전체세계의 실재이건 실재는 본질상 존재의 자존성을 갖추고 있지 않다. 즉 실재는 존재의 자존성을 결여하고 있다. 실재는 자아에 의해서 의식되고 표상된 실재이다. (『이념들 Ⅰ』, 103-106쪽) 달리 표현하면, 세계 또는 세계의 존재는 선험적 의식의 구성작용에 의존하고 있다. 여기로부터 우리는 후설 철학 또는 그의 선험적 현상학의 기본입장을 선험적 관념론으로 해석해 낼 수 있다.

후설의 선험적 현상학 또는 그의 선험적 관념론의 입장에 서서 보면, 존재는 철저히 내적으로 의식된 존재이다. 즉 존재(Sein)와 내적으로 의식된 존재(Innerlich-bewußt-sein)는 일치한다. (『시간의식』, 117쪽) 후설의 이러한 생각에 따르면, 예를 들어 고통이 존재하려면 그것은 우리에 의해서 의식되고 체험되어야 한다. 우리가 지향적 의식을 통하여 깨닫고 의식하지 않은 고통은 존재하지 않는다. 마찬가지로 우리의 지향적 의식에 의해서 포착되고 파악되지 않은 또는 의식되고 체험되지 않은, 즉 자아의 지향적 의식의 빛이 스며들지 않은 색깔이나 소리감각 또는 색깔이나 소리에 대한 우리의 감각은 존재하지 않는다. 후설 철학이 머금고 있는 선험적 관념론의 한 특징을 설명하기 위해서 여기에 제시된 예들의 내용은 뒤에 기술될 잉가르덴의 실재론적 입장과 뚜렷한 대조를 이룬다.

필자는 본 논문 6에 속하는 위 단락들에서 후설의 저서 『이념들 Ⅰ』에 나타난 선험적 관념론의 입장을 추적하였다. 후설은 자신의 저서 『성찰』에서도 자기가 추구한 현상학의 근본입장을 선험적 관념론으로 이해하고 있다. 후설은 자기의식에 대한 또는 자아가 수행하는 의식작용들에 대한 현상학적인 자기해석을 선험적 관념론으로 표시한다. 이 현상학적인 자기해석은 자아 속에서 자아에 의해서 수행되는 해석으로서 자아의 구성작용들과 자아에 대하여 존재하는 대상들에 관계한다. 정확히 표현하면 후설은 이러한 현상학적인 자기해석을 매우 함축적이며 확장된 의미로 파악한다. 현상학적인 자기해석은 한편 자기고유의 본질을 지닌 존재자로서의 자아가 어떻게 자기구성을 수행하는가에 관계한다. 현상학적인 자기해석은 다른 한편 자아가 자기 속에서 그리고 자기구성 속에서 어떻게 자기 이외의 대상적인 것들을 구성하는가에 관계한다. 이러한 현상학적인 자기해석은 모든 존재와 의미가 이 존재와 의미를 구성하는 선험적 의식에 의해서 그리고 선험적 의식의 영역 안에서 구성되기 때문에 가능하다. (『성찰』, 41절 참조)

후설은 선험적 관념론으로 이해되는 자신의 선험적 현상학을 그것의 근본적인 모습에 착안하여 또한 하나의 근본적인 선험적 주관주의로 해석한다. 후설의 말년의 저서인 『위기』에 그 이름이 나타나는 근본적인 선험적 주관주의는 모든 인식활동과 인식형성의 최종적인 근원을 추구하고자 하는 동기와, 인식주체로서의 자아와 자아의 인식활동적인 삶에 대한 자기성찰 또는 자기반성을 수행하고자 하는 동기를 지니고 있다. 이 동기는 후설 철학이 추구하는 최종적인 근원에 근거하여 최종적으로 정초된 보편철학이 되고자 하는 동기와 일치한다. 여기에서 후설이 뜻하는 최종적인 근원은 구체적인 전체 삶을 포함한 현실적이며 가능적인 모든 인식의 삶을 수행하는 주체인 자아를 가리킨다. 이미 밝혀졌듯이, 후설 철학의 주제는 이러한 자아와 자아의 삶이 세계에 대하여 가지는 관계의 주위를 맴돌고 있다. (『위기』, 26절 참조)

잉가르덴은 세계와 의식의 관계에 관련된 후설 철학에서 읽어 낼 수 있는 선험적 관념론의 기본입장을 거부한다. (『논쟁 I』, VII쪽) 선험적 관념론으로 특징지워지는 후설의 선험적 현상학에 반대하는 잉가르덴의 존재론은, 순수의식과 관계맺음이 없이 전적으로 실재세계와 개별적인 실재대상들을 주제 삼는다는 의미에서 그리고 실재세계와 실재대상들의 존재의 자율성을 주장한다는 의미에서 실재론으로 특징지워질 수 있다. (『동기』, 65쪽)

이러한 실재론의 기본입장에 서서, 잉가르덴은 실재하는 외부세계에 있는 감각소여와 자아의 순수 의식작용과의 관계에 대하여서도 뚜렷하게 실재론으로 간주될 수 있는 논제를 주장한다. 이 논제에 따르면, 감각소여는 자아의 의식의 노에시스적인 구성요소에 의존함이 없이, 즉 자아의 의식작용에 전혀 의존함이 없이 존립·존재한다. 감각소여는 의식작용과 긴밀한 지향적인 단일성을 이룬 채 존립·존재하는 것이 아니라, 자아가 외적인 대상영역 안에서 그저 만나고 발견할 수 있는 것이다. 이것은 감각소여가 "자아로부터 떨어진 채"(ich-fremd) 자아와 관련없이 존립·존재한다는, 따라서 감각소여는 "자아의 지향적 의식의 빛이 스며들지 않은 채"(nicht ichlich) 존립·존재한다는 잉가르덴이 주장하는 실재론의 또 다른 논제로 이어진다. 그런데 잉가르덴에 따르면 후설도 바로 이 실재론의 논제를 인정한다는 것이다. 이것은 후설의 선험적 현상학이 보여 주는 선험적 관념론이 감각소여와 자아의 의식작용과의 관계에 대한 위와 같은 잉가르덴의 실재론적 입장과 뚜렷한 대조를 이루고 있음에도 불구하고, 잉가르덴의 실재론적 입장을 포괄하고 있음을 뜻한다. (『서신』, 123-131쪽 참조)

후설 현상학은 그것의 본래의미에서 선험적 관념론으로 특징지워질 수 있는 선험적 현상학이다. 그러나 후설의 선험적 현상학은 다음과 같은 두 가지 의미에서 실재론의 계기를 그 자체 내에 간직하고 있다. 첫째로 후설의 선험적 현상학은 자연적 태도 속의 실재세계와 실재대상들이 우선 일차적으로 그 자체로서 존재한다는 것을 근본전제로 삼고 있다. 둘째로 자연적 태도 속의 세계와 대상들의 존재는 선험적·현상학적 환원을 통하여 잠정적으로 괄호 속에 넣어져서 무효화될 뿐이지 결코 부정되지 않는다.

　그러나 후설의 선험적 현상학이 간직하고 있는 실재론의 계기가, 후설이 잉가르덴이 뜻하는 실재세계와 실재대상들의 존재의 자율성을 주장한다는 것을 의미하지는 않는다. 후설이 뜻하며 우리가 그의 선험적 현상학에서 간취해 낼 수 있는 실재론의 계기는 『경험과 판단』에 기술된 선험적 주관성에 이르기 위한 방법적 절차 속에 잘 나타나 있다. 이 방법적 절차에 따르면, 우리 앞에 놓여 있는 세계를 구성하는 선험적 주관성으로의 귀환은 두 가지 단계로 이루어져 있다. 첫째 단계는 모든 의미 퇴적물과 과학 그리고 과학적 규정을 지니고 있는 우리 앞에 놓여 있는 세계로부터 근원적인 생활세계로의 귀환이다. 둘째 단계는 이 근원적인 생활세계로부터 이 생활세계 자체가 거기에서 발생되는 선험적 주관성의 작용들로 되물어가는 절차이다. (『경험과 판단』, 49쪽) 『경험과 판단』에 기술된 이 방법적 절차는 실재세계의 선소여성과 선험적 자아의 구성기능을 뚜렷이 부각시킴으로써 후설의 선험적 현상학이 간직하고 있는 두 가지 계기인 실재론의 국면과 선험적 관념론의 국면을 잘 드러내 보여 준다. 좀 간결하게 다른 방식으로 표현하면, 이 방법적 절차는 첫째 선험적 주관성에 의해서 구성된 이념적 형성물들로부터 우리 앞에 놓여 있는 실재 생활세계로의 귀환과, 둘째 자연적 태도의 세계인 이 생활세계로부터 존재자의 존재와 의미를 정초하고 구성하는 선험적 주관성으로의 귀환을 포함하고 있다. 우리가 『경험과 판단』에 기술된 이러한 방법적 절차를 따를 경우, 후설의 현상학은 실재론과 관념론의 뿌리깊은 대립·반대관계에 따른 논쟁으로부터 벗어날 것이며, 다음과 같은 명제들을 통하여 특징지워질 수 있을 것이다. 1. 후설 철학은 실재론에서 출발하며 실재론을 품고 있는 관념론이다. 2. 후설 철학은 질료학을 끌어안고 있는 노에시스학이다. 3. 후설 철학은 세계의 존재에서 출발하는 의식의 존재론 그리고 의식의 본질론이다. 4. 후설 철학은 자아의 신체 또는 신체적 자아와 이것이 마주 대하는 구체적인 세계에서 출발하는 의식의 철학이다. 5. 후설 철학은 전반성적인 자연적 태도의 세계인 생활세계의 존재에서 출발하는 반성적인 의식의 존재론이다. 여기에 예시된 명제들의 내용을 고려할 때, 후설 철학이 오로지 관념론이냐? 또는 오로지 실재론이냐?는 문제와 논쟁은 의미를 잃게 된다. 그러나 우리는 다음의 사태를 명심해야 한다. 『경험과 판단』에 기술된 위 방법적 절차에 따르면, 이 절차가 도달하는 방법적 최종목적 또는 목표가 선험적 주관성이기 때문에, 후설의 현상학은 우리가 그것이 노리는 최종목적을 감안할 때 근본에서 선험적 현상학이다.

7. 맺음말

지금까지 주로 후설 원전과 잉가르덴 원전 그리고 이 두 철학자가 서로 주고받은 서한들에 근거하여 두 철학자가 뚜렷한 대조 속에서 다루어졌다. 잉가르덴은 자신이 독특하게 규정한 의미의 존재론과 존재론적 연구 및 분석을 수행한다. 잉가르덴은 자기의 존재론적 연구에서 현상학자라기보다 오히려 명석한 분석철학자처럼 논의되고 있는 개념들을 면밀히 분석하고 구분한다. 후설은 잉가르덴의 이러한 면밀한 개념구분을 긍정적으로 평가한다. 그러나 후설은 잉가르덴이 지향적인 순수의식의 현상학에 앞서 또는 이러한 순수의식의 현상학을 도

외시한 채 실재대상 영역에 정향된 존재론을 추구한 점에 반대한다. (『서신』, 55-56쪽, 163쪽)

잉가르덴은 후설적 의미의 선험적·현상학적 환원을 방법적 절차로서 사용하지 않으며, 선험적 주관성의 토대 위에서 구성문제를 다루지도 않는다. 잉가르덴이 자신의 존재론적 연구에서 일반적인 형식적·근원적 의미에서 파악된 후설의 형상적 환원을 따르고 있다는 의미에서 잉가르덴의 존재론적 연구가 현상학적 방법으로 수행되었음을 우리는 이미 위에서 밝혀내었다. 이미 기술되었듯이, 잉가르덴의 존재론은 우리의 밖에 놓여 있는 대상영역에 속하는 실재세계 또는 실재대상을 반성을 통하여 포착되는 순수의식과 관련지움이 없이 단지 그 실재대상의 존재방식, 형식, 그리고 실질적 특성에 주목하여 주제삼는다. 이런 의미에서 잉가르덴의 철학 또는 그의 존재론은 넓은 의미에서 반성없는 철학으로 특징지워질 수 있다.

잉가르덴은 실재대상 또는 실재세계에 대한 존재론적 연구가 인식론적인 노에시스학으로 특징지워지는 대상에 대한 구성적 연구 또는 후설이 수행한 의식의 본질분석과 본질기술에 선행해야 한다고 주장한다. 후설은 지향적인 순수의식의 현상학 또는 순수의식의 존재론에 앞서는 잉가르덴의 실재대상 영역에 정향된 존재론적 연구에 반대하며, 잉가르덴이 존재론주의(Ontologismus)에 빠져 있다고 잉가르덴을 비판한다. 후설의 주장에 따르면, 잉가르덴이 수행한 존재론을 최종적으로 정초하는 데 선험적·현상학적 환원을 통하여 드러나는 선험적 자아가 요구된다. 또한 후설은 잉가르덴이 순수의식으로의 환원을 통하여 또는 선험적 현상학의 근본토대 위에서 자신이 이룩한 존재론을 전혀 상실함이 없이 오히려 방법론적으로 새롭게 심화된 틀 속에서 재획득할 수 있다고 주장한다. 잉가르덴에 따르면, 잉가르덴이 추구한 존재론 또는 존재론주의에 대한 후설의 비판은, 잉가르덴이 현상학적 구성에 관한 문제를 다루지 않고 대상영역에 정향된 존재론적 연구를 수행하며 이 존재론적 연구결과를 확신하며 결정적인 것으로 여긴다는 점에 관계한다. 그러나 잉가르덴은 존재론이 어떤 해당문제에 대한 최종적인 탐구방식이 아니며 형이상학적인 특징을 지닌 존재론적 연구 후에 후설적 의미의 인식론적 특징을 지닌 구성적 연구가 자신의 존재론을 포함하는 모든 연구들의 최종적인 정초를 위한 연구로서 수행되어야 함을 지적한다. 여기에서 우리는 잉가르덴이 후설적 의미의 선험적·현상학적 환원과 순수의식에 근거하는 구성적 연구를 직접 수행하지 않음에도 불구하고 순수의식에 근거하는 후설의 구성적 연구를 전혀 부정하지 않는다는 것을 간취해 낼 수 있다. (『서신』, 63-64쪽, 165-167쪽 참조)

잉가르덴은 후설 철학을 오로지 인식론적 특징을 지닌 구성적 연구로 이해하고 있으나, 후설 철학은 한편 인식론일 뿐만 아니라, 다른 한편 실재세계 또는 실재대상(영역)의 존재론을 또는 실질적인 영역존재론을 자아의 구성작용의 틀 속에서 정초하는 자아의 의식의 존재론이다. 후설의 존재론 특히 그의 실질적인 영역존재론은 잉가르덴의 실재세계와 실재대상들에 관한 존재론보다 더욱 풍부한 주제적 내용을 지니고 있을 뿐만 아니라, 자아의 의식에 관한 존재론이 그 기초에 스며 있는 존재론이다. 그러므로 후설 철학 또는 그의 존재론은 오로지 실재대상 영역에 정향된 잉가르덴의 존재론을 그 자체 안에 포함하고 있다고 말할 수 있다.

잉가르덴은 후설 철학을 오로지 순수의식에 정향된 구성적 인식론으로 이해하며, 후설 철학을 전적으로 선험적 관념론으로 특징짓는다. 그러나 후설 철학은 한편 인식론으로 다른 한편 존재론으로 해석될 수 있으며, 실재론의 요소와 관념론의 요소를 함께 지니고 있다. 잉가르덴은 순수의식에 대한 탐구를 도외시한 채 오로지 실재대상(영역)에 대한 존재론만을 추구하고 수행했으며 철저히 실재론의 길을 고수한 현상학적 철학자이다. 잉가르덴은 후설이 정식화한 현상학의 방법적 절차 중에서 오로지 형상적 환원만을 인정하며 따르고 있다. 이와 대조적으로 후설은 자기가 세운 현상학의 방법적 절차인 형상적 환원과 선험적·현상학적 환원을 늘 함께 엮어서 사용하면서 자아와 세계의 지향적인 상관관계에 착안하여 자아극과 대상극에 속하는 탐구영역들을 인식론과 존재론의 틀 속에서 주제삼는다.

참고문헌과 그 약호

1) 후설 원전

『이념들 I』: Ideen zu einer reinen Phänomenologie und phänomenologischen Philosophie. Erstes Buch. Hrsg. von K. Schuhmann. 1976.

『이념들 III』: dito. Drittes Buch. Hrsg. von M. Biemel. 1971.

『성찰』: Cartesianische Meditationen und Pariser Vorträge. Hrsg. von S. Strasser. 2 Auflage. 1963.

『위기』: Die Krisis der europäischen Wissenschaften und die transzendentale Phänomenologie. Hrsg. von W. Biemel. 2 Auflage. 1962.

『제일철학 I』: Erste Philosophie. I. Hrsg. von R. Böhm. 1956.

『제일철학 II』: Erste Philosophie. II. Hrsg. von R. Böhm. 1959.

『시간의식』: Zur Phänomenologie des inneren Zeitbewußtseins (1893-1917). Hrsg. von R. Böhm. 1966.

『논리학』: Formale und Transzendentale Logik. Hrsg. von P.Janssen. 1974.

『경험과 판단』: Erfahrung und Urteil. Hrsg. von L. Landgrebe. 1948.

『상호주관성 II』: Zur Phänomenologie der Intersubjektivität.
Texte aus dem Nachlaß. Zweiter Teil:1921-1928.

Hrsg. von I. Kern. 1973.

2) 잉가르덴의 저서

『논쟁 I』: Der Streit um die Existenz der Welt. vol. I.
Existenzialontologie. Tübingen 1965.

『논 쟁 II/1』: Der Streit um die Existenz der Welt. vol.
II/1.
Formalontologie. Tübingen 1965.

『논 쟁 II/2』: Der Streit um die Existenz der Welt. vol.
II/2.
Formalontologie. Tübingen 1965.

『동기』: On the Motives which led Husserl to Transcendental Idealism.
Phänomenologica 64. Den Haag 1975.

『서신』: Briefe an Roman Ingarden. Mit Erläuterungen und
Erinnerungen an Husserl. Den Haag 1968.

『논평』: Bemerkungen zum Problem "Idealismus-Realismus", in Festschrift Edmund Husserl.
Tübingen 1974.

『관념론』: Über den transzendentalen Idealismus bei Ed.
Husserl, in Husserl und das Denken der Neuzeit.
Den Haag 1959.

3) 기타 원전

『단자론』: Leibniz:Monadologie. Hamburg 1982.

『존재와 시간』: Heidegger:Sein und Zeit. Tübingen 1972.

4) 기타 이차서적

『현상학적 운동』 : H.Spiegelberg:The Phenomenological
    Movement. London 1982.

『시학』 : Eugene H.Falk:The Poetics of Roman Ingarden.
    The University of North Carolina Press 1981.

『후설의 존재론에 관한 연구』 : 조주환, 영남대학교 박사학위
    논문 1987.

삐아제의 발생적 인식론과
메를로-뽕띠의 현상학
— '사회성'과 '합리성의 확장'에 관하여 —

최 재 식

삐아제의 지적 발달이론은 심리학은 물론 교육학, 정치학, 사회학뿐만 아니라, 철학에까지도 깊은 영향을 주고 있다. 합리성과 사회성의 문제를 철학적으로 다루기 위해서도 우리는 삐아제 이론을 접할 수밖에 없을 정도로 그의 영향은 상당하다. 그러나 본고는 그의 이론에 근거해서 사회성과 합리성의 문제를 해명하려는 것이 아니라, 오히려 이 문제들을 해명하는 데 있어서 삐아제의 발생적 인식론의 문제점을 메를로-뽕띠의 현상학을 통해서 지적하고 궁극적으로는 후자의 입장에서 이 문제들을 해명하려고 한다.

따라서 본고는 철학적인 영역에서 다루어지는 논문임에도 불구하고 삐아제의 발생적 인식론과 논쟁을 하기 때문에 어린아이의 지능[1]에 관한 논의를 함으로써 아동심리학적 또는 교육학적 영역에도 부분적으로 관련을 맺는다. 두번째로—그리고 본고의 최종목적이기도 한데—본고는 삐아제 이론이 가지고 있는 문제점만을 지적하는 것에 머물지 않고 메를로-뽕띠의 현상학을 통해서 '사회성'과 '합리성의 확장'이라는 측면에서 그의 현상학의 탁월한 점을 밝혀 보고자 한다. 이러한 근

---

1) 여기서 지능이라는 말은 지성으로도 번역되는 intelligence를 가리킨다. 문맥에 따라서 지능 또는 지성이라고 번역한다.

322

거에서 본고의 첫 부분에서는 삐아제의 발생인식론의 주요 핵심문제들을 요약해서 다룬다. 그리고 나서 삐아제의 지적 발달이론에 관해서 메를로-뽕띠의 현상학에서 전개되는 이의를 제기하고, '어린아이의 합리성'과 '세잔느 그림'이 주는 의미를 메를로-뽕띠의 도움을 받아 현상학적으로 해석함으로써 합리성의 확장이라는 문제를 다룬다.

I. 삐아제의 발생적 인식론에 있어서 합리성과 사회성

삐아제는 인간지능의 발생적인 차원을 강조함으로써 보편적인 이성의 정적인 독단론들(statische Dogmen)의 문제점을 밝혔고, 이것을 통해서 그는 인간지능은 특정한 발달이행들 안에서 형성된 것임을 증명한다. 메를로-뽕띠와 비슷하게 삐아제도 그의 인간지능에 관한 연구를 인간존재의 선(先)논리적인 가능성들로부터 출발한다. 삐아제에 있어서 인간존재의 선논리적인 가능성들은 우선 유아로부터 출발하게 된다. 그렇기 때문에 원래 생물학과의 관계 속에서 인식론의 문제를 다루는 그의 시도는 우선적으로 교육학적, 아동심리학적인 영역에서 하나의 중요한 의미를 갖게 된다. 그러나 합리성과 사회성의 문제를 다루는 한, 철학에서도 삐아제의 인간의 발달인식론은 중요한 의미를 갖고 있다. 삐아제의 발달인식론의 골격을 받아들이고 그 기초 위에서 자신의 이론을 전개시킨 대표적인 사회철학자로서 하버마스를 들 수 있다. 그는 서구 합리성의 진화에 관한 연구에서 "암암리에(stillschweigend) 삐아제가 의식구조의 개체발생(Ontogenese)에 대해 계발한 학습 진행과정을 이용한다."[2] 그리고 이때 말하는 서구 합리성의 진화는 증가하는 "자아중심적으로 특징지워진 세계이해"[3]

의 탈중심화로서 이해된다. 따라서 그의 현대성 기획(과제)의
구조(보호) (Rettung des Projekts der Moderne)는 전혀 어
떤 것에서도 낯선 것이 없는 초문화적이고 형식적인 합리성
(transkulturelle, formale Rationalität)에 의해서 기대되어
지고 있다. (참조, Meyer-Drawe 1986, 260) 이런 점에서 이
미 삐아제는 철학에서 논의되는 합리성 이론(특히 하버마스)
에 상당한 영향을 주고 있음을 알 수 있다.

1. 인간의 지적 발달에서 합리성의 근본형식인 동시에 가장 높은 형식으로서 수학적인 이성

삐아제의 단계이론에 따르면, 지적발달은 감각운동기(출생
-2세)와 전조작기(2-7세), 구체적 조작기(7—11세), 형식적
조작기(11세 이상)의 단계로 나누어진다. 여기서 특징적인 것
은 논리적-수학적인 구조의 관점에서 뒤에 오는 발달단계가
앞선 발달단계보다도 더 정확하다는 것이다. 이는 인간의 첫
번째 지적 발달단계로서 감각운동기에서 원시적인 전(前) 단
계, 즉 논리적-수학적 구조의 전(前) 단계가 포함되어 있다는
것을 뜻한다. 삐아제에 의해서 사용되는 자율조정, 가역성,
평형화 등의 용어들은 정확성이라는 용어와 함께 인간의 합리
성을 논리적-수학적으로 구조된 이성으로서 규정하고 있음을
보여 준다. 그가 말하는 인식이란 감각이나 경험적 인식이 아
니라, 바로 논리적-수학적 인식이다. 이런 의미에서 어린아이
의 사고와 어른들의 학문적인(=과학적인) 사고 사이에 어떤
단절도 있을 수 없고, 발생적인 연속이 존재할 뿐이다. 따라
서 인간의 인식구조를 알기 위해서는 과거의 전통철학이 행한

---

2) 하버마스, 1981 I, 104 이하.
3) 같은 책, 106 : "Dezentierung eines egozentrisch geprägten Weltverständnisses."

것처럼 이성을 올바로 사용할 줄 알고 있는 성인의 이성을 정
태적으로 고찰하는 방식을 그는 받아들일 수 없었다. 바로 이
점이 그를 전통철학으로부터 거리를 두게 만든 것이다. 전통
철학의 인식론에서 다룬 방식과는 다르게 삐아제는 인간의 인
식능력을 발생적으로 고찰하고 있다. 이런 근거에서 그가 말
했듯이 발달심리학은 발생적 인식론으로 확장된다. (비교,
Piaget 1991, 30)

2. 극복되어야 할 합리성으로서 어린아이의 합리성

논리적인 합리성의 관점에서 볼 때에, 사고의 발전과정에
있는 어린아이의 지식과 행동은 "덜 만족된 인식의 상태(위
치)"(Piaget 1981, 20)로서 나타나며, 그렇기 때문에 결손이
있는 것으로 나타난다. 여기서 삐아제는 자신의 발생인식론의
과제를 "인식의 낮은 단계에서부터 더 높은 것으로 판단되는
단계로의 이행이 어떻게 수행되는가"라는 질문에서 찾고 있
다. (같은책, 20) 이때 말하는 높은 단계란 바로 가장 논리적
-수학적인 단계를 말함은 당연하다. 따라서 어린아이의 합리
성은—삐아제에 따른다면—더 높은 인식의 상태로서 나타나
는 논리적-수학적으로 방향이 설정된 '어른들의 합리성'에 의
해서 구축되어야 하고 교정되어야 한다. 왜냐하면, '어린아이
의 합리성'은 '어른들의 합리성'에 비해서 덜 만족스럽고 더
낮은 인식의 단계이기 때문이다.

그러나 우리의 논리적인 사고가 결코 완전히 설명할 수 없
고 분석해 낼 수 없는 지각에—그것이 어린아이에서든, 어른
들에서든간에—내재해 있는 '자발성'과 '창조성'에 대한 고찰
이 삐아제의 발생적 인식론에서는 결여되어 있게 된다. 즉 그
에게 있어서 수학적-논리적으로 설명될 수 없는 지각(감각)의
능력은 간단히 수학적-논리적 사고의 결여로서 간주되고 그렇

기 때문에 극복되어야 할 인식능력이다. 따라서 이런 수학의
전(前) 단계에서 발생되는 어린아이의 합리성은 궁극적으로
수학의 합리성에 의해서 대체되어야 한다. 따라서 삐아제는
인간의 지능(지성)의 발달을 일선상적(einlinear)이고 발전적
이며(progressiv) 계급적인(hierarchisch) 발달로 파악하고
있음을 알 수 있다.

3. 지능발전에서 동화(Assimilation)와 조절(Akkomoda-tion) 사이의 균형

삐아제에 있어서 '인식의 발생'은 생물학으로부터 받아들인
동화와 조절의 경향들로 특징지워진다. 이 경향은 서로 반대
방향으로 나아가며 동시에 지능의 발전에 반대적으로 참여한
다. "생물학적인 관점에서 볼 때 동화는 유기체의 스스로 발
전하고 닫혀진 구조들에로 외적 요소들의 통합(Integration)
을 말한다."(Piaget 1991, 32) 반면에 조절은 외적 요소(요
청)들에 반응하여 기존의 행동 및 인식구조를 바꾸는 것을 말
한다. 경험도식의 합병에 의해 일어나는 동화는 하나의 특정
한 소여성에 대한 적응활동이다. 인식하는 주관이 그의 인식
구조를 소여성에 적응시킬 때에 지금까지의 경험도식을 변화
시키고 이때에 '조절하는' 경향이 발생한다.

따라서 합리성의 생성은 그것의 반대적인 관계에도 불구하
고 동화와 조절의 균형에서 일어난다. 그러나 이 균형은 가역
적인 조작이 발생하고 이것을 통해 동화와 조절 사이의 안정
된 일치가 확실하게 되는 7-8세 전에는 이루어지지 않는다.
동화와 조절 사이의 균형은 지능의 발달에 따라서 증가한다.

4. 대상의 항상성과 주관의 활동

삐아제의 발생인식론에서 합리성의 발전은 수학적인 이성에

의해 목적론적인 특성이 있다는 것을 앞에서(1) 봤다. 이에 따르면 인간지능은 어린아이에서 발견되는 "원시적인 질서의 구조"로부터 언표논리적이거나 형식적인 질서의 구조에 이르기까지 발전한다. (비교, 1982, 37) 생성의 이런 관점에서 항상적인 대상의 구성은 인식의 능력의 결정적인 기준이 된다. 대상의 동일성과 항상성(Permanenz)은 동화와 조절의 균형이 증가함으로써, 즉 어린아이의 지능이 감각운동기에서부터 구체적 조작기를 거쳐 형식적 논리적 조작기에 도달함으로써, 인간의 지능은 가장 높은 형식에 도달한다.

여기서 "삐아제는 주관의 활동성들에 의해서만 구성의 과정을 고려한다. 즉 주관과 대상들의 상호작용적인 관계들을 강조함에도 불구하고, 주관은 현실파악을 정초하는 양태이다. " (Meyer-Drawe 1984, 166) 왜냐하면, 대상항상성에 대한 정의의 가장 높은 형식으로서 형식적-논리적 정의는 논리적-수학적 구조로부터 나오며, 이때 말하는 수학적 논리적 구조의 근원은 주관의 활동으로서의 지능(Intelligenz)에서 찾아지기 때문이다. 행위들의 결합(Koordinationen der Handlungen)에 비추어서 주관의 활동은 하나의 무조건적이고 정초하는 양태를 기술한다. 삐아제에 따르면 "주관은 자신의 행동을 인식하기 위해서는 당연히 객관적인 정보를 이용한다. "(1991, 26. 필자강조) 계속해서 "행위의 결합은 경험만의 산물이 아니고 성숙, 의식된 복습 그리고―더 중요한 것은―지속적이고 활동적인 **자기조절**(Selbstregulation)과 같은 요소들에 의해서도 규정된다. 주관의 활동을―인식론적인 의미에서― 무조건 참작하는 것이 발달이론에 있어서는 결정적이다. " (1991, 29. 원문강조)

삐아제는 주관의 적극적인 활동으로 지능의 발전과정 중 대상의 항상성을 설명한다. 주관적인 기능적 활동에 기반을 두는 추상적인 논리의 배경에서 모든 활동적인 지각(감각)으로부터 독립해 있는 대상들의 항상성이 발견된다. 이런 발견은 삐아제에 따르면, 9-12개월까지의 어린아이에서부터 가능하다. 물론 이 연령은 여전히 감각운동기에 속하기 때문에, 대상의 항상성에 대한 발견이 아직 안정되어 있는 것은 아니다. 그러나 삐아제에게 있어서 이러한 대상의 항상성에 대한 발견은 대상개념의 발전에 결정적인 의미를 최초로 갖는다. 왜냐하면 궁극적으로 형식적-논리적 조작에 기인하는 완성된 대상 항상성은 그에게는 대상개념의 가장 높은 형식이기 때문이다. "대상은 하나의 독립적인 실체이다. 이 실체의 위치는 그것의 위치를 바꾸고 계속 이어서 취하게 되는 위치들을 근거로 해서 규정된다. 이런 점에서 주관의 신체는 세계의 중심으로 간주되는 대신에 모든 다른 대상(사물)처럼—이 대상을 세워놓고 그것의 위치가 다른 사물과 상호영향 속에 있는 그런 대상—하나의 대상(사물)이 된다."(같은 책, 28)

5. 어린아이에게 있어서 자기중심과 어린아이의 놀이

오로지 주관의 활동성에 의해서 정식화된 삐아제의 발달이론은 어린아이의 합리성을 자아중심적으로 기술한다. 즉, "감각운동적 단계 또는 첫번째 단계의 체계적으로 왜곡된 동화들은—이런 동화가 알맞는 조절에 의해서 인도되지 않기 때문에 왜곡되어 있다—주관이 자신의 행동들과 자신의 입장을 중심으로 해 있다는 것을 뜻한다."(1991, 38. 필자강조) 자아중심적인 세계상에 비해서 동화와 조절 사이의 균형이 일련의 탈중심화에 의해 증가함으로써, 객관적인 세계상이 나타난다. 여기서 삐아제가 말하는 탈중심화는 자아중심적인 세계상으로부터 객관적이고 보편적인 세계상으로 이전(移轉)하는 것을 뜻한다. 이런 이전은 다른 주관들의 입장과 대상들의 관점을 받아들임으로써 일어난다.

객관적이고 보편적인 세계상에서 주관은 자신의 신체를 세계의 중심점으로서 파악하는 것이 아니고, 다른 사물들 중의 하나로 본다. 우리 신체에 대한 이런 파악은 현상학적으로 볼 때 다음과 같은 문제점이 제기된다 : 구체적이고 역사적이며 사회적이고 신체적인 실존을 수학적인 명증성의 조건 속에 놓이게 하고, 이 신체적인 실존을 상호주관적인 상호관계의 임의적인 시공간의 위치로 변질시켰다. (비교, Meyer-Drawe 1984, 169)[4] 이런 맥락에서 삐아제에 있어서 '사고'와 '말함'의 발달은 자아중심으로부터 객관적인, 즉 사회화된 '사고'와 '말함'으로 나아가게 된다.

여기서 어린아이의 놀이와 흉내에 대한 삐아제의 입장에 대해서 잠깐 고찰하고자 한다. 그 이유는 놀이와 흉내는 메를로-뽕띠의 현상학에서 중요한 의미를 갖고 있기 때문이다. 그러나 삐아제에 있어서 어린이의 놀이는 메를로-뽕띠에서처럼 인식론적인 행위에서 중요한 역할을 하고 있지는 않다. 오히려 삐아제에 있어서 놀이는 참다운 인식론적인 행위와는 반대이다. 삐아제에 의하면, 상징적인 놀이나 상상놀이는 자신의 자아중심적인 형식 때문에 동화와 조절 사이의 어떤 균형도 갖지를 못한다. 삐아제는 어린아이의 놀이를 자아에 대한 동화의 극단적인 형식으로 보고 있다. "왜냐하면 [놀이에서] 현실성은 자아의 욕구에 따라서 그 형식이 대단히 많이 변화되어지기 때문에 사고의 의미들은 순수하게 개인적이고 따라서 간접적일 수는 없다."(1974, 349)

삐아제는 놀이를 자아에 대한 동화의 극단적인 형식으로 여긴 반면에, 모방(흉내)은 타자에 대한 조절의 극단적인 형식

---

4) 이는 삐아제가 여전히 정신과 신체의 문제에 있어서 데카르트적인 이원론적 합리론에 바탕을 두고 있음을 알 수 있다.

으로 본다. 즉 다른 사람이 보여 주는 모범이나 주장들에 대
해서 어린아이는 놀랄 만하게 잘 깨우치고 있다. 그러나 어린
아이가 조절과 동화 사이의 안정된 일치를 이룸으로써 또는
어린아이가 일련의 탈중심화를 수행함으로써, 어린아이는 조
절과 동화의 양극단인 위 두 형식(놀이와 모방)들을 극복한
다. 따라서 삐아제에 있어서 놀이와 모방은 지능의 고유한 영
역에 속하지 않는다. 이런 점에서 그는 놀이를 통해서 형성된
왜곡된 동화와 모방에서 발견되는 불완전한 조절을 극복하는
것이 어린아이(인간) 지능의 발전에 중요하다고 본다. 궁극적
으로 놀이와 모방에서 나타난 비정상적인 인지발달의 현상은
위에서 말한 주관의 탈중심화에 의해서 극복된다.

II. 메를로-뽕띠의 현상학에 있어서 사회성과 합리성

앞에서 고찰한 삐아제의 발생적 인식론과의 대비 속에서 메
를로-뽕띠에 있어서 사회성과 합리성에 관한 논의를 전개시킴
으로써 우리는 메를로-뽕띠의 현상학이 얼마나 더 설득력이
있는가를 알아본다. 여기서 필자는 삐아제에 대한 메를로-뽕
띠의 반대입장을 세 가지로 구분해서 파악한다.
첫번째로 : 어린아이의 무의식적인 자기 중심주의에 반(反)
한 근원적인 (primordial) 사회성으로서 익명적인 집합성.
두번째로 : 선상적인 (線上的, linear) 지능의 발전에 대한 반
대입장으로서 다양한 경험의 발생학.
세번째로 : 야생적(野生的) 사고의—그것이 어른들의 것이
든, 아동의 것이든—복권.

1. 메를로-뽕띠에 있어서 근원적(primordial) 사회성 : 삐아제에 있어서 어린아이의 무의식적인 자기 중심주의에 반(反)하는 테제로서

1. 1. 어린아이의 익명적인 집합성

우리가 위에서 고찰했듯이, 삐아제의 발생적 인식론의 출발점은 유아기의 무의식적 자기 중심주의이다:

"의식은 무의식적이고 통합적인 자기관련성(Ichbezogenheit)에서 시작한다. 감각-운동기적 지능의 발전은 객관적인 세계상의 완성으로 나아간다."(Piaget 1972, 197)

이런 삐아제의 주장에 반하여, 메를로-뽕띠는 인간의 어린 시절의 첫번째 단계에서 개인들의 구분과 차이에 앞서서 나타나는 '익명적인 집합성'을 사회성의 초기형태로서 이해한다. 익명적인 집합성으로부터 경험장의 변조와 구조변화(Modifikation und Umstrukturierung des Erfahrungsfeldes)에 의해서 자아는 생성된다. 이런 익명적인 집합은 나와 너의 모든 명백한 구분에 앞서서 선개인적인 상호주관성을 말하고 있다. 이 단계에서 개인들은 서로 연결되어 있고 서로에 행동을 하며 함께 행동한다. 여기서 나와 너의 관점들은 서로 얽혀 있다. 이러한 사실을 우리는 어린아이의 발전과정에서 볼 수 있는데, 울음에서 '집합적인 울음'으로부터 비'형제애적인' 울음으로 변한다는 사실이다.[5] 여기서 우리는 메를로-뽕띠의 입장을 재확인할 수 있다. 즉 어린아이 행동의 이런 변화는 타자에 대한 어린아이의 지각이 어떻게 구조되고 차이가 나는지를 보여 준다. (비교, Meyer-Drawe 1984, 183 이하)

---

5) 이것은 아주 나이어린 어린아이에게서 발견되는 현상으로 어린아이는 처음에는 옆에서 우는 아이를 봤을 때에 그냥 함께 우는(형제애적인 집합적인 울음) 반면에, 좀더 크면 이런 동조적인 울음의 현상은 없게 된다(비형제애적인 울음현상).

주관(어린아이)이 타자(어른)의 시각이나 대상들의 입장을 받아들임으로써 객관적이고 보편적인 세계상을 갖는다는 의미에서 또한 이런 탈중심화의 과정에서 형성된 객관성은 바로 모든 주관들에 전이(轉移)되고 모든 구체적인 행위상황에 적용될 수 있다는 의미에서 삐아제가 개념적인 탈중심화에 대해서 말한다는 것을 우리는 앞에서 밝혔다. 여기서 신체는 더 이상 사회성의 출발로서 기능하지 않고 다른 사물들 중의 하나로 기술된다는 것도 알아보았다.

이에 반해서 메를로-뽕띠에서 탈중심화는 "살아 체험된 탈중심화"이다. 탈중심화는 어린이에게 있어서 타자와의 관계에 대한 재회복의 관점에서 경험의 구조화와 양태화(Modifizierung)의 과정을 나타낸다. 아동의 발달에서 익명성의 종합적인 통일이 점점 차별화 내지는 분화된다. 이것으로 익명적인 집합은 개별화의 과정을 거친다. 관점들의 다중기능(Polyvalenz der Perspektiven)은 점점 더 개별화된 통일화로 나아간다. 그러나 통합적인 통일이 완전하게 해소되는 것은 아니다. 즉 어린아이의 사회적인 통합화는 완전히 사라지는 것이 아니다. 이런 사회적인 통합화는 어른들에 있어서 공존(共存)을 정초하는 것으로 남는다. 메를로-뽕띠에 있어서 어린아이의 익명적인 집합으로부터 출발하는 사회성의 발생학은 그의 신체현상학과 연관되어 있다.

1. 2. 균형 내에서 자동조절(Autoregulation) 대신에 탈중심적인 사회경험[6]

메를로-뽕띠의 내재적 사회성의 개념은 그의 신체현상학 내

---

6) 여기서 더 자세한 논의는 본인의 논문 "메를로-뽕띠에 있어서 형태개념에 의한 사회성 이론"(한국현상학회 편, 『현상학과 실천철학』 서울 1993, 247-272쪽)을 참조할 것. 다음 쪽에 이르는 논의는 위 논문에서 행한 논의를 중복한다.

에서 하나의 중요한 위치를 점하고 있다. 우리들의 신체적 실존은 낯선 자(=타자)에 대한 이해의 가능성과 현실성의 조건으로 나타난다. 메를로-뽕띠에 있어서 타자에 대한 경험은 신체의 이중감각으로부터 출발한다. 우리의 신체적 실존은 내재적 사회성의 시작이다. 신체의 이중감각은 하나의 형태(Gestalt)를 이룬다. 여기서 형성된 형태는 타자의 경험과 자아의 경험의 교차(Chiasma)를 뜻한다. "나의 시각이 타자의 시각과 교차함으로써 나는 일종의 반성 속에서 낯선 실존을 수행한다."(PP, 404/403) 이런 반성에서 또는 시각의 교차에서 "나의 지각이 주도적 중심체와 판단중심체로서 나와 갖는 관계는 탈중심체적이다."(PP, 405/404) 교차하는 눈길은 하나의 공동적인 핵으로써 하나의 형태를 갖고 있으며 이때 말하는 형태는 공동핵에 참여하는 사람에게는 속하지만 어떤 누구에게도 일방적으로 속해 있지 않는 사이영역이다.

따라서 이런 사이영역(Zwischenreich)의 주체는 자아중심적인 주관이 아니라 익명적인 상호-주관성(Inter-Subjektivität)이다. 이런 의미에서 문화대상들의 익명성도 이해될 수 있다. 왜냐하면 문화대상들이 만들어질 때, "우리는 더할 나위 없는 상호성 속에서 우리들은 서로를 위한 협력자들이고, 우리의 관점들은 서로 빠져 들어가며, 우리는 하나의 동일한 세계를 관통해서 공존하기" 때문이다. 이런 맥락에서 메를로-뽕띠는 다음과 같이 말하고 있다 : "사물들이 우리를 갖고 있는 것이지 우리들이 사물들을 갖고 있는 것이 아니다. …언어가 우리를 갖고 있는 것이지 우리가 언어를 갖고 있는 것이 아니다. 존재가 우리들 속에서 말하는 것이지 우리들이 존재에 관해서 말하는 것이 아니다."(Vel, 247/249) 메를로-뽕띠의 이런 주장은 바로 사물과 언어들이 존재하는 것은 우리가 그것들을 마음대로 할 수 있는 능력이 있다는 데에 기인하는 것이 결코 아니고, 그 속에 우리들이 마음대로 할 수 없는 우리들의 익명성이 들어 있다는 것을 뜻한다. 따라서 더 이상 우리들이라는 개념이 자아와 집합적인 자아로서 세계를 구성하는 데 있어서 주도적인 중심역할을 하는 것이 아니며, 또한 세계를 구성하는 순수자아의 일방적인 주체성 역시 여기서는 부정된다.

메를로-뽕띠는 이런 내재적인 사회성의 정의에 형태개념을 도입함으로써 사회성을 불연속적인 구조화(형태화, 새로운 형태화)로서 나타낸다. "이러한 불연속성으로 도약들과 위기에서 하나의 발전을 위한 조건들이 주어진다."(SC, 148/156) 불연속적인 형태로서의 사회성은 균형적이며 정적으로 구조되는 것이 아니고, 오히려 불균형적이고 역동적으로 구조화된다. 이런 사이신체적 사회경험의 형태구조에서는 주관의 활동성은 삐아제가 말하는 동화와 조절의 균형에서처럼 중심역할을 하는 것은 아니다. 궁극적으로 사회경험은 삐아제에서처럼 주관중심적인 또는 논리중심적인 경험이 아니고 탈중심적인 경험으로 나타나며 동시에 자아와 타자의 관계는 균형된(Symmetrie) 관계가 아니고 불균형(Asymmetrie)의 관계로 나타난다.

이런 맥락에서 더 이상 '사회화'(Sozialisierung) 내지는 '사회에로 통합'(Sozialintegration)을 한 개인이 단순히 사회에 편입되는 과정으로 정의할 수는 없다. 오히려 이런 '사회화'나 '사회에로 통합'은 익명적인 집합성에 대한 하나의 특정하게 구분하여 강조한 것(Artikulation)에 불과하다. 왜냐하면 우리들은 처음부터 이미 익명적인 집합성 안에 있기 때문이다. 즉 우리는 어려서부터 하나의 특정한 상황에 편입되어 있고 그 속에 빠져 있기 때문이다. 이렇게 우리가 처음부터 그 속에 빠져 있는 그런 익명적인 집합성을 일종의 '잠재적 사회성'으로 규정한다. 이런 의미에서 우리는 사회성을 '잠재적 사회성'과 '명백한 사회성'으로 구별한다. 이때 말하는 잠재적 인 사회성은 익명적인 집합성을 포함해서 사회학주의적 철학 이 이론적으로 인식하고 이론화된 작업을 하기 이전에 우리가 주위세계 (Milieuwelt)에서 동인간들 (Mitmenschen)과 이미 만나고 있다는 데에서 발견된다(가족관계, 우정관계, 이웃관 계 등에서의 만남). 이와는 달리 명백한 사회성이란 이론적인 사고(사회학주의적 철학)에 의해서 이론화되어서 만들어지거 나 해석된 것을 지시한다(직장, 학교, 어떤 공공적인 기관, 법전으로 나타난 법 및 제도 등).

2. 선형적인 지능의 발전에 반(反)하는 다양한 경험의 발생학

삐아제는 어린아이의 이성은 어른 이성의 불완전한 선(先) 형식이며 이런 의미에서 어린아이에서 선형적인 지능(지성)의 발달이 발생적으로 이루어진다고 주장한 반면에, 메를로-뽕띠 는 경험의 발생학에 대한 현상학적인 탐구에 근거해서 인간의 경험방식과 지성발전을 다양하고 다의미적인 것으로 기술하 고, 바로 이런 특징에서 인간의 지성발전의 본래적인 의미가 있다는 것을 보여 준다. 따라서 메를로-뽕띠의 현상학에 따르 면 인간의 지성은 어린아이에서부터 항상 변함없이 동일하게 있는 일련의 연속된 지능의 발전단계들에 따라서 발전하는 것 (Piaget 1991, 45)이 더 이상 아니다. 오히려 인간의 지능발 전은 어린아이에서부터 다양하게 발전한다. 즉 인간의 지성의 발전은 인간행위가 수행되는 중에 동등하게 권한이 있는 구조 화(Strukturierung)와 구조를 바꾸는 것(Umstrukturier- ung)으로서 지속적인 탈중심화와 관점화(Perspektivierung) 로 발전한다. 따라서 어린아이의 구체적인 합리성은—삐아제 가 말하는 것처럼—저급한 단계로서 질서가 제대로 잡혀 있

지 않은 혼돈의 모습을 하고 있는 것이 아니다. 오히려 어린
아이는 많은 경우 그들이 구체적인 상황에서 부딪치는 현실적
인 문제들을 형식적이고 논리적으로 완벽하게 발전한 어른들
보다도 더 능숙하게 잘 처리한다.⁷⁾ 이는 어린아이의 합리성이
형식논리적인 합리성에 의해 설명되거나 배제될 수 없는 하나
의 다른 '합리적인' 질서(Ordnung)를 갖고 있다는 것을 보여
준다. 여기서 삐아제가 논리-수학적 합리성과 그것의 발전을
지성의 이름하에서 고찰했고 인간의 또는 어린아이의 다양한
합리성들을 어른들의 하나의 관점, 즉 논리적-수학적 합리성
으로 환원했다는 것을 명확히 보여 준다.

메를로-뽕띠와 삐아제는 어린아이의 선(先)논리적인 가능성
들로부터 출발했다는 점에서 유사한 점을 갖고 있다. 그러나
이 둘 사이의 본질적인 차이는 다음과 같은 점에 있다 : 즉 삐
아제는 이 선(先)영역을 시간적으로 임시적이고 그렇기 때문
에 발달에 따라서 능가될 수 있고(überholbar) 따라서 극복
되어야만 할 영역으로 정의한 반면에, 메를로-뽕띠에 따르면
이 선영역은 존재론적인 구조를 갖고 있으며 따라서 능가될
수 없는(unüberholbar) 영역으로서 오히려 '건강하게' 성장
한 어른들의 이성을 정초한다. 삐아제와는 달리 메를로-뽕띠
에서는 어린아이의 발달과 지각장의 조직의 본래적인 특징이
갖는 다양성의 근거 아래에서 "건축학적인 합리성과 혼돈적인
비합리성 사이의 극단들 사이에 하나의 인문학적 지식의 방식
과 실천의 공간이 전개할 가능성이 열린다. 그리고 이런 극단
사이에 관점과 탈중심화가 끊임없이 진행되고 있다."(Meyer

---

7) 이 점에서 메를로-뽕띠는 문제상황에 적합한 대답을 하는(적응하는) 어린아이의
능력을 높이 평가한다. 이런 의미에서 그는 배움을 다음과 같이 정의한다 : "배움
은 사람들이 동일한 운동을 반복하는 능력을 가지는 것을 뜻하지 않고, 상이한 수
단들의 도움으로 상황에 대해서 하나의 알맞은 해답을 제시하는 능력이다."(SC,
112)

-Drawe 1986, 260 이하)

인간의 종합적인 행위의 발전에 대한 '합리적인 논리'에 반대해서 메를로-뽕띠는 구체적으로 체험된 사회성에 따라서 '체험된 논리'에 가치를 부여한다. 이 체험된 사회성은 어떤 명백한 제도가 생기기 전에 목하 진행중인 상황에서 구체적으로 서로서로 행동하는 탈중심적인 실존에 의해서 형성된다. 이 구체적으로 체험된 사회성에서는 안정되고 이념적인 일치보다는 오히려 사이인간적인 (zwischenmenschlich) 행동의 불균형적인 갈등이 존재한다.

거비취에 있어서 지각의 자기조직 (Selbstorganisation)이라는 테제를 받아들인 메를로-뽕띠의 지각의 현상학에 근거하면, 지각은 본래부터 지각하는 주관에 의해 명백하게 계획되거나 순수의식의 활동에 의해 통제되지는 않는, 그리하여 주관의 순수의식에 의해서 마음대로 바뀌지지 않는 그 자체로의 고유한 자기조직을 가지고 있다. 이 자기조직은 바로 장과 형태의 구조를 가지고 있다. 이런 구조의 특징을 가지고 있는 지각은 직접적으로 일어나며 동시에 그것은 구조화되어 있는 채로 이루어진다. [8] 이런 의미에서 삐아제의 발달이론에 중요한 '사물들의 항상성'은 더 이상 의미를 지니지 못한다. 경험은 주관의 주체적인 의식활동과 독립해서 자기조직의 능력을 갖고 있다. 메를로-뽕띠의 현상학에서 볼 때, 삐아제의 지성주의 내지는 합리주의는 궁극적으로 세계를 완성된 것으로 고찰한다는 비판을 면하기 어렵다. 삐아제가 이런 비판에 노출되어 있다는 증거는 다음과 같다 : 삐아제는 그가 감성적이고 경험적인 인식을 그의 이론적인 관심으로부터 배제함으로써 신체적인 지각경험에 내재해 있는 자발성과 창조성에 관심을

---

8) 메를로-뽕띠의 이런 입장은 거비취의 의식현상학에 깊게 영향을 받고 있다는 것을 뜻한다. 참조, 거비취, *Das Bewußtseinsfeld*, 1974.

두지 않게 된다. 이렇게 함으로써 그는 논리-형식적인 인식에
만 전념했고 따라서 이러한 논리-형식적인 인식에 근거해서
대상은 그것의 동일성과 영속성을 가진 것으로 된다. 이런 입
장은 세계가 변화될 수 있는 가능성 속에 놓여 있는 것으로
보는 것이 아니고, 완성된 것으로 파악할 수밖에 없게 된다.
이 완성된 세계는 궁극적으로 논리적-형식적인 인식모델에 의
해서만 동일성을 가지고 항상적인 것으로 정확하게 파악된다.

3. 우리의 신화로서 '야생적' 사고의 복권과 세잔느의 그림 : 합리성의 확장

메를로-뽕띠에서 문제가 되는 것은 바로 '야생적인' 사고가
—그것이 어린아이의 사고이든 성인의 사고이든간에—갖고
있는 생산적인(창조적인) 경험의 고유한 권리회복(Re-
habilitieren)[9]이다. 이러한 복권에 의해서 또는 어린이의 사
고의 본래적인 특징의 가정에 따라서, 우리는 '건강한 어른들'
에서 정초하는 종래의 합리성 개념을 확장하지 않을 수 없게
한다. 삐아제에 있어서 어린아이의 경험방식들은 어른에게는
더 이상 낯선(fremd) 것이 아니고, 발달상태의 전단계로서
나타나는 반면에, 메를로-뽕띠에게는 어린아이의 경험방식들
은 필연적으로 어른들의 지성적인 사고에 또는 기존의 이성이
나 합리성 아래로 포괄되지만은 않고 오히려 기존의 인간이성
의 개념이 협소했다는 것을 보여 준다. 여기서 삐아제가 취하
고 있는 입장은 지극히 합리주의적 입장임을 알 수 있다. 전
통의 합리주의와의 차이가 있다면, 그것은 바로 전통의 합리

---

9) 메를로-뽕띠의 이런 야생적 사고에 대한 강조는 레비-스트로스와의 학문적인(철
학과 인류학) 만남을 자연스럽게 해준다. 레비-스트로스의 저서 『야생적 사고』에
서 그는 이 저서를 "메를로-뽕띠를 기억하면서"라고 쓰고 있으며 서문에서 이 저
서를 메를로-뽕띠에게 바친다고 말하고 있다. 이와 관련해서 참조, C. Lévi
-Strauss, "Begegnungen mit Merleau-Ponty", 1986.

338

주의는 이성 내지는 합리성의 개념을 도그마적으로—적어도 삐아제가 보기에는—이미 주어진 것으로 여긴 반면에, 삐아제에 있어서는 이 이성의 개념을 발생적으로 형성되는 것으로 파악하고 이를 구체적인 발달의 제단계들에서 보여 준다는 점에서이다. 메를로-뽕띠는 삐아제의 발달개념에 내재해 있는 이런 지성주의(합리주의)를 다음과 같이 비판한다:

"삐아제에 따르면, 12살에 어린아이는 cogito를 수행하고 합리주의의 진리들을 발견한다. 어린아이는 감성적인 의식과 지성적인 의식의 통일로서, 세계에 대해 하나의 관점으로서 자신을 발견한다. 또한 판단의 수준에서 객관성을 구성하기 위해서 이 관점을 극복하도록 부름을 받은 것으로 자신을 발견한다. 마치 어른의 사고들이 자신을 만족시키고 모든 반대를 해소하는 것처럼, 삐아제는 어린아이를 이성의 나이로 안내한다. 그러나 실제로 어린아이는 특정한 방식에서 어른들에 반대할—또는 삐아제에 반대할—권리를 갖는다. (…) 불가피한 획득으로서 어린아이의 '야만적인' 사고는 어른의 사고에 기반을 제공한다."(PP, 408/406 이하)[10]

이 인용이 말해 주는 것은 바로 어린아이의 '야만적인' 사고는 최고로 성장한 인간의 이성에 의해서 구축(驅逐)되어야 할 대상이 아니라, 오히려 '완성된' 인간의 이성에 이의를 제기할 수 있고 따라서 또 하나의 합리성을 제시해 줄 가능성으로 있다는 것이다. 이런 점에서 선형적인 인지발달에 대한 삐아제의 테제는 메를로-뽕띠의 현상학에 의해서 수정되어야 한다. 동시에 어린이의 경험방식은 복권되어야 한다.

어린아이의 경험세계에서 발견되는 야생적인 사고가 복권되어야 한다는 근거로 다음의 두 가지를 지적할 수 있다 : 첫번

10) 빗금의 왼쪽 숫자는 불어판의 쪽 번호이고 오른쪽 숫자는 독어판 쪽 번호이다.

째로 우리는 사회성의 생성이라는 관점에서 말할 수 있다. 이
는 근원적인 (primoridal) 사회성으로 잠재적이고 익명적인
사회성은 개념적으로 명백하게 된 사회성보다 앞서 시작됐다
는 것을 뜻하고, 동시에 이 명백한 사회성은 잠재적이고 익명
적인 사회성이라는 토대 위에서 형성된 것이라는 현상학적인
통찰에 근거한다. 유사한 방식으로 어린아이의 경험에서 형성
되는 근원적인 상호주관성은—이런 상호주관성은 사회학주의
적 철학들의 인식과 판단에 의해서 명백하게 된 사회적인 것
[사회성]보다 앞서 있다. (비교, PP, 415/414)—나중에 형
성된 어른의 모든 지각과 욕망을 정초한다. (O'Neil 1986,
286) 이는 어린아이의 자연 그대로의 야생적 사고가 어른의
사고에 비해서 존재론적으로 앞서 있고 동시에 이를 정초시킨
다는 것을 뜻한다. 이런 의미에서 우리 어른들에게 침전되어
있는 어린 시절의 경험들은 바로 우리들에게는 하나의 신화이
다.

　이런 신화는 삐아제에서처럼 수학적인 합리성의 성장에 따
라서 길들여지고 감추어지는 신화로 되어서는 안 된다. 오히
려 이 신화는 경직되어 있고 좁아진 (어른의) 합리성을 풍부
하게 해주고, 이것을 통해서 종래의 경직된 합리성을 동적으
로, 생동감있게 만들어 줄 수 있는 신화이다. 심리분석가들과
민속인류학자들이 우리들의 노이로제와 우리들의 문명권태를
우리들의 신화의 발견에 의해 치료하려는 것처럼, 메를로-뽕
띠의 현상학은 어린아이의 야생적인 사고에 신화적인 가치를
부여함으로써 '자폐증'(Autismus)을 앓고 있는 어른의 이성
을 치료할 가능성을 가지고 있는 것으로 보여 준다. 이 현상
학은 (어른의) 이성이 가지고 있는 수학적-논리적 합리성이
야생적이고 살아 있는 사고에 의한 그 나름대로의 합리성을
해체시키는 '폭력'을 행사하는 것을 중단하도록 한다.

340

두번째로, 어린아이의 경험(세계)의 복권을 위한 근거로는 경험은 '침묵하는(벙어리) 경험'(stumme Erfahrung)[11]으로서 관점성(Perspektivität)을 지니고 있다는 데에 있다. 경험의 관점성과 음영구조(Abschattungsstruktur)에 근거해서 경험은 다의적(mehrdeutig)이고 개방적인(offen) 것으로 된다. 즉 합리성이 어떤 형태이든간에―그것이 설사 어른의 합리성이든 어린아이의 합리성이든―그것은 궁극적으로 닫혀진 완성된 형태를 가질 수는 없다는 것이다. 따라서 어른의 합리성이 정당성을 갖는다면, 어린아이의 합리성 역시 비록 다소 덜 만족스러울지라도 그 나름대로의 정당성을 갖고 있다. 이 것에 근거해서 또한 자기조직화된 경험에서 합리성이 형성된다는 점에서 어린아이의 야생적 사고가 갖는 나름대로의 합리성을 정당화시킬 것이 요구된다.

이런 의미에서 지각의 현상학을 통해서 관점성과 탈중심화에 의해 얻어진 다양하고 풍부한 합리성 개념은 목적론적이거나 선상적(線上的)으로 발생적인 합리성 개념에 대한 정반대의 테제라기보다는 오히려 확장된 합리성이라는 특징을 갖게 된다. 이런 합리성 개념은 형식은 해체될 수 있지만(deformierbar) 해소될 수 없는 관계의 망(총[叢], tissu, Geflecht)을 형성한다. 지금까지―삐아제식의 발생인식론에 의해서 주장된―어른에게 원시적이고 또는 어른의 경험방식에 대해서 전(前) 단계로서 나타나는 어린아이의 경험방식들은 메를로-뽕띠의 현상학에서는 우리(어른) 이성의 확장이라

---

11) 이 표현은 본래 후설로부터 기인한다. (참조, *Cartesianische Meditationen*, Huss. Bd. I S. 77) 즉 후설은 기술적인 의식이론의 출발점으로서 침묵하는 경험을 말하고 있다. 그러나 후설은 참다운 시작은 데카르트적인 "나는 생각한다"에서 이루어진다고 주장한다. 반면에 메를로-뽕띠는 "침묵하는 경험"에서 시작하며 이 경험이 갖고 있는 열려진 전체성을 강조한다. 그리고 메를로-뽕띠는 "그것의 종합은 미완성된 채로 남아 있다"(PP, 254/257)는 점을 주목한다.

는 단초를 발견하는 데 결정적인 역할을 하는 것으로 드러났다. 역설적으로 우리들은 관점성에 의해서 지각경험이 제한되어 있다는 사실로부터 오히려 이성과 합리성의 확장을 경험한다. 왜냐하면 처음에 보기에는 경험이 제한되어 있다는 사실은 곧바로 우리의 합리성과 이성을 제한하는 것으로 보이기 때문이다.

메를로-뽕띠는 어린아이의 그림들에서뿐만 아니라 세잔느 이후의 미술에서 이성 내지는 합리성 개념의 확대라는 단초를 발견한다. 그의 현상학적인 미학이론에 근거한다면, '원시인'의 예술, 어린아이와 정신이상자들의 그림들이 기하학적 원근법에 기인하고 문명사회에서 소위 "이성적으로 건강한" 어른들과 밀접하게 관련된 고전예술에 의해 교정되어서만은 안 된다고 본다. 오히려 우리의 예술, 감성적 세계의 기술(記述) 그리고 궁극적으로 우리의 이성은 이런 '야생적'인 예술과 경험 그리고 '야생적'인 사고에 의해서 풍부해진다. 왜냐하면 모든 것에 타당한 객관적인 관점에 의해 완성된 이성을 포함한 기존의 객관주의적 예술은 많은 가능성들 중에 단지 하나의 가능성에 불과하기 때문이다. (비교, PW, 165)

어린아이의 그림과 세잔느의 그림에 대한 메를로-뽕띠의 현상학적인 탐구는 이 그림들이 학문의 눈(Optik)[12]에 의해서 일그러지지 않은 근본적인 자연에 대한 지각을 우리들에게 보여 준다. 메를로-뽕띠는 이런 가공되지 않은 표현, 즉 살아 있는 즉흥을 표현하는 순간의 직접적인 표현에서, 인간의 창조성을 발견한다.[13] "고전적인 초상화가 인간을 보는 유일한

---

12) 예를 들어, 소실점에 의한 원근법에서 내지는 평면 기하학적인 원근법에서의 합리화를 말할 수 있다.

13) 물론 이때 말하는 직접성은 외적 세계를 자발적인 신체적 소화작업없이 내적인 것으로 편입시키는 것을 뜻하는 것은 아니다. 메를로-뽕띠는 말한다 : "직접적인 것이라는 개념 역시 바뀌어야 한다 : 인상(Impression)은 더 이상 직접적으로 주

방식이 아닌 것처럼" 살아 있는 가공되지 않은 표현의 관점에서 르네상스 시대에 생긴 기하학적인 원근법은 "결코 감성적 세계의 유일한 관찰방식이 아니다."(PW, 75) 계속해서 메를로-뽕띠는 말하고 있다:

"고전그림이 하나의 현실성에 대한 기술(Darstellung)이고 대상에 관한 연구일 수 있기 전에 그리고 그렇게 하기 위해서, 고전그림은 우선적으로 지각된 세계를 하나의 **강요적이고 합리적인 세계로 그리고 경험적이고, 혼란스럽고, [완전하게] 해독할 수 없는 인간을 하나의 동일화(정체화)될 수 있는 것으로** 변화시킨다."(PW, 75. 필자강조)

따라서 어린아이의 그림에서뿐만 아니라 세잔느 이후의 현대그림에서도 볼 수 있는 가공되지 않은 야생적인 표현은 고전그림에 대한 반대라기보다는 오히려 표현의 고전적인 형식에서—예술과 문학을 포함해서—제외된 가공되지 않은 표현의 창조적인 힘을 다시 움직이게 만드는 것으로 보는 것이 타당하다.

여기서 메를로-뽕띠는 고전문학과 고전예술을 객관적인 문학, 객관적인 예술로 명명한다. 그 이유는 바로 "수백 년 동안 초객관적인 (überobjektiv) 표현능력이 우선적으로 하나의 보편적인 언어장을 열어 놓았기 때문이다."(PW, 163) 객관적인 예술과 문학이 가지고 있는 문제점은 그들의 관점을 의심할 바 없이 "이렇게 제기된 문제의 유일한 해결"로서 고찰하고, "어린이 그림의 발전을 바로 자신들이 말하는 관점에 따르는 발전의 한 진행단계로서" 성격지우는 데 있다. (PW, 164) 메를로-뽕띠에 따르면, 어떤 경우에도 평면 기하학적인 원근법은 근원적이고 살아 있는 지각세계의 표현으로 간주될

관과 일치하는 대상이 아니고 의미, 구조 그리고 부분들의 자발적인 맥락을 말한다."(PP, 70/82)

수 없고, 오히려 그것은 객관주의적 환상에 기인하는 하나의 구성에 불과하다. 이런 평면 기하학적인 구성은 단지 각각 상이한 기술들이 수행되는 세계에 대한 여러 기호법들(비교, PW, 165) 중의 하나이다. 이런 원근법(평면 기하학적인 원근법)은 근원적인 지각의 체험된 관점을 경직되게 만든다. (비교, PW, 165)

　그러나 하나의 특정한 대상에 대한 우리의 지각은 각각의 상이한 관점에 따라서 다르게 나타난다. 그렇기 때문에 지각되어진 것과 그것의 표현(행위)과 어린아이의 그림 그리고 세잔느 이후의 현대미술은 아주 다양하고 살아 있어서 그림과 의미를 배열시킬 때에 나타나는 다양성은 상이한 색깔들, 선들, 면들 그리고 상이한 기술들과 그림의 스타일 그리고 화가의 관점(원근법)들 등등이 갖고 있는 무제한의 다양성만큼 풍부하다. 세잔느의 그림에 의하면 그림과 실제성 사이의 등가, 즉 모든 것에 타당한 세계에 관한 하나의 기호법으로서 기하학적인 원근법들에 의해서 모방된 대체의 시도들을 따르는 등가가 거부된다. (비교, Boehm 1986, 292) 평면 기하학적 원근법들에 기인하는 기호법으로써의 모든 것에 타당한 세계에 관한 하나의 기호법은 지각과 지각의 대상의 생동감을 사라지게 만든다. 평면 기하학적 원근법이 우리에게 제공하는 것은 인간적인 것이 아니고 세계에 대한 신적인 관점(원근법)이며, 하나의 신이 인간에 대해서 인식할 수 있는 관점이다. (비교, PW, 165) 우리들이 어린이나 원시인 또는 정신이상자 또는 "하나의 세잔느"의 관점 아래에서 우리의 지각세계를 기술할 때 이 세계를 기술하는 많은 가능성들이 생긴다. 따라서 기하학적인 원근법은 더 이상 표준적이고 규법적이거나 참된 표현의 유일한 전형이 아니다. (PW, 165)

　어린아이와 화가의 야생적인 봄(관찰)에 있어서 본질적인 것은 정경(情景)에 대한 하나의 포괄적이고 객관적인 기술(記述)을 하는 데 있는 것도 아니고, 그림을 감상하는 사람에게 대상에 대한 모든 지각에 참인 수(數)의 비례로부터 그림의 틀이 전달되는 방식으로 그림 감상자와 의사소통을 하는 데 있는 것도 아니다. (PW, 165 이하) 오히려 어린아이와 화가의 야생적인 봄(관찰)은 간격이 있고 불투명한 기술로 나타난다. 야생적인 봄은 대상의 보여짐과 보여지지 않음의 관점이 동시에 존재한다는 것을 전제로 한다. 어린아이와 세잔느 이후의 '야생적인' 그림은 '객관적인' 그림을 세계의 존재에 도달하는 일련의 표현활동들에 다시 편입시킨다 ; 그리고 이것을 통해서 야생적인 그림은 우리들에게 객관적인 그림을 이런 보편적인 표현활동의 특별한 경우로서 파악하게 만든다. (비교, PW, 167)

결론적으로 말하면, 삐아제의 '발생인식론'은 기존의 합리성이 어떻게 생성되어 일어났으며, 인간이 성장기를 거치면서 어떻게 비수학적이고 비논리적인 세계상으로부터 벗어나서 인간지성의 최고 발전단계인 수학적이고 논리적인 합리성의 세계로 들어가는가를 발생학적으로 설명하는 것이었다. 반면에 메를로-뽕띠의 지각현상학은 삐아제가 덜 만족스러운 인식단계로 파악한 성장기의 지각적인 인식 그리고 비수학적인 인식, 더 나아가서 어른들에서까지 발견되는 비논리적인 인식방식(세잔느의 그림, 극단적으로 정신이상자들의 그림에서조차도 볼 수 있는)을 재평가함으로써 우리들이 갖고 있던 이성의 개념이 얼마나 좁았고 폐쇄적이었으며 경직되어 있었는가를 극명하게 보여 준다. 이런 점에서 메를로-뽕띠 현상학의 발생적 탐구는 객관적인 개념들이 선객관적인 경험의 삶으로부터 생성하는 과정을 재구성하는 것이다. 이 선객관적인 경험적 삶에서 의미는 삐아제식의 선상적인 발달과정과는 달리 그것

의 다양한 발달가능성들을 가지고 태어난다는 것을 보여 준
다. 결국에는 본고에서 고찰한 메를로-뽕띠의 발생적 탐구라
는 현상학적 연구결과의 성과는 비합리적인 경험방식으로 간
주되어서 평가절하 내지는 올바른 인식방식에서는 완전히 제
외시킨 지각의 경험방식을 복권함으로써 우리의 이성개념과
합리성 개념을 확장시켜 주었다는 데에 있다.

참고문헌

Boehm, G., "Der Stumme Logos" in : Métraux, A und
Waldenfels, B.(Hg.) : *Leibhafte Vernunft. Spuren
von Merleau-Pontys Denken* (= LVSM-P), Mün-
chen 1986, S. 289-304.

Gurwitsch, A., *Die mitmenschlichen Begegnungen in der
Milieuwelt*, Berlin 1977.

_____, *Das Bewußtseinsfeld*, Berlin 1974.

Habermas, J., *Theorie des kommunikativen Handelns*, 2
Bde., Frankfurt/M. 1981.

Husserl, E., *Cartesianische Meditationen*, Huss. Bd. I Mar-
tinus, Nijhoff 1963.

Merleau-Ponty, M. *Phänomenologie der Wahrnehmung*
(=PP), übers. R. Boehm, Berlin 1966.

_____, *Die Struktur des Verhaltens* (= SC), übers. B.
Waldenfels, Berlin 1976.

_____, *Die Prosa der Welt* (= PW), übers. R. Giuliani,
München 1984.

_____, *Le relations avec l'enfant*, Paris 1975.

_____, *Das Sichtbare und das Unsichtbare* (=Vel),
übers. R. Giuliani u. B. Waldenfels, München 1985.

Lévi-Strauss, *Das wilde Denken*, übers. H. Naumann,
Frankfurt/M. 1973.

_____, "Begegnungen mit Merleau-Ponty" in:LVSM-P.

Meyer-Drawe, K., *Leiblichkeit und Sozialität*, München
1984.

_____, "Zähmung eines wilden Denkens? Piaget und Merleau-Ponty zur Entwicklung der Rationalität" in : LVSM-P.

_____,Waldenfels, B., "Das Kind als Fremder", in : *Vierteljahresschrift für wiss. Pädagogik* 64 (1988), S. 271-287.

O'Neil, J., "Der Spiegelleib. Merleau-Ponty und Lacan zum frühkindlichen Verhältnis von Selbst und Anderen" in:LVSM-P.

Piaget, J., *Einführung in die genetische Erkenntnistheorie,* Frankfurt/M. 1981².

_____, *Meine Theorie der geistigen Entwicklung,* (Hg.) R. Fatke, Frankfurt/M. 1991.

_____, *Der Aufbau der Wirklichkeit beim Kinde,* Stuttgart 1974.

Waldenfels, *Der Stachel des Fremden,* Frankfurt/M. 1990.

최재식, "메를로-뽕띠의 현상학에 있어서 형태개념에 의거한 사회성 이론", in : 한국현상학회 편, 『현상학과 실천철학』 1993.

필자소개

이선관

고려대학교 철학과를 졸업하고 동 대학원에서 석사학위를 받았으며, 독일 마인츠 대학교 철학부에서 박사학위를 받았다. 현재 강원대학교 철학과 교수로 재직중이다(현상학 전공).

지은 책으로는 『에드문트 후설의 선험적 현상학에 있어서 질료의 구성에 관한 연구』(*Untersuchungen ber die Konstitution der Hyle in der transzendental Phänomenologie Edmund Husserl*) (박사학위 논문, 마인츠 출판사)가 있다.

김희봉

연세대학교 철학과를 졸업하고 동 대학원에서 석사학위를 받았으며, 독일 부퍼탈 대학에서 박사학위를 받았다. 현재 연세대학교 등에서 강사로 활동중이다.

지은 책으로는 『Der Anfang der Philosophie und die phänomenologische Reduktion als Willensakt』가 있고, 논문으로는 "근거의 문제와 환원", "현대사회의 위기와 학문의 시작" 등이 있다.

클라우스 헬트(Klaus Held)

후설의 제자였던 란트그레베의 제자로 쾰른에서 학위를 하였다. 현재 부퍼탈 대학의 정교수로 재직중이며 독일현상학회장을 역임하였다. 최근에는 정치문제에 대한 현상학적인 접근을 시도하고 있다. 국내에 알려진 주요저서로는 『Lebendige Gegenwart』 등이 있다.

이종관

성균관대학교 철학과를 졸업하고 동 대학원에서 석사학위를 받았으며, 독일 뷔르츠부르크 대학을 거쳐 트리어 대학에서 박사학위를 받았다. 현재 춘천교육대학 교수로 재직중이다(서양근대·현대철학 전공).

지은 책으로는 『세계와 경험』(페터 랑, 1991)이 있으며, 논문으로는 "과학, 현상학 그리고 세계" 등이 있다.

이길우

고려대학교 철학과를 졸업하고 동 대학원에서 석사학위를 받았으며, 독일 본 대학에서 박사학위를 받았다. 현재 고려대학교 교수로 재직중이다.

지은 책으로는 『현상학적 정신이론』(강원대 출판부), 『철학의 이해』(공저, 강원대 출판부) 등이 있고, 그 밖에 "현상학적 윤리학", "공동주관성의 문제" 등의 논문이 있다.

최신한

계명대 영문과를 졸업하고 연세대학교 대학원 철학과에서 석사학위를 받았으며, 독일 튀빙겐 대학교에서 철학박사 학위를 받았다. 현재 한남대학교 철학과 교수로 재직중이다.

지은 책으로는 『매개적 자기의식. 헤겔과 슐라이어마허에 있어서 철학과 종교의 관계』(페터 랑, 1991)가 있으며, "종교적 진리와 철학적 진리", "헤겔의 실천적 의식과 양심", "전일성 이론의 자기의식적 구조" 등의 논문이 있다.

이남인

서울대 철학과를 졸업하고 동 대학원에서 석사학위를 취득하였으며, 독일 부퍼탈 대학에서 박사학위를 받았다. 현재 서울대학교 교수로 재직중이다.

지은 책으로는 『Edmund Husserls Phänomenologie der Instinkte』(Phaenomemologica 128, Dordrecht/Boston/London)가 있으며, 그 밖에 "본능의 현상학과 선험적 현상학", "선험적 현상학과 탈현대", "데리다의 후설 비판" 등의 논문이 있다.

로디(Frithjof Rodi)

1930년생. 독일 보쿰 대학교 철학과 교수이며 딜타이 연구소 소장이다. 딜타이 연보의 편집인이기도 하며 딜타이 전집 공동 편집인이기도 하다.

최근에 나온 그의 저서로는 『Erkenntnis des Erkannten』(1990)이 있다.

류제기

서울대학교 철학과를 졸업하고 동 대학원에서 석사학위 및 박사학위를 받았다. 현재 서울대, 외대 등에서 강사로 활동중이다.

주요논문으로는 "논리학에 대한 하이데거의 존재론적 비판"(박사학위 논문)과 "논리학에 있어서 계사(Copula)의 문제", "하이데거 후기사상 에서 Ereignis 문제" 등이 있다.

조관성

전북대 철학과를 졸업하고 서울대학교에서 석사학위를 받았으며, 독 일 프라이부르크 대학에서 박사학위를 받았다. 현재 인천교육대학 교수 로 재직중이다.

지은 책으로는 『자아현상과 자아개념』(페터 랑 출판사)이 있으며, "후설이 본 윤리적 자아로서의 인격적 자아", "지평이란 무엇인가?" "후설 현상학에 있어서 세계개념" 등의 논문이 있다.

최재식

성균관대학교 철학과를 졸업하고 동 대학원에서 석사학위를 받았으 며, 독일 보쿰 대학에서 철학박사 학위를 받았다. 현재 성균관대, 한양 대 등에서 강사로 활동중이다.

지은 책으로는 『Der Phänomenologische Feldbegriff bei Aron Gur-witsch』가 있으며, "메를로-뽕띠의 현상학에 있어 형태개념에 의거한 사회성 이론", "거비취와 하이데거. 인간의 행위와 타자의 문제에서 본 도구존재 및 공동세계에 관한 고찰" 등의 논문이 있다.

현상학의 근원과 유역
한국 현상학회 편

1996년 8월 25 1판 1쇄 인쇄
1996년 8월 30 1판 1쇄 발행
편 자 한국현상학회
발행인 전 춘 호
발행처 철학과현실사
        서울시 서초구 양재동 338-10
        ☎ 579-5908, 5909
등 록 1987.12.15 제1-583호

값 10,000원
    ISBN 89-7775-171-3 03100
    편자와의 협의에 의하여 인지는 생략함.